neu**kirche**ner

Eberhard Winkler

Tore zum Leben

Taufe – Konfirmation – Trauung – Bestattung

Neukirchener

© 1995
Neukirchener Verlag des Erziehungsvereins GmbH,
Neukirchen-Vluyn
Alle Rechte vorbehalten
Umschlaggestaltung: Hartmut Namislow
Druckvorlage: Competext, Heidenrod
Gesamtherstellung: Breklumer Druckerei Manfred Siegel KG
Printed in Germany
ISBN 3-7887-1523-5

Die Deutsche Bibliothek – CIP-Einheitsaufnahme

Winkler, Eberhard:
Tore zum Leben: Taufe – Konfirmation – Trauung – Bestattung /
Eberhard Winkler. – Neukirchen-Vluyn: Neukirchener, 1995
ISBN 3-7887-1523-5

Inhalt

Vorwort

In drei Jahrzehnten enger Verbindung von akademischer Theologie und Gemeindepraxis wurden mir die sogenannten Amtshandlungen immer wichtiger. In der Kasualpraxis gehört zusammen, was in den herkömmlichen Disziplinen der Praktischen Theologie unterschieden wird: Gottesdienst und Predigt, Seelsorge, Diakonie und das Kirchenrecht. Die Theorie der Kasualien ist deshalb ebenso wie die des Gemeindeaufbaus ein integratives Kapitel der Praktischen Theologie. In der Praxis erlebe ich jede Kasualie als wertvolle Begegnung mit Menschen, aber keineswegs jede als Impuls für den Gemeindeaufbau. Daraus ergibt sich die Frage nach den Beziehungen zwischen Kasualpraxis und Gemeindeaufbau. Angesichts einer Fülle lesenswerter Literatur zu den Kasualien und zum Gemeindeaufbau sehe ich meine Aufgabe darin, beides auf dem Hintergrund einer sehr differenzierten kirchlichen Situation im Zusammenhang zu bedenken. Dabei steht mir vor Augen, daß in Deutschland blühende volkskirchliche Gemeinden und extrem säkularisierte Landstriche nicht weit voneinander entfernt zu finden sind. Die enormen Situationsunterschiede und weiter sich vollziehenden Veränderungen im kirchlichen und religiösen Leben werfen schwierige praktisch-theologische Fragen auf. Ich plädiere dafür, die Chancen der Volkskirche zu nutzen, unterschiedliche Frömmigkeitsformen zu akzeptieren und zugleich sich auf die nachvolkskirchliche Situation einzustellen, die in den neuen Bundesländern bereits dominiert und auf die Kirchen in den alten zukommen kann.

Zu den kirchensoziologischen Differenzen treten die mit dem weltanschaulichen und theologischen Pluralismus aufgeworfenen Probleme hinzu. Meine eigene Position ist durch die Verbindung lutherischer und pietistischer Erbfaktoren begründet, die nach meinem Verständnis ökumenische Offenheit ermöglichen. Einladende Offenheit mit identitätsstiftender Verbindlichkeit evangelischen Glaubens in Einklang zu bringen, schwebt mir als Ziel vor.

Ich danke Frau Ute Kinder für das saubere Computermanuskript, Frau Dipl.-Theol. Antje Schröcke für die Hilfe bei der Korrektur, Herrn Ekkehard Starke für die gute Zusammenarbeit mit dem Verlag und der Evangelischen Kirche der Union für einen Druckkostenzuschuß. Besonderer Dank gilt meiner Frau, Dr. med. Gisela Winkler, die meine Kasualpraxis viele Jahre begleitet hat, bis hin zu Küsterdiensten.

Gutenberg bei Halle/S., März 1995   Eberhard Winkler

I. Voraussetzungen für die Kasualien insgesamt

1. Befunde

a) Empirische Daten der Kasualpraxis

Alarmierende Kirchenaustrittszahlen am Ende der sechziger Jahre veranlaßten die EKD 1972, eine Mitgliederbefragung durchzuführen, die seitdem in zehnjährigem Abstand wiederholt wurde. Die Ergebnisse wurden veröffentlicht und kommentiert in den Büchern »Wie stabil ist die Kirche?«[1] und »Was wird aus der Kirche?«[2] Erste Ergebnisse der jüngsten Befragung wurden von der Studien- und Planungsgruppe der EKD unter Leitung von *Rüdiger Schloz* in der Schrift »Fremde Heimat Kirche« 1993 publiziert. Für die Auswertung im Blick auf die Kasualien wurden weitere Arbeiten wichtig, insbesondere von *Joachim Matthes*: »Erneuerung der Kirche. Stabilität als Chance? Folgerungen aus einer Umfrage« (1975) mit dem Beitrag: »Volkskirchliche Amtshandlungen, Lebenszyklus und Lebensgeschichte. Überlegungen zur Struktur volkskirchlichen Teilnahmeverhaltens«. Für die einzelnen Kasualien wird jeweils auf weitere Titel hinzuweisen sein.

Als Ergebnis wurde eine »relative Stabilität« der Volkskirche festgestellt. Sie basiert darauf, daß die Mehrzahl der Kirchenmitglieder zwar aus kirchlicher Sicht als distanziert erscheint, sich selbst aber durchaus als evangelisch versteht:

»Der Status eines Kirchenmitgliedes wird nicht aufgegeben, aber die Wirklichkeit von Kirche und Gemeinde stellt sich dieser Gruppe nicht in der Weise dar, daß eine regelmäßige aktive Beteiligung an ihrem ›Leben‹ notwendig wäre. Nicht der sogenannte ›Alltagszyklus‹, der Rhythmus von Werktag und Sonntag formt den Bezug zur Kirche, sondern der ›Lebenszyklus‹, die Abfolge der verschiedenen Lebenszeiten mit ihren jeweiligen Situationen und Knotenpunkten. Taufe, Konfirmation, Trauung, Beerdigung – die Amtshandlungen, aber auch das Weihnachtsfest sind in den Augen dieser ›distanzierten‹ Mitglieder die zentralen religiösen Situationen«.[3]

---

1   Hg. von H. Hild, Gelnhausen/Berlin 1974.
2   Hg. von J. Hanselmann, H. Hild und E. Lohse, Gütersloh 1984.
3   »Was wird aus der Kirche?«, 18.

Mit der in allen drei Befragungen offenkundigen hohen Zustimmung zu den Amtshandlungen erklärt sich die Wertschätzung der Pfarrerschaft bei den Kirchenmitgliedern. Der Pfarrer repräsentiert die Kirche, und: »Die Mehrheit ist darin sicher, daß die Kirche vor allem da ist für die, die sie in irgendeiner Weise als Hilfe oder Stütze ›brauchen‹«.[4] Die Kirche wird akzeptiert als »ein Teil der allgemeinen und der persönlichen Geschichte« (46), in der die Kasualien wichtige Eckpunkte markieren. Bei der Besprechung der einzelnen Kasualien wird zu zeigen sein, daß die Zustimmung zu den Kasualien sich 1992 in den alten Bundesländern sogar gegenüber früheren Befragungen erhöht hat. Daß die Menschen weithin mit den Kausalien nicht oder nur zum Teil den Inhalt verbinden, den Kirche und Theologie ihnen beilegen, war schon vor den Befragungen bekannt. Die Befunde zeigen aber auch positiv, daß wesentliche Übereinstimmungen bestehen zwischen den theologischen Intentionen und der Deutung durch die Empfänger der Kasualien. Insgesamt ermutigen die Ergebnisse dazu, den Kasualien einen hohen Stellenwert in der kirchlichen Praxis und damit im Zeitfonds der kirchlichen Mitarbeiterschaft, besonders der Pfarrerinnen und Pfarrer, einzuräumen.

Das gilt auch für die Kasualpraxis in den neuen Bundesländern. Hier ist der Schwund der Volkskirche am rapiden Rückgang besonders von Taufe, Konfirmation und Trauung abzulesen. In der Evangelischen Landeskirche von Anhalt sank beispielsweise die Zahl der Taufen 1973 auf 14,3% im Vergleich zu 1954. 1969 wurden 31,6% der 1954 Getauften konfirmiert. Am stabilsten blieb die Statistik bei den Beerdigungen: 1973 betrug die Zahl 72,4% im Vergleich zu 1954. In Thüringen verlor die Kirche allein 1981 mehr als 21 000 Mitglieder durch die Differenz von Taufen und Beerdigungen; das war ein Verlust von 2,4% der Mitglieder in einem Jahr. In der Evangelisch-lutherischen Landeskirche von Sachsen, der Landeskirche, die in der DDR die günstigsten Statistiken aufzuweisen hatte, wurden 1951 78,6% der Lebendgeborenen getauft. 1961 waren es 31%, 1971 23,5% und 1981 17%. Knapp ein Zehntel der Getauften waren jetzt Erwachsene. 1991 erhöhte sich die Zahl der Getauften insgesamt auf 45,6% der Geborenen. Allerdings waren 28% der Getauften Erwachsene, so daß das Verhältnis der als Kinder Getauften zu den Geborenen 34,5% betrug, immer noch mehr als doppelt so viele wie zehn Jahre vorher. Diese günstige Statistik ergab sich aus der politischen Wende von 1989/90. Es bleibt abzuwarten, ob der positive Trend sich in Sachsen, der mitgliederstärksten ostdeutschen Kirche, fortsetzt. Insgesamt brachte die politische Wende nicht die von vielen erwartete Rückkehr zu mehr Kirchlichkeit oder gar einen geistlichen Aufbruch. Es scheint sich ein Trend abzuzeichnen, daß dort, wo die Volkskirche relativ stabil blieb, ein Aufschwung der Kasualpraxis erfolgt. Man wird an das Jesuswort erinnert, daß dem, der hat, gegeben wird, aber dem, der nicht hat, auch das genommen wird, was er hat (Mt 13,12; 25,29). Es dürfte kein Zufall sein, daß die sächsische Landeskirche in den neuen Bundesländern diejenige mit den stärksten

---

4 Ebd., 44.

pietistischen Anteilen ist. In dieser Kirche ist daher das Engagement für den Gemeindeaufbau stärker als in anderen. Man darf deshalb aus den günstigen Befunden, sofern sie sich als Trend erweisen, nicht einfach auf eine Rückkehr zur Volkskirche schließen.

b) Kasualien als Indikatoren der kirchlichen Situation

Volkskirche ist Kasualkirche. Ihre positiven Möglichkeiten werden auch von Kritikern der Volkskirche anerkannt. *Paul Deitenbeck*, Nestor der Bekenntnisbewegung »Kein anderes Evangelium«, erklärte in einem Interview am 24.6.1991: »Gott erhalte uns die Volkskirche, so lange es geht. Sie ist der große Freiraum des Evangeliums, insbesondere was die Sitte der Amtshandlungen angeht, die ich nicht gering veranschlage.«[5] *Karl Hausschildt*, ebenfalls eine der führenden Persönlichkeiten der Bekennenden Gemeinschaften in Deutschland, erklärte auf die Frage, welche Aspekte der Theologie in der Verkündigung ihm wichtig geworden seien: »Vielleicht ist es merkwürdig! Von woher ich die Menschen am leichtesten zu Christus hinführen konnte, das sind eigentlich die volkskirchlichen Amtshandlungen gewesen.«[6] Kritiker und Befürworter der Volkskirche stimmen darin überein, daß sie als Kasualkirche große Möglichkeiten enthält, Menschen zu erreichen. Mit der Auflösung der Volkskirche, wie wir sie in weiten Gebieten der neuen Bundesländer verzeichnen müssen, gehen diese Chancen weitgehend verloren.

Umgekehrt kann man feststellen: Beansprucht die Mehrheit der Bevölkerung in einem Territorium die Kasualien, dann sind volkskirchliche Strukturen vorhanden. In diesem Sinn weist auch die konfessionelle Diaspora oft volkskirchliche Elemente auf. Für evangelische Gemeindeglieder, die in katholischer oder orthodoxer Umgebung leben, ist es in der Regel selbstverständlich, daß sie sich taufen und konfirmieren, kirchlich trauen und bestatten lassen. »Selbstverständlich« heißt in diesem Zusammenhang nicht routinemäßig oder nur dem kirchlichen Brauchtum folgend, denn in der konfessionellen Diaspora ist die evangelische oder katholische Identität meist deutlicher bewußt als in der Volkskirche. Der hohe Stellenwert des kirchlichen Brauchtums in der stärkeren Kirche, etwa der katholischen in Oberbayern oder im Eichsfeld, kann auf die evangelische Minderheit positiv motivierend wirken. Die Konfirmation geschieht dann ebenso selbstverständlich wie auf katholischer Seite die Firmung.

Diese positive Selbstverständlichkeit löst sich in der säkularen Diaspora auf. Säkularisierung muß zwar nicht Verlust von Religion schlechthin bedeuten, und die Prognose einer religionslosen Welt hat sich sogar in der Sowjetunion nach siebzig Jahren atheistischer Herrschaft nicht erfüllt. Die

5 R. Busch, Bekennend Christ sein. Eine Untersuchung zu Selbstverständnis, Anspruch und Bedeutung Bekennender Christen in einer pluralistischen Gesellschaft, Diss. theol. Neuendettelsau 1993, 417.
6 Ebd., 449.

Säkularisierung führt aber zum Verlust religiöser und kirchlicher Beziehungen, die über Jahrtausende das Leben prägten. Was an ihre Stelle tritt, enthält oft religiöse Elemente, es kann menschliche und gesellschaftliche Bedürfnisse befriedigen, aber es kann in der Sicht des Glaubens nicht als Ausgleich für die verlorengegangene kirchliche Handlung angesehen werden. Als Beispiel sei die Jugendweihe genannt. Sie gibt jungen Menschen, was ein Passageritus mitteilen kann, ohne daß eine religiöse Entscheidung oder Erwartung damit verbunden sein muß, aber auch ohne eine solche auszuschließen. Seit die Teilnahme völlig frei ist, bietet die Jugendweihe eine echte Alternative zur Konfirmation, die dadurch auch in der säkularen Diaspora mehr als in der Volkskirche auf einer freien Entscheidung der Beteiligten beruht. Am Verhältnis der Zahlen von Jugendweihen und Konfirmationen läßt sich vieles über die kirchliche Situation in einem Gebiet erkennen, vor allem in den neuen Bundesländern. 1993 fanden in den neuen Bundesländern 73 000 Jugendweihen statt, das sind 50% mehr als 1992! Wo sich die Volkskirche erhalten oder wieder gefestigt hat, liegt die Zahl der Konfirmationen deutlich über der der Jugendweihen, und meist gilt auch die Umkehrung.

Ein anderer wichtiger Indikator ist das Verhältnis von Taufen und Beerdigungen in den Kirchgemeinden. Zwar führt die ungünstige Bevölkerungsentwicklung mit einem Geburtendefizit in Deutschland und gegenwärtig besonders in Ostdeutschland automatisch zu mehr Beerdigungen als Taufen, aber in der Volkskirche entspricht das Verhältnis von Taufen und Beerdigungen ungefähr dem von Lebendgeborenen und Verstorbenen. Die Säkularisierung verschiebt das Verhältnis zuungunsten der Taufen. Wie die Entwicklung in der DDR zeigte, wird die Schere zwischen Taufen und Beerdigungen wieder enger, wenn die Zahl der letzteren ebenfalls abnimmt und die der Spättaufen infolge missionarischer Aktivitäten wächst. Für die säkulare Diaspora ist auf längere Sicht weniger das Verhältnis von Taufen und Beerdigungen aufschlußreich als vielmehr das von Kleinkind- und Mündigentaufen sowie der Anteil der kirchlichen Bestattungen an den Sterbefällen insgesamt. Wo nach langer Unterdrückung des kirchlichen Lebens wieder Gemeindeaufbau geschieht, wie gegenwärtig weithin in den GUS-Ländern, bildet die Kasualpraxis neben den Gottesdiensten meist den Kern des Geschehens. Wenn Menschen neu oder wieder Zugang zur Kirche suchen und finden, lassen sie sich oder ihre Angehörigen taufen, konfirmieren, trauen und beerdigen.

Umgekehrt drückt sich der Verlust positiver Beziehungen zur Kirche darin aus, daß Menschen auf diese Handlungen verzichten. In der Volkskirche ist es möglich, die Kasualien zu empfangen, ohne daß man persönlich darauf Wert legt. Es genügt ein gesellschaftlicher Konsens, der das christliche Brauchtum für sinnvoll hält. Mit fortschreitender Säkularisierung zerfällt dieser Konsens, und das läßt sich an der Kasualstatistik ablesen. Die oben erwähnte Verschiebung des Taufalters deutet auf Umstrukturierungen in der nachvolkskirchlichen Situation hin. Der Nachwuchs an Mitgliedern kommt nur noch zum Teil durch Geburten und Säuglingstaufen quasi auf biologischem Weg in die Kirche. Der Rückgang der Säuglingstaufen wird bei weitem nicht durch Großkind- und Mündigentaufen ausgeglichen. Damit gelangt ein freikirchliches Element in die Landeskirchen: Die Kasualien werden mehr auf Grund bewußter Entscheidungen und weniger aus traditionellen Bindungen und Gewohnheiten gewünscht.

Theologisch und seelsorgerlich enthält diese Entwicklung Positives, aber sie darf nicht idealisiert werden. Weniger Kasualien bedeuten nicht mehr geistliches Leben, sondern einen Verlust an Möglichkeiten zur Kommunikation des Evangeliums. Auch in der Minderheitskirche lebt die »Leutereligion«[7] weiter, die sich besonders als Kasualfrömmigkeit äußert. Der Schrumpfungsprozeß läßt nicht aus der Kasualkirche eine Bekenntnisgemeinde entstehen. Selbst wenn die Kirche in Gebieten wie Halle und Bitterfeld von ca. 80% auf 8% zurückgeht, bleibt nicht nur »Kerngemeinde« oder eine Gemeinschaft dynamischer Gruppen übrig, sondern ein sehr gemischtes Gebilde.

c) Persönliche Voraussetzungen

Als Kind und Jugendlicher erlebte ich die Kasualpraxis in einer von lutherischem Pietismus geprägten Gemeinde im Rahmen intakter Volkskirchlichkeit. Die Kasualien gehörten zum sozio-kulturellen Umfeld. Sie hatten im ländlichen Milieu gesellschaftliche Bedeutung. Meine ersten pastoralen Erfahrungen mit Kasualien machte ich ebenfalls in einer noch volkskirchlichen Dorfgemeinde 1960. Sieben Jahre später übernahm ich das Pfarramt in einer stark entkirchlichten Gemeinde am Rand von Halle. Dort hatte sich die Jugendweihe bereits durchgesetzt. Es bedurfte starker Anstrengungen, wieder Konfirmanden zu sammeln. In der Kirchenprovinz Sachsen hatte man damals die herkömmliche Konfirmation in eine Abschlußfeier des Katechumenats nach dem achten und den ersten Abendmahlsgang nach dem neunten Schuljahr aufgeteilt und damit abgeschafft. Durch zum Teil heftige Reaktionen aus der Gemeinde erfuhr ich, daß damit ein Höhepunkt im Leben der jungen Leute und der Familien verlorenging. Im Gegensatz zur kirchlichen Intention erhöhten wir damit die Bedeutung der Jugendweihe für die jungen Leute und ihre Angehörigen. Die theologischen Motive des kirchlichen Handelns hielt ich als Theologe für plausibel, aber ich mußte einsehen, daß sie sich im Ergebnis als kontraproduktiv erwiesen.

Diese Erfahrung lehrte mich, theologische Vorgaben nicht einseitig aus der innerkirchlichen Perspektive abzuleiten, sondern sie auch aus der Sicht der Gemeindeglieder zu überprüfen und von ihren Ergebnissen her zu beurteilen. »An ihren Früchten sollt ihr sie erkennen« (Mt 7,20), das gilt nicht nur für Menschen, sondern auch für die von ihnen entworfenen Programme. Natürlich bedeutet das nicht den Verzicht auf theologische Fundamente

---

7   Vgl. Paul Michael Zulehner, Pastoraltheologie, Bd. 1, Düsseldorf ²1991, 115-133. S. 124: »Die Leutereligion sucht mit Hilfe der Religion Trost, Halt, letzte Verankerung des Lebens, Lebensstabilität«, besonders an den Lebensübergängen.

zugunsten eines Pragmatismus. Was die Bibel zur Taufe sagt, wird nicht dadurch aufgehoben, daß Menschen ihre Kinder aus anderen, allenfalls indirekt biblisch begründbaren Motiven taufen lassen. Theologische Erkenntnisse haben grundlegende und korrigierende Bedeutung. Sie bedürfen aber auch ihrerseits der Überprüfung und Korrektur. Für mich bedeutet das prinzipiell keine Gleichwertigkeit von biblischem Wort und menschlicher Erfahrung, denn die Bibel ist »normierende Norm« (norma normans) und bewegt mich ständig dazu, meine Praxis an ihr zu überprüfen und gegebenenfalls zu verändern.

Am meisten Probleme bereitet mir dabei die Taufpraxis. Was ich dem Neuen Testament über die Taufe entnehme, steht deutlich im Widerspruch zu vielen Erfahrungen im kirchlichen Leben. Dazu wird im nächsten Kapitel mehr zu sagen sein. Für mich änderte sich nach dem Zusammenbruch der volkskirchlichen Kasualpraxis die Problemrichtung. Bedrängten mich im volkskirchlichen Rahmen die Not der »billigen Gnade« und Konsequenzenmängel im Blick auf die Taufe, so bedrückte mich jetzt mehr und mehr das schwindende Interesse der Menschen an der Gnade, die nach meinem Glauben in der Taufe geschenkt wird. Diskutierten wir am Anfang der siebziger Jahre noch über den Taufaufschub als Maßnahme der Kirchenzucht[8], so hatten viele Menschen um uns her längst die Taufe von sich geschoben. Mir wurde immer wichtiger, den Menschen entgegenzukommen, ihnen Gottes Liebe nahezubringen und eher zu fürchten, daß ich ihnen etwas schuldig bleibe, als daß ich ihnen Gottes Gnade zu wohlfeil mitteile und sie die Konsequenzen schuldig bleiben.

Als theologische Grundlage gewann die Rechtfertigungslehre entscheidende Bedeutung. Gott gibt bedingungslos, ehe wir Menschen etwas leisten können. Dieser Glaubenssatz ermöglicht mir nicht nur die Kleinkindtaufe, sondern auch Zurückhaltung hinsichtlich der Bedingungen für den Vollzug von Kasualien. Dazu wird mehr unter kirchenrechtlichem Aspekt zu sagen sein. Allerdings ist die Bedingungslosigkeit der Gnade klar von der Folgenlosigkeit bei uns Menschen zu unterscheiden. Eine folgenlose Gnade gibt es nicht. Deshalb gehören die Kasualien untrennbar mit dem Glauben zusammen, der Gottes Gaben empfängt und zugleich durch sie gestärkt wird. »Ohne Glauben ist es unmöglich, Gott zu gefallen« (Hebr 11,6). Ich habe mir abgewöhnt, den Glauben derer, die Kasualien wünschen, zu beurteilen, aber ich möchte Menschen durch die Kasualpraxis helfen, als Glaubende zu leben. Ich werde begründen, unter welchen Umständen ich Grenzen einer verantwortbaren Kasualpraxis sehe. Mehr als an Abgrenzungen liegt mir daran, Menschen zu ermutigen, daß sie Kasualien in Anspruch nehmen, und ich freue mich, wenn sie es tun. Besonders Taufen, Konfirmationen und Trauungen würde ich gern öfter halten!

---

8 Vgl. meinen Aufsatz »Taufaufschub – Taufversagen – Taufnegierung«, Chl 23, 1970, 191-198.

d) Die Kasualien in der Praktischen Theologie

Von »Amtshandlungen« spricht, soviel ich sehe, erstmalig *Carl Immanuel Nitzsch* im 3. Band seiner Praktischen Theologie (²1868), § 444. Er versteht Amtshandlungen wie Taufe und Trauung als Gelegenheiten und Anlässe zur Seelsorge, die sich in einem geselligen Rahmen ergeben kann. Amtshandlungen sind Gelegenheiten und fordern dazu auf, »unter der Kanzel den Ernst und die Würde freundlicher Gemeinschaft zu bewahren«. *Nitzsch* denkt an die familiäre Feier nach Amtshandlungen, bei der der Pfarrer die Hauptperson ist und wo er »viel Raum für fruchtbare Belehrungen« findet. So patriarchalisch und direktiv das für heutige Ohren klingt, bleibt doch das Bemühen vorbildlich, Kasualien als Kontaktgelegenheiten zu nutzen. *Nitzsch* unterscheidet Handlungen der Initiation (Taufe, Konfirmation und Ordination) von Handlungen der Benediktion (Trauung, Beerdigung). Hier zeigt sich bereits die Schwierigkeit einer systematischen Ordnung der Kasualien, denn die Segnung gehört zu allen Kasualien, worauf *Nitzsch* selber hinweist (§ 386). *Nitzschs* Ansatz entspricht, daß er als Kern der kirchlichen Begräbnisfeier »die mit amtlichem Trost= und Segensspruch geschehende Versenkung der eingesargten Leiche in das Grab, und die bis dahin mitfolgende, begleitende Gemeine« betrachtet (§ 393). Die systematische Weichenstellung, das Begräbnis dem segnenden Handeln zuzuordnen, führt hier zu einer auffälligen Hervorhebung eines rituellen Teiles der Handlung.

Eduard Meuß widmete 1892 den Kasualien, die er auch »Amtshandlungen« nannte, sein Buch »Die gottesdienstlichen Handlungen von individueller Beziehung in der evangelischen Kirche«. Ausgehend vom Verständnis der Kasualien als »Akte der Gnadenmitteilung seitens der Gemeinde an einzelne« (63) nimmt er folgende Systematisierung vor:

»I. *Einführung* in das Gnadenverhältnis der Gemeinde.
    1. *Sakramentliche* Einführung durch die Taufe.
    2. *Persönliche* Einführung durch die Konfirmation.
II. *Fortführung* des Gnadenverhältnisses.
    1. Beim Antritt spezieller *Lebensberufe*;
      a) für Kirche und Staat;[9]
      b) für das Haus: Trauung, Aussegnung der Wöchnerin;
    2. beim Bedürfnis *privater* Beichte und Kommunion.
III. *Überführung* aus dem Gnadenverhältnis der irdischen Gemeinde in die obere Gemeinde.
    1. für Sterbende,
    2. für Verstorbene«.

»Die Amtshandlungen sind der exponierteste Posten der Kirche, an ihnen macht ihr Dasein sich in den weitesten Kreisen augenfällig«, erklärt *Meuß* (66). In ihnen soll die Kirche, auch hinsichtlich der Gebühren und der Unterschiede bei Armen und Reichen!, erkennbar machen, daß sie »zu Liebesdiensten in allen wichtigen Augenblicken des Lebens bestimmt

---

9   Hier denkt Meuß an die Ordination und an Einführungsakte.

ist« (75). Wenig beachtet wurde in der Folgezeit *Meuß'* Gedanke, daß die
Gemeinde in den Kasualien Gott ein Opfer bringt: »Es soll ja alles, was sie
von Gottes Gnaden hat und empfängt, Ihm als Opfer geweiht werden ... Es
ist bei allem ein Losreißen von dem eigenen Willen und Wünschen nötig,
aber bei allem auch Freude und Dank, etwas Ihm ganz übergeben zu
können« (66f.). Der biblische Gedanke des Lebensopfers im Sinne der
Hingabe an den Kyrios (Röm 12,1) ist ein Motiv, das ich festhalten möchte
im Wissen darum, daß es in Spannung zur volkskirchlichen Kasualpraxis
steht.

Martin Schian versteht in seinem »Grundriß der Praktischen Theologie«
([2]1928) die Kasualien als »Gottesdienstliche Handlungen besonderer Art«,
nämlich »mit Bezug auf die Gemeindemitgliedschaft« (Taufe und Konfirmation), »mit Bezug auf die kirchlichen Ämter« (Ordination und Ein-
führung), »mit Bezug auf gottesdienstliche Räume und Gegenstände«
(Einweihung von Kirchen und Friedhöfen) sowie »mit Bezug auf das
persönliche Leben der Gemeindeglieder« (Trauung, Bestattung). Dieses
System läßt nicht erkennen, daß es *immer* um das persönliche Leben der
Gemeindeglieder geht. Zählt man Kirch- und Friedhofsweihe zu den
Kasualien, leidet darunter ebenfalls der persönliche Bezug. Handlungen an
Sachen und mit Menschen faßt man besser nicht unter dem Begriff der
Kasualien zusammen.

Hans Georg Haack mußte in seinem Buch »Die Amtshandlungen in der
evangelischen Kirche« ([2]1952) feststellen: »Die verschiedenen Lehrbücher
der Praktischen Theologie behandeln die Amtshandlungen zumeist sehr
kurz und an verschiedenen Stellen, so unter Katechetik, Homiletik oder
Seelsorge« (9). *Otto Haendler* erwähnt die Kasualien in seinem »Grundriß
der Praktischen Theologie« (1957) kurz in der Liturgik und in der Homiletik.
In *Alfred Dedo Müllers* »Grundriß der Praktischen Theologie« (1954) erscheinen weder Kasualien noch Amtshandlungen im Register. Die Kasualien
waren heimatlos in der Praktischen Theologie. *Haack* bestimmte die Kasualien als »kirchliche Feiern, die den einzelnen in der Gemeinde in
entscheidenden Stunden seines Lebens begleiten und in einer symbolischen Handlung unter das Wort Gottes stellen. Die Kasualien oder Amtshandlungen sind deshalb kirchliche Feiern außer den Gemeindegottes-
diensten, in deren Mittelpunkt eine Handlung symbolischer Art steht, die
einen wichtigen Punkt im Leben eines einzelnen in der Gemeinde unter
den Segen des Wortes Gottes stellt« (13). *Haack* betont also den biographischen und den symbolischen Aspekt sehr deutlich und sieht in dem »das
Wort Gottes begleitenden symbolischen Handeln und nicht in der Kasualrede« den »Höhepunkt jeder Amtshandlung« (16). Dieses Profil rieb
sich mit dem in der Nachkriegszeit dominierenden Ansatz bei der Theologie
des Wortes Gottes und fand wohl deshalb in der Praktischen Theologie
wenig Resonanz.

Günther Dehn ist von *Karl Barth* und vom Kirchenkampf geprägt, bringt
zugleich aber langjährige Erfahrungen aus dem Pfarramt, besonders einer
Berliner Arbeitergemeinde, in sein Buch »Die Amtshandlungen der Kirche« (1950) ein. Ihn bewegt die Sorge, daß »die Kirche der Welt nicht das

Evangelium bezeugt, sondern sich ihr gleichstellt und so sich selber mit ihrer Verkündigung zum Spott macht« (14). Verkündigung ist sein Leitmotiv, deshalb hat er besonders die Kasualpredigt im Blick. »In den Casus hinein das Evangelium zu bezeugen« ist die Aufgabe (ebd.). Glaubwürdige Verkündigung erwächst aus der Begegnung mit der konkreten Situation der Menschen und dem biblischen Wort. Das biblische Wort und die Liturgie versteht *Dehn* als Korrektur einer natürlichen Theologie der Kasualien, die er ironisch kritisiert: »So ist der Mensch nun von der Wiege bis zur Bahre gesichert. Als Kind wurde er für den Eintritt ins Leben durch die Taufe geweiht. Die Konfirmation segnete ihn in seiner Jugendkraft. Die Trauung stärkte sein Tun auf der Höhe des Lebens. Nun hat er den letzten Segen bei der Beerdigung, die Totenweihe, erhalten« (105f.). So beschreibt *Dehn*, was *Bohren* später als Baalisierung angriff. Die Kasualtheorie muß sich mit diesen Anfragen an die Glaubwürdigkeit und Auftragsgemäßheit der Kasualpraxis auseinandersetzen, ohne das echte Bemühen, den Menschen nahezusein, von steilen theologischen Ansprüchen her zu diffamieren. *Manfred Mezger* stand 1957 in seinem Buch »Die Amtshandlungen der Kirche als Verkündigung, Ordnung und Seelsorge« nahe bei *Dehn*. Für ihn sind Amtshandlungen »die homiletische, liturgische und pastorale Applikation des Evangeliums, ad casum et hominem« (39). »Der Terminus ›Kasualien‹ besagt, daß ›Fälle‹, ›Anlässe‹ gemeint seien, die aus dem regelmäßigen gottesdienstlichen Leben der Gemeinde herausfallen«. Die Fälle und mit ihnen »die jeweiligen menschlichen Verhältnisse dürfen nicht zum Thema der Amtshandlungen werden, und zwar um des Falles und um des Wortes willen« (49). Später hätte *Mezger* sicher berücksichtigt, daß der »Fall« eine Abstraktion ist und es sich tatsächlich um Menschen handelt, deren Verhältnisse zum Thema gehören. *Mezger* wußte auch 1957 schon, daß alles Tun Gottes den Menschen meint (53), doch sah er damals den Menschen zu sehr als Adressaten und zu wenig als zum Thema gehörig. Das Verständnis der Kasualien als Verkündigung dominiert, und *Mezger* sagt mit *Fendt*: »Verkündigt wird der Text und nicht der Casus, aber der Text wird auf den Casus hin verkündigt« (68). Wenn man bedenkt, daß der »Casus« menschliche Schicksale zum Inhalt hat, kann man nicht nur auf diesen »Fall« hin denken und handeln, sondern muß es ebenso von ihm her tun. Verkündigung als Leitbegriff darf nicht vergessen lassen, daß der konkrete Fall dazu nötigt, das Hören auf Gottes Wort mit dem Hören auf die von diesem Fall betroffenen Menschen zu verbinden.

»Unsere Kasualpraxis – eine missionarische Gelegenheit?« fragt *Rudolf Bohren* in einer Streitschrift mit diesem Titel (⁴1968). Er antwortet negativ, denn die Kasualpraxis setze die Teilhabe und Teilnahme an der Gemeinde Christi voraus. Diese fehle aber, und »so bekommen die Kasualien ein Eigengewicht und Übergewicht des jeweilig privaten und individuellen Ereignisses« (16). Die Menschen immunisieren sich gegenüber der Botschaft bei den Kasualien, die Situation torpediert und neutralisiert das verkündigte Wort. »Die Handlung übertönt das Wort. Die Praxis stört die Verkündigung und macht sie unwirksam« (24). Den Ausweg sieht *Bohren* darin, daß die Kasualien zur Aufgabe der Hauskirche und damit des allgemeinen Priestertums werden. Die Pfarrer sollen von den Kasualien und die Kasualien von den Pfarrern befreit werden. *Bohrens* Reformvorschlag erwies sich bisher nicht als praktikabel, und auch seine Analyse ist nicht haltbar. Gültig bleibt der energische Hinweis auf die Zusammenhänge von Kasualpraxis und Gemeindeaufbau. Der von *Bohren* betonte Aspekt der Koinonia ist für das Verständnis der Kasualien wichtig und hilfreich.[10] *Yorick Spiegel* skizzierte 1971 eine Theorie der Amtshandlungen unter soziologischem Aspekt[11]. Er bezog die Kasualien nicht auf das Individuum, sondern auf das soziale System der Familie. Durch die Passageriten »sollen die Unsicherheit und die Angst bei allen im Familiensystem Verbundenen gebannt werden«[12]. Nach *Spiegel* steht und fällt die Bedeutung der Kasualien für die Familie mit ihrer kritischen Funktion: Die Kasualien sollen der Familie helfen, ihre Lage »zu durchschauen und emanzipatorisch zu bewältigen«[13]. Verliert die Kleinfamilie ihren Platz in der Gesellschaft, wirkt sich das auf das Bedürfnis nach Kasualien aus. Das ist sicher richtig, aber es ist schwer einzusehen, warum *Spiegel* den individuellen Bezug der Kasualien niedrig veranschlagt, denn er würdigt ihre seelsorgerliche Relevanz und erläutert die Gründe, die es den Pfarrern erschweren, »in den Amtshandlungen einen seelsorgerlichen Ansatz zu finden«[14]. Seit *Spiegels* Veröffentlichung hat sich die Situation so geändert, daß sein Beitrag besonders für die Geschichte der neueren Kasualtheorie bedeutsam ist. Die veränderte Situation zeigt sich deutlich bei der Frage nach der Einhaltung der Lebensordnungen, die laut *Spiegel* nach dem Ende des landesherrlichen Kirchenregiments geschaffen wurden, um die Amtshandlungen in das kirchliche System zu integrieren.

Hans-Hinrich Jenssen, der im »Handbuch der Praktischen Theologie« Bd. 2 (Berlin 1974) das Kapitel »Die kirchlichen Handlungen« verfaßte, geht auf *Bohrens* Vorwurf der »Baalisierung« ein und will diese Gefahr »nicht durch Ignorierung ihres natürlichen, schöpfungsmäßigen Hintergrundes« überwinden, »sondern durch dessen bewußt trinitarische Interpretation« (144). *Jenssen* beurteilte es positiv, daß in der DDR das Bedürfnis nach Feierlichkeit in bestimmten Situationen ohne gottesdienstlichen Charakter befriedigt werden konnte, so daß die Gefahr der »Baalisierung« geringer war als in der Volkskirche. Schöpfungsgaben und Heilsgaben gehören in christlicher Kasualpraxis zusammen. Von *Ernst Lange* übernimmt Jenssen das diakonische Verständnis der Kasualien und damit den Verzicht auf kirchenzuchtliches Denken, das deren Gewährung von Vorbe-

---

10 Zur Auseinandersetzung mit Bohren vgl. Eugen Wölfle, Zwischen Auftrag und Erfüllung. Eine pastoraltheologische Untersuchung und Begründung der volkskirchlichen Bestattung, Stuttgart 1993, bes. 17-26.

11 »Gesellschaftliche Bedürfnisse und theologische Normen«, ThP 6, 1971, 212-231.

12 Ebd., 217; der Begriff »Passageritus« = »rite de passage« stammt von A. L. van Gennep, Les rites de passage, Paris 1909, und bezeichnet Riten bei Übergängen im Lebenszyklus. Vgl. die Erläuterung durch Jetter und S. 28.

13 Ebd., 219.

14 Ebd., 228.

dingungen abhängig macht. Mit *Heinz Erich Eisenhuth* sieht er die Aufgabe im Versuch, »dazu zu helfen, daß die Betroffenen auf das vorhergehende Handeln Gottes die rechte Antwort finden möchten« (150). Die Grundlage aller kirchlichen Handlungen ist im Handeln Gottes vorgegeben, nicht in menschlichen Leistungen. Gottes Handeln aber gipfelt darin, »daß er uns seine Gemeinschaft erschließt, und dies ist ein Geschehen, das unsere ganze Existenz in ihrer Tiefe verwandelt« (151).

Im vierbändigen »Handbuch der Praktischen Theologie«, das seit 1981 in Gütersloh erscheint, werden die Kasualien dem Praxisfeld »Gemeinden« (Bd. 3, 1983) zugeordnet. Eine Reflexion der Kasualpraxis als ganzer erfolgt dort nicht. Sie würde ergeben, daß die Kasualien ebenso dem Praxisfeld »Der einzelne/Die Gruppe« (Bd. 2, 1981) und – jedenfalls in der Volkskirche! – »Gesellschaft und Öffentlichkeit« (Bd. 4, 1987) zugehören. Die Kasualien sind das kirchliche Handlungsfeld, in dem einzelne, Gruppen, Gemeinden und Öffentlichkeit so eng zusammengehören wie sonst nirgends.

»Sinngebung und Lebenshilfe« überschreibt *Klaus Will* seine Theorie der Amtshandlungen (1983), die er an der Konfirmation exemplifiziert. Er beschreibt die Problemgeschichte von *Günther Dehn* bis zur Verbindung der Kasualtheorie mit der Theorie der »Kirche in der Gesellschaft« (*T. Rendtorff, J. Matthes, Y. Spiegel* u.a.). Die Amtshandlungen sind ihm ein Beispiel für die Funktion der Kirche in der Gesellschaft, die er in religiöser Lebensbewältigung und -deutung im Kontext des Evangeliums findet. Das Evangelium müßte allerdings nach meiner Auffassung nicht nur Kontext, sondern Fundament der Kasualpraxis wie des kirchlichen Handelns insgesamt sein. *Will* folgt *Jetter, Matthes* und *Riess* in der seelsorgerlich-diakonischen Akzentuierung. Eine integrale Kasualpraxis, die Verengungen auf die homiletischen und liturgischen Funktionen überwindet, ist notwendig. Kirche und Pfarrer als Helfer zu bezeichnen (106), könnte aber neue Einseitigkeiten mit sich bringen, die nicht besser sind als das einseitige Verkündigungsmotiv. Schon der Hinweis auf das Helfersyndrom sollte vorsichtig stimmen. In der Bibel ist meist Gott der Helfende, und wenn in der Kasualpraxis Lebenshilfe geschieht, so durch ihn. Es ist wichtig, das zu betonen, weil sonst den Amtsträgern eine neue Art der Überforderung auferlegt wird. Außerdem wird damit – sicher ungewollt – ein Klerikalismus gefördert, der die Helfer den Hilfsbedürftigen gegenüberstellt, während tatsächlich die Pfarrer und Pfarrerinnen ebenso Hilfe brauchen wie die Adressaten ihres Dienstes.

Ferdinand Ahuis, Der Kasualgottesdienst (1985), bietet ebenfalls einen Forschungsbericht von *Dehn* bis zum Anfang der achtziger Jahre und schlägt eine Brücke zwischen Übergangsritus und Amtshandlung, indem er Rettung und Segen im Heilsbegriff verbindet. Die Kasualgottesdienste sind am vorhergehenden Handeln Gottes zu orientieren und können »zu einer ersten Berührungsstelle zwischen bestimmten Menschen und der Kirche werden« (160). Die gottesdienstliche Dimension der Kasualien soll in ihrer diakonischen Funktion lebendig werden. Das Kasualbegehren wird als »Signal für den Schrei nach Hilfe in einer konkreten Lebenssituation« verstanden, und solche Hilfe ist nicht von kirchlichem Wohlverhalten abhängig zu machen. Damit steht das Verhältnis von Diakonie und seelsorgerlich motivierter kirchlicher Ordnung zur Diskussion. *Dietrich Rössler*, Grundriß der Praktischen Theologie (1986), fügt das Kapitel »Amtshandlungen« in den Teil »Der Einzelne« ein und knüpft damit an E. *Meuß*, »Die gottesdienstlichen Handlungen von individueller Beziehung in der evangelischen Kirche« (1892), an. »Die Inanspruchnahme der Amtshandlungen verweist auf eine Art der Frömmigkeit, die primär an lebensgeschichtlichen Epochen orientiert ist« (202). »Die Amtshandlungen haben eine kaum zu überschätzende Bedeutung für die Bewältigung der Übergänge im Lebenszyklus« (204). Die Kirche soll diese Praxis der Lebensbegleitung nicht von ihren Erwartungen an ein bestimmtes Mitgliedschaftsverhalten abhängig machen. Seelsorgerliche Perspektiven rücken in den Vordergrund der Handlungen, in deren Mittelpunkt eine symbolische Feier steht. Die Leistungen der Liturgie und die Funktionen des Ritus sind für *Rössler* das wichtigste und gemeinsame Thema der Kasualien (205). Der Ritus erweitert die individuelle Perspektive, denn er bezieht die Betroffenen und mit ihm die Gruppe in einen überindividuellen Sinnzusammenhang ein. Das Kasualgespräch dient dazu, die jeweilige Situation zu erkunden und zusammen mit der Kasualpredigt »den lebensgeschichtlichen Zusammenhang des Kasus zur Geltung zu bringen« (211). *Rösslers* auf knappem Raum informative, auch historisch sachkundige Darstellung zeigt, daß der Ansatz beim einzelnen nicht ohne den Bezug auf die Sozialformen des religiösen und gesellschaftlichen Lebens möglich ist. Die neuste deutschsprachige Gesamtdarstellung der Kasualthematik legte der Berner Praktische Theologe *Theophil Müller* 1988 vor: »Konfirmation – Hochzeit – Taufe – Bestattung«. Er hat die Perspektiven der einzelnen, Gruppen, Gemeinde und Gesellschaft im Blick, geht aber betont vom Persönlichen aus, und zwar so, daß er seinen eigenen Zugang zum jeweiligen Thema darlegt. »Mein Ausgangspunkt für das Nachdenken ist das, was der Mensch in seinem Leben braucht und was er für sein Leben tut. Ich gehe also nicht von der Frage aus, wie Gott am Menschen handelt, etwa im Geschehen der Taufe oder im Tod« (18). *Müller* will die menschliche Situation und die Bedeutung Jesu für uns zusammendenken und zur Sprache bringen. Dazu setzt er fundamentaltheologisch an, indem er Vertrauen, Freiheit und Verantwortung als Grundstrukturen der »Sache Jesu« bezeichnet. Gegensatzpaare wie Gottes Welt gegen irdische Welt, alte Schöpfung gegen neue Schöpfung, menschliche Bedürfnisse gegen Gottes Wahrheit hält er nicht für sinnvoll. Ich frage dagegen, ob die »Sache Jesu« sich nach biblischem Zeugnis von solchen Gegensätzen lösen läßt. Jesu Ruf zur Umkehr schließt Konfrontationen ein. Ein Dauerproblem der Kasualien besteht in der Frage, wie menschliche Ansprüche und Gottes Anspruch sich zueinander verhalten. *Müllers* Stärke liegt in dem weitherzigen Verständnis für alles Menschliche, in großer Vorsicht gegenüber allem Unechten und in der klaren Rechenschaft über die eigenen Entscheidungen. Dem theologischen Ansatz kann ich nicht folgen und unterscheide mich deshalb auch in wesentlichen Einzelfragen von meinem Freund *Müller*. Z.B. ist es mir keineswegs »unwichtig, ob es nach meinem individuellen Tod für mich noch etwas gibt« (139f.). Für mich ist der Verlust der »Jenseitsoffenheit« eine schwere Verstümmelung des christlichen Glaubens (vgl. 143). Hier wird die »Sache Jesu« rationalistisch so verkürzt, daß die Transzendenz der Esoterik überlassen bleibt. An dieser Stelle verstehe ich den liberalen Ansatz auch anthropologisch nicht. Mit *Müller* (37ff.) begreife ich die Zuwendung zu den Menschen als die Grundhaltung im kirchlichen Handeln, und ich stimme ihm auch darin zu, daß die Angst vor der »billigen Gnade« weniger wichtig ist als die Sorge, daß das Leben der Menschen »gnadenlos« bleibt (vgl. 40). Gnadenlos bliebe aber unser Leben, wenn Gottes Gnade nicht die »neue Kreatur« zum Leben erweckte (2 Kor 5,17) und im Glauben den Zugang zu dieser Gnade eröffnete (Röm 5,2).

Jörg Dierken, Amtshandlungen in der Volkskirche. Zum theologischen Umgang mit Kasualfrömmigkeit (1991), kritisiert, daß die Theologie bisher für die Amtshandlungen keinen eigenen Ort zu bestimmen vermochte, obwohl die Kasualien als Haupttypus kirchlichen Handelns anzusehen und die evangelischen Kirchen derzeit vielfach Kasualkirchen sind. In der Kasualkirche sind individuelle Bedürfnislagen mit der sozialen Dimension verbunden. *Dierken* sieht eine Diskrepanz zwischen den ekklesiologischen Attributen der Einheit, Heiligkeit, Allgemeinheit und Apostolizität und der amtshandlungsorientierten Volkskirche. Er will diese Diskrepanz durch die funktionale reformatorische Bestimmung von Kirche überwinden: Reine Evangeliumspredigt und richtige Sakramentsverwaltung sind die Funktionen der Kirche, die ihr Wesen ausmachen. Das heißt auf die Kasualien bezogen: »Überführung der Individualitätsfrage in den Gottesgedanken sowie umgekehrt der Gottesfrage in den Individualitätsgedanken« (55). Der Kasualkirche fällt damit die Aufgabe der »Kontingenzbewältigung« durch religiös-theologische Kommunikation zu. Kasualpraxis ist Hilfe dazu, das Kontingente, Unverfügbare, Schicksalhafte zu verarbeiten und damit zu leben. Die Kirche darf sich freilich darauf nicht beschränken, sondern muß auch das Bestehende kritisch in Frage stellen und »zugleich einen visionär-utopischen Blick auf gesellschaftlich gelingendes Leben suchen« (56).

Michael Nüchtern, Kirche bei Gelegenheit (1991), will von nichtparochialen Handlungsfeldern wie Akademiearbeit und Erwachsenenbildung aus einen neuen Zugang zur Kasualpraxis gewinnen und damit zugleich ein Gegengewicht zur Rede vom Gemeindeaufbau schaffen. An den Beispielen von Konfirmation und Kindertaufe zeigt Nüchtern, wie sich Kirchenzugehörigkeit in punktuellen Begegnungen realisiert. Er wendet sich gegen die Betonung des Einbeziehens in die Gemeinde und möchte damit »aus der unglücklichen Alternative herauskommen, ob sich die Gemeinde den Bedürfnissen der Kirchenmitglieder unterwirft oder umgekehrt die Mitglieder den Reglementierungen der offiziellen Kirche« (27). In der Kirche sollen auch diejenigen anerkannt sein, die sie nur »bei Gelegenheit« in Anspruch nehmen. Solche Möglichkeit der Kirchenzugehörigkeit ist in der Tat nicht zu diffamieren. Ebenso sollte aber auch nicht das Bemühen abgewertet werden, die Kasualpraxis mit dem Gemeindeaufbau zu verbinden. »Kirche bei Gelegenheit« sollte so einladend wirken, daß möglichst viele Menschen im kontinuierlichen Leben der Gemeinde ihre geistliche Heimat finden.

Zwei umfangreiche neue Werke zur Liturgik bieten dazu Hilfen, indem sie die Kasualien im Rahmen des gesamten gottesdienstlichen Lebens der Kirche darstellen: *Rainer Volp,* Liturgik. Die Kunst, Gott zu feiern, Bd. 1 Gütersloh 1992, Bd. 2 Gütersloh 1994; *Hans-Christoph Schmidt-Lauber* und *Karl-Heinrich Bieritz* (Hg.), Handbuch der Liturgik. Liturgiewissenschaft in Theologie und Praxis der Kirche, Leipzig und Göttingen 1995. In der katholischen Praktischen Theologie werden die Kasualien vor allem im Rahmen der Sakramentenpastoral behandelt.[15] Neben diesen vorrangig liturgisch orientierten Werken ist besonders die Pastoraltheologie von *Paul Michael Zulehner* zu nennen mit ihrem Bd. 3 »Übergänge: Pastoral zu den Lebenswenden«, unter Mitarbeit von *Andreas Heller,* Düsseldorf 1990. Zu den Übergängen zählt *Zulehner* auch Krankheiten, Umkehr (Buße), Übergänge in der Zeit (Neujahr!) und in Kollektiven (die »Wende« 1989!). *Zulehner* zitiert *Steinkamps* Meinung, die Kasualpraxis trage »stärker zur Individualisierung von Religion bei als zur Gemeindebildung«, ja sie sei »eines der gravierendsten Hindernisse für den Aufbau einer basisgemeindlichen Kultur« (22). Damit ist die Frage nach den Beziehungen von Kasualpraxis und Gemeindeaufbau gestellt. *Zulehner* will die diakonische mit der mystagogischen, zur Gotteserfahrung helfenden Perspektive verbinden und sieht die Aufgabe der letzteren darin, »individuelle Lebensgeschichten von Menschen in die kollektive Lebensgeschichte des Volkes Gottes mit seinem Gott, der Kirche mit Gott einzubinden« (25). Die gemeindliche Perspektive ergibt sich als unbeabsichtigte Nebenwirkung bei dem Bemühen, Menschen in ihrem Leben zur Gotteserfahrung zu helfen. »Der Weg der urpersönlichen Mystagogie erweist sich damit als der sicherste Weg zum Aufbau lebendiger und wirkmächtiger Gemeinden« (27).

2. Grundlagen

a) Zur Terminologie: Kasualien oder Amtshandlungen?

In der Literatur werden beide Wörter synonym gebraucht. Der Terminus »Amtshandlungen« hat den Vorteil, kein Fremdwort zu sein, ist aber ebenso erläuterungsbedürftig wie »Kasualien«. Daß Handlungen gemeint sind, die eine berufene Amtsperson der Kirche auszuüben hat, ist klar, aber bei weitem nicht alle von diesen Amtspersonen vollzogenen Handlungen

---

15 Vgl. das Handbuch »Gottesdienst der Kirche« 7,1: Sakramentliche Feiern I, Regensburg 1989. Taufe und Firmung, sowie Bd. 8: Sakramentliche Feiern II, 1984. – Riten um Ehe und Familie, Sterbe- und Begräbnisliturgie.

nennt man Amtshandlungen. Außerdem sind die Amtspersonen, das heißt Pfarrerinnen oder Pfarrer, keineswegs die allein Handelnden. Sie könnten überhaupt nichts tun, kämen nicht Menschen zu ihnen, die ihrerseits die Initiative zum Handeln ergriffen hätten. Das Wort »Amtshandlungen« ist nicht geeignet, die klerikale Dominanz zu überwinden, die *Bohren* mit seinem radikalen Reformvorschlag beenden wollte.

Richtig verstanden, kommt in dem Begriff »Amt« etwas Wichtiges zum Ausdruck, nämlich der Moment des Auftrags und des Dienstes. *Luther* übersetzt bekanntlich »diakonia« mit »Dienst«. Ein den Menschen dienendes und helfendes Handeln ist gemeint, das im Auftrag und Geist Gottes geschieht. Die Amtsperson handelt auf Grund eines Dienstauftrages. Auch das gilt freilich für alles Handeln derer, die sich von Gott zu bestimmten Diensten berufen ließen und dafür von der Kirche Auftrag und Legitimation erhielten.

Der Terminus »Kasualien« drückt aus, daß Dienste in bestimmten Fällen (= casus) gemeint sind. In der Praktischen Theologie hat man diese Fälle unterschiedlich geordnet und begrenzt. Manche Autoren zählen dazu alle gottesdienstlichen Handlungen aus besonderem Anlaß, z.B. bei der Einweihung einer neugebauten oder renovierten Kirche, einer Orgel oder eines Kindergartens. In der neueren Praktischen Theologie geht aber die Neigung dahin, die Kasualien auf biographisch wichtige Anlässe zu beschränken. Bereits *Friedrich Niebergall* bezog 1904 die Kasualien auf die wichtigsten Lebenswendepunkte und definierte sie als »feierliche, in allen Fällen im wesentlichen gleichmäßig vollzogene symbolische Akte, die an besonderen Höhepunkten des Einzel- oder Gemeindelebens das Göttliche mit seinem Segen und seiner verpflichtenden Macht an das Menschliche heranbringen und das Menschliche wiederum mit Fürbitte, Dank und Gelöbnis vor Gottes Antlitz stellen«[16].

Die Rede vom »Fall« weist darauf hin, daß in einer jeweils einmaligen Situation gehandelt wird, und zwar in einer weitgehend der kirchlichen Planung entzogenen Situation. Die Kirche hat keinen Einfluß darauf, wann jemand heiraten will oder stirbt. Sie kann und soll Mut machen zur Taufe, sie kann auch Tauftermine ansetzen, doch es entzieht sich ihrer Verfügung, wie die Menschen darauf reagieren. Der Terminus »Kasualien« erinnert daran, daß Anlässe zu bestimmten Handlungen auf die Amtspersonen zukommen. Die mit diesen Anlässen gegebenen Chancen und Probleme sind so unterschiedlich wie die jeweilige Situation. Verallgemeinerungen, ohne die keine Theorie auskommt, führen deshalb schnell in die Irre. So ist es z.B. falsch, eine bestimmte Handlung, etwa die Beerdigung, als die schwierigste zu bezeichnen. Der Schwierigkeitsgrad ergibt sich aus dem Casus, nicht aus der Kasualie. Aus den genannten Gründen bevorzuge ich den Terminus »Kasualie(n)«.

---

16 Die Kasualrede, Göttingen 1904, 20f; vgl. Rössler, 199f.

b) Theologische Deutung

Kasualien sind in doppelter Hinsicht Fälle der Zuwendung: Sie sind Anlässe dazu, daß Menschen eine besondere Zuwendung erfahren und daß Menschen sich Gott zuwenden, und zwar dem Gott, der sich als Schöpfer, Erlöser und Vollender den Menschen zuwendet. Gottes Zuwendung geht der menschlichen voraus und ermöglicht sie.»Nicht ihr habt mich erwählt, sondern ich habe euch erwählt und bestimmt, daß ihr hingeht und Frucht bringt«, sagt Jesus nach Joh 15,16.»Darin besteht die Liebe: nicht, daß wir Gott geliebt haben, sondern daß er uns geliebt hat und gesandt seinen Sohn zur Vergebung für unsere Sünden« (1 Joh 4,10; vgl. Röm 5,8). Im Vorrang der göttlichen Zuwendung ist die Besonderheit der Kasualien gegenüber säkularen Äquivalenten begründet. Junge Menschen können in der Jugendweihe eine Zuwendung erfahren, die auf der menschlichen Ebene durch die beste Konfirmation nicht überbietbar ist. Bei weltlichen Trauerfeiern gewinnen die Menschen mitunter den Eindruck, daß die Redner besser auf die Trauernden und ihre Erwartungen eingehen, als sie das bei kirchlichen Begräbnissen erlebten. Auf solche Beobachtungen ist nicht nur mit der Forderung von mehr Einfühlung und menschlicher Zuwendung zu reagieren, so gewiß es auch daran oft fehlt. Gegenwärtig scheint der Mangel mehr darin zu bestehen, daß *Gottes* Hinwendung zu den Menschen zu schwach zur Sprache gebracht wird. Das werden wir bei den einzelnen Kasualien zu beachten haben.

In der Theorie der Kasualien wurde oft betont, daß es um Fälle geht, in denen Menschen in besonderer Weise Zuwendung brauchen. Besonders deutlich ist das bei der Beerdigung. Bei den anderen Kasualien ist das Krisenbewußtsein heute nicht mehr so stark entwickelt wie in der Zeit, als jede Geburt mit Lebensgefahr für Mutter und Kind verbunden war, als die Konfirmation für die meisten mit dem Übergang in ein hartes Berufsleben zusammenfiel und als die Trauung den Beginn einer risikoreichen Verbindung auf Lebenszeit markierte. Trotzdem erinnern die Kasualien nach wie vor daran, daß zu unserem Leben Markierungspunkte gehören, aus deren Anlaß wir besondere Zuwendung brauchen und erwarten. Die in zunehmendem Maß aufwendig gefeierten Geburtstage deuten darauf hin.

»Zuwendung« ist ein formaler Begriff. Mit welchem Inhalt wird er gefüllt? Das mehrdeutige Wort läßt Materielles assoziieren. Geschenke spielen bei den Kasualien eine wichtige Rolle. Mancher Konfirmand hält bis zur Konfirmation durch, weil es sich finanziell lohnt. Materielles gehört zum Ritus und ist nicht idealistisch abzuwerten, zumal auch die Kirche sehr gern Spenden anläßlich von Kasualien entgegennimmt. Materielles kann sichtbar machen: Du, der Täufling, Konfirmand, die Braut, ihr die Trauernden, seid uns etwas wert. Die materielle Zuwendung ist kein Maßstab für die Wertschätzung, wohl aber ein Zeichen.

Die kirchlichen Handlungen bedürfen der sichtbaren Zeichen, die aber in der Regel keinen materiellen Wert darstellen. Zur diakonischen Hilfe kann aber auch eine materielle Unterstützung gehören. Als die Kasualien noch bezahlt werden mußten, war es ein Liebesdienst, wenn die oft selber bedürftigen Pfarrer auf ihre Stolgebühren bei Armen verzichteten. Begegnen wir heute im Zusammenhang mit Kasualien sozialen Problemen, etwa der Arbeitslosigkeit, der Wohnungsnot, der Altersschwäche, so ist es meist schwer, seitens der Gemeinde wirksam zu helfen, aber in vielen Fällen lassen sich hilfreiche Verbindungen zu diakonischen oder staatlichen Sozialdiensten oder auch auf privater Ebene herstellen. Die Mahnung des Jakobus (2,15f.) schärft den Blick für die diakonische Dimension der Kasualpraxis.

Gottes helfende Zuwendung zu uns Menschen motiviert uns dazu, daß wir versuchen, füreinander dazusein. Seine Menschenliebe (philanthropia, Tit 3,4) bewegt zur Mitmenschlichkeit. Diese diakonische Konsequenz der göttlichen Zuwendung zum Menschen verbindet sich mit einer anderen, die wir die offertorische oder doxologische nennen können. Es sei an *Meuß* erinnert, der den Opfergedanken auf die Kasualien bezog (oben S. 18). Gemeint ist das geistliche Opfer (1 Pt 2,5), das in der Übergabe des ganzen Lebens an Gott besteht (Röm 12,1). Ein solches Opfer geschieht in der Kindertaufe, wenn Eltern ihr Kind Gott anvertrauen, und zwar nicht nur seinem Schutz, sondern auch seiner Leitung, womit sie ihr Kind in gewisser Weise auch aus der Hand geben. Solches Opfer geschieht, wenn Eheleute ihr gemeinsames Leben Gott übergeben, um sich von ihm führen zu lassen. Es ist ein solches Opfer, wenn Trauernde den geliebten Menschen loslassen und in die Hände Gottes geben. In diesen Akten der Hingabe vollzieht sich Zuwendung zu Gott als Antwort. In der volkskirchlichen Kasualpraxis läßt sich diese Antwort nicht zur Norm erheben. Bedingung kann sie ohnehin nicht sein, weil Gottes Zuwendung ja immer vorausgeht. Das Opfer des Dankes (vgl. Ps 50, 14. 23; Hebr 13,15f.) und der Hingabe an Gott gehört aber in jedem Fall zu den kirchlichen Handlungen. Die Gemeinde vollzieht an dieser Stelle auch einen stellvertretenden Dienst, indem sie in der Fürbitte Menschen Gott anvertraut und sich selber ihm aufs neue hingibt. Das geschieht z.B. in *Rambachs* Tauflied (EG 200), in dem es heißt: »Ich gebe dir, mein Gott, aufs neue Leib, Seel und Herz zum Opfer hin«.

Die Antwort der Menschen gilt dem dreieinigen Gott. Weil er der Schöpfer des natürlichen Lebens ist, bedeutet es keineswegs eine »Baalisierung«, wenn Natürliches und Geistliches (sagen wir ruhig auch »Religiöses«!) in den Kasualien verbunden werden. Der natürliche Mensch ist Gottes Geschöpf und zugleich dem Tod verfallen, von dem er nur durch Jesus Christus erlöst werden kann (Röm 7,24f.). Gottes Geist schafft Leben in einer dem Tod verfallenen Welt, und er gibt das Bewußtsein des neuen Lebens (Röm 8,9-16). Eine trinitarisch verstandene Kasualtheorie interpretiert diese als »Tore zum Leben«.

Diese Deutung schließt das Verständnis als Passageritus ein, das aus der Soziologie kommt (vgl. S. 20, Anm. 12). Das Bild des Tores sagt aus, daß ein dahinterliegender neuer Raum beschritten wird. Die Taufe eröffnet den Zugang zum Raum der sichtbaren und der unsichtbaren Kirche. Immer führt der Zugang zu einer spezifischen Qualität des Lebens. Das Tor eröffnet Leben, das mehrdeutig zu verstehen ist. Jesus sagt nach Joh 11,25:

»Ich bin die Auferstehung und das Leben. Wer an mich glaubt, der wird leben«. Leben ist hier im biologischen und im pneumatischen Sinn gemeint. Das Wort steht im Kontext der Auferweckung des Lazarus und bezeugt damit in massiver Weise den Wert des biologischen Lebens, weist aber zugleich darüber hinaus. Das natürliche Leben wird im Licht der Auferstehung gesehen. Diese Perspektive ist entscheidend wichtig für das theologische Verständnis der Kasualien: In ihnen geht es um menschliches Leben, das von der Auferstehung Jesu her und auf die Auferstehung der Toten hin verstanden wird. Nicht nur für die Bestattung ist das grundlegend, sondern für alle Kasualien. »Wer den Sohn (Gottes) hat, der hat das Leben« (1 Joh 5,12). In allen Kasualien wird dieses Leben mitgeteilt. Das ist mehr als *Deutung* von Leben, auch mehr als »Rechtfertigung von Lebensgeschichten«[17].

Die Kasualien sind Bestandteile und Markierungspunkte der Lebensgeschichten bestimmter Menschen mit Gott.

c) Wort und Ritual

Werner Jetter, dessen Buch »Symbol und Ritual« (1978) sehr zur Aufwertung dieser Elemente im evangelischen Gottesdienst beigetragen hat, erläutert Rituale wie folgt:

»Unter Ritualen versteht man sozial geregelte Wortfolgen und/oder Handlungsabläufe, die bei bestimmten Anlässen zur festen Gewohnheit und meist auch zur festen Einrichtung werden und so ihre absichtsvolle, den Regeln entsprechende Wiederholung erst ermöglichen und dann mehr oder weniger verbindlich machen. Sie stellen Handlungen dar, die vor allem der Bewältigung und Überbrückung von herausragenden Lebenslagen und -einschnitten dienen (›rites de passage‹). Sie stellen Verständigungsmittel dar, mit deren Hilfe man persönlich Erlebtes und Widerfahrendes zusammen mit Mitbetroffenen und auf dieselbe Weise wie andere, vergleichbar ähnlich Betroffene in der sozialen Gemeinschaft verarbeiten kann. Und sie stellen symbolische Vorgänge dar, die über sich selber hinaus- und auf Werte oder Werthaltungen verweisen, an denen sich die gesamte Gruppe orientiert und die man deshalb in dieser versteht. So betten Rituale die Betroffenen in das Leben ihrer Gruppe und in deren Wertsystem ein und stützen sich dadurch zugleich von innen.«[18]

Die protestantische Betonung des gepredigten Wortes und die Abwehr ritueller Gesetzlichkeit hatte ihre Kehrseite in einer theologischen »Degradierung des Rituals«, die sich »zu einer gehörigen Portion von Unverständnis weiterentwickeln« konnte.[19] Rituelle Elemente empfand man allzu oft als »katholisch« im nicht-evangelischen Sinn. Auf reformierter Seite ist die

---

17   Vgl. Wilhelm Gräb, Rechtfertigung von Lebensgeschichten, PTh 76, 1987, 21-38.
18   Der Kasus und das Ritual, WPKG 65, 1976, 209f.
19   Ebd., 212.

Antipathie gegen das Rituelle bis heute stärker ausgeprägt als im lutherischen Bereich. Selbst der Kreuzesgestus beim Segnen unterbleibt im reformierten Gottesdienst. In der Aufklärung galten rituelle Elemente weitgehend als abergläubisch, meist zu Unrecht. Eine Gefahr des Rituals besteht in der Erstarrung zur Form ohne Leben. Wir kennen das aus alltäglichen Begrüßungsritualen, wo auf die Frage: »Wie geht's?« meist gar keine Antwort mit inhaltlicher Substanz erwartet wird. Liturgische Texte wie Credo und Vaterunser sprechen wir oft ohne innere Beteiligung. Diese Gefahr der Routine läßt sich nicht durch Verzicht auf das Ritual ausschließen. Rituale sind aus den von *Jetter* genannten Gründen unverzichtbar. Sie wirken entlastend, da sie Hilfen zum Verhalten in bestimmten Situationen geben. Der Pfarrer braucht nicht bei jeder Beerdigung zu überlegen, ob und warum er den Erdwurf vollzieht, ob und wie er einen Segen spricht usw. Gäbe es keine agendarischen Ordnungen, würden Pfarrerinnen und Pfarrer sich solche schaffen.

Rituale haben oft symbolische Bedeutung, mitunter nur noch sehr undeutlich erkennbar. Das gilt z.B. für die Verwendung des Wassers bei der Taufe. Symbolisches Sterben und Auferstehen mit Christus läßt sich nicht durch einige Tropfen anschaulich machen, und auch zum Abwaschen gehört eigentlich mehr, als üblicherweise gebraucht wird. Manche Liturgen flechten deshalb erläuternde Kommentare ein, z.B.: »Dieses Wasser soll zeigen, daß Gott dich in der Taufe von allen Sünden reinigt«. Solche Kommentare gehören prinzipiell nicht in die Liturgie, sondern in die Kasualgespräche und in den Unterricht. Die evangelische Kirche des Wortes Gottes wird oft zur Kirche der allzu vielen Wörter von Menschen.

Rituale wirken nicht nur entlastend, indem sie wichtige Inhalte in bestimmte Formen kleiden, sie üben auch eine Schutzfunktion aus, indem sie die Beteiligten vor der Willkür der Handelnden bewahren. In der Weltchristenheit besteht z.B. Konsens zwischen allen großen Konfessionen, daß die Taufe nur gültig ist, wenn sie auf den dreieinigen Gott vollzogen wird. Dahinter steht kein Wortfetischismus, sondern die Einsicht in den Zusammenhang von Sprache und Inhalt. Der Inhalt dieser Handlung läßt sich nicht in eine beliebige sprachliche Form einkleiden, etwa um besserer Verständlichkeit willen. Das wird auch unter kirchenrechtlichem Aspekt zu beachten sein.

Die Gefahr liebloser Routine wirkt auf die Beteiligten abstoßender als diese oder jene schwer verständliche Formulierung. Für die Kasualien gilt generell wie für jeden Gottesdienst, daß die vorgegebene Liturgie nicht die Vorbereitung überflüssig macht. Je häufiger Kasualien anfallen und je weniger die Situation der Betroffenen bekannt ist, desto schwieriger wird eine situationsgerechte Vorbereitung nicht nur der Predigt, sondern auch der Liturgie. Die volkskirchliche Kasualpraxis leidet oft unter ungenügender Vor- und Nacharbeit. Das Problem der verfügbaren Zeit und der Findung von Prioritäten kann nicht en passant behandelt werden, aber klar sollte sein, daß die Kasualien in der Volkskirche und in der nachvolkskirchlichen Situation einen hohen Rang unter den pastoralen Aufgaben einnehmen müssen.

d) Segen

Eine Segenshandlung gehört zu allen Kasualien. Man kann den Segenszuspruch als die Form der Zuwendung bezeichnen, die den Kern aller Kasualien ausmacht. Segen ist »die in souveräner Freiheit gespendete Gnadengabe Gottes, mit der er einzelnen oder einem Volke seine Gunst zuwendet«[20]. Jesu Werk wird Apg 3,26 mit dem Wort »segnen« zusammengefaßt. »Segnet, und flucht nicht«, fordert Paulus die Gemeinde auf (Röm 12,14; vgl. 1 Kor 4,12; 1 Pt 3,9). Segnen ist ein performativer Sprechakt, d.h. die Worte bewirken, was sie sagen. *Fulbert Steffensky* erzählt in einem Aufsatz[21], daß ein Freund, der sich als Atheist bezeichnete, ihm beim Abschied einen Zettel gab, auf dem stand: »Gott behüte dich«. Er versteht dies als Beispiel dafür, daß der Segnende etwas spendet, das er selber nicht hat. Der Segnende läßt sich in eine Sprache und einen Gestus fallen, die größer sind als sein Herz. Segen ist »Vorgriff auf das, was man sein kann und sein wird«. In der evangelischen Theologie ist die Furcht vor einem magischen Mißverständnis des Segens seit der Aufklärung groß, zumal wenn er mit dem biblischen Brauch der Handauflegung verbunden wird. Die Handauflegung drückt überhaupt nichts Magisches aus, sie symbolisiert die gnädige Zuwendung Gottes zu einzelnen Menschen. Wort und Gestus bilden eine Einheit und drücken gemeinsam aus, daß Gottes Güte diesem bestimmten Menschen gilt. Die Freiheit des göttlichen Handelns wird davon überhaupt nicht berührt. In Gottes unbegreiflicher Freiheit ist ja auch begründet, ob der Mensch die ihm zugedachte gnädige Zuwendung Gottes glaubend annimmt oder sich dem Segen verschließt. »Wo Gott ist, geschieht Segen, – aber nicht alles, was sich Segnung nennt, kommt von Gott«, sagt *Mezger*[22]. Hier gilt Luthers Wort: »Soviel du glaubst, soviel hast du« (WA 2, 719). In der optativischen Form des Segens kommt zum Ausdruck, daß er zugleich Zuspruch und Fürbitte ist. Der oder die Segnende verfügt nicht über die Macht, einem Menschen Gottes Segen zuzuwenden, aber er oder sie glaubt mit der zu segnenden Person und für sie, daß Gott sich ihr gnädig zuwendet.

Wenn wir den Segen im Rahmen der »Amtshandlungen« bedenken, ist die Erinnerung wichtig, daß das Segnen eine Funktion des allgemeinen Priestertums ist. *Bohrens* Vorschlag, die Kasualpraxis den Laien zu übertragen, stößt auf große Schwierigkeiten, aber um einem Mitmenschen zu sagen: »Gott segne dich« (oder wie jener angebliche Atheist: »Gott behüte dich«), bedarf es keiner Ordination. Anläßlich von Geburtstagen und ähnlichen Anlässen sollten Christen einander nicht nur »Gesundheit und alles Gute« wünschen, sondern den Segen dessen, von dem alles Gute kommt.

»Segnen« (lat. benedicere, griech. eulogein, hebr. barak) bedeutet nicht nur die Zuwendung zum Menschen, in der diesem im Vertrauen auf Gott Gutes

---

20   H.W. Beyer, ThWBNT, II 754.
21   PT 82, 1993, 2-11.
22   M. Mezger, 255.

zugesprochen wird, sondern auch die doxologische Zuwendung der Menschen zu Gott, in der sie den Geber aller guten Gaben für diese preisen. In diesem Sinn segnete Jesus das Brot beim letzten Mahl (Mk 14,22 parr.). Die anbetende und fürbittende Hinwendung des Menschen zu Gott bezieht sich nicht nur auf Personen, sondern auch auf Gegenstände. Man spricht dann von Realbenediktionen[23]. Am ehesten ist uns im evangelischen Bereich die Einweihung von Kirchen und anderen kirchlichen Gebäuden vertraut, die manche Autoren zu den Kasualien zählen. Eine Feier dieser Art wird schon von der Tempelweihe Salomos 1 Kön 8 geschildert. Salomo segnete das Volk und pries Jahwe (V. 14f.: für segnen und preisen steht dasselbe Verb barak!) »Laß deine Augen offen stehen über diesem Hause Tag und Nacht« (V. 29); diese Bitte bezieht sich auf das, was im Tempel geschehen soll. Eine solche Bitte, vereint mit dem Dank für das gelungene Werk, liegt nahe, wenn Christen ein Haus gebaut haben, nicht nur für kirchliche Zwecke. Seit dem Mittelalter beziehen sich Realbenediktionen auch auf profane Bauten und Gegenstände wie Scheunen, Ställe, Wohnhäuser, Hospitäler. Abschreckend wirkt die Erinnerung an das Segnen von Waffen.

Offensichtlich sind Unterscheidungen notwendig. Als entscheidendes Kriterium gilt mit Recht 1 Tim 4,4f.: Was mit Danksagung empfangen wird, wird durch Gottes Wort und Gebet geheiligt. Waffen können wir heute nicht mehr mit Danksagung empfangen, sondern nur noch mit dem Kyrie eleison. Wie aber steht es mit einem neuen Feuerwehrhaus, einer Schule oder einem Sportplatz? Wir können dafür Gott danken und ihn bitten, daß in ihnen und durch sie Gutes geschieht. Wer den Kasualbegriff in diesem Sinn erweitern will, mag es tun. Theologisch ist nichts dagegen einzuwenden, daß Pfarrerin oder Pfarrer bei der Einweihung solcher Einrichtungen »Gutes sagen«. Wenn wir um Gottes Segen für Gebäude, für ein Flugzeug, ein Schiff oder andere Gegenstände bitten, so geschieht es um der Menschen willen, für die jene Gegenstände bedeutsam werden. Der Ritus will gut überlegt sein, Hilfen bietet Agende IV der VELKD. Fahnenweihen gehören nicht in Kirchen. Bittet ein Verein den Pfarrer um solchen Dienst, sollte über bessere Möglichkeiten der Zusammenarbeit beraten werden. Die Kirche soll weder ihren Senf noch ihren Segen zu allem geben, wohl aber dort präsent sein, wo sie Gottes Zuwendung zu den Menschen glaubwürdig bezeugen und dazu beitragen kann, daß sich Tore zum Leben öffnen.

Die Kasualien handeln von der Gabe des Lebens, die uns Gott in der Schöpfung zuwendet, also nicht nur durch Menschen, sondern auch durch die Früchte der Erde und durch die Tierwelt. Die spektakuläre Taufe von Katzen durch einen Thüringer Pfarrer verdunkelte die Frage, ob und inwiefern das segnende Handeln auch Tiere betrifft. Auf katholischer Seite

---

23 Vgl. Christian Grethlein im »Handbuch der Liturgik«, hg. von Hans-Christoph Schmidt-Lauber und Karl-Heinrich Bieritz, Göttingen/Leipzig 1995; Christian Eyselein, Segnet Gott, was Menschen schaffen? Kirchliche Einweihungshandlungen im Bereich des öffentlichen Lebens, Stuttgart 1993.

ist die Segnung von Ställen ein alter Brauch. Darf die Kirche ihren Segen zur industriellen Tierhaltung geben, indem sie um Gottes Segen für solche Anlagen bittet? Das ethische Problem kann hier nicht erörtert werden. Nach dem Kriterium von 1 Tim 4,4f. sind solche Handlungen m.E. nicht möglich. Wer für eine weite Kasualpraxis eintritt, muß doch dort Grenzen ziehen, wo Gottes Zuwendung zu seiner Schöpfung eher verdunkelt als gepriesen wird.

Wer als Christ in einer engen Beziehung zu Haustieren lebt, kann für sie Gott danken und bitten, z.B. bei einer Erkrankung. Dazu bedarf es keiner klerikalen Hilfe. Eine Ausweitung der Kasualpraxis auf die Tierwelt wäre nicht die angemessene Art, Gottes Segen in der ganzen Schöpfung und für alle Kreaturen zu erkennen und zu bewahren.

e) Persönliches und Kerygmatisches

Welchen Platz hat das persönliche Leben der vom Kasus Betroffenen in der Kasualpredigt? Diese Frage wird besonders im Blick auf die Bestattungspredigt immer wieder gestellt, weil sich mit ihr die Erfahrung unglaubwürdiger Aussagen über die Verstorbenen verbindet. Falscher Menschenruhm bedroht die Predigt in ihren Grundlagen, nämlich bei der Rechtfertigungsbotschaft als dem »Artikel, mit dem die Kirche steht und fällt«. Aus Furcht vor diesem Irrweg entschieden die Prediger sich oft für eine möglichst objektive biblische Predigt. Gegenwärtig dürfte diese Neigung zu einer unpersönlichen Objektivität kaum vorhanden sein. »Persönlich predigen« heißt ein Buchtitel und mit ihm ein homiletisches Programm unserer Zeit (*Axel Denecke* 1979). Jede Predigt soll versuchen, die meist recht bunt gemischten Hörerinnen und Hörer persönlich anzusprechen. Die Kasualien bieten in ganz anderer Weise die Möglichkeit, Menschen in ihrer konkreten Situation persönlich zu erreichen. Im Kasualgespräch gewinnt der Prediger Informationen über die an der Kasualie Beteiligten und damit ein viel präziseres Bild von der homiletischen Situation, als das im Gemeindegottesdienst möglich ist.

Persönliches und Kerygmatisches gehören zusammen, weil die biblische Botschaft immer bestimmten Menschen persönlich gilt. Methodisch wirkt sich das darin aus, daß der Predigttext von der Situation her und auf sie hin ausgewählt wird. Am besten ist es, wenn die die Kasualie Begehrenden den Text aussuchen, was ihnen durch Vorgabe einer Serie von Texten erleichtert werden kann. Wenn Taufeltern oder Täuflinge ihren Taufspruch selber wählen, verbinden sie bereits Persönliches und Kerygmatisches.

Die theoretische Frage, ob das Persönliche und damit Subjektive oder das Kerygmatische und Objektive Vorrang habe, ist bei den Kasualien sinnlos. Zuerst begegnet uns nie ein Text, sondern immer ein Mensch oder eine Menschengruppe. Ehe wir auf Gottes Wort für diese Menschen hören können, müssen wir auf die Menschen hören. Von ihnen her und auf sie hin hören wir dann Gottes Wort, so daß das Persönliche und das Kerygmatische sich gegenseitig beleuchten.

Fragen wir nach dem Persönlichen, so suchen wir streng genommen das Individuelle, je Einmalige, nicht zu Verallgemeinernde. Selbst wenn wir dem Persönlichen in diesem Sinne im Kasualgespräch nahekommen, haben wir es im Kasualgottesdienst doch mit einer gemischten Gruppe zu tun. Wir werden die Hauptpersonen besonders anzusprechen versuchen, doch schon unter ihnen bestehen Situationsdifferenzen, die sich in der Kasualgemeinde ausweiten. Unsere Beurteilung der Situation läßt sich deshalb immer mit von unserem Vorverständnis leiten. Dieses aber ergibt sich aus einer Zusammensetzung von eigenen Erfahrungen, theologischen und humanwissenschaftlichen Erkenntnissen. Mit *Theophil Müller* meine ich:»Empirische Wissenschaften sind nicht nur zur Analyse des Adressatenfeldes theologisch-kirchlicher Äußerungen wichtig. Sie müßten vielmehr in die theologische Interpretation von Erfahrung, in die Eröffnung von Lebensmöglichkeit und in die wegweisenden Einsichten eingeflochten sein, also an der Konstitution von Theologie selbst teilhaben«.[24] Deshalb setze ich jeweils mit empirischen Befunden ein. Die Interpretation dieser Befunde vollziehe ich allerdings von meiner theologischen Position her, so daß Befunde und Deutungen in einer dialektischen Beziehung stehen. Genau das geschieht in jedem Kasualgespräch: Ich versuche, die Menschen in ihrer wirklichen Situation wahrzunehmen, kann das aber nur tun als einer, dem ein Auftrag vorgegeben ist und der diesen Auftrag in bestimmter Weise interpretiert. Wenn ich auch den Terminus »Amtshandlung« möglichst meide, kann ich doch nicht leugnen, ein »Amtsträger« zu sein. Ich möchte mir durch die empirischen Wissenschaften das Wahrnehmungsvermögen schärfen lassen, kann aber nicht darauf verzichten, das Wahrgenommene theologisch zu beurteilen.

Daß Persönliches und Kerygmatisches in den Kasualien zusammengehören, ist heute in der Praktischen Theologie nicht umstritten. Schwieriger ist die Frage, wie sich die individuelle und die ekklesiologische Perspektive zueinander verhalten. *Michael Nüchterns* Beispiel (s. S. 23) zeigte, daß die Kasualien der Volkskirche geradezu als Alternative zum Gemeindeaufbau gesehen werden können. Ich plädiere dagegen für möglichst enge Beziehungen zwischen Kasualpraxis und Gemeindeaufbau.

f) Kasualien und Gemeindeaufbau

Im Begriff der Kasualie liegt das Moment des Zufälligen. Es ist nicht von seiten der Kirchengemeinde planbar, wann jemand stirbt oder ein Paar heiratet. Unter Gemeindeaufbau verstehen wir dagegen ein geplantes Handeln, auch wenn wir voraussetzen, daß Gottes unverfügbares Tun unsere Aktivitäten erst ermöglicht und sie zugleich begrenzt. »Gemeindeaufbau ist das Geschehen, in dem Jesus Christus seine Gemeinde schafft und sie befähigt, aus der Kraft des Evangeliums ihren missionarischen, seelsorgerlichen, diakonischen und liturgischen Auftrag zu erfüllen. Die

24 Müller, 20.

Gemeinde folgt dem Willen ihres Herrn, indem sie sich bemüht, in planmäßig fortschreitender Arbeit Strukturen des Gemeindelebens zu entwickeln, die dem Heilshandeln Christi dienen«. So habe ich »Gemeindeaufbau« im »Handbuch der Praktischen Theologie« Bd. 1[25] erklärt.[26] Oft wird der Begriff »Gemeindeaufbau« mit dem Attribut »missionarisch« verbunden, um zu unterstreichen, daß mehr als Bestandserhaltung angestrebt wird. In einer Zeit schrumpfender Kirchen sei angemerkt, daß es durchaus des Schweißes der Edlen wert ist, sich um die Erhaltung der Mitgliederzahlen zu bemühen, denn hinter den Zahlen stehen immer Menschen, denen wir die gute Nachricht schulden. Trotz aller Mängel ist die Kirche eine Chance, Menschen das Evangelium zu bringen, und gerade die volkskirchlichen Kasualien bieten Möglichkeiten, die nicht verspielt werden dürfen (vgl. oben S. 13). Die Rede vom Gemeindeaufbau, zumal wenn er »missionarisch« genannt wird, löst häufig Ängste aus, besonders in der Pfarrerschaft. Werden wir durch Gemeindeaufbauprogramme pietistisch vereinnahmt? Oder sollen wir uns einem aus den USA importierten evangelikalen oder charismatischen Management unterwerfen? Reißerisch aufgemachte Konzepte verunsichern oft mehr, als daß sie ermutigen, eingefahrene Gleise zu verlassen und hilfreiche Modelle zu entdecken.

Der hohe Stellenwert der Kasualien für die Volkskirche, den die Mitgliederbefragungen erkundeten, veranlaßt manche Theologen dazu, die Kasualien nicht durch die Programme des Gemeindeaufbaus vereinnahmen zu lassen. Letztere verbinden sich ja meist mit einer Kritik der Volkskirche, auch wenn diese grundsätzlich bejaht wird. Eine verstärkte Verbindung der Kasualien mit dem Gemeindeaufbau könnte, so fürchten manche, die große Zahl der »treuen Kirchenfernen oder Christen in Halbdistanz« abstoßen. Kann eine Kasualkirche zugleich Kirche des Gemeindeaufbaus sein? Diese Frage wird uns bei den einzelnen Kasualien begleiten. Den Lesern ist längst klar, daß ich sie positiv beantworte. Ich behaupte: Nur eine theologisch gut begründete Verbindung von Kasualpraxis und Gemeindeaufbau entbindet die in den Kasualien und in der Volkskirche liegenden Chancen, und ohne diese Verbindung ist die Kasualpraxis in der nachvolkskirchlichen Situation zum allmählichen Absterben verurteilt.

Kasualien und Religionsunterricht werden auf die Dauer nicht ausreichen, die »Christen in Halbdistanz« in der Kirche zu halten. Wir haben in der DDR erlebt, wie schnell eine Kasualkirche zusammenbrechen kann. Halbdistanz ist nicht die erwünschte und normale Form der Partizipation. Den treuen Kirchenfernen soll nicht das Christsein abgesprochen werden. Die Kirche hat allen Grund, ihnen für ihre Treue dankbar zu sein und sich zu hüten, sie irgendwie zu diffamieren. Offenbar empfinden manche Theologen es schon als eine Diffamierung, wenn die Befürworter des Gemeindeaufbaus mit der Halbdistanz nicht zufrieden sind, sondern möglichst viele der Kirchenfernen als Nahe gewinnen möchten. Aus der Sorge, jemanden

25   Berlin 1975, 178f.
26   Ähnlich Michael Herbst, Missionarischer Gemeindeaufbau in der Volkskirche, Stuttgart 1987, 66; vgl. auch 69.

auszugrenzen oder in ein Schubfach einzuordnen, wagen die Fürsprecher grenzenloser Offenheit nicht mehr, missionarisch zu denken und zu handeln.

Wenn man der gegenwärtigen Tendenz folgt, die Kasualien mehr von der Seelsorge und Diakonie als von der Predigt her zu verstehen, braucht man deshalb keineswegs die missionarische Intention auszuschließen. Wollen Seelsorge und Diakonie dem ganzen Menschen helfen, so gehört dazu das Leben im oben erwähnten biblischen Sinn, und zu solchem Leben will missionarisches Handeln helfen.

Fritz und *Christian A. Schwarz* wiesen in ihrer »Theologie des Gemeindeaufbaus« (1984) darauf hin, daß mit dem Gemeindeaufbau verbundene Kasualien zum Dienst »innerhalb der Gemeinschaft von Schwestern und Brüdern« werden (246). Aus der »Amtshandlung« wird die Praxis des allgemeinen Priestertums. Gemeindeglieder, die für einen bestimmten Bezirk verantwortlich sind, besuchen die Menschen zuerst zusammen mit dem Pfarrer und halten dann weiter zu ihnen Kontakt. »Die eigentliche Not bei den kirchlichen Kasualien ist, daß die Betroffenen es immer nur mit dem Pfarrer zu tun haben, weil niemals eine christliche Gemeinschaft in ihr Blickfeld tritt« (247). *Schwarz'* Ziel liegt darin, daß die Amtshandlung zu einer Sache der »Ekklesia«, also der »ganzheitlichen Gemeinschaft mit Schwestern und Brüdern« wird. Die Ekklesia ist dann die feiernde Familie. Das ist eine gute Möglichkeit für jene, die geistliche Gemeinschaft suchen und ihr privates Leben mit dieser »Ekklesia« verbinden möchten. Sie wollen Kirche nicht nur aus besonderen Anlässen erleben, sondern beständig in ihr beheimatet sein. In einer so engen Beziehung zur christlichen Gemeinde will nur eine Minderheit der Kirchenmitglieder leben. Die Volkskirche ermöglicht eine Partizipation aus der »Halbdistanz« heraus, die bei besonderen Anlässen punktuell zur Nähe wird.

Wer dann und wann diesen Schritt aus der Halbdistanz zur punktuellen Nähe hin tut, ist in der Kirche willkommen und soll das spüren. Kasualien und Gemeindeaufbau zu verbinden, bedeutet praktisch vor allem, daß die Kasualpraxis einladend wirkt. Wer sich darum bemüht, stößt bald auf die Zusammenhänge der Kasualpraxis mit dem Gemeindeleben als ganzem. Man denke nur an den Gottesdienst, an dem »treue Kirchenferne« teilnehmen, weil eine Kasualie abgekündigt wird. Wie erleben sie den Gottesdienst und mit ihm die Kirche?

Eduard Meuß hat vor einhundert Jahren die Kasualien als den »exponiertesten Posten der Kirche« bezeichnet.[27] Das gilt in der Volkskirche und ebenso in der säkularen Diaspora. Der Streit, ob Kasualien missionarische Gelegenheiten sind, erwies sich als unfruchtbar. Auf jeden Fall sind sie Kontaktgelegenheiten, mit denen wir sorgsam umzugehen haben. Wer in der Volkskirche unter der Belastung durch die Kasualien seufzt, sei daran erinnert, daß es noch belastender wirkt, wenn die Menschen gar keine Kasualien mehr wünschen.

---

27 Meuß, 66.

3. Ordnungen

a) Sinn und Grenzen des Kirchenrechtes in der Kasualpraxis

Hans Dombois interpretierte das Kirchenrecht als »Recht der Gnade«
(1961). Nach *Eduard Meuß* geht es in den Kasualien um das »Gnadenverhältnis der Gemeinde« (vgl. S. 17). Gnade ist die freundliche Zuwendung Gottes zu uns Menschen, die uns Tore zum Leben öffnet. Dürfen
Menschen ordnend und damit auch begrenzend auf diese Zuwendung
Einfluß nehmen? Die Antwort folgt aus der Tatsache, daß Gottes Zuwendung im Medium menschlichen Handelns geschieht. Was wir theologisch
als Handeln Gottes deuten und erbitten, wird durch menschliches Tun
erfahrbar. Dieses menschliche Tun erfolgt in der Absicht, dem Willen
Gottes gemäß zu handeln. Das Kirchenrecht soll dieser Absicht dienen,
dem gnädigen Willen Gottes zu entsprechen.[28] Faktisch hat es oft dem
Interesse der kirchlichen Institution und ihrer Amtsträger gedient. In der
volkskirchlich geprägten Gesellschaft verfügten die Verwalter der Kasualien
– die man in diesem Zusammenhang zutreffend »Amtshandlungen« nennen kann – über Macht. In unserem sächsischen Dorf war es in meinem
Konfirmationsjahr 1947 eine soziale Ächtung für den einen Jugendlichen,
dem der Pfarrer wegen wiederholten Fehlens im Unterricht und im Gottesdienst die Konfirmation verweigerte. Ging es dem Pfarrer darum, das
»Gnadenverhältnis der Gemeinde« vor der »billigen Gnade« im Sinn
Bonhoeffers zu bewahren, oder mußte er ein Exempel statuieren, um seine
Autorität zu bewahren und die üblichen Anforderungen an die Konfirmanden
durchzusetzen? Ich weiß es nicht, vielleicht kam beides zusammen. Zwanzig Jahre später habe ich selber junge Menschen konfirmiert, die weitaus
weniger Vorleistungen mitbrachten als mein verhinderter Mitkonfirmand
von 1947.
Ähnliche Auflösungserscheinungen kirchlicher Ordnungen haben wir bei
allen Kasualien erlebt, und wir müssen bei den einzelnen überlegen, wie
diese Entwicklung zu beurteilen ist. Das Kirchenrecht soll der Glaubwürdigkeit kirchlichen Handelns dienen. Vielleicht meinte unser Konfirmator
damals, es sei unglaubwürdig, einen jungen Menschen zu konfirmieren,
der sich desinteressiert gezeigt hatte. Noch vor 25 Jahren galt es bei uns als
unglaubwürdig oder unwürdig, wenn die Kirche einen Menschen beerdigte, der seine Mitgliedschaft aufgekündigt oder durch verweigerte Kirchensteuern eingefroren hatte. Zehn Jahre später fragten wir uns, ob das
finanzielle Kriterium ausschlaggebend sein darf. Dient es der Glaubwürdigkeit unseres Dienstes, wenn die Kirchenzucht ausschließlich an dieser
Stelle ansetzt? Verdunkeln wir womöglich die gnädige Zuwendung Gottes,
die in der Taufe geschah und nicht von menschlichen Leistungen abhängt?
Wie ist ein »Recht der Gnade« zu gestalten, das diese Gnade weder

---

28   Albert Stein tritt deshalb für ein diakonisch-missionarisches Amtshandlungsrecht
ein: Rechtstheologische Vorbemerkungen zu einer Reform des Rechts der kirchlichen
Amtshandlungen, PT 66, 1977, 231-244.

verschleudert noch als Instrument eigener Interessen mißbraucht? Haben Menschen sich von der Kirche abgewandt, so ist das vor allem eine Anfrage an uns, ob wir das uns Mögliche getan haben, daß diese Menschen etwas von der Zuwendung Gottes erfuhren.[29] Ihr Desinteresse an der Kirche könnte ja daher stammen, daß sie kein Interesse der Kirche an ihrer Person gespürt haben. Das Kirchenrecht und die kirchliche Praxis gingen in der Vergangenheit zu einseitig von der Bringeschuld der Mitglieder aus. In einer intakten Volkskirche erschien das als durchsetzbar, doch war es auch in ihr theologisch problematisch. Die Kirche verdunkelte damit ihre eigene Bringeschuld, den Menschen die gnädige Zuwendung Gottes mitzuteilen.

In den Freikirchen ist diese Umkehrung der Bringeschuld prinzipiell ausgeschlossen. Bringen sie den Menschen nichts, haben sie auch nichts von ihnen zu erwarten. Die Freikirchen können bei den Kasualien aus geistlichen Motiven Kirchenzucht üben, weil ihren Mitgliedern am Inhalt dieser Handlungen viel liegt. Kirchenzucht hat ja nur dann einen positiven Sinn, wenn die Betroffenen in den Handlungen, die ihnen versagt werden, einen Wert sehen und sich deshalb durch die Kirchenzucht zur Änderung ihres Verhaltens bewegen lassen, oder auch wenn die Kirchenzucht abschreckend auf andere wirkt. In Freikirchen und in Volkskirchen, die einen starken sozialen Einfluß auf ihre Mitglieder ausüben, kann die abschreckende Wirkung der Kirchenzucht groß sein. Entfällt der soziale Druck, der durch die Gesellschaft oder durch Gruppen – am stärksten in manchen Sekten – ausgeübt wird, bleibt nur die auf freier Entscheidung beruhende Motivation. Die Säkularisierung schwächt den sozialen Druck, der in der volkskirchlichen Gesellschaft kirchliche Verhaltensweisen unterstützt, zunehmend ab. Der Machtverlust und damit die verlorene Möglichkeit, kirchliche Ansprüche gegen den Willen der Betroffenen durchzusetzen, ist theologisch positiv zu beurteilen. Man muß aber zwischen sozialem Druck und sozialer Hilfe unterscheiden. In der DDR wurde die Jugendweihe wie früher die Konfirmation mit Hilfe von sozialem und politischem Druck durchgesetzt. Etwas ganz anderes ist die soziale Hilfe, die Menschen in Gruppen und Institutionen erhalten, um in der pluralistischen Gesellschaft ihre Identität zu finden und zu bewahren. Gemeindeaufbau ist im Rahmen solcher Hilfestellung zu verstehen. Dabei können kirchliche Ordnungen helfen oder hinderlich wirken.

Damit sind wir bei einem anderen wichtigen Aspekt kirchlicher Ordnung: Hilfe zur Identität. Wir können uns das am liturgischen Recht klarmachen. Der Protestantismus ist von Anfang an eine plurale Realität und ist mit dem Pluralismus der modernen oder postmodernen Gesellschaft verflochten. Dadurch ist er zu ständigem Bemühen um Gewinnung und Bewahrung seiner Identität gezwungen. Konfessionelle Identität hängt in starkem Maß von der gottesdienstlichen Praxis ab und damit auch von der Kasualpraxis. In der Taufe gründet christliche, und das ist mehr als konfessionelle, Identität. Die Ordnung der Taufe muß deshalb ökumenisch verantwortet

---

29　Ebd., 240.

und gestaltet werden. Es steht uns aus diesem Grund nicht frei, ob wir die trinitarische Taufformel und fließendes Wasser verwenden. Für die katholische Kirche ist ihr sakramentales Verständnis von Firmung und Ehe für die Kasualpraxis und für die konfessionelle Identität maßgeblich. Die evangelischen Ordnungen der Konfirmation und der Trauung sind oft durch die konfessionelle Abgrenzung bestimmt: Es wird vermieden, was katholisch wirkt. Protestantische Identität kann aber nicht von Gegensätzen und Abgrenzungen leben. Vielmehr ist zu fragen, ob und wie evangelische Ordnungen von anderen Konfessionen her bereichert werden können.

Die evangelische Freiheit gegenüber menschlichen Ordnungen schließt positiv ein, daß als sinnvoll beurteilte Ordnungen bewahrt werden. So sahen die Reformatoren keinen Grund, das aus dem Mittelalter übernommene Parochialsystem abzuschaffen. Bis zum Beginn des Industriezeitalters mit seiner hohen Mobilität und städtischen Anonymität bot das stabile Parochialsystem die Möglichkeit zu einer streng geordneten Kasualpraxis. Im überschaubaren Bereich der Ortsgemeinde begleitete die Kirche das Leben von der Wiege bis zur Bahre. Die Parochialbindung ermöglichte relativ enge Verbindungen zwischen Pfarrern und Gemeindegliedern. Nicht nur seelsorgerliche, sondern auch finanzielle Motive festigten die parochialen Strukturen, denn die Kasualien bildeten eine wichtige Einnahmequelle der Pfarrer, die auch aus diesem Grund großen Wert darauf legten, daß ihre Gemeindeglieder nicht kirchlich »fremdgingen«. Erst mit der Einführung der Kirchensteuern und dadurch ermöglichter fester Gehälter wurde die Kasualpraxis von der Belastung durch die »Stolgebühren« (von der Stola, die der Pfarrer bei Amtshandlungen trug) frei. Erhalten blieb die Regelung, daß Kasualien außerhalb der zuständigen Ortsgemeinde ein »Dimissoriale« erfordern, also das Einverständnis des Pfarramtes, in dessen Bereich die Betreffenden wohnen. Der Vollzug der Amtshandlung ist diesem Pfarramt zu melden und wird in seinen Kirchenbüchern ohne Zählung notiert, um Fehler in der Statistik zu vermeiden. Die Kasualien werden also dort statistisch erfaßt, wo sie vollzogen sind. Obwohl in der hochmobilen modernen Gesellschaft das Parochialsystem durchlässig sein muß und die Ergänzung durch andere Organisationsformen notwendig wurde, sollte die Ordnung des Dimissoriale bewahrt werden. Mindestens ist das Pfarramt, in dessen Bereich die Betreffenden wohnen, über den Vollzug einer Kasualie zu informieren, weil sich daraus Konsequenzen für die Gemeindepraxis ergeben können. Zum Beispiel kann der Vollzug einer Taufe den Anlaß bieten, die Familie zu einer passenden Veranstaltung einzuladen. Ohne entsprechende Informationen ist die Gemeindekartei zwangsläufig fehlerhaft.

Das Parochialsystem ermöglicht in Verbindung mit der Dimissorialpflicht die Kirchenzucht im Rahmen der Kasualpraxis. Die Geschichte der Kirchenzucht ermutigt nicht dazu, sie als Instrument der Seelsorge und des Gemeindeaufbaus einzusetzen. In der vorpluralistischen, volkskirchlichen Gesellschaft wurde Kirchenzucht mit Hilfe sozialen Drucks durchgesetzt. Zum Beispiel erhielten »gefallene Bräute« keinen Brautkranz, aber es kam vor, daß die Tochter des Gutsherrn mit Brautkranz Hochzeit feierte, obwohl sie im 6. Monat schwanger war. Der soziale Druck konnte gegen den Gutsherrn nicht ausgeübt werden. Die diskriminierende Kirchenzucht traf nur die Schwachen und verlor damit ihre Glaubwürdigkeit. Das gilt nicht für alle Formen der Kirchenzucht, aber die Gefahr kontraproduktiver Maßnahmen war in der geschlossenen Gesellschaft groß. In der pluralistischen Gesellschaft und in der nachvolkskirchlichen Situation läßt sich Kirchenzucht nur innerhalb verbindlich lebender Gemeinschaften sinnvoll praktizieren. Kirchenzucht schafft keine »Gemeinschaft der Heiligen«, aber wo Menschen sich freiwillig den Normen einer Gemeinschaft unterwerfen, lassen sie sich auch kritisieren und ermahnen. Wo solche Voraussetzungen fehlen, wirkt Kirchenzucht nur ausgrenzend oder wird als anmaßend empfunden.

Die Bereitschaft, vorgegebenen Normen zu folgen, ist in der »Erlebnisgesellschaft« und in der Kirche weitgehend verschwunden. »Freie Fahrt für freie Bürger« heißt es nicht nur auf der Autobahn, sondern auch auf den Wegen der Religion. »Religiosität folgt keiner im voraus festgelegten Ordnung mehr«, lesen wir in der jüngsten Untersuchung zur religiösen Situation in der Schweiz.[30] »Von institutionell festgelegter und vorgegebener, kollektiv-verbindlicher, konfessionell-kirchlich verfaßter zu individualisierter, entscheidungsoffener, selbstreflexiver, pluriformer Religiosität« verlaufe die Entwicklung. Die Kasualpraxis geschieht in institutionell festgelegten Formen und liegt insofern quer zu dieser Tendenz. Andererseits bezieht sie sich auf Individuen und läßt sich mit pluriformer Religiosität verbinden. Daß »jeder (und jede!) ein Sonderfall« ist, kommt in der Kasualpraxis mit ihrer seelsorgerlichen Komponente gut zur Geltung.

b) Ordination und Kasualien

In der katholischen Kirche ist in der Regel der geweihte Priester für die Kasualpraxis erforderlich. Die Ordination bzw. Priesterweihe gilt als Sakrament, das wie im orthodoxen und anglikanischen Bereich von einem in der apostolischen Sukzession stehenden Bischof zu vollziehen ist. Die Reformatoren lehnten den sakramentalen Charakter der Ordination ab, hielten aber an einem Akt der Berufung und Segnung zum Amt fest. »Die Ordination ist die öffentliche Bestätigung der Berufung, Erteilung der Befugnis zum besonderen, geregelten Dienst und Zuspruch der Verheißung im Blick auf diesen Dienst«[31]. Ebenso wie die jeweilige Einführung in den konkreten Dienst rechnen einige Autoren die evangelische Ordination zu den Kasualien. Der Terminus »Amtshandlung« hätte dabei seinen

---

30   Alfred Dubach/Roland J. Campiche (Hg.), Jeder ein Sonderfall? Religion in der Schweiz, Zürich/Basel 1993, 313.
31   E. Winkler, in: Handbuch der Praktischen Theologie I, Berlin 1975, 154.

besonderen Sinn, da die Handlung sich direkt auf das Pfarramt bezieht und ihr Vollzug leitenden Inhabern des Amtes vorbehalten ist. Im Unterschied zur Einführung wird die Ordination nicht wiederholt, auch dann nicht, wenn die mit ihr verbundenen Rechte zeitweise aberkannt oder freiwillig suspendiert wurden. Darin kommt zum Ausdruck, daß der Verkündigungsauftrag prinzipiell nicht zeitlich befristet ist, sondern für ein ganzes Leben gilt, während die mit der Einführung verbundene konkrete Verpflichtung zeitlich begrenzt ist. Somit markiert die Ordination stärker als die Einführung eine Lebenswende, die biographisch einen höheren Stellenwert hat als die Einführung von Kirchenältesten oder anderen befristeten Mitarbeiterinnen[32]. Trotzdem behandle ich die Ordination nicht als eine Kasualie, weil sie auf eine Berufsgruppe beschränkt ist. Ich möchte nicht zwischen berufsspezifischen und berufsneutralen Kasualien unterscheiden und bevorzuge daher einen engen Begriff der Kasualien, ohne dieser Abgrenzungsfrage theologischen Wert zuzumessen.

Wichtiger ist mir die Bedeutung der Ordination für den Vollzug der Kasualien. Das evangelische Kirchenrecht kommt an dieser Stelle dem katholischen und orthodoxen nahe, obwohl es nach reformatorischem Verständnis keine höhere »Weihe« gibt als die Taufe (vgl. S. 68-71). Auf evangelischer Seite gibt es keinen zwingenden theologischen Grund dafür, die Kasualien ordinierten Amtspersonen vorzubehalten. Die Nottaufe durch Laien ist auch nach katholischem Kirchenrecht möglich, das im Notfall sogar die Taufe durch Nichtchristen erlaubt. Wenn das evangelische Kirchenrecht die Kasualien in der Regel als Amtshandlungen der Ordinierten versteht, so ist das nicht theologisch zwingend, sondern wie bei der Feier des Heiligen Mahles eine sinnvolle Ordnung. Sie hängt mit dem Parochialsystem und mit dem öffentlichen Aspekt der Kasualien zusammen. Besonders deutlich ist das bei der Trauung. Wie noch zu zeigen sein wird, wurde viele Jahrhunderte kein Priester bei der Trauung benötigt. Die soziale Dimension der Ehe machte seine Mitwirkung mehr und mehr erforderlich, bis das Konzil von Trient 1563 eine bindende Regelung traf. Die theologische Aussage, daß die Eheleute einander das Sakrament der Ehe spenden, blieb gültig, aber aus Ordnungsgründen wurde die Mitwirkung des Priesters und der Trauzeugen konstitutiv für die Gültigkeit der Ehe.

Wie die Nottaufe zeigt, ist sogar bei diesem Sakrament, das die christliche Existenz begründet, nicht das ordinierte Amt erforderlich. Es sind wiederum Ordnungsgründe, die seine Beteiligung nachträglich bedingen. Der Taufvollzug ist dem zuständigen Pfarramt zu melden, damit die Eintra-

---

32 Die weibliche Form schließt hier die männliche ein, wie an anderen Stellen mit der männlichen auch die weibliche gemeint ist, weil ich es sprachlich lästig finde, immer beides zu nennen. In dieser Frage habe ich mir Inkonsequenzen erlaubt und denke, daß dies den Inkonsequenzen in der Realität der Geschlechterbeziehungen besser entspricht als die monotone Doppelung der Geschlechtsformen. Die Schreibweise »MitarbeiterInnen« werde ich nicht übernehmen, ehe der »Duden« sie einführt.

gung in die Kirchenbücher erfolgt und die Taufe als gültige Handlung beurkundet wird. Das evangelische Kirchenrecht ermöglicht Gemeindeaufbau auch dort, wo aus äußeren Gründen ordinierte theologisch ausgebildete Amtsträger fehlen. Nachdem der Stalinismus die Pfarrerschaft in der Sowjetunion liquidiert hatte, wurden evangelische Gemeinden unter der Leitung der »Brüder« neu aufgebaut, und zu den wichtigen Aufgaben dieser Laien gehörte der Neuanfang der Kasualpraxis. Sobald wie möglich wurden diese Laien allerdings ordiniert, weil ihr Dienst die öffentliche Legitimation brauchte und dem Wildwuchs gewehrt werden mußte. Übrigens haben es die patriarchalen Strukturen, die sich in der Dominanz der »Brüder« zeigten, nicht verhindert, daß in der Verfolgungszeit oft Frauen den Gemeindekern bildeten und auch Amtshandlungen vollzogen. Zum Beispiel haben sie unauffällig beim Baden Säuglinge getauft. Heute besteht die Gefahr einer neuen Klerikalisierung. Da allmählich eine neue Pfarrerschaft herangebildet wird – was zweifellos notwendig ist –, wird die Kasualpraxis wieder völlig zur Sache der Ordinierten.

Diese Erfahrung aus der jüngsten Diasporageschichte läßt ein ekklesiologisches Strukturproblem erkennen. Die evangelische Kirche ist zwar von der Fessel frei, die sich die katholische Kirche durch ihre Lehre vom Amtspriestertum angelegt hat, aber der funktionale Unterschied zwischen besonderen Amtsinhabern und Gemeinde verfestigt sich immer wieder zu einem Gegenüber derer, die Amtshandlungen spenden, und derer, die sie empfangen. *Rudolf Bohren* wollte dieses Problem lösen, indem er vorschlug, die Kasualien den Hausgemeinden zu übertragen, also zur Aufgabe des allgemeinen Priestertums zu machen (vgl. S. 19f.). So wünschenswert das wäre, so schwierig ist es in der Praxis, weil die Kasualien nicht weniger theologische Kompetenz erfordern als die Gemeindegottesdienste. Das wissen die Gemeindeglieder, und sie wehren sich mit Recht gegen Überforderung. Kirchenälteste sind eher bereit, einen Lesegottesdienst zu übernehmen als eine Trauung oder Beerdigung. Wo nichtordinierte Gemeindeglieder bereit sind, Kasualien in Absprache mit dem Pfarramt und mit Akzeptanz der Betroffenen durchzuführen, ist das eine hervorragende Möglichkeit des Priestertums aller Gläubigen. Nicht auf die Ordination kommt es an, sondern auf die theologische und kommunikative Kompetenz, auf die Akzeptanz seitens der Betroffenen und – das gehört zur Kompetenz – auf die Bereitschaft zur Kooperation in der Kirche. Unter diesen Voraussetzungen sollten innerkirchliche Gemeinschaften ihre Kasualien selber vollziehen können, also nicht an das Parochialsystem gebunden sein. Ich denke zum Beispiel an charismatische Gemeinschaften und an die Landeskirchliche Gemeinschaft. Es erschiene mir als die beste Lösung, wenn ihre Leiter ordiniert und damit bei aller rechtlichen Selbständigkeit in eine kirchenrechtliche Legitimation und Verbindlichkeit einbezogen würden. Kirchliches Leitmotiv darf dabei kein Herrschaftsanspruch sein, sondern nur das Bemühen, Menschen an wichtigen Lebensstationen Glaubens- und Lebenshilfe zu geben, sie Gottes freundliche Zuwendung erfahren zu lassen, ihnen Tore zu dem durch Christus geschenkten Leben zu öffnen.

4. Anregungen

a) »Integrale Amtshandlungspraxis«

Der Soziologe *Joachim Matthes* versteht darunter eine »Verknüpfung der verschiedenen an der einzelnen Amtshandlungspraxis beteiligten Lebenswirklichkeiten« und die »Erweiterung des Amtshandlungsgeschehens um fortsetzendes seelsorgerliches Handeln im Hinblick auf die verschiedenen beteiligten Lebenswirklichkeiten«[33]. Die Taufe ist für alle Phasen des Lebenszyklus bedeutsam und damit für alle Kasualien relevant. Gleiches gilt für die Wirklichkeit des Todes. Wenn das Sterben mit der Geburt beginnt, gehört es zur ganzen Lebensgeschichte. In den Kasualien sind Querverbindungen zwischen den verschiedenen Stationen möglich und wichtig. Jede Kasualie markiert in der Geschichte bestimmter Menschen mit Gott eine Station, der andere vorausgegangen sind. Bringen Eltern ein Kind zur Taufe, so ging ihre eigene Taufe, meist auch die Konfirmation und die Trauung, voraus. Mit der neuen Handlung wird die Bedeutung des vorhergegangenen Geschehens bewußt gemacht. Die Erinnerung daran bildet wichtige Inhalte der Kasualgespräche und -gottesdienste.

Matthes kritisiert – leider mit Recht! – ein Seelsorgedefizit in der Kasualpraxis. Integrale Amtshandlungspraxis heißt: Mit dem jeweiligen Gottesdienst ist der Fall nicht erledigt. *Matthes* nimmt die Konfirmation als Beispiel und entwickelt Gedanken, die dem Konzept des »konfirmierenden Handelns« entsprechen (vgl. S. 101f.). Von der Taufe an ist eine kontinuierliche Begleitung über die Kinderarbeit zur Konfirmation und darüber hinaus zur Jugendarbeit notwendig. Bei Beerdigungen ist die seelsorgerliche Hilfe nach der Trauerfeier oft noch wichtiger als vorher, aber sie unterbleibt weithin. Die nachgehende Seelsorge scheitert meist am Zeitmangel der Seelsorger/innen. Haben sie wirklich die Zeit nicht, oder setzen sie die Prioritäten falsch?[34] Das ist kein versteckter Vorwurf, sondern eine echte Frage aus eigener notvoller Erfahrung. *Matthes* fordert eine Prioritätensetzung zugunsten der Kasualien. Ich neige immer mehr dazu, ihm zuzustimmen. Angesichts des drastischen Rückgangs der Kasualien in den meisten ostdeutschen Gemeinden ist es hier möglich und notwendig, den einzelnen Kasualien mehr Zeit zu widmen als unter volkskirchlichen Verhältnissen. Je weniger Kasualien gewünscht werden, desto sorgfältiger müssen und können wir diese Chance nutzen. In großen volkskirchlichen Gemeinden ist ebenfalls eine Prioritätensetzung zugunsten der Kasualien notwendig. Allerdings hilft es kaum weiter, wenn man die Pfarrer/innen auffordert, erheblich mehr Zeit in die Kasualpraxis zu investieren. Wir brauchen vielmehr eine »integrale Amtshandlungspraxis« auch im Sinne

---

33   Ders. (Hg.), Erneuerung der Kirche – Stabilität als Chance? Gelnhausen/Berlin 1975, 101.
34   Die Frage nach den Prioritäten im kirchlichen Dienst beschäftigte mich schon vor über 20 Jahren. Vgl. dazu meinen Aufsatz in ZdZ 1973, 125-132.

der Verbindung mit dem Gemeindeaufbau (vgl. S. 33ff.). Die pastorale Kasualpraxis wird ohne Verbindung mit dem allgemeinen Priestertum hoffnungslos überfordert.

Praktisch besteht die Schwierigkeit darin, daß jede Innovation eine erhöhte Investition, mindestens an Zeit und Kraft, erfordert. Es ist leichter möglich, noch einige zusätzliche Besuche zu machen, als einen Besuchsdienst ins Leben zu rufen und am Leben zu erhalten. Wer davor zurückschreckt, sollte bedenken: Je eher wir Schritte tun von der pfarrerzentrierten zur kooperierenden Gemeinde, desto eher werden wir von der klerikalen Überforderung frei.

Seelsorgerliche Begleitung kann nur ein Angebot sein, das sich den Menschen nicht aufdrängt. Viele Menschen wünschen nach der Handlung keinen kirchlichen Dienst mehr. Sie sind froh, daß der Streß hinter ihnen liegt. Ihnen genügt die »Kirche bei Gelegenheit« völlig. Das ist zu respektieren. Bei der Taufe ist die Kirche allerdings verpflichtet, den Menschen Gelegenheiten zu schaffen, damit die Getauften die Bedeutung dieses Sakraments für sie persönlich erfahren.

b) Geburtstage als Kasualien?

»Fälle der Zuwendung« an wichtigen Stationen des Lebens ergeben sich in großer Zahl. Wann sind diese Stationen so wichtig für die Menschen und für die Gemeinde, daß letztere ihren Dienst anbieten sollte? In zunehmendem Maß gewinnen die Geburtstage an Bedeutung, wie sich an der Ausweitung der Geburtstagsfeiern ablesen läßt. Der Aufwand, mit dem diese Feiern begangen werden, ist natürlich auch Ausdruck von Wohlstand, zugleich aber Hinweis auf das Bedürfnis, Markierungen im Lebenszyklus zu begehen und zugleich in einer Welt der Individualisierung persönliche Beziehungen zu pflegen. Der Gemeinde muß daran liegen, ihrerseits an solchen Beziehungen teilzunehmen und sie zu fördern. Im Namen der Gemeinde Segenswünsche zu überbringen und damit die Verbundenheit mit den Feiernden zu bekunden, ist eine sinnvolle Aufgabe. Natürlich darf die Kirche sich dabei nicht aufdrängen. Heute wird kaum noch jemand unterstellen, der Pfarrer käme zum Fest, um gratis essen und trinken zu können. Trotzdem ist es möglich, daß Menschen es als Eindringen in ihre Privatsphäre empfinden, wenn eine Amtsperson unaufgefordert an einem privaten Ereignis teilnimmt. Dieselben Leute können es als angenehme Aufmerksamkeit beurteilen, wenn sie einen schriftlichen Glückwunsch erhalten. Das Verhältnis von Distanz und Nähe wird sehr unterschiedlich gewünscht und erfordert Sorgfalt. Meist vermissen jedoch die Menschen eher die Nähe der Zuwendung, als daß sie eine aufdringlich in den Privatbereich eindringende Kirche erleben. Wenn die Gemeinde weder am 70. noch am 80. Geburtstag irgendwie ihre Verbundenheit zeigt, bekundet sie, wenn auch ungewollt, ihr Desinteresse an den Menschen, die zu ihr gehören und von denen sie erwartet, daß sie Interesse an den Veranstaltungen der Gemeinde beweisen.

Manche Pfarrer halten Geburtstagsbesuche für Zeitverschwendung oder für klerikale Aufdringlichkeit.[35] Die hinter solchen Urteilen vorhandenen negativen Erfahrungen lassen sich nicht verallgemeinern. Zu fragen ist aber, in welchem Ausmaß Geburtstagsbesuche zu den Aufgaben der Pfarrer/innen gehören können oder sollen. Eine Auswahl ist unerläßlich, und damit verbindet sich die Gefahr, daß Gemeindeglieder sich benachteiligt fühlen. Bei Frau Meier war der Pfarrer zum 70. Geburtstag, zu Frau Schulz geht »nur« jemand aus dem Besuchsdienst, und Herr Schröder soll mit einer Karte zufrieden sein. Eine völlige Gleichbehandlung ist unmöglich, und wenn Frau Meier Kirchenälteste war, ist es in Ordnung, daß der Pfarrer mit der Gratulation ein Dankeswort verbindet. Problematisch ist, daß weithin nur der Pfarrerbesuch als vollwertig anerkannt wird. Damit ordnen die Gemeindeglieder den Geburtstagsbesuch quasi den Amtshandlungen zu. Macht die Pfarrerin fleißig Geburtstagsbesuche, kann das unbeabsichtigt zur Festigung der pfarrerzentrierten Gemeindestrukturen beitragen. Das gilt für den Besuchsdienst überhaupt, und ich halte es nicht für ein überzeugendes Argument gegen den pastoralen Hausbesuch. Die Pfarrerzentriertheit wird ja nicht dadurch überwunden, daß die Pfarrer/innen im Amtszimmer sitzen. Der Besuchsdienst im Rahmen des Gemeindeaufbaus wäre ein Thema für sich.[36] Diskutabel ist nicht die Frage, ob Pfarrer/innen Hausbesuche durchführen sollen[37], sondern wie der Besuchsdienst am besten zu verteilen ist. Wenn es zutrifft, daß die Geburtstage in zunehmendem Maß zu Kasualien werden, ist eine praktikable Ordnung notwendig, die keine kirchenrechtliche Relevanz hat, sondern der Gemeindesituation entspricht. Der Kirchengemeinderat beschließt beispielsweise, daß der Besuchskreis oder der Diakonieausschuß oder die Seniorengruppe in irgendeiner Form alle Gemeindeglieder ab 60 Jahre zum Geburtstag grüßt. Er legt ferner fest, an welchen runden Geburtstagen ein Besuch durch die Pfarrerin oder Diakonin oder Kantorin mit Kurrende oder Posaunenchor erfolgen soll und wer dafür verantwortlich ist. Solche Beschlüsse befreien die Mitarbeiterschaft vom Odium der Willkür. Allerdings wird eine schematische Gleichbehandlung aller Gemeindeglieder weder möglich noch angemessen sein. Es gibt Leute, denen es peinlich wäre, wenn der Pfarrer am 70. Geburtstag mit dem Posaunenchor käme, während andere darauf warten. Jede Regelung kann deshalb nur einen flexiblen Orientierungsrahmen bieten.

Eine andere Möglichkeit, Geburtstage als Kasualien zu feiern, ist der Geburtstagskaffee, zu dem größere Gemeinden einladen. Aus einer Nürn-

35   Vgl. Siegfried Dreher, Geburtstagsbesuche bei Jubilaren, PTh 71, 1982, 158-170.
36   Vgl. als Beispiel für projektorientierten, also zeitlich begrenzten Besuchsdienst »Neu anfangen – Christen laden ein zum Gespräch. Ein missionarisches Projekt öffnet Türen«, hg. von Otto Diehn, Ben Jakob und Gerhard Köhnlein, Gütersloh 1988; für den haushalterschaftlichen Besuchsdienst immer noch hilfreich: Hans Hartwig von Goessel/ Arthur Stephan, Die missionarische Dimension. Anstöße für die Praxis in der Gemeinde, Gladbeck 1965; ferner Günther Kehnscherper, Der Hausbesuch: Handbuch der Seelsorge, bearb. von I. Becker u.a., Berlin ⁴1990, 181-202.
37   Vgl. Hans Christoph Piper, Der Hausbesuch des Pfarrers, Göttingen 1985.

berger Gemeinde mit hohem Seniorenanteil wird folgende Praxis berichtet[38]: Die Fünfzigjährigen, Sechzigjährigen und ab 65 Jahren alle Gemeindeglieder erhalten eine schriftliche Gratulation, einen geistlichen Text, Informationen über die Gemeinde und eine Einladung zum Geburtstagskaffee mit einer Antwortkarte, die Diätwünsche oder anderes enthalten kann. Der Kaffee findet alle zwei Monate statt. An den runden Geburtstagen macht der Pfarrer einen Besuch.

Manche Praktiker raten dazu, zum Geburtstag einen schriftlichen Gruß zu schicken und danach die Jubilare persönlich zu besuchen, wenn der festliche Trubel vorbei ist und alte Menschen sich manchmal wieder einsam fühlen. Andererseits bietet die feiernde Runde Kontaktgelegenheiten, und man wird nicht generell festlegen können, welcher Termin zu bevorzugen ist.

Eine kirchliche Beteiligung an Geburtstagsfeiern trägt zur integralen Kasualpraxis im Sinne von *Matthes* bei. Geburtstage sind Zäsuren im Lebenszyklus wie Silvester und Neujahr im Jahreszyklus. Während am Jahreswechsel alle Menschen mit dem Verrinnen der Zeit konfrontiert werden und ihre Hoffnungen mit einem neuen Zeitabschnitt verbinden, macht der Geburtstag die Zeiterfahrung ganz individuell bewußt. Für Christen ist das Anlaß zum Dank, zur Besinnung und zur Hoffnung. Es ist unsinnig, dagegen einzuwenden, die Urchristenheit habe weder Geburtstage noch den Jahreswechsel gefeiert. Sie hat auch Weihnachten nicht gefeiert, und sie kannte keine Konfirmation. Die Entartung mancher Geburtstage zu Gelagen hat Parallelen bei allen Kasualien, die man deshalb auch nicht abschaffen wird. Versteht man Kasualien als »Kirche bei Gelegenheit«, so bieten Geburtstage Gelegenheiten zu Kontakten zwischen den Gemeinden und ihren Mitgliedern sowie darüber hinaus. Es wäre gut, wenn Gemeindeglieder runde und hohe Geburtstage mit Andachten verbinden und so eine neue Kasualpraxis schaffen würden. Eine Möglichkeit besteht darin, Geburtstage im Gottesdienst wie Kasualien abzukündigen und damit Segen oder Fürbitte zu verbinden.

c) Die Einschulung als neuer Passageritus

Der Schulanfang wurde in unserer Gesellschaft zu einem neuen Passageritus, und es ist zu fragen, ob sich damit eine neue Aufgabe der Kasualpraxis stellt. *Michael Meyer-Blanck* schlug vor, das »konfirmierende Handeln der Gemeinde« in vier Schritten zu vollziehen, die bei Ereignissen im Lebenszyklus und bei Gegebenheiten in der Gemeinde anknüpfen: Tauferinnerung bei der Aufnahme in den Kindergarten, Tauferinnerung und Stationssegen bei der Einschulung, Abendmahlszulassung und erste Antwort des Kindes nach dem Abschluß des 4. Unterrichtsjahres, zweite Antwort der Jugend-

---

38 Nach Karin Lorenz/Horst Reller, Alternative: Glauben. Missionarische Arbeitsformen in der Volkskirche heute, Gütersloh 1985, 153ff.

lichen in der Konfirmation nach der 8. Klasse.[39] Auf diesen Vorschlag wird im Kapitel III zurückzukommen sein. Er setzt die volkskirchliche Taufpraxis voraus. »Konfirmierendes Handeln« bezieht sich immer auf die schon geschehene Taufe. In der nachvolkskirchlichen Situation muß sich die Tauferinnerung mit der Taufeinladung verbinden. In gemischten Gruppen getaufter und ungetaufter Kinder kann die Erinnerung an die Taufe der einen für die anderen als Einladung zur Taufe wirken. Ich will jetzt nicht Themen des Taufkapitels vorwegnehmen, sondern die Situation bedenken, die wir zur Einschulung vorfinden. In den alten Bundesländern sind die meisten der deutschen Kinder getauft, in Ostdeutschland gilt das für eine Minderheit, freilich regional sehr unterschiedlich. Im Osten läßt sich weder die Aufnahme in den Kindergarten noch die Einschulung inhaltlich als Tauferinnerung gestalten. Auch im Westen bringen die Familien solche Ereignisse wie den ersten Gang in den Kindergarten und in die Schule nicht mit der Taufe in Zusammenhang. Schulanfang ist »ein weltlich Ding«. Offenbar ist das Bedürfnis, dieses Ereignis kräftig zu feiern, stark gestiegen. Auch wenn man manchen Aufwand für übertrieben halten kann, hat *Meyer-Blanck* Recht mit der Warnung, das Fest »nicht als übersteigerte Feierei in der Wohlstandsgesellschaft zu denunzieren«[40], zumal solche Kritik nichts ändert.

In der DDR brachte die Einschulung für christliche Familien erhebliche seelische Belastungen mit sich. Sie mußten sich mit dem Anspruch der Schule auseinandersetzen, daß die Kinder in die Pionierorganisation und später die FDJ eintreten. Die Konfrontation des christlichen Glaubens mit der marxistischen Ideologie war unvermeidbar. Es hing von der Toleranz der Lehrer/innen, besonders der Klassenleiter ab, ob und wie Kinder aus christlichen Familien akzeptiert oder isoliert wurden. Durften wir als Eltern unseren Kindern zumuten, daß sie in eine Außenseiterposition gerieten? In einer pluralistischen Gesellschaft stellen sich diese Fragen weniger hart, weil nicht mehr eine bestimmte Ideologie ihren Bildungsanspruch mit Macht durchzusetzen versucht. Das Problem, einer Minderheit anzugehören, ergibt sich für verschiedene Gruppen auch im pluralistischen Kontext. In manchen ostdeutschen Klassen sitzen weniger Kinder aus christlichen Familien als moslemische Kinder in manchen westdeutschen Schulen. Wenn Christen in Ostberlin oder Halle ihre Kinder zur Einschulung bringen, drängt sich die Frage auf: Wie werden diese Kinder in einer ganz anders gearteten Umgebung – zumal wenn sie in einem kirchlichen Kindergarten waren – zurechtkommen? Welchen Einflüssen werden sie ausgesetzt sein? Viel stärker als beim ersten Gang in den Kindergarten empfinden die Eltern und meist auch die Kinder, daß ein Einschnitt in ihren Beziehungen erfolgt, ein Trennungsschritt. Mit der Einschulung wird das Kind dem Konkurrenzkampf und Leistungsdruck ausgesetzt, in dem es sich ein Leben lang wird bewähren müssen, aber auch scheitern kann.

---

39 Wort und Antwort. Geschichte und Gestaltung der Konfirmation am Beispiel der Ev.-luth. Landeskirche Hannovers, Berlin/New York 1992.
40 Meyer-Blanck, 275.

Der Schulanfang ist also durchaus ein gravierender biographischer Einschnitt und damit ein Anlaß zu besonderer Zuwendung. In der DDR begann mit der Einschulung die Christenlehre. Gegenwärtig ist noch offen, wie sich künftig das Verhältnis von Christenlehre und schulischem Religionsunterricht gestalten wird. Ich hoffe, daß der Religionsunterricht als Teil des gesellschaftlichen Bildungsauftrags und die Christenlehre als Lebensäußerung der Gemeinde sich gegenseitig anregen und sich dadurch beide Formen religiöser Bildung auch den im Wandel befindlichen Anforderungen gewachsen zeigen. Der Schulanfängergottesdienst könnte eine Klammer zwischen der gesellschaftlichen und der kirchlichen Dimension religiöser Bildung und Erfahrung sein. Am besten wäre es, wenn er ökumenisch durchgeführt werden könnte. Theologisch besteht kein Hindernis, daß je ein katholischer, orthodoxer und evangelischer Schulpfarrer in der Aula einen Gottesdienst halten, in dem alle gesegnet werden, die es wünschen. Gerade wenn der Religionsunterricht konfessionell vorläufig getrennt bleibt, sind ökumenische Schulgottesdienste zu wünschen. Fragen dann die Kinder, warum sie im Unterricht getrennt werden, ist es um so besser.

d) Kasualien bei behinderten Menschen

Der im Rollstuhl lebende Theologe *Ulrich Bach* erzählt, daß er in einem diakonischen Haus mit der Hausmutter sprach, als eine dritte Person hinzukam und sich an die Hausmutter wandte, als sei er gar nicht da. Bei einem Behinderten brauche man sich nicht zu entschuldigen, wenn man ein Gespräch unterbricht, scheint sie gedacht oder unreflektiert vorausgesetzt zu haben. Das Beispiel zeigt, wie wenig selbstverständlich die Integration behinderter Menschen auch im kirchlichen Raum trotz aller Bemühungen ist. Wenn wir über die Kasualien im Zusammenhang des Gemeindeaufbaus nachdenken, steht außer Frage, daß alle behinderten Menschen als Getaufte gleichwertige Glieder des Leibes Christi sind. Nach 1 Kor 12,22 sind die Glieder des Leibes, die uns die schwächsten zu sein scheinen, die nötigsten. Bei der guten Absicht der Integration ist zu beachten, daß behinderte Menschen Persönlichkeiten sind, die wir nicht zu Objekten der Integration machen dürfen. Weder nehmen wir sie großzügig in die Gemeinschaft der Nichtbehinderten auf, noch gaukeln wir ihnen und uns vor, wir seien alle gleich, sondern wir erfahren Kirche als Gemeinschaft der Ungleichen, die dennoch in der fundamentalen Gemeinsamkeit des Glaubens verbunden sind. »Die übliche gesellschaftliche Regel lautet ›Gleich und Gleich gesellt sich gern‹. Für die christliche Gemeinde gilt: ›Gleich und Ungleich finden zueinander‹.«[41] Nur Gleich und Ungleich zusammen ergeben die Gemeinde als Leib Christi. Zur Ungleichheit

41 Gottfried Adam, Zur Konfirmation Jugendlicher mit einer geistigen Behinderung, in: ders. (Hg.), Religiöse Begleitung und Erziehung von Menschen mit geistiger Behinderung, Würzburg 1990, 73-80; Zitat 80.

gehören die völlig verschiedenen Arten von Behinderung. Körperbehinderte, Geistigbehinderte, Sinnesgeschädigte sind untereinander ebenso ungleich wie die Nichtbehinderten, unter denen ja niemand dem andern gleicht. Gerade die Kasualien machen uns bewußt, daß kein »Fall« mit dem andern identisch ist.

Es wäre eine Anmaßung, der unermeßlichen Vielfalt der Schicksale durch die pauschale Erwähnung einiger Behinderungen gerecht werden zu wollen. Mir geht es um eine integrale Kasualpraxis im Rahmen eines Gemeindeaufbaus, der selbstverständlich die behinderten Mitmenschen braucht, so wie sie die Gemeinde brauchen. Meine eigenen Erfahrungen beziehen sich besonders auf Geistigbehinderte, mit denen ich sehr intensive Gemeinschaft erlebte. Für sie gibt es keine »Kirche bei Gelegenheit«, die sich auf die Kasualpraxis beschränkt, sondern sie brauchen eine kontinuierliche Gemeinschaft. Zugleich sind sie aber Persönlichkeiten, denen wir nicht, auch nicht unter dem Ideal möglichst perfekter Integration, bestimmte Formen der Gemeinschaft aufnötigen dürfen. Am Beispiel der Konfirmation wird das zu konkretisieren sein (vgl. S. 118ff.). Zum Beispiel hat der sehr für die Integration eintretende *Ernst Wörle* Schwerstbehinderte auf Wunsch ihrer Eltern in einem eigenen Gottesdienst konfirmiert, und zwar ohne Abendmahl, weil manchen das Essen zu schwer fiel (vgl. S. 119).

Ernst Wörle sagt als Vater eines behinderten Jungen: »Was ich am Anfang bei seiner Geburt und im Schock der ersten Zeit noch nicht wissen konnte, ist dies, daß ich durch unseren Walter so viel Wesentliches über das Leben erfahre, daß ich mit ihm reicher bin als ohne ihn«[42], und er gibt die Reaktion einer Frau auf die gemeinsame Konfirmation behinderter mit nichtbehinderten jungen Menschen wieder: »Die Behinderten haben durch ihre Fröhlichkeit und ihre Spontaneität die Konfirmation zu einem Fest gemacht, wie ich es lange nicht mehr erlebt habe. Nicht wir haben den Behinderten an diesem Tag etwas geschenkt, sondern sie haben uns beschenkt«.[43] So schön solche Zeugnisse sind, so wenig dürfen sie das mit Behinderungen verbundene Leid verharmlosen. Behinderte sind benachteiligt, insofern gibt es keine völlige Integration. Zugleich aber sind sie Persönlichkeiten, die etwas zu geben haben, was die Gemeinschaft braucht. Zeugnisse von Betroffenen helfen, die rein defizitäre Sicht zu durchbrechen, die Ängste auslöst und dazu führt, die behinderten Menschen auszugrenzen. *Ulrich Bach* betont immer wieder, daß es zu dem von Gott gewollten Menschsein gehört, mit Mängeln zu leben. In der nicht vollendeten Welt dürfen wir Gesundheit nicht zum Normalen machen. Wie selbstverständlich gehen wir davon aus, daß unsere Kinder gesund geboren werden, daß sie als gesunde junge Menschen die Konfirmation empfangen, heiraten und uns gesunde Enkelkinder schenken. Wenn wir behinderten Mitmenschen begegnen, wird uns schockierend bewußt, daß all das überhaupt nicht selbstverständlich ist. Es könnte genauso uns treffen. *Roswitha*

---

42 Konfirmation geistig behinderter Jugendlicher, in: Gottfried Adam/Herbert Schultze (Hg.), Religionsunterricht mit Sonderschülern, Münster 1988, 292.
43 Ebd., 293.

Geppert schilderte ihr Schicksal als Mutter eines geistigbehinderten Jungen in dem Buch »Die Last, die du nicht trägst« (Halle/Leipzig 1978). Eltern gesunder Kinder können diese Last nicht nachempfinden. Wie schwer die Erkenntnis, ein behindertes Kind zu haben, von den Eltern und der ganzen Familie zu verkraften ist, wissen nur die Betroffenen selbst. Selbsthilfegruppen wie der Verein »Lebenshilfe« vereinigen Betroffene und tragen die Lasten gemeinsam.

Die kirchliche Diakonie hat in der Arbeit mit Behinderten Bahnbrechendes geleistet und gehört weiter zu den großen Trägern dieses Dienstes. Bisher lagen die Schwerpunkte dieser Arbeit in der Anstaltsdiakonie und zunehmend auch in Tagesstätten. Künftig wird die Gemeindediakonie verstärkt werden müssen, und zwar nicht nur in Form von Sozialstationen. Soweit irgend möglich, sollten behinderte Menschen in ihren Familien oder in ihren eigenen Wohnungen leben. Zu solcher Normalität gehört bei Christen die Beteiligung am Leben der Ortsgemeinden und damit auch die Inanspruchnahme der Kasualien. Wie reagieren wir, wenn Eltern ein geistigbehindertes Kind taufen oder konfirmieren lassen wollen oder wenn ein Querschnittsgelähmter heiraten will?

Ulrich Bach kämpft in vielen Veröffentlichungen dagegen, das Gesunde zum Normalen und Gottgewollten zu erklären[44]. Das Gesunde ist nicht näher bei Gott als das Kranke und Behinderte. »Gott kann das Leid (Krankheit, Schmerz, Behinderung) und auch das Nicht-Leid (Heilung, Gesundheit, Glück) geben.«[45] Wir wissen nicht, warum er den einen Behinderung und den andern Gesundheit gibt. Auch dann wissen wir es nicht, wenn wir es genetisch oder medizinisch erklären können. Unsere Aufgabe besteht auch nicht darin, Leiden zu erklären, sondern mit ihm leben zu helfen. Dazu sind auch die Kasualien da. Das Gespräch mit den Betroffenen bringt uns vor allem in die Rolle von Lernenden. Wie haben diese Eltern es bisher verarbeitet, daß ihr Kind behindert ist? Welche Hilfe kann ihnen die Taufe oder Konfirmation geben?

Behinderte Menschen sind benachteiligt. Daran ändern die besten theologischen Wahrheiten nichts. Dennoch bleiben sie wahr. Die Rechtfertigungsbotschaft sagt uns, daß alle Menschen Gottes Zorn verdienten, aber um Christi willen ohne ihr Verdienst von ihm angenommen werden (Röm 3,21-28; Gal 2,16; Eph 2,8f.). Nicht unsere Leistungen, sondern allein seine Güte und Vergebung bringt unser Leben in Ordnung. Deshalb gibt es kein Ansehen der Person bei Gott (Apg 10,34; Röm 2,11; Eph 6,9; 1 Pt 1,17; Jk 2,1). Was so oft in der Bibel steht, ist wichtig. Wie aber können das Behinderte erfahren? In Gottes Kirche gibt es jedenfalls sehr wohl das Ansehen der Person, auch in der Diakonie. Da wird eine Schülerin anders angesehen als der Chefarzt oder die Oberschwester, und ein Behinderter

---

44 Am wichtigsten finde ich sein Buch »Boden unter den Füßen hat keiner – Plädoyer für eine solidarische Diakonie«, Göttingen 1980; zuletzt erschien von ihm »Getrenntes wird versöhnt. Wider den Sozialrassismus in Theologie und Kirche«, Neukirchen-Vluyn 1991.
45 Bach in »Diakonie« 1993, 391.

anders als der Pfarrer. Wie kommen wir von den theologischen Wahrheiten zu einer Praxis, die aus ihnen hervorgeht und sie beglaubigt?

Nehmen wir die Taufe als die grundlegende Kasualie ernst, so wird die Abstufung der Christenmenschen auf Grund von Leistungen und daraus abgeleitetem Status fragwürdig. In der Taufe wird Gottes Gabe mitgeteilt, auf die niemand Anspruch hat und die niemand durch Leistungen erwerben kann. Ein geistig Schwerstbehinderter ist ebenso würdig, die Taufe zu empfangen, wie ein Erwachsener, der nach gründlicher Vorbereitung getauft wird, und ein gesundes Kind, das später sich seine Taufe persönlich aneignen soll. An dieser Stelle kommt praktisch zur Geltung, daß alle vor Gott gleich sind. Eine Aufgabe der Kasualpraxis und der ganzen Gemeindearbeit besteht darin, diese fundamentale Gleichheit der Glieder am Leib Christi zur Geltung zu bringen. Zur Kasualpraxis gehört wie zu allem kirchlichen Handeln die diakonische Dimension, ohne die es keinen Gemeindeaufbau gibt.

e) Musik bei Kasualien

Kasualien sind Feiern, zu denen gute Musik gehört. Die Atmosphäre der Feier wird durch die Musik nicht weniger geprägt als durch die gesprochenen Worte. In der Mühe, die wir auf die Musik verwenden, kommt Zuwendung zu den Menschen zum Ausdruck, um die wir uns bemühen. Da es uns um die Menschen geht, richten wir uns möglichst nach ihren Wünschen. Dabei können Konflikte zwischen diesen Wünschen und dem kirchlichen Charakter der Feier entstehen: »Bei Tauf-, Trau- und Trauergottesdiensten werden zunehmend Stücke gespielt oder gesungen, die mit der Verkündigung der evangelischen Kirche nichts zu tun haben«, schreibt Ernst Vielhaber.[46] Er meint einerseits, Kirchenmusiker und Pastoren dürften »nicht einfach servieren, was die Kundschaft wünscht«, weiß aber andererseits, daß Verbote nur Enttäuschung oder Wut bewirken. Hans G. Meyer-Hoffmann meint mit Alban Berg: »Musik ist Musik«, das heißt: Kirchenmusiker sollen sich den Möglichkeiten säkularer Musikliteratur öffnen. »Wie bei den Sakramenten die Elemente ..., so wird auch die Musik durch das Wort Gottes geheiligt.«[47] Abzulehnen sind nach seiner Meinung nur pervers-politische Elaborate, pornographisch eingefärbte Titel und dem Satanskult dienende Stücke.

Die Kreiskantorinnen und Kreiskantoren des Fachaufsichtsbezirkes Hildesheim verfaßten eine besonnene Stellungnahme zur »Musik bei Kasualien«[48], in der sie davon ausgehen, daß es ein völlig verständlicher und legitimer Wunsch ist, wenn die Leute in der Ausnahmesituation der Kasualien etwas Bekanntes hören oder singen wollen. Problematisch ist der Gedanke, für Geld alles haben zu können. Musik ist keine frei verfüg-

---

46   In: für den Gottesdienst Nr. 43, Juni 1994, 44.
47   Ebd., 46.
48   Ebd., 42f.

bare Ware. Sie darf nicht evangelischem Glauben widersprechen. Der Konflikt entsteht also am ehesten durch Texte, die zum evangelischen Glauben im Widerspruch stehen. Als Beispiel wird das Ave Maria genannt mit der Bitte »ora pro nobis« (bitte für uns). Stellt sich hier wirklich die Bekenntnisfrage? Wir müssen uns nicht mit allem identifizieren, was wir hören, auch in der Kirche nicht.

Erfreulich großzügig äußern die Kirchenmusiker sich in Bezug auf den Geschmack der Leute, die Wünsche äußern. Lieder wie »So nimm denn meine Hände« oder »Harre meine Seele«, die in der Frömmigkeit der Gemeinden stark verwurzelt, aber vor wenigen Jahren noch bei Kirchenmusikern und Pfarrern verpönt waren, sind nicht mehr tabu. Als biblisches Leitmotiv sollte für die Musik 1 Tim 4,4 gelten: »Nichts ist verwerflich, was mit Danksagung empfangen wird«.

Mit Recht weisen die Hildesheimer Experten auf die große Bedeutung des Gesprächs hin. Werden völlig abwegige Wünsche geäußert, ist freundlich, sachlich und gründlich, keineswegs aber schulmeisterlich oder von oben herab mit den Leuten zu reden. Wahrscheinlich stellt dieses Problem sich eher in der Volkskirche als in der säkularen Diaspora, wo die Eigenart der kirchlichen Handlung meist von vornherein den Beteiligten stärker bewußt ist.

Die Hildesheimer Stellungsnahme erwähnt ein Problem, das in der Geschichte der Kasualien mitunter peinliche Bedeutung erlangte, nämlich die finanzielle Seite. Führen Sonderwünsche zu erheblichem Probenaufwand, ist eine entsprechende Gebühr berechtigt. Daraus dürfen nicht wieder Beerdigungen oder Trauungen erster bis dritter Klasse entstehen. Hier zeigt sich die Grenze und Gefahr eines Selbstverständnisses der Kirche als Dienstleistungsbetrieb. Zwar hat sie Dienste zu leisten und dabei Wünsche der Interessenten zu berücksichtigen, aber diese Dienste geschehen als Diakonie in der Gemeinde.

Neuerdings wird diskutiert, ob für die Dienstleistungen bei nicht zur Kirche Gehörenden eine Gebühr als Ausgleich für die nicht gezahlte Kirchensteuer zu fordern sei. Ich halte das für den falschen Weg. Keine Gebühr kann ausgleichen, was über Jahre hin an Kirchensteuern zu zahlen wäre. Viele Kirchenmitglieder zahlen keine Kirchensteuer, so daß auch der Gleichheitsgrundsatz nicht durchzusetzen ist. Der Kirche ist es angemessen, mit ihren Diensten werbend zu wirken. Das schließt die Bitte um Spenden nicht aus, die theologisch angemessener und zugleich eine bessere Werbung ist als das Einfordern von Gebühren, das man vom Berechnen entstandener Sonderkosten zu unterschieden hat.

II. Die Taufe

1. Befunde

a) Historische Aspekte

Das Neue Testament enthält keine Tauflehre im Sinne eines systematisch entwickelten Lehrstückes, wohl aber Perspektiven, aus denen sich ein Taufverständnis systematisieren läßt.[1] Die Praxis der Taufe wird durchweg vorausgesetzt, und wo sie zum Thema wird, geht es um das in der Taufe begründete Leben, die neue Existenz der Getauften.[2] Nach Röm 6,3-7 verbindet die Taufe mit dem Kreuzestod Jesu als dem fundamentalen Heilsereignis, in dem das neue Leben der Glaubenden begründet ist. »In der Taufe wird die im Kreuzestod Jesu vorgegebene Aufhebung der alten Existenz des Menschen (V. 6) am Täufling realisiert (V. 3.4a).«[3] Daraus folgt die Möglichkeit und Aufgabe des neuen Lebens, das der Auferstehung Jesu entspricht. Kol 2,12 wird diese Möglichkeit und Aufgabe als gegebene Realität bezeugt: Die Getauften sind nicht nur mit Christus begraben, sondern auch mit ihm schon zum neuen Leben auferweckt. Kol 3 zeigt wie Röm 6, daß Gottes Handeln in der Taufe zu Konsequenzen im Leben der Getauften führt. Bei allen unterschiedlichen Akzenten der neutestamentlichen Aussagen zur Taufe besteht darin Übereinstimmung: Grundlegend ist Gottes Handeln im Christusgeschehen. Im Glauben eignen sich die Getauften an, was ihnen durch Christi Tod und Auferstehung zuteil wurde. Gal 3,27 drückt Paulus das mit dem Bild des Anziehens aus: »Die ihr auf Christus getauft wurdet, habt Christus angezogen«. Die Taufe verbindet mit Christus. Primär geschieht diese Verbindung durch Gottes Handeln, doch handelt sekundär auch der Mensch, indem er Gottes Gabe annimmt und dadurch sein Leben erneuern läßt.

---

1 Vgl. den Abschnitt »Biblische Taufperspektiven« bei Christian Grethlein, Taufpraxis heute, Gütersloh 1988, 143-183. Gründliche historische Informationen enthält Leiturgia V, Kassel 1970, mit den Arbeiten von Georg Kretschmar, Die Geschichte des Taufgottesdienstes in der alten Kirche, 1-348, und Bruno Jordahn, Der Taufgottesdienst im Mittelalter bis zur Gegenwart, 349-640.
2 Vgl. Gerhard Delling, Taufe und neue Existenz nach dem Neuen Testament, in: Taufe und neue Existenz, hg. v. Erdmann Schott, Berlin 1973, 11-20.
3 Ebd., 12.

Mit *Grethlein* läßt sich die Taufgabe im Neuen Testament zusammenfassen als Sündenvergebung, Geistempfang und neues Leben sowie Eingliederung in die Gemeinde. Apg 2,38-40 sind diese Wirkungen im Zusammenhang genannt (vgl. 22,16). Tit 3,3-7 wird die Taufe als die neue Geburt durch den Heiligen Geist verstanden und ausdrücklich den menschlichen Werken entgegengesetzt: Nicht weil wir Werke der Gerechtigkeit getan hätten, sondern weil Gott uns sein Erbarmen zuwenden wollte, hat er uns aus dem nichtigen Leben errettet. Durch den Heiligen Geist hat er uns zu neuen Menschen gemacht, durch seine Gnade sind wir gerecht und Erben des ewigen Lebens geworden. Daraus folgt die Aufforderung, »sich im Tun des Guten von niemandem übertreffen zu lassen« (Tit 3,8 nach Wilckens).

Der Zusammenhang von Geistesgabe und Eingliederung in den Leib Christi durch die Taufe ist 1 Kor 12,13 erwähnt. Er ist ebenfalls in der Apg vorausgesetzt (2, 38-41; 9, 17-19; 22,16). Der Aspekt der Zugehörigkeit zur Gemeinde ist primär nicht kirchenrechtlich bedeutsam, sondern für das Leben in der Gemeinschaft der Getauften wichtig, in der die kulturellen, nationalen und geschlechtlichen Unterschiede unwesentlich wurden (Gal 3,27f.). »Die Realisierung der Taufgabe in der Gemeinschaft mit anderen Getauften ist selbstverständlicher Bestandteil des Taufgeschehens.«[4]

Der sogenannte Missionsbefehl Mt 28,18-20 bezeugt, daß die Taufe auf den Auftrag Christi zurückgeht. Das gilt unabhängig von der Frage, wie die Exegeten diesen Text historisch einordnen. Auf jeden Fall sah die Urgemeinde ihre Taufpraxis im Einklang mit dem Willen des Herrn. Die Taufe wird hier mit der Lehre verbunden, ohne daß eine Reihenfolge festgelegt ist. Was Menschen tun können und sollen, nämlich alle Völker zu Jüngern machen, sie taufen und lehren, steht unter dem Vorzeichen und der Klammer der Zusage und Verheißung, daß dem Kyrios alle Macht übergeben wurde und er alle Tage bei den Seinen ist. Mt 28,19 enthält die trinitarische Taufformel, die für die Christenheit verbindlich wurde.

Der Zusammenhang von Taufe und Lehre ergibt sich aus der notwendigen Verbindung von Taufe und Glauben, auf der der Missionsbefehl im sekundären Markusschluß hinweist (16,16). Der Aufruf zum Glauben steht Apg 16,31 vor der Taufe, die allerdings noch in derselben Nacht stattfand. Ähnlich kurz währte der »Katechumenat« des Äthiopiers Apg 8,26-38. Nach einer kurzen gemeinsamen Fahrt mit einer grundlegenden Unterweisung tauft Philippus ihn. Die Frage: »Was hindert noch, daß ich mich taufen lassen?« (V. 36) deutet an, daß die Taufe nicht voraussetzungslos geschah. Der Erzähler sieht keinen Hinderungsgrund, nach kurzer Unterweisung einen Menschen zu taufen, der danach allein in eine heidnische Umgebung zieht. Einige spätere Handschriften zeigen, daß diese Großzügigkeit schon in der Alten Kirche als kühn empfunden wurde. Deshalb fügen sie im V. 37 ein, Philippus habe auf die Frage des Äthiopiers geantwortet: »Wenn du von ganzem Herzen glaubst, mag es geschehen«,

---

4   Grethlein, Taufpraxis, 183, im Orig. kursiv. Um diese Realisierung geht es in der Gemeindepädagogik. Vgl. dazu Grethleins Gemeindepädagogik, Berlin / New York 1994, 2. Kap.: Bildung im Umfeld der Taufe.

und der Täufling sagte: »Ich glaube, daß Jesus Christus der Sohn Gottes ist«. Der Zusammenhang von Taufe und Glaube drückt sich im Bekenntnis des Taufglaubens aus. Darauf weisen die sekundären Handschriften mit Recht hin. Sie spiegeln eine sinnvolle Entwicklung der Taufpraxis wider, können aber die pneumatische Flexibilität nicht verwischen, die am Anfang der christlichen Taufpraxis steht.

Die schwierigste mit der Taufe verbundene praktische Frage, nämlich die der Kindertaufe (genauer: Säuglings- oder Kleinkindtaufe) wird im Neuen Testament nicht entschieden, weil sie damals nicht zur Diskussion stand.[5] Exegetisch ist nicht nachweisbar, daß die Urkirche die Kindertaufe geübt habe. Ein exegetisches Argument für die Kindertaufe liefert der Hinweis, daß Apg 16,15 von der Taufe des Hauses der Lydia berichtet wird und daß zum Haus jeweils auch die Kleinkinder gehörten.[6] *Gerhard Delling*, der sehr entschieden für die Kindertaufe eintrat, urteilte als Exeget vorsichtig: Eine unmittelbare Auskunft darüber, ob die kleinen Kinder der jeweiligen »Häuser« getauft wurden, ist ebensowenig zu finden wie zu der Frage, ob die in christlichen Ehen geborenen Kinder bald die Taufe empfingen. *Delling* entnimmt die Begründung der Kindertaufe dem »Taufverständnis des Neuen Testamentes überhaupt«[7], nämlich dem Geschenkcharakter der Taufe. »Der Mensch wirkt in der Taufe nichts. Er ist ganz und gar Begabter – wie das Kind, das zu Jesus gebracht wird, das er annimmt, das er segnet, dem er Anteil an der Gottesherrschaft zusagt.«[8] Das sind auch für mich die entscheidenden Gesichtspunkte, aber es sind dogmatische, nicht exegetische Argumente. Auf die praktisch-theologische Seite des Problems wird S. 62f. eingegangen.

Eine andere praktische Streitfrage jüngeren Datums, die ebenfalls im Neuen Testament nicht direkt beantwortet wird, betrifft »Die Bedeutung der Taufe für die Zulassung zum Abendmahl«[9]. Schon die noch im 1. Jh., also in neutestamentlicher Zeit entstandene Didache bestimmt klar: »Niemand esse oder trinke von eurer Eucharistie außer denen, die auf den Namen des Herrn getauft sind« (9,5). Eindeutig ist aber schon im Neuen Testament die Einmaligkeit der Taufe als Eingliederung in den »Lebenszusammenhang mit Christus« (*J. Roloff*), während der und die Getaufte im Herrenmahl »immer neu die verbindliche lebensbestimmende Wirklichkeit des Ein-Leib-Seins der Vielen« erfährt.[10] Die Reihenfolge beider Sakramente ist unumkehrbar: »Die Taufe weist ein in die Gemeinschaft am Tisch des Herrn. Die Eucharistie aber ist das Mahl der Getauften, durch das

---

5   Vgl. Grethlein, Taufpraxis, 196ff.; Herbert Leroy, Kennt das Neue Testament die Kindertaufe? In: Walter Kasper (Hg.), Christsein ohne Entscheidung oder Soll die Kirche Kinder taufen? Mainz 1970, 55-71.

6   Vgl. Gerhard Delling, Zur Taufe von ›Häusern‹ im Urchristentum, in: Studien zum Neuen Testament und zum hellenistischen Judentum, Berlin 1970, 288-310.

7   Ebd., 310.

8   Ebd.

9   Vgl. das Votum der Kommission für theologische Grundsatzfragen des Bundes der Evangelischen Kirchen in der DDR zu diesem Thema, Berlin 1989.

10   Jürgen Roloff, Die Kirche im Neuen Testament, Göttingen 1993, 110.

die in der Taufe empfangene Heilsgabe immer neu aktualisiert wird.«[11] Sachlich ist diese Argumentation mindestens ebenso gewichtig, wie wenn sich eine Did 9,5 entsprechende Äußerung im Neuen Testament fände. Eine Preisgabe dieser Zuordnung von Taufe und Abendmahl würde beide in ihrem theologischen Gewicht und damit in ihrer geistlichen Bedeutung mindern.

Wir brauchen der Geschichte der Tauflehre und -praxis nicht durch die Jahrhunderte nachzugehen, denn für unsere praktisch-theologische Zielsetzung erbringt sie wenig außer den Auseinandersetzungen um die Kindertaufe. Darin zeigt sich ein positiver Befund: Es besteht ein weitgehender ökumenischer Konsens im Taufverständnis, der allerdings nicht von den Gegnern der Kindertaufe geteilt wird. Seit *Tertullian*, also seit ca. 200 n.Chr., bricht immer wieder Kritik an der Kindertaufe auf. Bei ihm steht dahinter ein Taufverständnis eher unter dem Vorzeichen des Gesetzes als des Evangeliums:»Wenn manche einsähen, daß die Taufe eine schwere Bürde ist, so würden sie sich vor deren Erteilung mehr fürchten als vor dem Aufschub derselben.«[12] Solche Furcht vor der schweren Bürde veranlaßte viele Christen im 4. Jh. zum Taufaufschub. Prominentestes Beispiel ist *Konstantin der Große*, der sich erst auf dem Sterbebett taufen ließ. Der Taufaufschub zeigt, daß man die Taufe sehr ernst nahm, so ernst, daß man davor zurückschreckte. In gewisser Weise kommt darin bereits die Problematik der volkskirchlichen Taufe zum Ausdruck: Werden alle getauft, so besteht die Gefahr der Entwertung. Nimmt man die Taufe in ihren Konsequenzen ernst, so fühlen sich viele überfordert. Seit dem 4. Jh. steht die Kirche vor der Aufgabe, zur Taufe zu ermutigen, sie einladend und doch als verbindliches Geschehen den Menschen nahezubringen.

Die in der Reformationszeit aufbrechende Täuferbewegung stellte mit ihrem Widerspruch gegen die Kindertaufe das volkskirchliche System in Frage. Mit der Erwachsenentaufe verknüpfen die Täufer ein alternatives Kirchenmodell.[13] Ohne das ekklesiologische Motiv ist der Taufstreit bis heute nicht zu verstehen. Weltweit gesehen, wachsen seit Jahrzehnten am meisten die Kirchen und Gemeinschaften, die entweder die Kindertaufe ganz verwerfen und nur die Gläubigentaufe im baptistischen Sinn praktizieren und anerkennen, oder die doch letztere eindeutig bevorzugen und die Kindertaufe höchstens tolerieren. An dieser Stelle sind künftig gravierende Konflikte zu erwarten, weil von baptistischer und pfingstlerischer Seite oft gar kein Verständnis für die Bedenken der traditionellen Großkirchen vorhanden ist.

Das ökumenisch bedeutsamste Dokument zum Taufverständnis der Gegenwart ist die Konvergenzerklärung von Lima 1982[14]. Sie beschreibt die

11 Ebd.; vgl. das o.g. Votum, darin aus neutestamentlicher Sicht Günther Baumbach, 25-33.
12 De baptismo 18, BKV 7, 297.
13 Vgl. Hans-Jürgen Goertz, Die Täufer. Geschichte und Deutung, Berlin 1988.
14 »Taufe, Eucharistie und Amt«, zit. nach »Dokumente wachsender Übereinstimmung«, hg. u. eingeleitet von Harding Meyer, Hans Jörg Urban und Lukas Vischer, Paderborn/Frankfurt a.M. 1983.

Intentionen der Säuglings- und der Gläubigentaufe und bindet beide in die Gemeinschaft des Glaubens ein. »Jede Taufe gründet in und bezeugt Christi Treue bis zum Tod« (Nr. 12). Die Kirchen, in denen die Säuglingstaufe praktiziert wird, sollen »sich gegenüber der Praxis einer offensichtlich unterschiedslosen Taufe schützen und ihre Verantwortung ernster nehmen, getaufte Kinder zu einer bewußten Verpflichtung Christus gegenüber hinzuführen« (Nr. 15).

Die »Praxis einer offensichtlich unterschiedslosen Taufe«, vor der hier gewarnt wird, gehört weitgehend der Vergangenheit an. Das zeigt schon die Statistik des Taufalters, auf die noch einzugehen ist. Der Brauch, die Säuglinge am Tag nach ihrer Geburt oder bald danach zu taufen, ging auf die Tauflehre *Augustins* zurück, der von der Erbsündenlehre ausging und die Verlorenheit aller Ungetauften behauptete. Dagegen wandte sich schon *Luther*, der selber am Tag nach seiner Geburt getauft wurde. Bis zum Beginn der großen gesellschaftlichen Umbrüche im 19. Jh. durch Industrialisierung und damit verbundene Urbanisierung wurden in Europa praktisch alle Kinder christlicher Eltern getauft. Der Gedanke einer exklusiven Heilsnotwendigkeit der Taufe trat dabei immer mehr zurück. Das zeigte sich auch im Rückgang der Nottaufen, die früher oft von den Hebammen vollzogen wurden. Im 19. Jh. nimmt in den Kirchenbüchern die Zahl der ungetauft verstorbenen Kinder zu.

Ein anderes Problem, das historisch überholt ist, stellt die Haustaufe dar. *Carl Immanuel Nitzsch* notiert in seiner Praktischen Theologie[15], daß fast überall neben der Taufe in der Kirche die in Häusern praktiziert wird, und er sieht die Notwendigkeit, »sich dagegen zu wehren, daß die Haustaufe mehr und mehr in ein bloßes Familienfest verwandelt werde«. Die Übung der Haustaufe begann in adligen Häusern und breitete sich in der Aufklärungszeit teilweise aus praktischen Gründen aus. So gab es im Winter Taufen in Häusern oder geheizten Schulstuben.[16]

Am Ende des 18. Jh. begründete man Haustaufen auch damit, daß sich bei ihnen eine größere Gemeinde versammle als in der Kirche. Dieses Argument ist ernstzunehmen: Nicht auf die Kirche als sakralen Ort kommt es an, sondern auf die Gemeinde, in die hinein getauft wird, und die kann sich als Hausgemeinde darstellen. Aus dem Befund, daß die Übung der Haustaufe in unserem Umfeld überwunden ist, ergibt sich nicht automatisch eine höhere ekklesiologische Qualität der Taufpraxis.

b) Empirische Aspekte

Die jüngste Mitgliederbefragung der EKD ergab den überraschenden Befund, daß die Kirchenmitglieder in den alten Bundesländern heute positiver zur Taufe stehen als vor zehn und zwanzig Jahren. 93% der

---

15   Bd. II, Bonn 1860, § 375.
16   Vgl. Paul Graff, Geschichte der Auflösung der alten gottesdienstlichen Formen in der evangelischen Kirche Deutschlands, Bd. 2, Göttingen 1939, 225.

westdeutschen Evangelischen sprachen sich für die Taufe ihrer Kinder aus, während es 1982 88% und 1972 82% waren. Bei einer Befragung in der Schweiz erklärten sogar 98% ihre Zustimmung zur Taufe.[17] Die inhaltliche Füllung der Taufe seitens der Befragten weicht nicht so stark von der kirchlichen Linie ab, wie es viele theologische Kritiken erwarten ließen. Große Bedeutung wird der Aufnahme der Kinder in die Gemeinschaft der Gläubigen beigemessen: 90% stimmen dem entsprechenden Satz zu. Hohe Zustimmung findet mit 77% der Satz: »Ein Kind wird getauft, weil es christlich erzogen werden soll«. Damit ist nicht gesagt, daß die Eltern ihre Kinder selber christlich erziehen wollen, wohl aber, daß sie eine solche Erziehung für sinnvoll halten und dafür die Dienste der Kirche und der Schule in Anspruch nehmen werden. »Mit der Taufe wird ein Kind unter den Schutz Gottes gestellt«, meinen 74%, und 72% bejahen den Satz: »Mit der Taufe wird der Beginn eines neuen Lebensweges gefeiert«. Am niedrigsten ist mit 50% die Zustimmung zu dem Satz: »Ein Kind wird getauft, damit ihm für die Zukunft nichts verbaut wird«. In der DDR hätte dieser Satz auf die Jugendweihe bezogen eine hohe Zustimmung gefunden. Bezogen auf die Taufe haben die Befragten kaum an die berufliche Karriere gedacht, sondern an die geistige Entwicklung der Kinder. Ihnen soll nicht die Möglichkeit verbaut werden, sich später frei für eine Glaubens- und Lebensweise zu entscheiden. Die mit der Taufe beginnende christliche Erziehung eröffnet dazu einen Weg. In diesem Sinn ist wohl auch zu verstehen, daß 61% den Satz bejahen: »Ein Kind wird getauft, weil das einfach dazu gehört«. Die Autoren von »Fremde Heimat Kirche« haben sicher recht, daß sich darin nicht nur eine inhaltsleere, opportunistische Anpassung ausdrückt, sondern »die Bejahung einer kulturellen und geistigen Heimat, die Verwurzelung in einer Familientradition, eine Standortbestimmung in der Generationenfolge« und die »Bedeutung einer identitätsstiftenden Traditionsübernahme«[18]. Wenn 62% dem Satz zustimmen, die Taufe sei vor allem eine Familienfeier, so darf dieser Befund nicht von den übrigen Aussagen isoliert werden. »Vor allem« war eine Vorgabe der Befragung, und wer den Stellenwert der Familie positiv würdigen wollte, mußte diese Vorgabe akzeptieren. Mit 40% lag die Zustimmung zu diesem Satz 1982 deutlich niedriger als 1992. Das bedeutet keineswegs eine engere Kirchenbeziehung der Befragten von 1982, denn die Zustimmung zu den ekklesiologisch wichtigen Sätzen lag 1982 ebenfalls deutlich unter den Werten von 1992. Die Taufmotivation ist vielmehr 1992 deutlicher auf die Kirche bezogen als zehn Jahre davor. Dieser Befund steht in Spannung zu der verbreiteten These – für die ebenfalls empirische Argumente vorliegen –, daß die Religiosität sich von den kirchlichen Institutionen löse. Die Institution der Taufe ist in den volkskirchlich strukturierten deutschsprachigen Landeskirchen trotz der allgemeinen Institutionskrise erstaunlich stabil. Daraus folgt die Verpflichtung, eine Chance zu nutzen, die in

---

17 Dubach/Campiche, 65. Vgl. zur Taufmotivation Grethlein, Gemeindepädagogik, 50-56.
18 Fremde Heimat Kirche 18.

Ostdeutschland bereits weitgehend verloren ist.[19] »Auch in Ostdeutschland dominiert die Kindertaufe«, heißt eine Überschrift in »Fremde Heimat Kirche« (45). Das trifft zu, sofern evangelische (und katholische) Eltern mehrheitlich ihre Kinder taufen lassen. Für die Kindertaufe sind 95% der 14-17jährigen, 93% der über 70jährigen, 91% der 50-69jährigen. Am niedrigsten liegt die Zustimmung zur Kindertaufe mit 77% bei den 40-49jährigen Evangelischen, von denen auch nur 55% ihre Kinder taufen ließen. Bei diesen Daten ist nicht nur zu fragen, ob die Zahl der Befragten für repräsentative Ergebnisse ausreicht, sondern auch zu betonen, daß es sich um Erhebungen bei den 27% der Bevölkerung handelt, die in Ostdeutschland zur evangelischen Kirche gehören. Umgerechnet auf die Bevölkerung, liegt die Zustimmung zur Taufe insgesamt und zur Kindertaufe speziell viel niedriger. S. 12 wurde bereits auf die Statistik der Evangelisch-lutherischen Landeskirche Sachsens hingewiesen, deren Ergebnisse günstiger sind als im Durchschnitt der ostdeutschen Landeskirchen. In dieser Kirche erfolgte in den achtziger Jahren, also vor der politischen Wende, eine deutliche Zunahme sowohl bei den Kinder- als auch bei den Erwachsenentaufen. Letztere stiegen von 9,2% im Jahre 1981 auf 24,2% der Taufen 1991. In der Evangelischen Landeskirche Anhalts waren 1992 23,5% der Getauften Erwachsene. Auch wenn dieser Trend sich nicht fortsetzt, ist doch die Verschiebung des Taufalters im Osten erheblich stärker zu verzeichnen als in den alten Bundesländern, wo Grethlein bereits 1988 auf eine entsprechende Entwicklung aufmerksam machte.[20] Die Studien- und Planungsgruppe der EKD entnimmt der Taufstatistik sowie der Taufbereitschaft und -praxis der jüngeren Generation in den neuen Bundesländern, »daß die Kirchenmitgliedschaft in Ostdeutschland auch künftig zum allergrößten Teil über die Kindertaufe in der Familie weitergegeben werden wird.«[21] Damit darf die Kirche sich aber nicht begnügen. Die Taufstatistik ist in den meisten ostdeutschen Landeskirchen negativ, das heißt es scheiden mehr Mitglieder durch den Tod aus, als durch die Taufe aufgenommen werden. Rein statistisch gesehen muß die Kirche missionarisch tätig sein, will sie nicht weiter schrumpfen. Natürlich ist nicht das statistische Motiv maßgebend, aber hinter den Zahlen stehen Menschen, die Gott in der Taufe beschenken will, Menschen, denen er sich in Jesus rettend zugewandt hat. Nur um dieser Menschen willen, nicht aus kirchlichem Geltungsstreben, ist die Statistik ernstzunehmen. Das gilt nicht nur für die neuen Bundesländer, sondern auch für die schrumpfenden westdeutschen Kirchen. 32% der aus westdeutschen Landeskirchen Ausgetretenen würden sich für die Taufe ihrer Kinder entscheiden, ergab die

---

19 Die Situation war allerdings schon in der DDR regional höchst unterschiedlich. Vgl. Götz Planer-Friedrich, Taufe im Übergang. Die Bedeutung der Taufpraxis für den Gemeindeaufbau in den evangelischen Kirchen der Deutschen Demokratischen Republik, in: Christine Lienemann-Perrin (Hg.), Taufe und Kirchenzugehörigkeit, München 1983, 367-388.
20 Grethlein, Taufpraxis, 51ff.
21 Fremde Heimat Kirche, 47.

Befragung![22] Wie erreicht die Kirche diese Menschen? In der nächsten Generation schwindet die Chance auf ein Minimum: Nur 4% der schon immer Konfessionslosen sprachen sich für die Taufe ihrer Kinder aus. Im Osten standen 19% der ehemaligen Kirchenmitglieder der Taufe positiv gegenüber. Auch hier ist nach der Repräsentativität des Befundes zu fragen, aber noch wichtiger ist die Anfrage: Wie gewinnen wir diese 19% dafür, daß sie nicht nur eine alte Sitte wieder aufgreifen – etwa unter dem Motto: »nützt es nichts, wird es auch nicht schaden« –, sondern dem Evangelium begegnen?

Die Befunde beweisen eine enge Affinität von Kirchlichkeit bzw. Religiosität und Familie. Die erwähnte Schweizer Befragung verstärkt diesen Eindruck. In der Bedeutung der Lebensbereiche stand auf einer Skala mit den Werten 1–7 an erster Stelle die eigene Familie mit Kindern (Wert 6.4), gefolgt von Beruf und Arbeit mit 5.9, Freundeskreis (5.7), Freizeit und Erholung (5.6), Verwandtschaft (4.9), während Religion und Kirche nur 4.4 und Politik/öffentliches Leben 4.2 Punkte erhielten. Die Kirche erhält einen höheren Stellenwert, wenn sie nicht isoliert und lebensfremd *neben* der Familie und den anderen Bereichen steht, sondern *für* sie relevant wird. Das beweisen die Antworten auf den Einfluß religiöser Überzeugungen im Alltag. An erster Stelle steht die Bedeutung der Religion für die Kindererziehung, die von 89% bejaht wird. In der säkularen Diaspora Ostdeutschlands liegt dieser Anteil sicher viel niedriger. Ein guter schulischer Religionsunterricht dürfte hier eine Chance sein, die Bedeutung von Religion überhaupt und von christlichem Glauben speziell für das Leben ins Bewußtsein zu bringen. Damit kann der Kirche nicht ihre missionarische Aufgabe abgenommen werden, aber es läßt sich das gefährliche Bildungsdefizit verringern, unter dem unsere Gesellschaft leidet.

2. Grundlagen

a) Theologische Erkenntnisse und menschliche Erwartungen

Die im Neuen Testament vorgegebenen Grundlagen der Tauflehre und -praxis wurden oben unter 1. besprochen und sind hier nicht zu wiederholen. Die empirischen Befunde zeigten ein starkes Interesse am familiären Bereich, das sich biblisch jedenfalls in Bezug auf die Taufe nicht begründen läßt. Die neutestamentlichen Motive und die empirischen Befunde konvergieren am ehesten beim Ritus der Initiation, also der Aufnahme in die Kirche. Sie stimmen darin überein, daß die Taufe der Anfang eines Weges mit Gott ist. Die Taufe ist ein Tor zum Leben, das Gott gibt.

Das Neue Testament sieht dieses Leben, das als Gottes Gabe aus der Taufe hervorgeht, sozusagen unter eschatologischem Blickwinkel. Insofern hatte *Günther Dehn* recht, der von *Karl Barth* herkommend erklärte: »Die Taufe hat nichts zu tun mit unserer Kreatürlichkeit, sondern mit der neuen

---

22 Ebd., 56.

Kreatur, nichts mit der Schönheit und Herrlichkeit dieser unserer Erden-wirklichkeit.«[23] Den Angehörigen geht es aber bei der Kindertaufe in starkem Maß um das kreatürliche Leben ihres Kindes und damit durchaus um die Schönheit und Herrlichkeit dieser unserer Erdenwirklichkeit. Wir dürfen den zweiten und dritten Artikel des Credo auch an dieser Stelle nicht gegen den ersten ausspielen, selbst dann nicht, wenn wir meinen, die Leute blieben zu sehr beim ersten stehen. Wenn wir um der neuen Kreatur willen die Kreatürlichkeit vernachlässigen, blockieren wir uns selber den Zugang zu den Menschen. Gott wendet sich seinen Geschöpfen gnädig zu, nicht nur der »neuen Kreatur«. Das gilt auf allen Altersstufen, nicht nur bei Säuglingen. Deshalb ist es berechtigt, wenn Menschen mit der Taufe die Erwartungen des segnenden Handelns Gottes verbinden, und es ist ange-messen, daß die Taufliturgie von der Segnung der Kinder durch Jesus erzählt (Mk 10,13-16parr.), obwohl die Segnung exegetisch nicht mit der Taufe zu verbinden ist. Darum kann ich *Dehns* Kritik, das Kind sei zu sehr in den Vordergrund der Taufe geraten, nicht zustimmen. Ob Kind, Jugend-licher oder Erwachsener: Der Täufling steht im Vordergrund, denn an ihm oder ihr handelt Gott. 74% der Befragten stimmten 1992 dem Satz zu: »Mit der Taufe wird ein Kind unter den Schutz Gottes gestellt.« Bei der Befragung fehlte die Vorgabe: »In der Taufe nimmt Gott den Täufling als sein Kind an.« Dieser Satz würde sicher auch eine hohe Zustimmung finden. In dem beliebten Tauflied von *Johann Jakob Rambach* (EG 200,2) heißt es: »Du hast zu deinem Kind und Erben, mein lieber Vater, mich erklärt«. Hier ist natürlich vom Kind im Sinn der neuen Schöpfung die Rede, und die Taufe ist das »Bad der Wiedergeburt« (Tit 3,5) zur Gottes-kindschaft, die der Getaufte im Glauben annimmt. Was das bedeutet, bleibt den Menschen verschlossen, wenn sie sich nicht als Menschen angenom-men fühlen.

Gott nimmt uns als seine Kinder an, indem er uns unsere Sünden vergibt. Mit dieser traditionellen Redeweise drücken wir aus, daß eine Grund-differenz zwischen Gott und uns Menschen besteht, die Sünde, die wir nicht von uns aus beseitigen können. Wir sprechen von der Erbsünde und meinen damit, daß wir sozusagen in diese Grunddifferenz hineingeboren werden, also schicksalhaft an sie gebunden sind. Indem wir glauben, daß Christus für uns diese Differenz aufgehoben hat, öffnet sich uns das Tor zum Leben als »neue Kreatur«. Das klingt sehr abstrakt und ist natürlich so bei keiner Taufe zu sagen. Wir denken jetzt über theologische Grundlagen der Taufverkündigung nach. Dazu gehört die Frage nach dem theologi-schen Menschenbild. Eine moderne Taufansprache ist überschrieben: »Wir sollen immer menschlicher werden«[24]. Darin wird gesagt: »Aus Men-schenkindern sollen ›Gotteskinder‹ werden. Und wer sich an dem Begriff ›Gotteskind‹ stößt, der kann auch getrost sagen: ›Wir sollen immer menschlicher werden‹ –, wir sollen aus Wesen, die noch ganz in der Welt kreatürlichen Wollens, Begehrens und Empfindens sind, aus dieser Seins-

---

23 Amtshandlungen, 28.
24 Taufe, hg. von Horst Nitschke, Gütersloh 1984, 68f.

weise sollen wir im Laufe dieses Erdenlebens befreit werden zu einem neuen Sein; einem Sein, das dem Wesen Gottes näher steht als dem der untermenschlichen Kreatur«. Das steht in einer Taufansprache, nicht in einem Dogmatikbuch! Was soll sich die Taufgemeinde unter dem neuen Sein vorstellen? Soll es nicht mehr »in der Welt kreatürlichen Wollens, Begehrens und Empfindens« existieren – aber wo oder wie dann? Ich verstehe auch nicht, was die Taufe mit dem Sein zu tun hat, »das dem Wesen Gottes näher steht als dem der untermenschlichen Kreatur«. Diese Ansprache verwirrt, aber sie läßt ein Problem erkennen: Es ist schwerer, als es auf den ersten Blick scheinen mag, vom Menschen und von Menschlichkeit zu reden. Was heißt »immer menschlicher werden«? Was ist menschlich: das Morden in Bosnien oder die diakonische Tat, oder beides? Kann die »untermenschliche Kreatur« so grausam sein wie Menschen?

»Grundzüge eines Menschenverständnisses im Blick auf die Kasualien« skizzierte *Theophil Müller* (1988, 40-44). Ihm geht es um den zu seiner wahren Menschlichkeit befreiten Menschen, der mit den Spannungen des Lebens anders umgeht »als im Schema von Entweder-Oder, Ja-Nein, Alles oder Nichts, Bös-Gut« (44). In der Tat schadet das Denken in falschen Gegensätzen. Beginnt mit der Taufe ein neues Leben, so ist doch auch das alte noch da, und der »alte Adam in uns« muß täglich ersäuft werden mit seinen Sünden und bösen Lüsten, meint *Luther*. Es ist kein gutes Schema, wenn alles vor der Bekehrung negativ und alles danach positiv gewertet wird. Solche Schemata stoßen ab und wirken unglaubwürdig. Darauf kann man sich leicht einigen, aber was ist »wahre Menschlichkeit«?

Heutige Theologie wählt gern den Ansatz beim Menschen, weil es schwierig geworden ist, von Gott zu reden. »Wahrer Mensch« scheint ein verständlicherer Begriff zu sein als »wahrer Gott«. Als der wahre Mensch wird Jesus bezeichnet, der als Vorbild und Orientierungshilfe gilt. Der anthropologische Ansatz erweist sich als ethischer. Damit kann man zu konkreten Folgerungen kommen, indem man z.B. beim Asylantenproblem fragt, wie Jesus handeln würde. Ich kann diesen Ansatz nicht als hilfreich beurteilen, weil er uns Menschen bei uns selber läßt und damit nicht über Forderungen oder doch Erwartungen hinauskommt. Das mit der Taufe beginnende neue Leben schafft Gott, es ist die Frucht des Heiligen Geistes. Die Frucht dieses Geistes ist Liebe, Freude, Friede usw. (Gal 5,22), und diesen Geist teilt Gott in der Taufe mit.

b) Die Taufe als Weg

»Das christliche Leben ist nichts anderes als eine beständige Taufe«, sagt *Luther*[25]. Der Christ hat »sein Leben lang genug zu lernen und zu üben an der Taufe«[26]. Mit der Taufe beginnt ein Weg, auf dem die Getauften sich immer mehr und tiefer aneignen, was die Taufe ihnen gab: »Überwindung

---

25 WA 30 I 22,1.
26 BSLK 699, 27.

des Teufels und Tods, Vergebung der Sünde, Gottes Gnade, den ganzen Christus und (den) heiligen Geist mit seinen Gaben«[27]. Auf diesem Weg gehören das einmalige Geschehen der Taufe und seine ständige Aneignung und Umsetzung in der Glaubenspraxis untrennbar zusammen. Eins ist nur mit dem anderen zusammen wirksam. Das oben gebrauchte Bild von der Taufe als *Tor zum Leben* muß erweitert werden: Sie ist zugleich *Weg des Lebens*. Immer liegt auch ein Wegstück *vor* dem Tor. Bei der Mündigentaufe geht der Katechumene bereits ein Stück des Glaubensweges vor der Taufe, bei der Säuglingstaufe sind diejenigen auf dem Glaubensweg, die für das Kind die Taufe erbitten. Die Kritik an der Säuglingstaufe ist berechtigt, wenn sich nichts von solchem Glaubensweg erkennen läßt. So sehr zum Glauben auch das empirisch nicht Erfaßbare gehört, so wenig kann sich die Wirklichkeit des Glaubens darauf beschränken. Darum läßt sich die Säuglingstaufe nicht mit der Unsichtbarkeit des Glaubens verteidigen. Sie wäre tatsächlich eine »unordentliche Praxis«, wie *Karl Barth* behauptete, wenn sie in keiner Weise als Weg des Glaubens erkennbar würde. Allerdings darf dabei nicht der Glaubensvollzug geistig »Normaler« zur Norm erhoben werden. Daran erinnert mit Recht *Grethlein* im Blick auf geistigbehinderte Menschen.[28] Gültig ist die Taufe dadurch, daß Gott in ihr den Weg des Lebens eröffnet, auch wenn der Mensch diesen Weg nicht beschreitet oder verläßt. Dann ist die ihm auf diesem Weg zugedachte Gabe für ihn unwirksam, kann aber jederzeit ihre Wirkung entfalten, wenn er den Weg beschreitet. Die Taufe ist einer Eintrittskarte vergleichbar, die nie ihre Gültigkeit verliert. Sie ist nur als Geschenk zu erhalten, niemals als Gegenwert für eine Leistung, und Glauben ist ohnehin keine Leistung.

Versteht man die Taufe so als Weg, ist die Frage nach dem Taufalter theologisch ebenso bedeutungslos wie die fehlende intellektuelle Kapazität bei Geistigbehinderten. Psychologisch macht es dennoch einen Unterschied aus, ob man das Tor zum Leben bewußt durchschreitet und damit eine wichtige Zäsur in der geistlichen Biographie erlebt oder ob der Anfang des Weges ebenso dem bewußten Erleben entzogen ist wie der Beginn des biologischen Lebens. Ich verstehe deshalb gut, daß die pietistische Frömmigkeit auf die Bekehrung als ein erfahrbares Geschehen Wert legt. Um so weniger kann ich verstehen, daß Menschen, die eine Bekehrung und damit eine entscheidende Zäsur erlebten, dann oft an ihrer Taufe nicht genug zu haben meinen, wenn diese im Kleinkindalter stattfand, sondern eine »Gläubigentaufe« fordern. Praktisch wird damit die Gültigkeit der Taufe vom Bewußtsein des Menschen abhängig gemacht, als könne Gott nur an den Menschen handeln, die es verstehen, was an ihnen geschieht. Das ist eine im Grunde ganz unpietistische Intellektualisierung des Glaubens, die auch dem klassischen Pietismus fernlag.

Das Bild des Weges soll ausdrücken, daß die Taufe einen kontinuierlichen Prozeß in Gang bringt. Leben ist ein dynamisches Geschehen mit Widersprüchen und Spannungen. Zum Weg des Glaubens gehören auch Irrwege

---

27 Ebd., 31-34.
28 Grethlein, Taufpraxis, 214f.

und Sackgassen, aus denen wir umkehren müssen. Um so wichtiger ist, daß der Weg zugleich etwas objektiv Vorgegebenes darstellt. Wir irren ab, aber Gottes in der Taufe mit uns begonnener Weg bleibt der Weg des Lebens. Ob meine Bekehrung echt war, ob ich die »Gläubigentaufe« wirklich gläubig empfange, läßt sich anzweifeln, die Kriterien sind subjektiv. Gottes Handeln gilt unabhängig von meiner subjektiven Reflexion. Für mich wird es natürlich nur bedeutsam, wenn ich es persönlich im Glauben annehme, aber es ist ein entscheidender Unterschied, ob mein Glaube die Taufgabe schafft oder empfängt. *Luthers* Antwort überzeugt mich: »Mein Glaube macht nicht die Taufe, sondern empfängt die Taufe.«[29]
Die Taufe ist die einzige Kasualie, die wir in der evangelischen Theologie als Sakrament bezeichnen. Damit drücken wir ihre konstitutive Bedeutung für den Glaubensweg der einzelnen und der Kirche aus. Das Heilige Mahl ist die immer neue Stärkung, die »Wegzehrung«, die ebenfalls »heilsnotwendig« genannt werden kann, insofern Christen darauf nicht verzichten dürfen. Unverzichtbar sind die Sakramente, die heiligen Handlungen Taufe und Abendmahl auf dem Glaubensweg, während die Kirche auf die anderen Kasualien notfalls verzichten könnte. Es ist gut, daß normalerweise für solchen Verzicht kein Grund besteht, denn die Kasualien sind Hilfen auf dem mit der Taufe begonnenen Weg. Wenn wir im Bild bleiben, müssen wir allerdings sagen: Diese Hilfen liegen weit auseinander, auch bei einer integralen Kasualpraxis. Wir brauchen ein dichteres Netz von Einkehrstätten auf dem Glaubensweg, und wir haben es in den regelmäßigen Veranstaltungen der Gemeinden, besonders im Gottesdienst.

c) Taufe, Rechtfertigung und neues Leben

Die Konvergenzerklärung von Lima nennt vier Bedeutungen oder Wirkungen der Taufe: A. Teilhabe an Tod und Auferstehung Christi; B. Bekehrung, Vergebung, Waschung; C. Gabe des Geistes; D. Eingliederung in den Leib Christi. Damit ist ein ökumenischer Konsens zusammengefaßt. Immer geht es um die Befreiung von dem alten, der Sünde verfallenen Leben und um die Gabe des neuen Lebens im Glauben. »In der Taufe wurde uns eine neue Geburt zuteil; wir sind zu neuen Menschen geworden durch den Heiligen Geist« (Tit 3,5 *Wilckens*).
Von pietistischer Seite wurde mit Recht betont, daß zu dieser Wiedergeburt der bewußte Glaubensakt gehört, was übrigens auch die lutherische Orthodoxie lehrte. Damit wehrt man sich gegen das Argument, das Drängen auf Bekehrung sei überflüssig, da das Christsein durch die Taufe begründet werde. Daran ist richtig, daß das grundlegende Geschehen in der Taufe Gottes Handeln ist, nicht aber das Werk menschlicher Frömmigkeit. Nur darf man daraus nicht folgern, der Taufakt erübrige die menschliche Antwort. Wenn mit der Taufe ein Weg beginnt, dann bringt zwar Gott den Menschen auf den Weg, aber der Mensch geht ihn auch, und das meinen die

Pietisten mit der Bekehrung. Sie wehren sich mit Recht gegen die Vorstellung, als sei der Getaufte allein durch den Taufakt schon unterwegs auf dem Glaubensweg. Bekehrung bedeutet für jemanden, der oder die als Kleinkind getauft wurde: bewußte Entscheidung für den Weg, der mit der Taufe begonnen hat. Das schließt die Umkehr von falschen Wegen ein. Manchen hilft es zur Klarheit ihrer Identität als Christen, wenn sie die Bekehrung als einen biographischen Einschnitt erfahren, den sie datieren und in ein theologisches Schema einfügen, wie *August Hermann Francke*. Als störend empfinde ich es, wenn Christen, die vor solcher Bekehrung bereits zur Kirche gehörten, oft sogar in aktiver Weise, so reden, als seien sie Nichtchristen gewesen. Vorsicht ist geboten gegenüber der Rede von »getauften Heiden«. Es gibt Menschen, die als Säuglinge getauft wurden, aber nie ein Ja zu ihrer Taufe sagen konnten oder sich entschieden vom Zuspruch und Anspruch der Taufe abwandten. Wer sich selber als Nichtchrist versteht, ist als solcher zu respektieren und nicht auf Grund seiner Taufe als Christ zu reklamieren. Allerdings darf es uns nie gleichgültig sein, wenn Getaufte ohne das Ja zu ihrer Taufe leben. Jede Abwendung von der Taufgabe ist eine Anfrage an unsere Taufpraxis im umfassenden Sinn: Haben wir als Kirche und Gemeinde das uns Mögliche getan, diesen Menschen nahezubringen, was in der Taufe an ihnen geschah? Oder haben wir sie und ihre Angehörigen nach der Taufe allein gelassen? Gewiß dürfen wir uns als Mitarbeiter/innen nicht überfordern. Es liegt nicht in unserer Macht, daß die Menschen im Glauben annehmen, was Gott ihnen geschenkt hat, und daß sie es im Glauben bewahren. Gott gebraucht uns aber als seine Werkzeuge, als seine Straßenarbeiter, um das Bild vom Weg noch einmal aufzunehmen, und dadurch hängt es doch mit von uns ab, ob und wie die Getauften den Glaubensweg gehen.

Das Dokument von Lima nennt die Taufe einen Akt der Rechtfertigung und verweist dabei vor allem auf das Abwaschen, die Reinigung des Herzens von allen Sünden (Hebr 10,22; 1 Pt 3,21; Apg 22,16; 1 Kor 6,11). Taufe als Rechtfertigung bedeutet: Gott nimmt uns Sünder an, weil er uns um Jesu willen unsere Sünden vergibt. Dieser Kerngedanke paulinischer und reformatorischer Verkündigung ist grundlegend für die Taufpraxis. »Allein aus Gnaden« wird uns zuteil, was Gott in der Taufe gibt, »nicht aus Werken, damit sich nicht jemand rühme« (Eph 2,9). Rechtfertigung ist geschenktes Leben und die Taufe die Geburt zu diesem Leben, das zu »guten Werken« geschaffen ist (Eph 2,10).[30] In der traditionellen Terminologie ist damit die Verbindung von Rechtfertigung und Heiligung bezeichnet. Lima spricht davon, daß die Getauften als Teil ihrer Tauf, erfahrung eine neue ethische Orientierung unter der Führung des Heiligen Geistes empfangen. Ein Merkmal dieser neuen ethischen Orientierung nennt Gal 3,28: »Da gilt nicht mehr: Jude oder Grieche, nicht mehr versklavt oder frei, nicht mehr: Mann oder Frau, denn alle seid ihr Einer in Christus Jesus« (*Wilckens*).

---

30   Vgl. meinen Beitrag im »Handbuch der Predigt«, Berlin 1990, 350ff.

d) Die Einmaligkeit der Taufe

»Durch ihre eigene Taufe werden Christen in die Gemeinschaft mit Christus, miteinander und mit der Kirche aller Zeiten und Orte geführt. Unsere gemeinsame Taufe, die uns mit Christus im Glauben vereint, ist so ein grundlegendes Band der Einheit (Eph 4,3-6«; Lima Nr. 6). Es gehört zu den ermutigenden ökumenischen Erfahrungen, daß dieses Band den größten Teil der Weltchristenheit umschließt. Von allen größeren Konfessionen wird die gültig empfangene Mündigentaufe anerkannt, während die baptistischen und pfingstlerischen Kirchen die Kindertaufe als ungültig betrachten. Sie sehen deshalb die Gläubigentaufe bei Empfängern der Kindertaufe nicht als Wiedertaufe an. Es besteht also eine gesamtchristliche Übereinstimmung darin, daß die Taufe unwiederholbar ist. Auch die auf katholischer Seite früher häufiger, heute selten praktizierte Konditionaltaufe bestätigt diesen Konsens. Die Konditionaltaufe wird vollzogen, wenn nicht feststellbar ist, ob der Täufling bereits gültig getauft wurde. Das kann für Findelkinder gelten oder für Menschen, die in der Sowjetunion ohne Kirche leben mußten, aber vielleicht als Kinder getauft wurden.[31] Konditionaltaufe heißt dann: Die Taufe wird unter der Bedingung vorgenommen, daß der Täufling noch nicht gültig getauft ist. Trifft diese Bedingung nicht zu, gilt die Konditionaltaufe als nicht vollzogen. Diese Praxis verfolgt eine gute Absicht, übertreibt aber das Prinzip der Einmaligkeit der Taufe. Eine ohne Wissen und Willen der Beteiligten geschehene Taufwiederholung ist weder theologisch noch seelsorgerlich ein Unglück. Andererseits wäre es ein falscher Sakramentalismus, unbedingt Klarheit darüber gewinnen zu wollen, ob jemand als Kind getauft wurde, denn der Wunsch ist auch nach katholischem Kirchenrecht im Notfall wichtiger als das Faktum. In dem Wunsch, getauft zu sein, drückt sich der Glaube aus, der nach christlichem Verständnis das Heil empfängt, notfalls auch ohne Taufe. Deshalb ist weder eine ungewollte Wiederholung noch ein unbeabsichtigtes Fehlen des Sakramentes eine geistliche Katastrophe. Es kommt lediglich darauf an, mit einer großen Gabe Gottes sorgsam umzugehen. »Einmalig ist die Taufe als Gottes neuschaffende Tat und darum einmalig nicht im Sinne sonstiger Ereignisse, die in der Vergangenheit entschwanden und deren wir uns als vergangener Ereignisse erinnern, sondern einmalig im Sinn eines das ganze weitere Leben bestimmenden und umgreifenden Geschehnisses.«[32] Die Einmaligkeit der Taufe entspricht dem »Ein-für-allemal« (ephapax) des Heilswerkes Christi (Röm 6,10; Hebr 7,27; 9,12; 10,10). *Schlink* weist darauf hin, daß die Einmaligkeit nur dann konsequent

---

31 Nach einem Bericht des luth. Pfarrers Christian Raßmann aus Sibirien »bitten alte Wolgadeutsche, die in den zwanziger oder dreißiger Jahren notgetauft wurden, des öfteren den Pastor, er möge sie auf diese Taufe segnen und die Segnung in einer Urkunde festhalten« (Luth. Dienst 30, 1994/2, 9). Raßmann führte diese Praxis als »Zwischenstation« zur Konfirmation hin ein, »weil sehr viele Notgetaufte ein zweites Mal getauft werden wollten«.
32 Edmund Schlink, Die Lehre von der Taufe, Kassel 1969, 96f. = Leiturgia V, hg. von Karl Ferdinand Müller und Walter Blankenburg.

ist, wenn man die Taufe primär als Handeln Gottes versteht. Wäre sie vor allem ein Akt menschlichen Gehorsams, wie *Karl Barth* behauptete, so wäre nicht einzusehen, warum sie nicht wie das Abendmahl immer wieder geschehen sollte. Die Einmaligkeit der Taufe ist dann logisch, wenn in ihr von Gott her ein für allemal gültig das Heil zugeeignet wird, das der Mensch nur immer neu im Glauben ergreifen kann. Damit drückt sich in der Einmaligkeit die Unbedingtheit und Unumstößlichkeit dessen aus, was Gott in der Taufe gibt.

Schließlich impliziert die Einmaligkeit der Taufe auch ihre Suffizienz für das Heil. Als medium salutis (Mittel des Heils) bedarf die Taufe keiner Ergänzung durch andere Handlungen wie die Konfirmation, als würde sie erst dadurch zur vollständigen Heilsgabe. Den Reformatoren lag sehr daran, daß die Taufe durch keine andere Handlung überboten werden kann.

e) Die Taufe als Zeichen

Luther verglich die Zeichenhandlung der Taufe mit einem Siegel, während das Wort Gottes dem Brief gleicht, den die Taufe versiegelt.[33] Das Zeichen ist ein Wahrzeichen: »Gott hat mir da ein Wahrzeichen gegeben, daß ich gewiß sein soll, daß ich selig werde, was er mir durch das Evangelium verheißen hat« (ebd). Das Zeichen dient also der Vergewisserung des uns im Wort Zugesagten. Es sagt nonverbal nichts anderes als das Wort, sondern sagt es anders. Das gilt für die Zuordnung von Wort und Sakrament nach evangelischem Verständnis überhaupt. Gott gibt uns Brief und Siegel, daß wir persönlich die Adressaten sind.

In der Taufhandlung sind andere Zeichen sichtbar als Brief und Siegel. Im Mittelpunkt steht das Wasser. *Blank* und *Grethlein* entwarfen ein Konzept für einen tauforientierten Gemeindeaufbau, in dem sie außer dem Wasser die Taufsymbole Kreuz, Name, Hand und Licht einsetzen.[34] Konstitutives Zeichen ist das Wasser, und die Lima-Erklärung fordert: »In der Feier der Taufe sollte die symbolische Dimension des Wassers ernst genommen und nicht heruntergespielt werden. Der Akt des Untertauchens kann die Realität lebendig zum Ausdruck bringen, daß in der Taufe der Christ am Tode, am Begräbnis und an der Auferstehung Christi teilhat« (Nr. 18). Auch *Luther* trat im Taufsermon 1519 dafür ein, den Täufling unterzutauchen, damit das äußere Zeichen der inhaltlichen Bedeutung entspricht.[35] »Daß in der Taufe der Christ am Tode, am Begräbnis und an der Auferstehung Christi teilhat«, wie Lima sagt, läßt sich symbolisch nicht durch das Begießen oder Besprengen mit wenig Wasser abbilden.[36] Zwischen einem

---

33   Vgl. WA 12, 561, 8-11.
34   Vgl. Reiner Blank / Christian Grethlein (Hg.), Einladung zur Taufe – Einladung zum Leben, Stuttgart 1993.
35   WA 2, 727, 4-19.
36   Vgl. Karl-Heinrich Bieritz, Die Taufe als Zeichenhandlung. Überlegungen zu ihren nichtverbalen Elementen, ThLZ 112, 1987, 785-798.

Besprengen der Stirn und einem Sterben mit Christus besteht kein symbolischer Zusammenhang. Plausibel ist das Symbol nur beim Untertauchen (Immersions- oder Submersionstaufe) von Erwachsenen oder Großkindern. Beim Säugling ist der Gedanke, daß der »alte Mensch« stirbt, schwer nachzuvollziehen. Die biblische Rede vom Sterben mit Christus und der Gegensatz von altem und neuem Menschen beziehen sich eben nicht auf Säuglinge. Deshalb wäre durch die Immersionstaufe bei Säuglingen nicht viel gewonnen.

Plausibler ist die Symbolik des Abwaschens. Wenn jemand mit Wasser begossen wird, läßt sich damit die Vorstellung verbinden, daß ein Reinigungsakt geschieht. Daß die Taufe Sünden abwäscht, ist ein religionsgeschichtlich verbreiteter Gedanke, den auch das Neue Testament kennt (1 Kor 6,11; Hebr 10,22). Die Einmaligkeit der Taufe kommt der Symbolik nicht zur Hilfe. Wir müssen uns ja täglich waschen und benötigen auch täglich Vergebung der Sünden. Dabei dürfen und müssen wir uns auf die ein für allemal geschehene Reinigung berufen, die – und hier ändert sich das Bild – durch das Blut Jesu geschehen ist (Hebr 9,12-14; 12,24; 13,12; 1 Pt 1,18f; 1 Joh 1,7; Offb 1,5; 5,9; 7,14). Theologisch gehört der Gedanke des Abwaschens der Sünde durch das Taufwasser untrennbar mit dem der Reinigung durch das Blut Jesu zusammen, aber symbolisch läßt sich diese Verbindung nicht anschaulich machen. Sie erfordert ein hohes Maß an Bereitschaft, sich theologische Lehren anzueignen und sich in eine unserem Alltag fremde religiöse Sprache hineinzudenken. Im pietistischen Bereich ist diese Bereitschaft vorhanden.

Leichter lassen sich Verbindungen zwischen Zeichen und Sache (signum et res nach *Augustinus*) finden, wenn man von der allgemeinen Lebensbedeutung des Wassers ausgeht. »Wasser bedeutet Leben, Wachstum, Fruchtbarkeit, Freude« heißt es bei *Blank/Grethlein*. Wasser wird als Element des Lebens begriffen, ehe man es als Symbol christlichen Glaubens und Handelns versteht. Im Orient wußten und wissen die Menschen die Lebensbedeutung des Wassers ganz anders zu würdigen als wir, und so spricht die Bibel oft direkt oder bildhaft von dem Wasser, das Leben gibt. In diesem Sinn erhält das Wasser eine dem Wein im Abendmahl parallele Bedeutung.

Wasser ist das wichtigste, nicht aber das einzige Zeichen bei der Taufe. Nach einer Zeit der Symbolarmut und einseitigen Betonung des gesprochenen Wortes wissen wir traditionelle Zeichen wieder zu schätzen: Die Taufkerze erinnert an den, der für den Täufling und die ganze Welt das Licht des Lebens ist (vgl. Joh 8,12). Die altkirchliche Sitte der Bezeichnung mit dem Kreuz (obsignatio crucis) verbindet Wort und Gestus, um die Bedeutung des Kreuzes Jesu für den Täufling auszudrücken. Natürlich kann nicht jeder Gestus erläutert und rational von den Beteiligten verstanden werden. Die einzelnen Symbole wirken im Zusammenhang der ganzen Handlung.

Eine meines Wissens im evangelischen Raum kaum aufgenommene Zeichenhandlung ist die in der Alten Kirche praktizierte Bekleidung der Täuflinge unmittelbar nach der Taufe mit weißen Kleidern, auch Wester-

hemd genannt. In der Offenbarung des Johannes ist die Schar der Über-
winder mit weißen Kleidern bekleidet (3,4.5; 7,9). Gal 3,27 wird die Taufe
als Anziehen Christi bezeichnet (vgl. Röm 13,14; Kol 3,9f.). Im katholischen
Taufritual heißt es:»N., dieses weiße Kleid soll dir ein Zeichen dafür sein,
daß du in der Taufe neu geschaffen worden bist und – wie die Schrift sagt
– Christus angezogen hast. Bewahre diese Würde für das ewige Leben«.
Die Agende der VELKD sieht vor, daß dort, wo es üblich ist, Paten oder
Täufer das Westerhemd auflegen, wobei der Täufer spricht:»Nimm hin
das weiße Gewand als Sinnbild der Gerechtigkeit Christi. Welche auf
Christum getauft sind, die haben Christum angezogen«. Die Symbolik
setzt natürlich voraus, daß der Täufling nicht vorher schon weiß bekleidet
war.
Eine andere von der Alten Kirche überlieferte und in anderen Kirchen
übliche Zeichenhandlung ist die Salbung. Die Salbung zum König und
zum Priester oder Propheten war aus dem Alten Testament bekannt (Num
35,25; 1 Sam 9,16 u.ö.). Jak 5,14 hat die Salbung nicht nur eine geistliche,
sondern auch eine medizinische Wirkung. 2 Kor 1,21f. steht die Salbung in
Verbindung mit der Geistesgabe und der Befestigung im Glauben. Bei der
Geschichte der Konfirmation kommen wir darauf zurück. In den orthodoxen Kirchen blieb die Salbung mit der Taufe verbunden, und es ist sinnvoll,
den Getauften gleich am Anfang ihres Weges als Christen eine Stärkung für
diesen Weg mitzugeben.

f) Taufe und Ordination

Die Ordination als Berufung zum Dienst der öffentlichen Verkündigung
und Sakramentenspendung (vgl. S. 39) konkretisiert die Berufung, die an
alle Christen in der Taufe ergangen ist.»Was aus der Taufe gekrochen ist,
das mag sich rühmen, daß es schon (zum) Priester, Bischof und Papst
geweiht sei«.[37] »Es ist alles ein Ding, Priester (und) getaufte Christen.«[38]
Die Taufe ordiniert zum allgemeinen Priestertum aller Gläubigen.[39] Nach
evangelischem Verständnis gibt es keine höhere Weihe als die Taufe. Darin
besteht ein erheblicher Unterschied zum katholischen und abgeschwächt
auch zum orthodoxen und anglikanischen Verständnis der Ordination.
In evangelischer Sicht hängen Sinn und Wirkung der Ordination von den
Funktionen der Ordinierten ab. Deshalb ordinieren die evangelischen
Kirchen in der Regel nur Männer und Frauen, die ein bestimmtes Amt in
der Kirche übernehmen. Auf katholischer Seite hängen die Funktionen von
den Personen ab. Die Funktion der Wandlung in der Eucharistie setzt
voraus, daß ein geweihter Priester sie vollzieht, und er muß von einem in

37   WA 6, 408, 11f.
38   WA 12, 317, 9.
39   Vgl. Hans-Martin Barth, Einander Priester sein. Allgemeines Priestertum in
ökumenischer Perspektive, Göttingen 1990, wo der Gedanke von Luther über Spener
und Wichern bis zur Gegenwart verfolgt wird.

der apostolischen Sukzession stehenden Bischof die Weihe empfangen haben. Durch das Weihesakrament »werden die Priester mit einem besonderen Prägemal gekennzeichnet und damit dem Priester Christus gleichförmig gestaltet, um so in der Person des Hauptes Christus handeln zu können.«[40] Dieses besondere Prägemal (character indelebilis) kann zeitlebens nicht verlorengehen und begründet einen theologischen Qualitätsunterschied zwischen Priestern und Laien. Das ist nach evangelischem Verständnis nicht möglich. Gleichförmigkeit mit Christus folgt nach Röm 8,29 aus der Berufung und Erwählung zum Glauben, nicht aber aus einer Weihe. Die Berufung zum Priestertum ergeht nach 1 Pt 2,5.9 an das ganze Gottesvolk. Alle Christen sind dazu berufen, Gott geistliche Opfer darzubringen und die Machttaten dessen zu verkündigen, der sie aus der Finsternis zu seinem wunderbaren Licht berufen hat (V. 10). »Geistliche Opfer« bedeuten die Übergabe des ganzen Lebens an Gott (Röm 12,1).

Der Priester stellt die Verbindung her zwischen Gott und Mensch, und er verfügt über eine besondere religiöse Qualität, die ihm das ermöglicht. Seit Jesus der Hohepriester wurde (Hebr 2,17; 4,14f; 6,20; 7,26; 9,11; 10,21), haben wir den unmittelbaren Zugang zu Gott im Glauben. Das schließt die Vermittlung des Glaubens durch Menschen ein, die uns damit priesterliche Dienste erweisen. Meine Eltern waren Laien, die mir zu Priestern geworden sind, ebenso wie andere Frauen und Männer, die mir zum Glauben geholfen haben, ohne daß sie das ordinierte Amt innehatten. Sie taten das sicher nicht, weil sie getauft, sondern weil sie Christen waren und wünschten, ich möge es auch werden. Die Taufe ist mehr die theologische Grundlage als das persönliche Handlungsmotiv, wenn Christen anderen zu Priestern werden. Für die Zukunft der evangelischen Kirche hängt viel davon ab, daß ihre Glieder mehr als bisher ihre priesterliche Berufung annehmen, das heißt ihren Auftrag annehmen, anderen Helfer zu sein auf dem Weg zu und mit Gott. Der wichtigste priesterliche Dienst ist die Fürbitte. Da wir es im ganzen Leben und in allen seinenBereichen mit Gott zu tun haben, ist priesterlicher Dienst nicht auf den kultischen oder sakralen Bereich beschränkt. Ein Gespräch im Urlaub oder in einer Arbeitspause kann dazu gehören, indem es Menschen in ihrer Beziehung zu Gott hilft.

Die in der Taufe begründeten Dienste des allgemeinen Priestertums unterscheiden sich oft nicht von denen im ordinierten Pfarramt. Um der Ordnung und Sachgemäßheit des pastoralen Dienstes willen ist die Ordination sinnvoll. In ihr kommt zum Ausdruck, daß die geordnete kirchliche Praxis bestimmte Beauftragungen erfordert. Nicht alle können und sollen alles tun, sondern was in der Gemeinde zu tun ist, soll von dazu befähigten und legitimierten Leuten getan werden. Die regelmäßige Verkündigung, Sakraments- und Kasualpraxis, Seelsorge und Unterweisung sind so wichtig, daß sie strukturell so gut wie möglich gesichert werden müssen. Zugleich sind diese Aufgaben so schwer und anspruchsvoll, daß die damit Betrauten den Zuspruch der göttlichen Verheißung und der geschwisterlichen Ver-

---

40 Priesterdekret des 2. Vaticanum, Kap. I Nr. 2.

bundenheit brauchen. Sie benötigen die Vergewisserung, daß sie dem Ruf Gottes und der Kirche folgten, und das Bewußtsein, damit in eine tragende und zugleich verpflichtende Gemeinschaft eingebunden zu sein. Dieses Gemeinschaftsbewußtsein wird aber sehr erschwert, wenn die priesterlichen Aufgaben praktisch doch allein oder überwiegend bei den Pfarrern und Pfarrerinnen liegen.

Ein weiteres Problem besteht in den Beziehungen zwischen den Trägern des ordinierten Amtes und den anderen Mitarbeiterinnen im Haupt- oder Nebenamt der Kirche. Ordiniert werden bisher in der EKD nur Frauen und Männer mit theologischer Ausbildung, die in der Regel eine beamtete Stellung in der Kirche übernehmen. Andere werden nicht ordiniert, sondern eingesegnet oder nur in ihre Stelle eingeführt. Ökumenische und kirchenrechtliche Motive führen zu diesen Unterschieden, auf die hier nicht näher eingegangen werden kann. Theologisch ist nach evangelischem Verständnis eine Ordination nicht mehr als die Einsegnung einer Diakonin oder Katechetin. Auch die Einführung einer Kantorin, die nicht als Einsegnung bezeichnet wird, sollte ein Segensakt sein, und Gottes Segen gibt es nicht in Klassen analog den Gehaltsstufen. Unterschiede im Einkommen lassen sich schon auf Grund der großen Differenzen bei den Ausbildungskosten nicht vermeiden, und auch die Verantwortung und zeitliche Beanspruchung unterscheiden sich. In den ostdeutschen Landeskirchen empfinden aber viele Pfarrerinnen und Pfarrer die Einkommensdifferenzen als zu hoch und als Problem für die Beziehungen zwischen den hauptamtlich Tätigen.

Hilft es in dieser Problematik, auf die Einheit aller Berufenen kraft der Taufe nach Eph 4,3-6 hinzuweisen? Bloße geistliche Appelle im Sinne des Aufrufs zu mehr Geschwisterlichkeit helfen sicher nicht weiter. Notwendig ist aber, daß die kirchlichen Entscheidungsgremien Wege suchen und finden, um der fundamentalen Einheit der Getauften und zugleich der Differenziertheit der Dienste nach Eph 4,11 gleichermaßen gerecht zu werden. Nicht zufällig steht beides in einem Kapitel von grundlegender Bedeutung für den Gemeindeaufbau. Im V. 16 wird die Gemeinde als ein Leib verstanden, in dem jedes einzelne Glied nach dem Maße seines Vermögens seine Funktion erfüllt und so zum Wachstum des ganzen Leibes beiträgt, der sich selbst in Liebe aufbaut. Wenn einzelne Dienste im Unterschied zu anderen an die Gehaltsstruktur des öffentlichen Dienstes gekoppelt sind, kann das nicht der Einheit dieses Leibes entsprechen. Noch weniger ist es dem Bild vom Leib Christi gemäß, wenn die Zahl der ordinierten Amtsträger/innen sich nach der Höhe des Kirchensteueraufkommens richtet und wenn nach ehrenamtlichen Mitarbeiterinnen gerufen wird, weil hauptamtliche nicht im nötigen Maß bezahlbar sind.

Für das Thema »Kasualien« ist die Frage nach ordiniertem Amt und allgemeinem Priestertum nicht nur deshalb wichtig, weil die Kasualien bekanntlich meist »Amtshandlungen« heißen, sondern noch mehr deshalb, weil die mit ihnen gegebenen Chancen und Aufgaben niemals ausreichend von den Inhabern des ordinierten Amtes erfüllt werden können. Das läßt sich bei allen Kasualien nachweisen, wird aber am deutlichsten bei der

Taufe. Selbst wenn ein Pfarrer sich sehr für Taufseminare und Tauferinnerung engagiert, kann er beim besten Willen nicht jedem getauften Gemeindeglied nachgehen. Das Patenamt, auf das noch einzugehen ist, versagt an dieser Stelle weithin, weil es zu wenig als Funktion des allgemeinen Priestertums verstanden und ausgeübt wird. Unsere Taufpraxis und unsere Kasualpraxis insgesamt kranken daran, daß sie zu sehr Sache des ordinierten Amtes und zu wenig Funktion des allgemeinen Priestertums sind. Dazu wird bei den anderen Kasualien mehr zu sagen sein.

3. Ordnungen

a) Taufe und Kirchenzugehörigkeit

Diesem Thema ist das informative, von *Christine Lienemann-Perrin* herausgegebene Buch gleichen Titels gewidmet (München 1983), das nicht nur die kirchenrechtliche Seite von »Taufe und Kirchenzugehörigkeit« behandelt, sondern die Taufthematik als ganze in kirchengeschichtlicher, konfessionskundlicher und praktisch-theologischer Sicht bearbeitet. »Das Problem der Kirchengliedschaft heute« ist der Titel eines 1979 in der Reihe »Wege der Forschung« als Bd. 524 von *Peter Meinhold* herausgegebenen Sammelbandes (Wissenschaftliche Buchgesellschaft Darmstadt), der häufig auf die Taufe Bezug nimmt und die Perspektiven der katholischen, orthodoxen und anglikanischen Kirchen einbezieht.

Das theologische Kernproblem der Kirchenzugehörigkeit umschreibt *Meinhold* in diesem Band mit einem Wort *Augustins*. »Viele scheinen drinnen zu sein, die draußen sind, und viele scheinen draußen zu sein, die drinnen sind.«[41] Unsere Kriterien der Kirchenzugehörigkeit gelten nur relativ. Wer getauft wurde und nicht aus der Kirche ausgetreten ist, gehört ihr an. Daß die Taufe Kirchenzugehörigkeit nicht nur im theologischen, sondern auch im mitgliedschaftsrechtlichen Sinn begründet, wird vom Staatskirchenrecht anerkannt. Hunderttausende strömten deshalb nach der Wende zu den Standesämtern, um formell ihren Kirchenaustritt zu erklären, den sie faktisch längst vollzogen hatten. Makaber war an diesem Vorgang, daß die Menschen jetzt plötzlich ihrer Taufe eine Bedeutung beimaßen, wenn auch eine negative. Dieser Wirkung der Taufe, daß man sie zur Kasse bitten würde, wollten sie sich entziehen, und man kann es ihnen nicht verübeln, denn es war offensichtlich der Kirche nicht gelungen, ihnen die positive Bedeutung ihrer Taufe nahezubringen. Rechtlich sind diese Leute nach ihrem Austritt »draußen«. Können sie theologisch geurteilt »drinnen« sein? Wer um des Geldes willen austrat, dürfte kaum eine innere Beziehung zum Inhalt der Kirche haben. Tritt aber jemand aus

---

41 Meinhold, 354 zit. Augustinus, De baptismo contra Donatistos 5, 27, 38 = CSEL 51, 295, 13: multi qui foris videntur intus sunt et multi qui intus videntur foris sunt.

theologischen Gründen aus, zum Beispiel weil sie das Lohnsteuerabzugsverfahren als dem Wesen der Kirche unangemessen beurteilt, dann ist sie
nur rechtlich draußen, geistlich aber drin.
Die Verbindung der Taufe mit einer vom Staat eingezogenen Kirchensteuer ist die problematischste rechtliche Beziehung zu diesem Sakrament.
Daß die Kirche gegen Bezahlung eine staatliche Dienstleistung annimmt,
läßt sich akzeptieren, zumal kein anderes Verfahren der Kirche eine so gute
finanzielle Basis für ihren vielfältigen Dienst gibt. Auch ist klar, daß sich
aus der Taufe als Eingliederung in die Kirche die Verpflichtung ergibt, das
kirchliche Leben finanziell mitzutragen, sobald die Möglichkeit dazu
besteht. Wer sich die Taufgabe persönlich zu eigen macht, wird viel mehr
zum kirchlichen Leben beitragen als die Kirchensteuer. Eine Konsequenz
aus dem in der Taufe begründeten neuen Sein ist die Haushalterschaft
gemäß 1 Pt 4,10: »Dient einander, ein jeder mit der Gabe, die er empfangen
hat, als die guten Haushalter der mancherlei Gnade Gottes.« Dazu gehören
die Begabungen, die Zeit und das Geld. Dieser haushalterschaftliche Geist
ist beim Lohnsteuerabzugsverfahren freilich nicht spürbar. Ich habe persönlich damit keine Probleme, verstehe aber diejenigen, die das als theologisch unsachgemäß beurteilen und Alternativen fordern. Wenn jemand
bereit ist, den zehnten Teil seines Einkommens zu opfern, nicht aber die
Kirchensteuer vom Staat einziehen zu lassen, dann erschwert das zwar die
Prozedur, aber darauf muß die Kirche sich einlassen. Es ist ein Armuts-
zeugnis für die Kirche, wenn sie erklärt, das geltende Recht lasse keine
Alternativen zur gegenwärtigen Praxis zu. Nach evangelischem Verständnis ist jede menschliche Ordnung veränderbar. Wenn jemand auf Grund der
Taufe zu einem bestimmten Einzugsverfahren bei der Kirchensteuer gezwungen werden soll, ist das ein Mißbrauch der Taufe.
Der Kirchenaustritt berührt die Gültigkeit der Taufe nicht. Natürlich
ändern sich die rechtlichen Konsequenzen, aber Gottes ein für allemal
mitgeteilte Gabe bleibt gegeben. Der Getaufte hebt die *Wirkung* der Taufe
für sich selber auf, wenn er nicht glaubt, was ihm in der Taufe zugeeignet
wurde, und diese Aufhebung ist unabhängig davon, ob er formell ausgetreten ist oder nicht. Die *Gültigkeit* bleibt davon unberührt, und der Betreffende kann jederzeit seine durch den Austritt vollzogene Entscheidung
korrigieren und die Wirksamkeit der Taufe reaktivieren. Gültig ist die
Taufe, wenn sie unter Verwendung der trinitarischen Taufformel mit
fließendem Wasser geschah.
Genügt die Taufe zur vollen Kirchenmitgliedschaft? Der Jurist *Hans
Liermann* sprach die auf evangelischer Seite überwiegende Meinung aus,
indem er erklärte, die Taufe bewirke die Vollmitgliedschaft, auch beim
Kind, bei dem natürlich manche Rechte und Pflichten ruhen.[42] Er findet eine
Analogie im Staatsangehörigkeitsrecht: »Auch sie (die Staatsangehörig-
keit, E. W.) ist beim staatsangehörigen Kinde bereits ein Vollrecht, wenn
auch einzelne Rechte und Pflichten des Staatsangehörigen, wie z.B.
Wahlrecht und Wahlpflicht, sich im Kindesalter noch nicht auswirken

---

42   Ebd., 27.

können.«[43] Wer für die Partnerschaft mit Kindern eintritt, findet diese Argumentation sympathisch. Theologisch drückt sich darin die Erkenntnis aus, daß die Taufe das ganze Heil enthält und soteriologisch nicht der Ergänzung bedarf. Die Gliedschaft am Leib Christi und damit an der geglaubten Kirche als geistlicher Wirklichkeit (ecclesia spiritualis) gehört dem getauften Säugling und dem getauften Geistigbehinderten ohne Einschränkung. Mit gutem Grund unterscheiden *Liermann* und andere Kirchenrechtler zwischen Gliedschaft als einer geistlichen, metajuristischen und Mitgliedschaft als einer juristischen Realität. Gliedschaft ist eine geglaubte, empirisch nicht nachweisbare Wirklichkeit, während Mitgliedschaft juristisch klaren Kriterien unterliegen muß. *Liermann, Pirson* und andere unterscheiden deshalb zwischen der Taufe und dem Erwerb der Mitgliedschaft sowie den damit verbundenen Rechten.

Unterscheidet man zwischen Gliedschaft und Mitgliedschaft, so kann man erklären, daß die Taufe unmittelbar Gliedschaft in der Kirche als geistlicher Größe und mittelbar Mitgliedschaft in der Kirche als Organisation und juristischer Körperschaft bewirkt. Die Zugehörigkeit zur ecclesia spiritualis erfordert die Verbindung von Taufe und Glaube. Im Fall der Kindertaufe ist es der korporative Glaube, das heißt der Glaube der Gemeinschaft, in die das Kind einbezogen ist. Gleiches gilt bei Geistigbehinderten, sofern ihre Behinderung keinen bewußten Glaubensvollzug ermöglicht. Die Gemeinschaft des Leibes Christi, der ecclesia spiritualis, setzt nicht einen bestimmten Grad der intellektuellen Entwicklung oder der bewußten Erlebnisfähigkeit bei allen ihren Gliedern voraus.

Anders steht es um die Bedingungen der Mitgliedschaft. Volle Mitgliedschaftsrechte erfordern Mündigkeit. Das aktive und passive Wahlrecht erlangen die Getauften und Konfirmierten in der Regel mit der juristischen Mündigkeit. Es ist eine juristische Feinheit, wenn man erklärt, das Wahlrecht ruhe bis zu diesem Zeitpunkt. Faktisch existiert es für die Betroffenen vorher nicht, und insofern besteht doch eine gestufte Mitgliedschaft. Gleiches gilt für das Recht, das Patenamt auszuüben. Hilfreich könnte die Annahme des ruhenden Rechtes bei der Abendmahlszulassung sein. Der Satz »baptismus est admissio« (= die Taufe ist die Zulassung) gilt konsequent nur in der orthodoxen Kirche, während alle anderen einen Sakramentsunterricht fordern und unterschiedliche Regelungen für die Erstkommunion getroffen haben. Was ist die Behauptung einer Vollmitgliedschaft wert, wenn ein großer Teil der Mitglieder nicht an der Abendmahlsgemeinschaft teilhaben darf? Es ist hier nicht der Ort, das Pro und Contra der Kinderkommunion zu diskutieren (vgl. S. 111). Jetzt ist nur festzustellen, daß wir faktisch eine gestufte Kirchenzugehörigkeit haben.

Gibt es im Rahmen einer gestuften Kirchenzugehörigkeit auch die Möglichkeit, ungetauft zur Kirche zu gehören? In der Alten Kirche galten die Katechumenen als Christen, sie gehörten also mit Einschränkungen zur Kirche, ohne getauft zu sein. Am gravierendsten war die Einschränkung, daß sie nicht am Abendmahl teilnehmen durften, sondern den Gottesdienst

---

43 Ebd., 28.

vor Beginn der Gläubigenmesse zu verlassen hatten. Mit dem Rückgang
der Volkskirche wächst die Zahl der Menschen, die in Beziehung mit der
Kirche kommen, ohne sich an sie zu binden. Die Taufe bildet eine hohe
Zugangsschwelle, weil sie eine lebenslange Beziehung begründet. Der von
Schiller auf die Ehe bezogene Rat »Drum prüfe, was sich ewig bindet« ist
für die Taufe ebenfalls angebracht. Deshalb ist es sachgemäß, daß »Sym-
pathisanten«, die neu Kontakte zu einer Kirche finden, nicht schnell zur
Taufe eilen. Besonders in der Kinder- und Jugendarbeit hat die Zahl der
Ungetauften erheblich zugenommen. Ungetaufte Kinder sind oft die aktiv-
sten Glieder in Christenlehregruppen. Sind sie »draußen«, weil ihnen die
Taufe fehlt? Andererseits fehlen getaufte Kinder im Gemeindeleben. Sind
sie »drin«, weil sie die Taufe erhielten? Wenn Eltern aus geistlichen oder
pädagogischen Gründen für ihre Kinder die Gläubigen- oder Mündigentaufe wünschen, diese Kinder aber am Leben der Gemeinde teilnehmen,
dann gehören sie auch ohne Taufe dazu. Wie ich oben begründet habe, will
ich damit nicht die Reihenfolge von Taufe und Abendmahl ändern.
Vielmehr geht es um die Frage, wie wir die faktisch in Stufen sich
vollziehende Mitgliedschaft auch rechtlich entsprechend ordnen können.
Mein Interesse richtet sich nicht auf juristische Feinheiten, sondern auf
praktisch bedeutsame Möglichkeiten. Lassen sich Möglichkeiten einer
abgestuften Kirchenzugehörigkeit schon vor der Taufe schaffen? Wenn die
Kirche sich missionarisch engagiert, werden in zunehmendem Maß
Ungetaufte Kontakt mit ihr finden. Nicht jeder Kontakt muß rechtlich
geregelt werden, vielmehr geht es darum, die Eingangsschwellen möglichst niedrig zu legen, ohne das Profil abzuschleifen.

b) Die Taufliturgie

Da die Taufe in die Gemeinde eingliedert, gehört sie in den Gottesdienst
der Gemeinde. Als solcher ist aber keineswegs nur der sogenannte Hauptgottesdienst, meist am Sonntagvormittag, anzusehen. Dem theologischen
Gewicht der Taufe und ihrer persönlichen Bedeutung für die Beteiligten ist
es nicht angemessen, wenn die Taufe als Nebenhandlung in einen beliebigen
Gottesdienst eingeschoben wird, ohne daß dieser sonst auf die Taufe Bezug
nimmt. In größeren Gemeinden mit häufigen Taufen kommt es zwangsläufig
dazu, wenn die Taufe obligatorisch zum Bestandteil des Hauptgottesdienstes
gemacht wird. Manche Gemeinden helfen sich damit, daß sie einige
Tauftermine im Jahr ansetzen, um die Taufen in Gruppen vorzubereiten
und zu vollziehen. Für die Vorbereitung in Gruppen spricht vieles (vgl.
S. 86). Wenn die Tauffamilien diesem Verfahren zustimmen, bietet es gute
Möglichkeiten. Oft stehen private Terminvorgaben dem im Wege, und wir
sollten den Wünschen soweit möglich entgegenkommen.
In der säkularen Diaspora besteht das Problem der Häufung von Taufen
leider nicht. In mancher kleinen Dorfgemeinde findet nicht einmal in
jedem Jahr eine Taufe statt, und wenn es drei oder vier pro Jahr sind, dann
sind es nicht zu viele Gelegenheiten, diese Handlung festlich zu begehen.

Kein steifer agendarischer Ritus ist zu vollziehen, sondern ein Familiengottesdienst zu feiern mit viel Abwechslung in der Form. Die Kinder der Christenlehre oder einer anderen Kindergruppe können singen, mit Instrumenten musizieren, ein Anspiel aufführen, die Taufkerze entzünden und überreichen und dgl. Wird ein Kind aus der Christenlehre oder aus dem Kindergottesdienst getauft, erfolgt die Vorbereitung in dieser Gruppe, und natürlich beteiligt sie sich aktiv an der Feier. Solche Mitarbeit einer Gruppe bringt den Gemeindebezug der Taufe viel besser zum Ausdruck als der bloße Vollzug im Gottesdienst durch einen Pfarrer.

Die Taufe findet deshalb ihren theologisch und gemeindepädagogisch sachgemäßen Ort keineswegs nur im Hauptgottesdienst zur üblichen Zeit. Ein bewährtes Beispiel dafür sind die Taufen in der Osternacht, die seit einigen Jahren wieder auch im evangelischen Raum Anklang finden. *Blank* und *Grethlein*, die dafür einen Entwurf anbieten, schreiben dazu: »Osternachtfeiern sind schon seit der Alten Kirche Taufgottesdienste (mit Herrenmahl), die Gottes Zu- und Anspruch in großer Dichte erfahren lassen. Die besondere Situation am frühen Morgen (Nüchternheit, wenig Ablenkung durch Lichter und Geräusche), der Beginn eines Festtages im Frühling u.ä. machen Menschen für elementare Symbole besonders empfänglich. So eignen sich Osternachtsfeiern vorzüglich für Taufen von Menschen unterschiedlichen Alters.«[44]

Gute Möglichkeiten bieten auch gruppenspezifische Veranstaltungen. So können Jugendliche in einem Jugendgottesdienst getauft werden, der von Jugendlichen mit vorbereitet und durchgeführt wird. Solcher Gottesdienst kann die Stellung des Hauptgottesdienstes einnehmen, so daß die ganze Gemeinde dazu eingeladen wird, er kann aber auch zusätzlich stattfinden, etwa nachmittags oder abends. Ist die Leiterin der Gruppe keine Pfarrerin, sondern eine Katechetin, Diakonin oder ein ehrenamtliches Gemeindeglied, sollte sie wichtige Aufgaben in der Feier übernehmen. Nach meiner Erkenntnis wäre es angemessen, daß diejenige Mitarbeiterin, unter deren Leitung die Vorbereitung erfolgte, auch die Taufe vollzieht. Die Legitimität der »Amtshandlung« wäre durch die Anwesenheit von Kirchenältesten zu bezeugen. Ein Kirchenältester könnte ein Segenswort sprechen oder die Taufurkunde überreichen und damit bekunden, daß die Taufe der kirchlichen Ordnung gemäß (rite) stattfand. Natürlich kann das auch ein Pfarrer tun, und ohne Absprache mit dem zuständigen Gemeindepastor soll die Handlung schon deshalb nicht erfolgen, weil die Gemeinde nicht in Gruppen zerfallen darf und eine koordinierende Instanz notwendig ist. Es wäre viel für die Aktivierung des allgemeinen Priestertums gewonnen, wenn die Aufgaben besser verteilt und weniger auf die Pfarrerschaft eingeengt würden.

Der erfreuliche Aufschwung der Abendmahlsfrömmigkeit in den letzten Jahrzehnten führte zu dem Bemühen, die Taufe enger mit der Mahlfeier zu verbinden, sie also in diese einmünden zu lassen. Bei gesonderten Taufgottesdiensten spricht viel dafür, doch ist die jeweilige Situation zu berück-

44 Blank/Grethlein, 50.

sichtigen. Ohne Vorklärung mit den Beteiligten sollte man nicht beide Sakramente feiern, zumal unter den Angehörigen der Täuflinge sich oft Kirchenfremde befinden. Sie dürfen nicht unerwartet mit dem Angebot des Abendmahls konfrontiert werden. Bei normalen Gottesdiensten fürchte ich, daß die Gemeinde mit zwei Sakramenten überfordert wird in dem Sinne, daß die Partizipation darunter leidet. Ein Pastor sagte mir einmal: »Ein Sakrament genügt in einem Gottesdienst«.

Die evangelische Taufliturgie krankte bis vor kurzem daran, daß die Kindertaufe mit einem für Erwachsene konzipierten Formular praktiziert wurde. Das geschah schon bei *Luther*, dessen Taufbüchlein von 1526 die Vorlage für die meisten evangelischen Taufagenden lieferte. Die Taufordnung der VELKD von 1988 unterscheidet die Kindertaufe von der Taufe eines Erwachsenen oder älteren, also persönlich ansprechbaren und antwortfähigen Kindes.

Wie die »Erneuerte Agende« geht auch die Taufagende von einer Grundstruktur aus, die in verschiedenen Ausformungsvarianten zu entfalten ist. Die Grundstruktur setzt sich zusammen aus dem Taufbefehl (Mt 28,18-20), den man wohl besser das Stiftungswort nennt, sodann dem Credo, der Tauffrage, der Taufhandlung mit Wasser im Namen des Dreieinigen Gottes und dem Taufsegen mit der Bitte um den Heiligen Geist. Die Agende bietet eine konservativere und eine von der Situation der Familie und der Schöpfungsordnung ausgehende Form. Beide Formen gliedern sich in die Teile Eröffnung, Verkündigung, Taufe und Sendung, wenn die Taufe als selbständiger Taufgottesdienst gehalten wird. Findet sie im Hauptgottesdienst statt, so tritt das Abendmahl hinzu, auch wenn die Elemente der Taufhandlung »auf verschiedene Stellen des Hauptgottesdienstes verteilt sind und der Hauptgottesdienst dadurch insgesamt als Taufgottesdienst geprägt wird«[45]. Dahinter steht die Meinung, der ich nicht folgen kann, daß der Hauptgottesdienst ohne Abendmahl nicht vollwertig sei. Ausführlich habe ich mich dazu geäußert im »Handbuch der Liturgik«, hg. von *Hans-Christoph Schmidt-Lauber*, Göttingen 1995, Kap. Predigtgottesdienst. Ich halte es für sinnvoll, daß einmal die Taufe, ein anderes Mal das Abendmahl den sakramentalen Kern des Gottesdienstes bildet.

Beide Formulare zur Kindertaufe beginnen nach dem Eingangsgruß mit dem sogenannten Taufbefehl, der nicht mehr wie in früheren Agenden mit Mk 16,16 kombiniert wird, sondern mit Joh 3,16. Der harte Satz »wer aber nicht glaubt, der wird verdammt werden« entfällt damit. Der Entwurf von 1984 sah noch die Formulierung vor »wer aber nicht glaubt, der wird verlorengehen«. Die Streichung dieses Satzes sagt nicht, der Glaube sei für das Heil entbehrlich geworden oder der Gerichtsgedanke sei preiszugeben. Die positive Aussage des Evangeliums wurde der negativen des Gesetzes vorgezogen, damit die Einladung durch das Evangelium deutlich wird. Daß der Glaube notwendig ist, um das Heil zu ergreifen, enthält ja der positive Satz Joh 3,16 auch. Allerdings ist zu überlegen, ob der Gerichtsgedanke ganz eliminiert werden kann, zumal er unmittelbar nach dem

---

45   Agende III, 1,81.

zitierten Vers ausgesprochen wird. »Wer an ihn glaubt, der wird nicht gerichtet; wer aber nicht glaubt, der ist schon gerichtet, denn er glaubt nicht an den Namen des eingeborenen Sohnes Gottes« (V. 18).
An diese Aussage schließt sich die Bezeichnung des Täuflings mit dem Kreuz gut an. Die Agende sieht zwei interpretierende Begleittexte vor: »Nimm hin das Zeichen des Kreuzes. Du gehörst Christus, dem Gekreuzigten« oder: »Ich zeichne dich mit dem Kreuz. Jesus Christus hat dich erlöst«. Die Formulierung »Nimm hin« wirkt mißverständlich im dinglichen Sinn. Das Kreuzeszeichen ist kein Gegenstand, den man übergibt und annimmt. »Ich zeichne dich mit dem Kreuz, denn du gehörst Jesus Christus, dem Gekreuzigten« oder »... weil Jesus dich am Kreuz erlöst hat und du ihm gehörst«, das ist gemeint.
In *Luthers* Taufbüchlein beginnt die Taufliturgie unvermittelt mit einem Exorzismus: »Fahr aus, du unreiner Geist, und gib Raum dem heiligen Geist«. Daran schließt sich das Kreuzeszeichen an, auf das zwei Gebete folgen, darunter das sogenannte Sintflutgebet, das die Taufe typologisch als Gegenstück zur Sintflut und zum Schilfmeerwunder deutet und bittet, daß am Täufling »ersaufe und untergehe alles, was ihm von Adam angeborn ist und er selber dazu getan hat, und er aus der Ungläubigen Zahl ausgesondert in der heiligen Arche der Christenheit trocken und sicher behalten, allezeit brünstig im Geist, fröhlich in Hoffnung deinem Namen diene, auf daß er mit allen Gläubigen deiner Verheißung ewiges Leben zu erlangen würdig werde durch Jesum Christum unsern Herrn. Amen«.[46] Merkwürdigerweise folgt darauf bei *Luther* noch ein Exorzismus. Im 16. Jh. entbrannte ein heftiger Streit innerhalb des Luthertums um den Exorzismus in der Taufe. Seine Gegner wurden als Kryptocalvinisten verfolgt. *Rietschel-Graff* erzählt, in der Dresdener Hofkirche habe sich ein Fleischermeister bei der Taufe seines Kindes mit dem Fleischerbeil neben den Taufstein gestellt und gedroht, dem Täufer den Schädel zu spalten, wenn er den Exorzismus unterließe![47] Dahinter stand jene massive Dämonologie, die zu schrecklichen Auswüchsen in der sadistischen Verfolgung angeblicher Hexen führte. Weiter kann man sich von der guten Gabe der Taufe kaum entfernen, und wenn die Calvinisten solche Art von Exorzismus ablehnten, ist ihnen zuzustimmen.
Die bleibende Intention des Exorzismus, der ja biblisch begründet ist, besteht im befreienden Handeln Gottes, dem die Absage an das Böse entspricht. Solche Absage (abrenuntiatio) gehört seit der Alten Kirche zur Taufliturgie. Sie lautet bei Luther: »Entsagst du dem Teufel? Antwort (der Paten): Ja. Und allen seinen Werken? Antwort: Ja. Und allem seinem Wesen? Antwort: Ja« (WA 19, 540, 28f.). In der neuen Taufagende klingt das Anliegen des Exorzismus noch an in der Bitte: »Weil du dieses Kind dir zum Eigentum erwählt hast, so befreie es von der Macht des Bösen«. Bei einem Kleinkind ist klar, daß nicht das moralisch Böse gemeint sein kann,

---

46   WA 19, 539, 28-540, 4.
47   Bd. II, 578.

das es im Säuglingsleben noch nicht gibt, sondern das Unterworfensein unter die Erbsünde. Das kann im Taufgespräch erläutert werden.

Die Abrenuntiation hat nur bei Großkindern und Erwachsenen Sinn und wird deshalb in verschiedenen Varianten bei der Erwachsenentaufe vorgesehen. Im Taufgespräch sollten die Taufbewerber entscheiden, welche Variante sie wählen. Die Absage an das Böse markiert die Wende im Leben, die Abwendung vom alten Leben des Unglaubens und Hinwendung zum neuen Leben im Glauben ist. Deshalb schließt sich das positive Bekenntnis des Glaubens an. Besser als die Frage des Pfarrers: »Glaubst du an Gott?« usw. ist ein persönliches Bekenntnis des Täuflings, das er aus einer modernen Sammlung von Bekenntnissen auswählen kann[48] oder das er in einer Gruppe (Konfirmanden, Junge Gemeinde, Taufseminar) erarbeitet hat. Das Apostolicum sollte außerdem von der ganzen Gemeinde gesprochen werden. Sie schließt sich darin mit dem Täufling und seinen Angehörigen sowie mit der Gemeinschaft aller Getauften in Geschichte und Gegenwart zusammen.

Die Tauffragen richten sich bei der Kindertaufe an Eltern und Paten, sonst an die Täuflinge selbst. Die Agende sieht vor, daß die Fragen gesondert den Eltern und Paten oder beiden gemeinsam gestellt werden. Bei der Formulierung der Fragen ist darauf zu achten, daß die Befragten nicht überfordert und zur Abgabe falscher Versprechungen veranlaßt werden. *Luther* fragte nur: »Willst du getauft sein?«. Die Paten sollten öffentlich den Taufwillen der Familie bezeugen. Die neue Agende verzichtet auf diese Frage, die ja dadurch beantwortet ist, daß die Angehörigen mit dem Kind erschienen sind. Jetzt zielen die Tauffragen auf die Verpflichtung, die mit der Taufe und dem Patenamt verbunden ist. Die getaufte Person soll erfahren, was in der Taufe an ihr geschah, und dazu braucht es die Hilfe der Angehörigen. Sie sollen vor der Gemeinde und vor Gott sich zu dieser Verantwortung bekennen. Im Taufgespräch ist das vorzubereiten. Gut ist die Formulierung in der zweiten Form: »Wollen Sie das Ihre dazu tun, daß in diesem Kind der Glaube an Jesus Christus wachsen kann, und sind Sie bereit, Ihr Kind in der Verantwortung vor Gott zu erziehen?«. Ob die weniger distanzierte Anrede »Ihr« vorzuziehen ist, ergibt sich aus der Beziehung zwischen Liturg(in) und Angesprochenen. Es kann im Vorgespräch verabredet werden. Damit ist die Bereitschaft ausgedrückt, Konsequenzen aus der Taufe zu ziehen, und es sind zugleich die Grenzen der eigenen Möglichkeiten angedeutet. Sollen die Eltern dagegen in der ersten Form die Bereitschaft dazu erklären, ihr Kind »zum Glauben an Jesus Christus hinzuführen«, so ist zu fragen, ob das überhaupt in der Macht der Eltern liegt. Mindestens müßte solchem Versprechen ein gründliches und offenes Gespräch darüber vorangehen, wie wir Kindern helfen können, zum Glauben zu kommen, und ob die Eltern das wirklich wollen. Ein großer Teil der volkskirchlichen Kindertaufen könnte dann vermutlich gar nicht zustande kommen. Ähnlich steht es um das den Paten abverlangte Versprechen.

48   Z.B. Fridolf Heydenreich (Hg.), Bekenntnisse des Glaubens, Berlin 1982.

Die Taufe als ganze ist segnendes Handeln (vgl. oben S. 30f.), enthält aber auch expressis verbis den Zuspruch des Segens für das Kind und die ganze Taufgemeinde. Der besondere Segen für die Mutter wurde ursprünglich nicht am Ende der Taufe erteilt, da die Mutter nicht teilnahm, solange die Taufe in den ersten Lebenstagen des Kindes stattfand, sondern beim ersten Kirchgang vierzig Tage nach der Entbindung empfing die Mutter den Segen.[49] Dabei stand im Hintergrund der Gedanke, die Frau sei durch die Geburt kultisch unrein und werde nun gereinigt. Später wurde die Segnung der Mutter an die Taufe angeschlossen, wenn sie zugegen war, was lange nicht üblich war, auch als die Taufen nicht mehr so kurz nach der Entbindung stattfanden. Die neue Agende sieht fakultativ eine Segenshandlung vor, die der Familie gilt oder auch der Mutter allein. Bei alleinerziehenden oder nicht mit Christen verheirateten Müttern ist der alte Brauch der Muttersegnung weiterhin sinnvoll, zumal sie oft besonders viel Kraft benötigen, ihren Kindern Hilfen auf dem Weg des Glaubens zu geben.

In den liturgischen Rahmen gehört schließlich die Predigt, deren Inhalt hier nicht zu besprechen ist, wohl aber ihre Stellung und Funktion. Die Predigt schlägt eine Brücke zwischen dem Ritus und den Beteiligten. Sie hilft zur Anwendung des Taufgeschehens auf das Leben der Anwesenden, indem sie die Taufgabe auf die menschliche Situation bezieht und zugleich die Getauften an ihre Taufe erinnert. Zwar ist die Taufe als ganze Tauferinnerung, aber die Predigt konkretisiert und appliziert die Bedeutung der Taufe für die Anwesenden. Wenn die Taufe in einen Hauptgottesdienst eingefügt wird, soll die Predigt darauf Bezug nehmen. Möglich ist auch, daß eine Kurzpredigt zum vorgesehenen Predigttext und eine solche zum Taufspruch gehalten wird, aber eine inhaltliche Beziehung sollte dann erkennbar sein. Die Taufe ist so reich an theologischen Inhalten und Beziehungen, daß von jedem Ort im Kirchenjahr her leicht Verbindungen zum Thema Taufe hergestellt werden können.

c) Das Patenamt

»Patenamt – entleertes Ritual oder pädagogische Chance?« fragt *Hans-Günter Heimbrock*[50]. Weithin ist das Ritual so entleert, daß vielen Menschen in der DDR es gar nicht auffiel, wenn sie beerbten, wenn sie bei der sozialistischen Namensgebung Paten engagierten oder selbst Pate standen. Wenn Paten dabei versprachen, das Kind im Geiste der Völkerfreundschaft und »zur Liebe zu unserem Staat zu erziehen«, so dachten sie sich dabei meist noch weniger, als wenn sie bei einer Taufe versprachen, zur christlichen Erziehung des Kindes beizutragen. Natürlich gab und gibt es immer Frauen und Männer, die für ihre Patenkinder beten und sich bemühen, ihnen auf ihrem Weg als Christen beizustehen. Für die meisten geht es aber

49   Vgl. Bruno Kleinheyer in »Gottesdienst der Kirche«, Bd. 8, Regensburg 1984, 152-156.
50   Chl 41, 1988, 170-175.

vorrangig darum, dem Kind zusätzlich eine Tante oder einen Onkel oder
beides zu verschaffen und damit freundschaftliche Beziehungen zwischen
Familie und Paten zu pflegen.

Die kirchlichen Lebensordnungen haben versucht, minimale Voraussetzungen für das Patenamt einzufordern. Paten sollen konfirmierte Kirchenmitglieder sein. Daß die Konfirmation automatisch zu einem geistlichen
Amt befähigt, wird niemand behaupten. In der säkularen Diaspora stellt
sich das Problem oft viel radikaler: Die Tauffamilien haben keine zum
christlichen Patenamt geeigneten Verwandte und Freunde. Nach der
Konfirmation wagt man schon kaum zu fragen, und was nützt sie, wenn die
Betreffenden jeden Kontakt zur Kirche verloren haben? In der Volkskirche
gehören diese »treuen Kirchenfernen« noch der Kirche an, in der säkularen
Diaspora sind sie meist ausgetreten. Qualifiziert das Zahlen der Kirchensteuern – für das wir dankbar sind! – zum Patenamt? Wird aber dieses
Minimum an Kirchenverbundenheit verweigert, kann keine Patenbescheinigung ausgestellt werden. Ich habe Familien, die sich betroffen
zeigten, weil ihr bester Freund nicht Pate sein konnte, »nur« weil er keiner
Kirche angehört, einen Kompromiß vorgeschlagen: Der beste Freund wird
von der Familie als Pate angesehen, erscheint aber nicht als solcher im
Kirchenbuch, denn die Kirche kann ihn nicht als Pate führen. Ein zur
Kirche gehörender Pate wird benötigt, und die Kirchengemeinde hilft
dabei, wenn wirklich niemand im Umkreis der Familie zu finden ist.

Da ich selber einige Patenkinder hatte (mit der Konfirmation betrachte ich
mein Amt als abgeschlossen), kenne ich das schlechte Gewissen, das aus
dem Widerspruch zwischen Anspruch und Realität stammt. Wer kann vier
leibliche und sechs Patenkinder wirklich begleiten? Die Ansprüche müssen mit den Möglichkeiten in Einklang gebracht werden. Das Patenamt ist
ein Dienst der Begleitung[51], der sehr unterschiedlich intensiv sein kann.
Die Taufregister unseres Dorfes zeigen, daß im 18. und 19. Jh. arme Leute
oft zahlreiche Paten wählten, manchmal acht und mehr, weil sie sich davon
Hilfen für den Notfall versprachen. Sterben die Eltern und einige Paten, so
bleiben immer noch solche übrig, die sich um das Kind kümmern. Heute ist
das Sterberisiko geringer, aber nicht das Krisenrisiko. Jemanden zu wissen, der oder die sich im Notfall, der ein rein geistiger oder seelischer sein
kann, um den jungen Menschen kümmert, ist eine große Hilfe.

Begleitung ist ein ganzheitlicher Dienst, den selten ein Pate in umfassender
Weise leisten kann. Ein Stückchen Begleitung, zum Beispiel in Ferien, bei
Krankheit eines Elternteiles, durch Verbindungen am Geburtstag usw. sind
oft alles, was geleistet werden kann, abgesehen natürlich von der Fürbitte
als dem wichtigsten Dienst, den Christen einander tun können. Nichtchristen können zwar diesen Dienst nicht tun, sonst aber doch sehr hilfreiche
Begleiter sein.

Das Patenamt ist ein Bereitschaftsdienst. Für die Patenkinder und ihre
Eltern ist es gut zu wissen, daß notfalls Leute bereit sind, ihnen zu helfen.
Kirchliche Ordnungen vermögen dazu wenig beizutragen, das Patenamt

---

51   Vgl. meinen Beitrag in Chl 41, 1988, 176-179.

als Funktion des allgemeinen Priestertums zu fördern. Je enger die Kasualien mit dem Gemeindeaufbau verbunden sind, desto mehr geschieht Begleitung in der Gemeinde und durch sie. Dabei ist mehr an Gruppen in der Gemeinde als an sie insgesamt zu denken. In Gruppen wie der Jungschar, der Jungen Gemeinde, dem Posaunenchor usw. finden junge Menschen oft wirksamere Hilfen als bei einzelnen Kontaktpersonen.

d) Die Nottaufe

Der Brauch der Nottaufe entstand aus der seit Augustin verbreiteten Meinung, ungetauft Verstorbene gingen ewig verloren. Dieser Gedanke einer absoluten Heilsnotwendigkeit (necessitas salutis) der Taufe ist biblisch nicht begründbar. Luther erklärte dagegen zum Schicksal ungetauft verstorbener Kinder, »daß der gütige, barmherzige Gott auch über diese Kindlein, die ohne Schuld und ohne Mißachtung seines öffentlichen Gebotes die Taufe nicht empfingen, etwas Gutes bedenkt« (LTA 4, 295 = WA 53, 207). Seine Schrift »Ein Trost den Weibern, welchen es ungerade gegangen ist mit Kindergebären« will den Frauen seelsorgerlich helfen, die ohnehin durch den Tod eines Kindes schockiert sind und sich außerdem mit der Frage nach der Seligkeit ihres Kindes quälen. Der grausame und absurde Gedanke, Gott könne ein Kind sterben lassen, ehe die Gelegenheit zur Taufe bestand, und dafür dieses Kind noch ewig bestrafen, kommt wohl heute niemandem mehr. Trotzdem ist die Taufe bei Todesgefahr für manche Angehörigen noch heute eine Hilfe, um das schwere Leid ertragen zu können, das Todesgefahr und noch mehr der erfolgte Tod eines kaum geborenen Kindes bringen. Der Widerspruch zwischen dem hoffnungsvollen Erwarten des Kindes und dem jähen Verlust der Hoffnung ist eine enorme Belastung. In dieser seelischen Not kann es eine Hilfe bedeuten, wenn das akut bedrohte Kind Gott anvertraut wird, und es kann nach erfolgtem Tod das Leid mindern, dieses Kind in Gott geborgen zu wissen. Solcher Trost setzt nicht unbedingt die Taufe voraus. Auch ohne sie dürfen die Trauernden ihr Kind in Gottes Hand wissen, aber die Taufe kann diesen Glauben stärken. Gültig ist die Taufe, wenn sie durch Begießen des Täuflings mit Wasser unter den Worten: »N., ich taufe dich im Namen Gottes, des Vaters und des Sohnes und des Heiligen Geistes« vollzogen wird. Das Vaterunser sollte sich anschließen oder auch ein freies Gebet folgen, das den Schmerz der Angehörigen aufnimmt und um Trost für sie bittet. Ein Segenswort mit der Bitte »Der Herr behüte deinen Ausgang und Eingang von nun an bis in Ewigkeit« kann die Handlung abschließen.

4. Anregungen

a) Einladung zur Taufe

Die von *Matthes* geforderte integrale Amtshandlungspraxis (vgl. S. 42f.) stellt Verbindungen zwischen dem Kasus Trauung und damit der Ehe einerseits und dem Kasus Taufe und damit der Geburt andererseits her. *Blank* und *Grethlein* schlagen in ihrem tauforientierten Gemeindeaufbaukonzept vor, geburtsvorbereitende Kurse in evangelischen Familien-Bildungsstätten in die Taufvorbereitung einzubeziehen. In Deutschland gibt es 80 solche Einrichtungen, in denen Kurse zur Geburtsvorbereitung mit Schwangerschaftsgymnastik und Säuglingspflege stattfinden. Vom Tragen und Baden eines Säuglings bis zu Informationen über die körper-lich-geistige Entwicklung im 1. Lebensjahr werden praktische Kenntnisse und Fertigkeiten vermittelt, die unabhängig von Glaubensfragen hilfreich sind. In einem Beispiel ist das neunte von zehn zweistündigen Treffen dem Thema Taufe gewidmet. Die Mehrzahl der Teilnehmenden lebt ohne oder ohne enge Beziehungen zur Kirche. So ergeben sich Widerstände, aber auch positive Motive werden genannt:
»– ich möchte das Beste für mein Kind;
– ich kann es nicht vor allem bewahren und bitte um den Segen Gottes;
– Taufe ist ein Zeichen der Dankbarkeit;
– sie ist eine schöne symbolische Handlung und ein wichtiges Familien-fest«[52].
Blank und *Grethlein* bieten Vorschläge für das Gruppengespräch zum Thema »Einladung zur Taufe« an. Die Leiter breiten religiöse und profane Gegenstände aus und bitten die Teilnehmenden, darüber zu sprechen, wie diese Gegenstände sie an Erlebnisse mit Glauben, Kirche und Religion in ihrer Kindheit und Jugend erinnern. Ziel ist die Einsicht, daß wir alle geprägt sind und selber unsere Kinder prägen. Deshalb ist das verbreitete Argument, die Kinder nicht beeinflussen zu wollen, fragwürdig. Damit ist der Weg frei, über die Taufe zu sprechen.
Dieses Beispiel ist deshalb wichtig, weil das Hauptproblem heute oft in fehlender Motivation zur Taufe besteht. Wer ein Kind erwartet, sieht leicht ein, daß es nützlich ist, sich über schmerzarme Geburt und Säuglingspflege zu informieren. Wozu aber nützt die Taufe? Die Einladung zur Taufe ist relativ einfach, wenn eine Kirchenzugehörigkeit gewünscht wird. Dieser Wunsch wird immer weniger selbstverständlich, auch in den alten Bundesländern. Eine missionarisch lebendige Kirche weckt dagegen neues Interesse an der Taufe, sofern diese zum Christsein gehört. Wirkt die Kirche einladend, dann motiviert sie auch zur Taufe. Dazu gehören persönliche Kontakte, durch die Ungetaufte oder distanzierte Kirchenmitglieder mit ungetauften Kindern positive Beziehungen zu einer Gemeinde oder einer kirchlichen Gruppe finden. Gemeindeaufbau nennen wir das Bemühen,

solche Verbindungen herzustellen und zu fördern, sie also nicht nur dem Zufall zu überlassen (vgl. oben S. 33ff.).

In den meisten Konzepten des Gemeindeaufbaus nimmt die Taufe einen wichtigen Platz ein. »Aus der Taufe Gemeinde wachsen lassen« faßt *Christian Möller* seinen Ansatz zusammen.[53] Ich selber habe über »Die Taufe im Rahmen des Gemeindeaufbaus« nachgedacht, als Gemeindeaufbau noch kein verbreitetes Thema war.[54] *Reiner Blank* und *Christian Grethlein* gaben ein praxisnahes »Konzept für einen tauforientierten Gemeindeaufbau« unter dem Titel »Einladung zur Taufe – Einladung zum Leben« heraus (Stuttgart 1993). Auffällig blaß bleibt die Bedeutung der Taufe in der »Theologie des Gemeindeaufbaus« von *Fritz* und *Christian A. Schwarz* (Neukirchen-Vluyn 1984). Dahinter steht die Befürchtung, das missionarische Engagement werde durch die Berufung auf die volkskirchliche Taufe unterlaufen. Tatsächlich meinen ja nicht wenige kirchliche Mitarbeiter, der Ruf zur Bekehrung sei durch die Taufe überflüssig, sie sei ja schon das »Bad der Wiedergeburt und Erneuerung im heiligen Geist« (Tit 3,5). Wiedergeborene sind nicht zu missionieren. Ein solches Taufverständnis würde missionarischen Gemeindeaufbau überflüssig machen. Damit würde man aber die volkskirchliche Taufe ihrer theologischen Begründung berauben und den Zusammenhang von Taufe und Glauben praktisch aufgeben. Wer die Zusammengehörigkeit von Taufe und Glauben ernst nimmt, kann sich der Notwendigkeit missionarischen Gemeindeaufbaus in der Volkskirche nicht entziehen. Gemeindeaufbau oder Gemeindeentwicklung von der Taufe her ist ein guter Ansatz dazu, in der Volkskirche Konsequenzen aus der Taufe zu ziehen, die sich nicht auf Kirchensteuer und Kasualien beschränken.

Von der Taufe her zu leben, ist aber eine Glaubenspraxis infolge der Taufe, während wir davon ausgingen, daß zur Taufe einzuladen ist. In der säkularen Diaspora hängt davon die Zukunft der Kirche ab, daß Menschen sich neu einladen und zur Taufe bewegen lassen. Solche Einladung geschieht im evangelistischen Handeln, das in den Landeskirchen leider einigen Experten überlassen wird, die sich oft recht verlassen vorkommen. Evangelisation gilt als pietistisches Unternehmen, mit dem sich Namen wie *Billy Graham* oder *Reinhard Bonnke* verbinden. Aus lutherischer Position arbeiten *Johannes Hansen* in Witten, *Theo Lehmann* in Chemnitz, *Klaus Vollmer* in Herrmannsburg u.a. evangelistisch. Der Nachwuchs ist in Deutschland dünn gesät. In der Praktischen Theologie kommt das Thema fast gar nicht vor. Statt die Nasen zu rümpfen, sollten wir überlegen, wie denn Menschen sonst für die Taufe zu gewinnen sind. Es behauptet ja niemand, die klassische Evangelisation sei die einzige Möglichkeit zum missionarischen Gemeindeaufbau. Klaus *Eickhoff* hat aber Recht, wenn er betont: »Das ›Taufet sie!‹ heißt: ›Evangelisiert! Evangelisiert, damit Glaube entsteht!‹

---

53 Gottesdienst als Gemeindeaufbau, Göttingen 1988, 148-174; ders., Lehre vom Gemeindeaufbau 2, Göttingen 1990, 333-354.
54 In: Taufe und neue Existenz, hg. von Erdmann Schott, Berlin 1973, 159-171.

Erst der Glaube erkennt den Wert der Taufe und verlangt nach ihr. Es kommt auf den Glauben an!«[55] Wie aber entsteht Glaube? Durch Mit-teilung. Menschen teilen mit andern ihren Glauben. Daß meine Eltern ihren Glauben mit mir und meinen Brüdern teilten, wurde für unser Leben als Christen entscheidend. In solcher Mitteilung des Glaubens wird das Evangelium persönlich bedeutsam, und Evangelisation ist nichts anderes als eine Aktion mit dem Ziel, daß der Glaube für Menschen persönlich bedeutsam wird. Einladung zur Taufe findet statt, wenn Menschen, die aus der Taufe leben, etwas davon andern mitteilen, die noch nicht getauft sind oder die ihre Kinder nicht taufen ließen, weil ihnen der Sinn der Taufe bisher dunkel blieb. Solche Einladung ist vor allem eine Aufgabe und Möglichkeit des Priestertums aller Gläubigen.

b) Das Taufgespräch

Wie die meisten Kasualgespräche dient auch das Taufgespräch zunächst dazu, daß die Beteiligten sich menschlich begegnen, einander etwas besser kennenlernen und, soweit vorhanden, Ängste abbauen.[56] Wenn ein junges Paar fünfzehn oder zwanzig Jahre nach der Konfirmation erstmalig wieder mit einem Pfarrer zu tun hat, kann das selbst nach einem partnerschaftlichen Konfirmandenunterricht Ängste auslösen. Auch im Pfarrer stecken oft Ängste. Kommen da wieder Leute, die im Grunde nicht wissen, warum sie ihr Kind taufen lassen? Wie erreiche ich diese der Kirche nicht eng verbundenen jungen Leute? Gelingt es mir, sie so anzusprechen, daß sie einen positiven Eindruck mitnehmen? Das ist der Fall, wenn sie spüren, daß sie willkommen sind und daß ihr Wunsch Freude auslöst. Die Begegnung mißlingt, wenn die Partner sich examiniert fühlen. Es liegt ja nahe, daß sie sich an Prüfungsgespräche erinnern, und eine nicht inquisitorisch gemeinte Frage kann Gefühle aus der Konfirmandenprüfung aufsteigen lassen. »Warum wollen Sie ihr Kind taufen lassen?« Auf diese Frage antwortete ein junger Vater: »Das müssen Sie doch wissen!« Er lehnte es ab, sich theologisch befragen zu lassen. Vielleicht hätte er locker aus seiner Konfirmandenzeit erzählt oder von seiner frommen Oma. Daraus hätte der Pfarrer mehr erfahren als aus einer Äußerung angepaßter Kirchensprache, auf die seine Frage zielte.

Kennt der Pfarrer die Tauffamilie nicht oder nur flüchtig, so hilft das Gespräch dazu, daß er sich ein Bild von ihr machen kann. Die Gesprächsimpulse sollen dazu helfen, daß die Partner von sich erzählen. Das andere Teilziel des Gespräches besteht in der Information über das Verfahren, das

55   Klaus Eickhoff, Gemeinde entwickeln für die Volkskirche der Zukunft, Göttingen 1992, 86.
56   Vgl. zum Taufgespräch Grethlein, Gemeindepädagogik, 56f; 63-68 mit Hinweis auf Christa Gäbler, Christoph Schmid und Peter Siber, Kinder christlich erziehen, Gelnhausen u.a. ²1979.

ja nie nur ein technisches ist. Spricht man darüber, *wie* die Taufe geschieht, so handelt man zugleich vom Inhalt. Wie auch bei Konfirmation und Trauung hilft es den Beteiligten, wenn der Ablauf anhand der Agende durchgesprochen wird. Zu klären ist, welche Tätigkeiten von wem übernommen werden bis hin zu der Frage, wer das Kind bei der Taufe trägt. Den Partnern soll das Gefühl der Unsicherheit genommen werden. Dazu gehört eine gewisse Lockerheit, die der Furcht, sich vor der Gemeinde zu blamieren, entgegenwirkt. Zum Beispiel sollen die Angehörigen keine Angst davor haben, daß ihr Kind schreit. Bei Säuglingen ist das Problem meist durch das Eintakten der Mahlzeiten zu lösen.

Hans-Werner Dannowski, Stadtsuperintendent von Hannover, teilte mündlich mit, daß er die Angehörigen der Täuflinge bei Kindertaufen bittet, in der Tauffeier das Wort zu ergreifen und etwas zu sagen, was ihnen im Blick auf die Taufe und das Kind wichtig ist. In mehrjähriger Praxis hat niemand diese Bitte abgeschlagen. Natürlich wurde sie vom Pfarrer im Taufgespräch ausgesprochen, so daß die Angehörigen die Möglichkeit hatten, sich vorzubereiten, aber auch, das Angebot abzulehnen. Daß niemand letzteren Weg einschlug, zeigt: Wir trauen unseren Gemeindegliedern meist zu wenig zu, wir unterfordern sie. *Dannowski* ist beeindruckt von der Sprachfähigkeit der Leute, die wir so oft theoretisch und praktisch in Abrede stellen. Nach seiner Erfahrung sind nicht nur die Intellektuellen und im Reden Geübten fähig, das auszudrücken, was sie bewegt. Übrigens finden diese Taufen in der Marktkirche zu Hannover als gesonderte Taufgottesdienste, nicht im Hauptgottesdienst, statt. Es sind jeweils zahlreiche Gäste anwesend, auch solche, die die Kirche besichtigen. Die Worte der Angehörigen werden also nicht nur in einem privaten, sondern in einem öffentlichen Rahmen gesprochen. Daß die Menschen dazu bereit sind, ermutigt dazu, in der volkskirchlichen Kasualfrömmigkeit mehr Möglichkeiten zu entdecken, als die Kritiker und die Fürsprecher der Volkskirche bisher erkannt haben!

In der Regel bietet *ein* Gespräch nicht ausreichend Zeit, um alle mit der Taufe aufgeworfenen Fragen zu besprechen. Finden zwei Gespräche statt, gewinnen die Partner die Möglichkeit, über das erste Gespräch nachzudenken und es weiterzuführen. In großen Gemeinden kann das aus Zeitmangel schwierig werden. Nicht nur deshalb ist es besser, wenn die Taufgespräche in Gruppen geführt werden. Damit ist zugleich der oben erwähnten Gefahr vorgebaut, das Gespräch zur Prüfung zu machen. Außerdem profitieren die Teilnehmenden von den Beiträgen der anderen. Hemmungen entfallen, eigene Erfahrungen zu erzählen, wenn andere den Anfang machten. Gemeinsame Taufvorbereitung kann dazu führen, daß neue Beziehungen in der Gemeinde entstehen, die nach der Taufe erhalten bleiben. Familien besuchen sich gegenseitig und tauschen sich aus als Babysitter. Im Idealfall kommt ein so guter Austausch zustande, daß aus dem Taufseminar eine Gesprächsgruppe junger Erwachsener oder ein Hauskreis entsteht. *Blank* und *Grethlein* stellen je ein Modell der Taufvorbereitung in einem Seminar der evangelischen Erwachsenenbildung und in einer Projektwoche im Kindergarten vor. Solche Projekte sind in kirchlichen Kindergärten

höchst wünschenswert. Oft fragen Gemeindeglieder, jedenfalls in West-
deutschland, ob der Kindergarten ihrer Gemeinde überhaupt als kirchliche
Einrichtung erkennbar sei. Mit dem Thema Taufe kommt für christliches
Leben Grundlegendes zur Sprache. Wer seine Kinder in einen kirchlichen
Kindergarten schickt, muß akzeptieren, daß dort christliches Leben prak-
tiziert und thematisiert wird.

Bei der Taufvorbereitung im Kindergarten wird natürlich nicht nur mit den
Eltern, sondern auch mit den Kindern gesprochen. Sobald die Täuflinge zu
einem Gespräch in der Lage sind, wird aus dem Gespräch mit den Eltern
ein solches mit der Familie. Die Erzieherinnen im kirchlichen Kindergarten können das meist besser leisten als ein Pfarrer. Wenn ein Kind nicht als
Säugling getauft wurde, empfehle ich, mit der Taufe zu warten, bis es
bewußt erleben kann, was mit ihm geschieht. Je nach Entwicklungsstand
ist das im 4. oder 5. Lebensjahr möglich, aber wenn man solange gewartet
hat, kann man dem Kind auch noch etwas mehr Zeit lassen.

Bei größeren Kindern, Jugendlichen und Erwachsenen findet das Gespräch am besten in den Gruppen statt, zu denen sie in der Kirche gehören.
Ohne Beheimatung in einer Gruppe ist es schwierig, den mit der Taufe
beginnenden Weg zu gehen, und in der Regel entsteht der Taufwunsch auch
aus den Erfahrungen in einer Gruppe wie der Christenlehre oder der
Jungen Gemeinde oder einem Hauskreis. Wenn Jugendliche oder Erwachsene bei einer Evangelisation oder anderer Gelegenheit so angesprochen
werden, daß der Wunsch nach weiteren Kontakten erwacht, so ist eine
Gruppe erforderlich, in der sie sich wohlfühlen und Förderung erfahren. In
dieser Gruppe geschieht dann auch das auf die Taufe vorbereitende Gespräch,
und zusammen mit der Gruppe findet die Taufe statt.

c) Die Tauferinnerung

Wenn Angehörige und Paten eines Kindes sich auf dessen Taufe vorbereiten, erinnern sie sich an ihre eigene Taufe. Erinnerung bedeutet hier nicht
eine Gedächtnisleistung, sondern innerliches Aneignen des äußerlich
Geschehenen. Wer als Säugling getauft wurde, kann sich nicht an ein
bewußtes Erlebnis erinnern, aber ein Widerfahrnis bewußt machen und
sich seine Bedeutung aneignen. *Luther* nannte das: die Taufe üben. Der
Christ hat »sein Leben lang genug zu lernen und zu üben an der Taufe«[57].
Erinnerung heißt die ständige Aktualität des Geschehenen bewußt machen. Denken Getaufte in einem Taufseminar oder -gespräch über die
Bedeutung der Taufe für ihre Kinder nach, so erkennen sie damit zugleich
die Relevanz ihrer eigenen Taufe.

Taufseminare erfordern ein hohes zeitliches Engagement und damit eine
starke Motivation der Teilnehmenden. Einfacher durchführbar sind Tauf-
erinnerungen in Gottesdiensten. Natürlich ist jede Taufe zugleich Tauferinnerung, aber es lohnt sich, außerdem das Taufgedächtnis zu institutiona-

---

57   BSLK 699, 27-29.

lisieren. Vorschläge und Erfahrungsbeispiele finden sich in der Literatur. Zum Beispiel lädt eine Gemeinde einmal monatlich zusammen mit ihren Eltern und Paten alle Kinder ein, die in diesem Monat in den vergangenen Jahren getauft wurden.[58] Sie werden gebeten, ihre Taufkerze mitzubringen. Falls diese nicht mehr vorhanden ist, erhalten sie eine neue, die an der Osterkerze entzündet wird. Im Gottesdienst bittet der Pfarrer, daß die Kinder an den Altar treten, wo sie die entzündete Kerze überreicht bekommen. Dazu spricht er unter Namensnennung jedes Kindes ein biblisches Wort, worauf ein Gebet und Segensvotum für die ganze Gruppe folgt. Danach löschen die Kinder ihre Kerzen und gehen auf ihren Platz zurück. Am besten ist es, wenn in solchen Gottesdiensten mit Tauferinnerung auch eine Taufe stattfindet. Die Kinder können dann mit ihren Kerzen und gemeinsam mit der Tauffamilie am Taufstein stehen. So erleben sie mit, was an ihnen geschehen ist, und gleichzeitig vertreten sie die am Taufgeschehen beteiligte Gemeinde.

In die festarme Zeit des Kirchenjahres fällt der 6. Sonntag nach Trinitatis, dessen Perikopen dem Thema Taufe zugeordnet sind. Zwar fällt dieser Tag oft in die Ferien, so daß ein Teil der Familien abwesend ist, aber das trifft auch an jedem andern Termin zu. Deshalb spricht nichts dagegen, diesen Tag in besonderer Weise zum Tag der Tauferinnerung zu machen. Man kann das mit einem Kinder- oder Familienfest verbinden, wozu die Jahreszeit sich gut eignet. Oder man veranstaltet einen Familiengottesdienst zum Thema Taufe. In kleinen Gemeinden können dabei die Kinder so beteiligt werden wie in dem oben genannten Beispiel. Kleine Kinder werden von Angehörigen oder Paten nach vorn gebracht, die auch die Kerze tragen. Sofern die Paten erreichbar sind, ist das eine gute, niemanden überfordernde Möglichkeit, daß sie ihr Amt als einen geistlichen Dienst ausüben.

Eine andere Möglichkeit ist, daß in Familien oder in Gruppen wie der Christenlehre der Tauftag begangen wird, indem man die Taufkerze entzündet, eine Gratulation ausspricht und vielleicht auch etwas schenkt wie eine Spruchkarte oder bei Kleineren ein biblisches Ausmalbuch. Ich habe weder bei meinen Kindern noch bei meinen Patenkindern solche Tauferinnerung praktiziert und empfinde das jetzt als eine verlorene Chance, will sie aber auch nicht überbewerten. Die Taufe zu »lernen und üben« bestehen viele Möglichkeiten, und es gibt auch eine gesunde Frömmigkeit ohne besondere ausdrückliche und ausführliche Tauferinnerung.

Blank und *Grethlein* berichten von Tauferinnerung im Kindergarten.[59] Entsprechend kann in der Christenlehre verfahren werden. »Im Gruppenraum hängt ein Taufkalender, auf dem im Bild einer Kerze die Namen und Taufdaten der Kinder eingetragen sind. Die Kinder und ihre Eltern werden einen Tag vor der Feier noch einmal auf den Tauftag aufmerksam gemacht. Zur Tauftagfeier bringen die Kinder ihre Taufkerze und Bilder von ihrer Taufe mit.« Die Details der kleinen Feier brauche ich nicht darzustellen.

---

58 Vgl. Chl 35, 1982, U 93-96; 164-166. Blank und Grethlein bieten a.a.O., 96-124 vollständige Beispiele für Tauferinnerungsgottesdienste, die sehr zu empfehlen sind.
59 Ebd., 94f.

Bedeutsam ist, daß das Kind erfährt: Es ist wichtig, daß ich getauft bin. Das Kind steht am Tauftag im Mittelpunkt einer Feier, deren Anlaß die Taufe ist. Der Wert seiner Taufe erschließt sich dem Kind, indem es Wertschätzung erfährt, die mit der Taufe zusammenhängt. Tauferinnerung bedeutet, daß das Kind etwas von dem Evangelium, das ihm persönlich gilt, durch andere erfährt.

Eine andere Art der Tauferinnerung besteht darin, daß die Getauften aufgerufen werden, anderen das Evangelium mitzuteilen, das für sie selber bedeutsam wurde. Ich will nicht irreale Formeln verbreiten wie: »Jeder Christ ein Missionar«. Die Mehrzahl unserer Gemeindeglieder versteht sich nicht so, und wir dürfen ihnen deshalb das Christsein nicht absprechen, zumal auch viele Theologen keine Missionare sein wollen. Ich stimme aber *Eickhoff* zu, wenn er schreibt: »Eine Kirche, die tauft, wird evangelisieren, oder sie tauft nicht im Sinne ihres Stifters.«[60] Tauferinnerung macht Konsequenzen aus der Taufe bewußt. *Eickhoff* stellt folgende Sequenz auf: »Taufakt – Wort – Glaube – Wachsen im Glauben – allg. Priestertum – missionarische Gemeinde«. Im neutestamentlichen Taufgeschehen lautet die Reihenfolge: »Wort – Glaube – Taufakt – Wachsen im Glauben – allg. Priestertum – missionarische Gemeinde«[61]. Zwar ist die Reihenfolge von Taufakt, Wort und Glaube unterschiedlich, aber das ändert weder etwas an ihrem unverzichtbaren Zusammenhang noch an den Konsequenzen vom Wachstum im Glauben bis zur missionarischen Gemeinde. Auf diese Konsequenzen prinzipiell zu verzichten, hieße die Bedeutung der Taufe zu verkürzen. Wer die missionarische Dimension aus dem Taufgeschehen ausschließt, kann sich dafür nicht auf das Neue Testament berufen. Es ist geradezu tragisch, daß viele Fürsprecher der Volkskirche meinen, mit dem Vollzug der Taufe und anderer Kasualien vom missionarischen Auftrag entbunden zu sein. Ohne missionarischen Gemeindeaufbau werden wir immer weniger Taufen feiern und an sie erinnern können.

Indem die Tauferinnerung den Zusammenhang von Taufe und Glauben realisiert, erübrigt sie den Vorschlag, eine Segnung oder Darbringung des Kindes im Gottesdienst als neue Kasualie einzuführen und damit die Kindertaufe zu ersetzen. Wer die Taufe nur aus sekundären Gründen wünscht (was manche Kritiker zu schnell unterstellen), wird nicht ohne weiteres begreifen, was die Segenshandlung bedeutet. Wer sich aber aus Glaubensgründen für den Taufaufschub entscheidet, braucht keine besondere Kasualie, um das Kind segnen zu lassen. Jede Abendmahlsfeier bietet dazu eine Gelegenheit. Das wäre eine gute Form integraler Kasualpraxis statt einer als Trockentaufe mißverstehbaren Handlung.

---

60 Eickhoff, 87.
61 Ebd.

III. Die Konfirmation

1. Befunde

a) Empirische Daten

Für die meisten Evangelischen in West- und Ostdeutschland gehört neben Taufe und Kirchenmitgliedschaft die Konfirmation zum Evangelischsein. 1992 nannten im Westen 91% der Befragen die Taufe, 84% die Konfirmation und 83% die Kirchenmitgliedschaft als unbedingt zum Evangelischsein gehörig.[1] Im Osten wichen die Befunde nicht wesentlich ab. Dagegen unterscheidet sich der Anteil nicht nur der Konfirmierten an der Bevölkerung, sondern auch an den Zahlen der Getauften deutlich zwischen Osten und Westen. Im Westen beträgt die Zahl der Konfirmierten ca. 100% der 14 Jahre vorher Getauften. Durch Aussiedler und Übersiedler lag die Quote mitunter sogar leicht über 100%. Auf 1000 Gemeindeglieder kamen im Westen 1991 9 Konfirmationen, im Osten 7,5. Bei der erheblich niedrigeren Mitgliederzahl müßte man im Osten eigentlich eine höhere Quote erwarten. 1972 wurden in der Evangelischen Landeskirche Anhalts 31,2% der 1957 Getauften konfirmiert, 1992 waren es 86% der 1977 Getauften. Der relative Anteil hat sich also stark erhöht, aber die absoluten Zahlen sind so gering, daß im Unterschied zum Westen nicht mehr von einer volkskirchlichen Konfirmationssitte gesprochen werden kann.

In Westdeutschland ist also die volkskirchliche Konfirmation bis jetzt stabil, während man das im Osten nur sehr partiell, aber keineswegs im Durchschnitt feststellen kann. Wie schnell Einbrüche geschehen können, erlebte die Anhaltische Kirche, als von 1958 auf 1959 die Zahl der Konfirmierten um 34,8% zurückging. Je schwächer sich Menschen mit der Kirche verbunden fühlen, desto weniger Wert legen sie natürlicherweise auf die Konfirmation, und desto weniger liegt ihnen an den spezifisch christlichen Inhalten der Konfirmation. Daß die Konfirmation Bestätigung der Taufe ist, bejahten 77% der sehr der Kirche Verbundenen im Osten, aber nur 19% der kaum mit ihr verbundenen. 69% der sehr und 73% der ziemlich Verbundenen sehen in ihr Segen und Zuspruch für den weiteren Lebensweg, während das nur 1% der kaum Verbundenen finden. Auffällig ist, daß im Osten 80% der Vorgabe zustimmen, die Konfirmation sei

---

1 Fremde Heimat Kirche, 20-26.

»feierlicher Abschluß der Kindheit und Beginn eines neuen Lebensabschnitts«, während das im Westen nur 65% meinten. Färbt hier die Jugendweihe ab, die ganz vom Abschluß der Kindheit bestimmt ist? Die Funktion
des Passageritus steht in West und Ost an erster Stelle, kommt im Osten
aber in dieser Eindeutigkeit überraschend. Noch mehr verblüfft, daß die
am meisten der Kirche Verbundenen im Osten mit 94% Zustimmung an der
Spitze liegen, während die gar nicht Verbundenen immerhin noch mit 64%
diese Vorgabe bejahen. Ich kann mir den Befund nur so erklären, daß die
sehr der Kirche Verbundenen den »Beginn eines neuen Lebensabschnitts«
im christlichen Sinn meinen, etwa als Leben mündiger Christen oder
Beginn erwachsenen Christseins. Das ist offensichtlich weniger im Sinne
von Emanzipation oder Autonomie gemeint, denn die Vorgabe »man
bestimmt jetzt selbst über sein Verhältnis zu Kirche und Glauben« fand mit
60% bei den sehr und 28% bei den gar nicht Verbundenen deutlich weniger
Anklang. Die Konfirmation als »die persönliche Entscheidung darüber,
daß man in der evangelischen Kirche bleiben will«, bejahen 35% im
Westen und 44% im Osten. Daß sie »vor allem eine Familienfeier« sei,
bejahen im Westen 41%, im Osten 44%. Die Unterschiede zwischen den
Befragten der verschiedenen Verbundenheitsgrade sind jeweils erheblich.
So ist die Familienfeier für die gar nicht der Kirche Verbundenen mit 67%
viel wichtiger als für die sehr Verbundenen (42%) und die ziemlich
Verbundenen (35%).
Der Gemeindebezug ist im Osten nicht stärker ausgeprägt als im Westen.
Das überrascht angesichts der ganz in der Gemeinde verankerten Kinder-
arbeit in den östlichen Kirchen. 56% der im Osten Befragten halten die
Konfirmation für eine »gute alte Tradition«, während nur 46% im Westen
sie so sehen, was freilich deutlich über dem Ergebnis von 1982 liegt (32%)!
Wie verhalten sich in dieser Vorgabe die Attribute »gut« und »alt«? Wenn
69% der gar nicht Verbundenen im Osten die Konfirmation als »gute alte
Tradition« beurteilen, haben sie vermutlich mehr das Alte im Sinn, während die 58% der sehr Verbundenen vielleicht mehr an das Gute denken,
das sich zu bewahren lohnt.
Schwer zu beurteilen ist der Befund, daß im Osten die Vorgabe, die
Konfirmation sei Voraussetzung für die kirchliche Trauung, mit 64% die
zweithöchste Zustimmung erhielt (Westen 46%, 1982 nur 35%!). Wie im
nächsten Kapitel zu besprechen sein wird, gilt diese Voraussetzung in der
Praxis längst nicht mehr überall, und sie ist problematisch. Ähnlich verhält
es sich mit der Zulassung zum Abendmahl. 56 im Westen und 54% im
Osten bejahen, daß die Konfirmation dazu berechtigt, am Abendmahl
teilzunehmen. 1982 stand das Motiv der Abendmahlszulassung im Westen
noch mit 60% an der Spitze. Die sehr Verbundenen bejahen diesen Aspekt
mit 76 %, die kaum Verbundenen nur mit 25%. Darin kommt das geringe
Interesse der letzten Gruppe am Abendmahl zum Ausdruck. Bei den sehr
Verbundenen ist aber auch denkbar, daß unter ihnen viele die Kinderkommunion wünschen und deshalb das Abendmahl nicht an die Konfirmation binden. Sie könnten dann eigentlich dieser Vorgabe nicht zustimmen.

Soweit es die Befunde erkennen lassen, nehmen die auf Biographie und Familie bezogenen Motive einen hohen Stellenwert ein, im Osten eher noch deutlicher als im Westen. Auch die kirchenrechtlichen Aspekte sind stark im Bewußtsein. Die spezifisch theologischen Motive wie der Taufbezug und der Segen (Einsegnung!) sind vorhanden, dominieren aber nicht. Leider ermöglichen die Daten keine Differenzierung zwischen extremer Minderheits- und volkskirchlicher Situation, da die Befunde aus dem Osten Durchschnittswerte aus sehr unterschiedlichen Verhältnissen wiedergeben. Deutlich ist, daß das theologisch Wesentliche nur zusammen mit dem biographisch und familiär Bedeutsamen vermittelt werden kann. Individuell-biographischer, familiär-sozialer und kirchlich-theologischer Bezug dürfen also keineswegs gegeneinander ausgespielt werden, sondern sie sind miteinander zu verbinden.

Angesichts der permanenten Kritik, denen Konfirmandenunterricht und Konfirmation ausgesetzt sind, verdienen die zunehmend positiven Befragungsergebnisse Beachtung. Eine positive Erinnerung an den Pfarrer bzw. die Pfarrerin bekundeten im Westen 1972 68%, 1982 72%, 1992 77%, im Osten 74%. Als wichtigen Abschnitt in ihrer Entwicklung beurteilten 1982 44% und 1992 56% den Konfirmandenunterricht. »Im KU habe ich manches gelernt, was heute noch wichtig für mich ist«, bezeugten 1972 nur 38%, 1982 46%, 1992 61%, im Osten sogar 67%. Das sind ermutigende Ergebnisse, die beweisen, daß die vielfältigen didaktischen und methodischen Bemühungen um die Konfirmandenarbeit Früchte tragen.

Insgesamt blieb die Konfirmationspraxis in den westdeutschen Landeskirchen so intakt, daß die Rede von der relativ stabilen Volkskirche nicht unbegründet ist. Es müßte untersucht werden, welche Bedeutung der schulische Religionsunterricht für die Kompensation des religiösen Traditionsabbruchs in der Gesellschaft hat. Wäre die Konfirmation ohne die Wirkungen der religiösen Schulbildung so stabil geblieben? Die Kontaktdefizite zwischen Taufe und Konfirmation werden ja nur bei den wenigsten Kindern durch Gemeindeveranstaltungen wie Kindergottesdienst oder Familiengottesdienst ausgeglichen. Kirchliche Kindergärten leisten an dieser Stelle ebenfalls wichtige Dienste, aber auch sie erreichen nur einen Teil der Kinder. Der Religionsunterricht hat zwar nicht das Ziel, zum Glauben zu führen, aber er kann den Horizont religiöser Fragen offenhalten und Hilfen bei der Suche nach fundamentalen Antworten geben.

In den neuen Bundesländern klafft an dieser Stelle eine Bildungslücke, die sich auf das gesellschaftliche und religiöse Leben verheerend auswirkt. Das Bedürfnis nach einem Passageritus und einer Familienfeier, in der die Jugendlichen im Mittelpunkt stehen, führt der Jugendweihe weiterhin einen großen Teil der Vierzehn- bis Fünfzehnjährigen zu. Sie bietet den Vorteil, mit viel weniger Leistungen als bei der Konfirmation zum Ziel zu kommen und nicht annähernd so weitreichende Folgen wie bei dieser auf sich zu nehmen. Am gravierendsten ist die Taufe als Voraussetzung für die Konfirmation. Die Taufe ist ein zu hoher Preis für einen Passageritus.

Die positiven Befunde der letzten EKD-Mitgliederbefragung dürfen ermutigend, nicht aber beruhigend wirken. In der DDR erlebten wir, wie schnell eine blühende Volkskirche unter äußerem Druck ins Wanken kommt, wenn die inneren Reserven zu schwach sind. Es gibt unter Theologen eine gefährliche Neigung, erfreuliche Befragungsergebnisse als Bestätigung für einen unmissionarischen Kurs zu deuten. In der säkularen Diaspora erleben wir, wie wenig es genügt, auf die Leute zu warten, die durch die kirchliche Sitte zu uns kommen. Wenn wir nicht auf die Menschen zugehen, werden immer weniger kommen, um »Kirche bei Gelegenheit« in Anspruch zu nehmen.

b) Historische Aspekte[2]

Das Sakrament der Firmung entstand dadurch, daß ursprünglich zur Taufe gehörende Elemente von ihr gelöst, auf einen späteren Zeitpunkt verlegt und dem Bischof vorbehalten wurden. Es handelt sich um die Elemente der Salbung, die teils vor und teils nach der Taufe oder auch vor *und* nach ihr stattfand, sowie um die den Geist mitteilende Handauflegung. Im Neuen Testament wird metaphorisch von der Salbung im Zusammenhang mit der Taufe gesprochen, das heißt die Salbung war noch kein zur Taufe gehörender Ritus. 2 Kor 1,21f. heißt es: »Der aber uns mit euch auf Christus hin befestigt und uns gesalbt hat, (ist) Gott, der uns auch für sich versiegelt hat und die Anzahlung, den Geist, in unsere Herzen gegeben hat«. Paulus spricht hier von der Taufe: Sie befestigt die Beziehung zu Christus, sie salbt die Getauften und nimmt sie damit in Anspruch und bevollmächtigt sie zum Dienst für Gott, wie Könige und Propheten im Alten Testament zu ihrem Dienst gesalbt wurden. Die Vulgata verwendet hier das Verb confirmare = befestigen. Das Bild von der Versiegelung bedeutet Bekräftigung (confirmatio) unserer Verbundenheit mit Christus. Alle diese Aussagen beziehen sich auf die Taufe, nicht auf einen von ihr zu unterscheidenden Akt. In der katholischen Theologie hat man die Bilder der Salbung und Versiegelung von der Taufe gelöst und zur Begründung des Sakramentes der Firmung herangezogen.

Paulus verbindet am genannten Ort auch die Geistverleihung mit der Taufe. Im Neuen Testament sind die Beziehungen von Taufe und Geistesgabe nicht schematisch festgelegt. Apg 10,44 wird erzählt, der Geist sei während der Predigt des Petrus auf die noch ungetauften Hörer gefallen.

---

2   Zur Geschichte der Konfirmation vgl. Kurt Frör (Hg.), Confirmatio. Forschungen zur Geschichte und Praxis der Konfirmation, München 1959; ders. (Hg.), Zur Geschichte und Ordnung der Konfirmation in den lutherischen Kirchen, München 1962; Grethlein, Gemeindepädagogik, 182-199; Bjarne Hareide, Die Konfirmation in der Reformationszeit. Eine Untersuchung der lutherischen Konfirmation in Deutschland 1520–1585, Göttingen 1971; Bruno Kleinheyer, Sakramentliche Feiern I. Die Feiern der Eingliederung in die Kirche (= Gottesdienst der Kirche 7,1), Regensburg 1989; William Nagel, Probleme der Konfirmation, Berlin 1959; Michael Meyer-Blanck, Wort und Antwort. Geschichte und Gestaltung der Konfirmation am Beispiel der Ev.-luth. Landeskirche Hannovers, Berlin/New York 1992; Lukas Vischer, Die Geschichte der Konfirmation; Zollikon 1958.

Apg 19,5f. tauft Paulus Anhänger des Täufers, legt ihnen die Hände auf, sie empfangen den Heiligen Geist und beginnen mit Zungenreden und Weissagungen. Auch hier ist nicht an zwei Sakramente zu denken, sondern Taufe, Handauflegung und Geistmitteilung bilden eine Einheit.

Seit der Mitte des 3. Jh. wird die Salbung von der Taufe unterschieden, aber noch nicht zeitlich getrennt. »Die Taufe bekommt einen mehr negativen Sinn; sie bedeutet die Abwaschung, die Reinigung von den Sünden. Die Salbung dagegen erscheint als eine positive Geistmitteilung. Nach diesem Schema ist die Salbung also eine Vervollkommnung des schon in der Taufe verliehenen Geistbesitzes.«[3] Die Taufe erscheint hier als ergänzungsbedürftig.

Zu diesem Motiv der Ergänzung tritt das der hierarchischen Differenzierung hinzu. Seit dem 4. Jh. werden die Bischofssprengel so groß, daß die Presbyter (= Priester) die Taufen vollziehen. Die Salbung aber bleibt den Bischöfen vorbehalten. Damit war die Loslösung der Firmung von der Taufe programmiert. In der Ostkirche entfällt dieses Motiv, dort dürfen Priester firmen. Im 9. Jh., bei *Rabanus Maurus* und *Pseudo-Isidor*, vollzieht sich die theologische Loslösung der Konfirmation von der Taufe. In der Germanen- und Slawenmission erweist sich ein Katechumenat nach der Taufe (postbaptismal) als notwendig. Die Taufe setzt einen Anfang, auf den ein »konfirmierendes Handeln« folgen muß. Die Getauften brauchen Hilfen für den Kampf des Glaubens in der Welt. Die mittelalterlichen Theologen knüpften an eine altkirchliche Tradition an, die die Salbung der Stirn als Einschreibung in das Heer Christi und Hilfe zum Lebenskampf deutete. *Pseudo-Isidor* schreibt: »In der Taufe werden wir zum Leben wiedergeboren, nach der Taufe werden wir zum Kampf gestärkt (confirmamur); in der Taufe werden wir abgewaschen, nach der Taufe werden wir gekräftigt.«[4] Das Kampfmotiv verstand man in Analogie zum Rittertum, und als Entsprechung zum Ritterschlag wurde unter Berufung auf Joh 18,22 in der Firmung der Backenstreich eingeführt.

Auf dem 4. Laterankonzil 1215 wurde die Firmung als selbständiges Sakrament bestimmt. Das Konzil von Florenz definierte 1439 die Lehre vom Sakrament der Firmung dogmatisch. Der Bischof weiht das Salböl (Chrisma), das die Reinheit des Gewissens darstellen soll, und den Balsam, der den Duft des guten Namens symbolisiert. Er firmt mit den Worten: »Ich zeichne dich mit dem Zeichen des Kreuzes und stärke dich mit dem Salböl des Heils im Namen des Vaters und des Sohnes und des Heiligen Geistes«. »Die Wirkung dieses Sakraments besteht darin, daß in ihm der Heilige Geist zur Stärkung gegeben wird, wie er den Aposteln am Pfingstfest gegeben wurde, damit der Christ mit Mut Christi Namen bekenne.« Die Firmung ist also eine Art von Laienordination.

Warum lehnte *Luther* die Firmung als Sakrament ab, verspottete sie gar als »Affenspiel«?[5] Weil er in ihr eine Schmälerung der Taufe erblickte. Ihm lag

---

3 Wilhelm Maurer bei Frör (Hg), Confirmatio, 10f.
4 Ebd., 13.
5 WA 10 II, 282, 15.

daran, daß das ganze Heil in der Taufe geschenkt wird und sie keines ergänzenden Sakraments bedarf. Das Sakrament der Firmung hat keinen Anhalt im Wort Gottes. Den Schriftbeweis aus Apg 8,14-17 lehnten die Reformatoren ab. Dort wird erzählt, daß Leute in Samaria getauft waren, aber den Heiligen Geist nicht empfangen hatten. Die Apostel gingen hin, legten ihnen die Hände auf, und sie empfingen den Heiligen Geist. *Calvin* wies darauf hin, daß dort nichts von der für das Firmungssakrament wesentlichen Salbung steht. Gegen Stärkung des Glaubens und Handauflegung hatten die Reformatoren natürlich nichts. *Luther* akzeptiert die Konfirmation als kirchlichen Ritus und bejaht die Handauflegung als apostolischen Brauch, der allerdings nicht den Bischöfen vorbehalten ist. *Luthers* Ablehnung der katholischen Firmung hat einen Grund in seinem Kampf gegen die hierarchischen Strukturen.

Für die Folgezeit wurde die Neuordnung der Konfirmation durch *Martin Bucer* (1491–1551) höchst wichtig. Bei ihm gehören folgende Elemente zur Konfirmation: 1. Die Wiederholung des Taufbekenntnisses, 2. Die Fürbitte der Gemeinde, 3. die Handauflegung, 4. die Erlaubnis zum Abendmahlsgang, 5. die Herstellung einer Kirchenzuchtgemeinschaft. Taufe und Konfirmation gehören bei *Bucer* als Elemente des Gemeindeaufbaus zusammen.[6] Damit nahm *Bucer* auch die Kritik der Täufer an der Kindertaufe ernst und zog aus ihr Konsequenzen. Die Konfirmation dient der Heiligung der Getauften, die ja auch das Anliegen der katholischen Firmung ist. *Bucers* Konfirmationsformel wurde im lutherischen Raum wirksam: »Nimm hin den Heiligen Geist, Schutz und Schirm vor allem Argen, Stärke und Hilfe zu allem Guten, von der gnädigen Hand Gottes des Vaters, Sohns und Heiligen Geistes«.

Bucers Konfirmationsverständnis wurde weithin als sakramentale Konfirmation bezeichnet und als katholisierend verworfen. In der Reformorthodoxie und im Pietismus wurde sein Anliegen positiv aufgenommen, in der Heiligung die notwendigen Konsequenzen aus der Taufe zu ziehen. Die Getauften dürfen sich nicht so mit ihrer Taufe zufriedengeben, daß die Umkehr und Wiedergeburt im Glauben sowie das Wachsen in der Liebe überflüssig werden. Vom Wahnglauben, der sich mit dem bloßen Taufvollzug (opus operatum) begnügt, muß der Schritt zum wahren, bewußten und tätigen Glauben getan werden. *Philipp Jakob Spener* trat für die Konfirmation ein, weil der Christ sich persönlich zu seiner Taufe bekennen und so die Taufgnade aneignen muß. Zum Glauben gehört der persönliche Faktor. Die Gefahr liegt in einer Überforderung, die zur Unehrlichkeit verführt. Das will kein Pietist, aber wenn junge Menschen vor der Gemeinde ein Bekenntnis ihres Glaubens ablegen sollen, geraten sie leicht in eine Position innerer Unfreiheit und unter Gewissensdruck. So erweist sich das Konfirmationsgelübde von Anfang an als problematisch.

Unaufgebbar ist dagegen das pietistische Anliegen, »den Kopf ins Herz zu bringen« (*Spener*), Denken und Fühlen, Kognitives und Emotionales zu

---

6 Vgl. Hareide, 109-151; Christian Möller, Lehre vom Gemeindeaufbau 2, Göttingen 1990, 119-136.

verbinden, den Glauben ganzheitlich zu leben. Die Lehre soll zur Ver-
haltensänderung, zur Umkehr und Heiligung führen. Die pietistische
Praxis nahm den reformatorischen Ansatz auf, daß jeder einzelne Rechenschaft über seinen Glauben geben soll, ehe er zum Abendmahl zugelassen
wird. Schon *Bucer* hatte gefordert, es dürfe niemand zum Abendmahl
zugelassen werden, der vorher nicht »verhört«, also über seinen Glauben
befragt wurde. Praktisch wurde nach Katechismuswissen gefragt, und
natürlich bestand unter volkskirchlichen Bedingungen die Gefahr, daß
persönlich nicht angeeignete Texte hergesagt wurden. Erwartet wurde,
namentlich im Pietismus, das persönliche Bekenntnis, aber die Frage ist,
ob man ein solches jahrgangsweise in einer Volkskirche anstreben kann,
ohne die Beteiligten zu überfordern. Auch wenn damals noch nicht von
Volkskirche gesprochen wurde, kann man sagen, daß die Konfirmation
von Anfang an mit den Problemen der Volkskirche verflochten war. Wie
kann aus der Masse der Kirchenmitglieder persönliches Christsein entstehen? Welche Schritte sind von der Kindertaufe zu einer bewußten Annahme
der Taufgabe zu gehen?
Die evangelische Konfirmationspraxis erwuchs aus den Katechismus-
prüfungen, die in der Reformation eingeführt wurden und Voraussetzung
für den ersten Abendmahlsgang waren. »Die letzte Prüfung gestaltete sich
zu einem zeremoniellen Akt, welcher die Ziele und die Absicht der Lehre
erwies.«[7] Erneuerung des Taufbundes und Zulassung zum Abendmahl
verbanden sich im Konfirmationsakt. Beides erforderte das persönliche
Engagement der Konfirmanden. Damit kamen sie in einer bisher nicht
gekannten Weise als Subjekte zum Zuge. Indem sie sich zu ihrer Taufe
bekannten und über ihr Wissen in Glaubensfragen Auskunft gaben, waren
sie Subjekte des Geschehens. Das »Katechismusverhör« fand in der Praxis
oft sehr schematisch statt. Wo man sich wie im Pietismus um das persönliche Bekenntnis bemühte, bedeutete das eine Aufwertung der Persönlichkeit
des jungen Menschen.
Auch in der Aufklärung legte man Wert auf das persönliche Bekenntnis des
Konfirmanden, das nur inhaltlich anders gefüllt wurde. Der Passageritus
gewann jetzt Bedeutung. Bezeichnungen wie »Kinderweihe«, »Fest der
menschlichen Natur« (!) und »Jugendfest« zeigen das deutlich.[8] Inhaltlich
handelt es sich bei der rationalistischen Konfirmation vor allem um eine
Tugendweihe. »Wir wollen ewig uns der Tugend weihn; O Vater, dieser
Tag soll Zeuge seyn!« heißt es in einem Lied 1804.[9] Die Konfirmation
gewann jetzt sehr an Volkstümlichkeit, sie wurde zu *der* Kasualie der
Volkskirche, und zwar auf Kosten der Taufe. Der Rationalismus behielt
zwar die Kindertaufe bei, konnte ihr aber wenig abgewinnen. Bezeichnend
war der Satz eines Konfirmators: »Wisset! der heutige Tag ist erst euer
wahrer Tauftag!«[10]

---

7 Kansanaho bei Frör, Zur Geschichte, 86.
8 Graff II, 245.
9 Ebd., 257.
10 Ebd., 244.

Kaum hatte die letzte deutsche Landeskirche die Konfirmation eingeführt, zeigte sich schon ihre Reformbedürftigkeit. Besonders die Erlanger Professoren *Höfling, Theodosius Harnack, von Zezschwitz* und *Johann Christian Konrad von Hofmann* trugen Reformvorschläge vor, die auf eine Entflechtung der Konfirmation hinausliefen. Ihre Absicht teilte *Johann Hinrich Wichern*, der die Konfirmation als eins der Hauptprobleme der Volkskirche erkannte. Er unterbreitete seine Reformvorschläge zusammen mit Überlegungen zur Erneuerung der Volkskirche.[11] *Wichern* beschreibt die Entfremdung großer Teile des Volkes vom Evangelium und urteilt: »Die ganze Welt jener der Kirche *Entfremdeten ist nichts anderes als die Masse der Konfirmierten.*«[12] Die Kirche arbeitet mit ihrer Konfirmationspraxis an ihrem eigenen Untergang, erklärt *Wichern*. Gelübde und Abendmahlsgang sind für die meisten die notwendigen Voraussetzungen dafür, von kirchlichen Pflichten frei zu werden.

Wichern wußte, daß einschneidende Reformen der Konfirmationspraxis eine Reform der Volkskirche bedeuten würden. Daran scheiterten seine Vorschläge. Zu so tiefgreifenden Änderungen war die Kirche nicht in der Lage, denn in der Bevölkerung konnte die Konfirmation der Aufklärung nicht durch die des Pietismus ersetzt werden. *Wichern* wollte Einsegnung und Gelübde voneinander trennen. Die Einsegnung sollte den Kinderkatechumenat abschließen. Nach einer öffentlichen Prüfung vor der gottesdienstlich versammelten Gemeinde waren »das Wort der Ermahnung, das Gebet, die Fürbitte und die *Einsegnung* der Jugend«[13] vorgesehen. »Unter diesem Gebet und Segen der Kirche würde dann die christliche Jugend in die neue bürgerliche Berufsstellung eintreten.« *Wichern* nahm also die Funktion des Passageritus positiv auf. Das »*Gelübde* der Treue gegen den Herrn« sollte später von jedem einzelnen frei abgelegt werden, »wenn der einzelne das Verlangen und den Willen ausspricht, als Abendmahlsgenosse volles Glied der Gemeinde zu werden.«[14] »Die Gemeinde wird dann durch ihre Organe in festzustellender Ordnung über die Zulassung zu entscheiden haben.« Wäre die Kirche diesem Vorschlag gefolgt, hätte sich in der Volkskirche, in der alle getauft wurden, eine kleine Abendmahlsgemeinde herausgebildet, eine ecclesiola in ecclesia. Die Abendmahlsgemeinde wäre die Schar der Konfirmierten. Die Einsegnung als christlicher Passageritus und die Konfirmation als persönliches Bekenntnis würden zwei verschiedene Formen der Kirchenzugehörigkeit und zugleich zwei Grundtypen kirchlicher Gemeinschaft begründen. Der volkskirchliche Typ würde den weitaus größten Teil der Mitglieder umfassen und diese zugleich von der Abendmahlsgemeinschaft ausschließen.

---

11   »Die Aufgabe der evangelischen Kirche, die ihr entfremdeten Angehörigen wiederzugewinnen«, 1869, SW 3,2, Berlin/Hamburg 1969, 164ff.
12   Ebd., 164.
13   Ebd., 166.
14   Ebd., 167.

Der Gedanke einer Entflechtung oder Aufteilung der Konfirmation bestimmte fast alle Reformvorschläge, auch den von *Martin Doerne*[15]. Mit der Konfirmationspraxis sollte das kirchliche Leben insgesamt reformiert werden. Es zeigte sich aber ebenso wie bei den Bemühungen um eine Reform der Taufpraxis, daß die Kirche nicht von den Kasualien her reformierbar ist, jedenfalls nicht vorrangig von dort her, sondern daß umgekehrt nur in einer geistlich erneuerten Kirche auch die Kasualpraxis sich positiv ändern kann. Wie oben (S. 33ff.) dargelegt wurde, bestehen Wechselbeziehungen zwischen Kasualpraxis und Gemeindeaufbau, aber es ist nicht möglich, einseitig von einer veränderten Tauf- oder Konfirmationspraxis her die Kirche zu reformieren.

An den Gedanken der Aufgliederung knüpften in der DDR die Versuche an, nach der Konfrontation mit der Jugendweihe zu einer neuen Konfirmationspraxis zu kommen. Als 1954 die Jugendweihe in der DDR eingeführt wurde, mußten die Kirchen sich provoziert fühlen, denn der Angriff auf die Konfirmation und damit auf die Volkskirche war offensichtlich. Der Kirchenkampf lag erst wenige Jahre zurück. Noch viel frischer waren die Erinnerungen an die Verfolgungen der Jungen Gemeinde und der Studentengemeinden 1953. Die Kirchen entschieden sich deshalb für eine klare Alternative: Jugendweihe oder Konfirmation.[16] Die evangelische Kirche rechnete allerdings mit einer nicht vorhandenen Stabilität der Konfirmation und mit mehr Widerstand gegen die Jugendweihe. Nahmen 1954/55 erst 17,7% der Jugendlichen an ihr teil, so waren es 1958/59 bereits 80,4% und 1978/79 97,5%. Als ich 1960 Vikar in einer entlegenen Dorfgemeinde war, schauten wir befremdet in die Großstädte, in denen fast alle Jugendlichen zur Jugendweihe gingen, während bei uns noch alle konfirmiert wurden. Sieben Jahre später fand ich in einer Stadtrandgemeinde mit dörflichem Einschlag keinen Konfirmanden mehr, der nicht auch zur Jugendweihe ging. Ich empfand es als sehr belastend, daß die Kirche offiziell trotzdem am Grundsatz der Unvereinbarkeit von Jugendweihe und Konfirmation festhielt, obwohl die atheistischen Motive inzwischen aus dem Gelübde verschwunden waren und sowohl meine Konfirmanden als auch deren Eltern die Jugendweihe nur als Passageritus und in gewisser Weise als Loyalitätserklärung gegenüber dem Staat verstanden. Die Vorbereitung auf die Jugendweihe enthielt nichts anderes als die Staatsbürgerkunde in der Schule. Wenn manche in der Kirche meinten, durch die Entscheidung zwischen Konfirmation und Jugendweihe werde der Weizen von der Spreu getrennt und die Kirche von Ballast befreit, so erwies sich das als ungeschichtliche Wunschvorstellung. Mein Problem

---

15 Neubau der Konfirmation, Gütersloh 1936, ein für die Geschichte der Konfirmation wichtiges Werk. Einen Auszug enthält Christoph Bäumler und Henning Luther (Hg.), Konfirmandenunterricht und Konfirmation, München 1982, 107-124.

16 Vgl. Detlef Urban und Hans Willi Weinzen, Jugend ohne Bekenntnis? 30 Jahre Konfirmation und Jugendweihe im anderen Deutschland 1954–1984, Berlin 1984; Peter C. Bloth, Art. Jugendweihe: TRE 17, 428-432; Godwin Lämmermann, Konfirmation und Jugendweihe. Zur Gegenwart und Zukunft eines sozialen Passageritus, ThPr 29, 1994, 134-147.

bestand darin, daß junge Menschen die Kontroversen der Erwachsenen ertragen mußten, daß ihnen Lasten auferlegt wurden, ohne daß sie oft deren Sinn erkennen konnten.[17] Die Schuld lag bei der staatlichen Seite, die ihre Macht einsetzte, um die junge Generation der Kirche zu entfremden und dem eigenen ideologischen System gleichzuschalten. Ersteres ist weitgehend gelungen, letzteres immer weniger. Der Schlag gegen die Konfirmation wirkt weit über die Ära kommunistischer Herrschaft hinaus.

2. Grundlagen

a) Theologische Deutung der Konfirmation

Walter Neidhart unterschied in seinem Aufsatz »Zur Theologie und Praxis der Konfirmation«[18] sieben Motive der Konfirmation, die sich nicht gegenseitig ausschließen, aber doch unterschiedliche Akzente setzen: 1. das baptismale, also auf die Taufe bezogene; 2. das katechetische; 3. das parochiale, also auf die Ortsgemeinde bezogene; 4. das eucharistische, also auf das Abendmahl bezogene; 5. das ekklesial-konfessorische, also auf Kirche und Bekenntnis bezogene; 6. das seelsorgerlich-erweckliche und 7. das lebenszyklische Motiv. Einen guten Überblick über die neueren Konzeptionen des Konfirmandenunterrichts gibt *Klaus Wegenast*[19]. Bei den Typisierungen besteht generell die Gefahr, daß Zusammengehöriges getrennt wird und unterschiedliche Akzentuierungen als Gegensätze erscheinen.

Sechs der sieben Motive denken quasi von der Kirche her auf die Konfirmation und die Konfirmanden hin, nur das siebente geht von den Konfirmanden aus. Heute besteht eine starke Neigung zu letzterem Ansatz. *Dieter Stoodt* fand viel Anklang mit dem Vorschlag, den Konfirmandenunterricht als kirchliche Begleitung Jugendlicher in der puberalen Ablösephase zu verstehen, was sich natürlich auf das Verständnis der Konfirmation auswirkt.[20] In der DDR gab es, ausgelöst durch die Kontroverse

---

17 Vgl. Hans-Hinrich Jenssen, Zur Verhältnisbestimmung von Konfirmation und Jugendweihe aus praktisch-theologischer Perspektive, in: »... das tiefe Wort erneun«. Festgabe für Jürgen Henkys, hg. von Harald Schultze u.a., Berlin 1989, 95-109. Jenssen hatte m.E. Recht mit dem Urteil, daß mit dem faktischen Kompromiß bei gleichzeitigem Beibehalten der offiziellen Kompromißlosigkeit das Problem nur auf die Jugendlichen abgewälzt wurde.

18 Chl 42, 1989, 164-170.

19 Im Kap. »Konfirmandenunterricht und Konfirmation«, in: Gottfried Adam/Rainer Lachmann (Hg.), Gemeindepädagogisches Kompendium, Göttingen 1987, 314-354. Vgl. auch Hans-Jürgen Fraas, Konfirmation und Konfirmandenunterricht heute, in: Chl 46, 1993, 95-105; Grethlein, Gemeindepädagogik, 203ff.; Karl Dienst, Zwischen Passageritus und gemeindepädagogischer Gelegenheit. Zu Interpretationen der Konfirmation, Chl 47, 1994, 201-207 (vgl. auch die übrigen Beiträge dieses Themenheftes zur Konfirmation).

20 WPKG 62, 1973, 375-389; bei Bäumler/Luther, 297-309.

um die Jugendweihe, eine Neigung, entweder die Konfirmation ganz abzuschaffen[21] oder sie doch so in das »konfirmierende Handeln« einzuebnen, daß das lebenszyklische Motiv oder der Passageritus bedeutungslos wurde. *Jürgen Henkys* wandte dagegen schon 1978[22] ein, daß das konfirmierende Handeln eben doch eine Affinität zu einer besonderen Altersstufe hat, »die die Heranwachsenden erstmals in die spannungsreiche Erfahrung führt, daß sie kein Kind mehr und noch kein Erwachsener sind«. Heute besteht in der Praktischen Theologie und weitgehend auch in der kirchlichen Praxis Einigkeit darüber, daß das lebenszyklische Motiv in die Konfirmation und die Konfirmandenarbeit gehört. Zu fragen ist nur, wie und mit welchen der anderen Motive es zu verbinden ist. Von der Geschichte her ist die Notwendigkeit des Bezugs auf die Taufe klar. Die Konfirmation ist Tauferinnerung in der biographisch wichtigen und pädagogisch schwierigen Phase des Übergangs, den das Jugendalter darstellt. Tauferinnerung in dem Sinn, daß bewußt gemacht wird, was in der Taufe geschah, ist eine theologisch und pädagogisch notwendige Konsequenz aus der Kindertaufe. Es ist zuzugeben, daß dieses Motiv nicht von den primären Interessen der jungen Menschen herkommt, sondern daß es eindeutig ein theologisches Motiv ist. Von jungen Leuten, die ihre Taufe nicht bewußt erlebten, können wir nicht erwarten, daß sie begierig sind, über die Bedeutung ihrer Taufe unterrichtet zu werden. Das baptismale Motiv darf natürlich nicht isoliert werden, und das ist in der Geschichte des Konfirmandenunterrichts und der Konfirmation auch nicht geschehen. Das Thema Tauferinnerung begrenzt den zu behandelnden Stoff nicht, strukturiert ihn auch nicht, sondern begründet ihn. Die Konfirmation und mit ihr die ganze Konfirmandenarbeit hat ihren Grund und Sinn in der Taufe und dem mit ihr geschenkten Leben. Sie ist eine biographisch wichtige Station auf dem Weg, der mit der Taufe begann. Die Konfirmation öffnet nicht, wie es angeblich die Jugendweihe tut, das Tor zum Leben der Erwachsenen, aber sie ist ein Markierungs- und Höhepunkt auf dem Weg zum mündigen Christsein.

Man kann fragen, ob dieser Höhepunkt in der schwierigen Phase der Pubertät richtig plaziert ist.[23] Besonders wegen der Disziplinschwierigkeiten im Konfirmandenunterricht drängte sich die Frage immer wieder auf. Das ist aber mehr eine Anfrage an den Unterricht als an den Zeitpunkt der Konfirmation. Wollen wir Lebens- und Glaubenshilfe geben, so ist das gerade in schwierigen Zeiten notwendig. Es ist wohl kein Zufall, daß die vielen Vorschläge einer zeitlichen Verschiebung der Konfirmation nach hinten oder vorn sich nicht durchsetzen konnten, obwohl der frühere Anlaß, daß die Jugendlichen aus der Schule in das Berufsleben übergingen, längst entfallen ist. Offensichtlich besteht ein Bedürfnis nach einer Feier in der Pubertätszeit, und theologisch spricht nichts dagegen. So ist es sinn-

---

21 Vgl. Paul Wekel, Theologie der Konfirmation, Regensburg 1987.
22 Im »Handbuch der Praktischen Theologie«, Bd. 3, Berlin 1978, 58.
23 Vgl. »Konfirmandenzeit von 11 bis 15?« Praxisberichte – Modelle – Perspektiven, hg. von Jörg Bode u.a., Gütersloh 1985.

voll, zwei ursprünglich nicht zusammengehörige Motive, nämlich das baptismale und das lebenszyklische, in der Konfirmation zu verbinden. Die übrigen von *Neidhart* genannten Motive lassen sich durchweg aus dem der Tauferinnerung ableiten. Auf dem Weg, der mit der Taufe beginnt, ist Unterweisung nötig (katechetisches Motiv), die Taufe gliedert in die Gemeinde ein (parochiales und ekklesial-konfessorisches Motiv), das Abendmahl stärkt immer neu auf dem Glaubensweg (eucharistisches Motiv), Glaubens- und Lebenshilfe durch Seelsorge und geistliche Erweckung gehören zum »Üben« der Taufe. Das alles hängt mit der Taufe zusammen, aber es folgt nicht automatisch aus ihr, und es geschieht bei den vielen Getauften sehr unterschiedlich und partiell. Ideale Erwartungen führen nur zu Enttäuschungen, und überzogene theologische Forderungen scheitern schon daran, daß alle diese guten und wichtigen Motive nicht gleichzeitig die Adressaten bewegen, die Mädchen und Jungen in der Pubertät. Es wäre aber nicht nur theologisch, sondern auch pädagogisch falsch, sich auf die primären Motive der Jugendlichen zu beschränken, zumal diese auch nicht einheitlich sind. Wer die Jugendlichen ernstnimmt, bemüht sich darum, ihren Motivations- und Erfahrungshorizont zu erweitern.

Mit der Betonung der Taufe ist also keine inhaltliche Einengung gemeint, auch nicht im Sinne der Formel, die Konfirmation führe von der Taufe zum Abendmahl. Das trifft schon deshalb nicht den Kern, weil die Abendmahlszulassung nicht mehr durchweg an die Konfirmation gebunden ist. Der mit der Taufe beginnende Weg wäre auch mit dem Zielpunkt Abendmahl verkürzt bezeichnet, so wichtig das Abendmahl auf diesem Weg ist. Es geht um »Befestigung in dem Leben, das mit der Taufe begonnen hat«[24]. »›Befestigt‹ werden die Jugendlichen im Hinblick auf ihre Lebenswelt, die sie vor die Probleme von Selbstfindung, Urteilsbildung, Leistungsanforderungen und allgemeiner Zukunftsangst stellt. Die Jugendlichen werden aber gerade *in* dieser Lebenswelt als Getaufte gesehen und angesprochen.«[25]

Enno Rosenboom bestimmte 1962 die Konfirmation als »Eingliederung eines getauften jungen Christen in die Gemeinde der mitarbeitenden Gemeindeglieder«[26]. »Das eigentliche Ziel des Unterrichts liegt jenseits der Konfirmation eben im Aufbau mitarbeitender Gemeinden.«[27] Die Eingliederung in die Gemeinde erfolgte in der Taufe, aber wenn die Gemeinde keine mitarbeitende, mündige ist und der Konfirmandenunterricht nicht mitarbeitende Mündigkeit anstrebt, droht die Wirkungslosigkeit. Der Gemeindebezug der Konfirmandenarbeit und die mitarbeitende, mündige Gemeinde stehen in Wechselwirkung. *Rosenboom* zitiert *Karl Bernhard Ritter*: »Die Aufgabe der kirchlichen Erziehung ist also Anleitung und

---

24 Vgl. Michael Meyer-Blanck, Wort und Antwort, Berlin/New York 1992, 237.
25 Ebd.
26 »Gemeindeaufbau durch Konfirmandenunterricht«, Gütersloh ²1963 (= Handbücherei für Gemeindearbeit 22, 7).
27 Ebd., 4.

Hilfe zur Anteilnahme am Leben der Kirche.«[28] Das Ziel der Integration junger Menschen in die aktive Gemeinde durch Konfirmandenunterricht und Konfirmation hat sich für die Mehrheit nicht als realistisch erwiesen. Es ist schon viel erreicht, wenn die Jugendlichen ihre Konfirmandenzeit und Konfirmation in guter Erinnerung behalten und dadurch in der Absicht bestärkt wurden, Mitglieder der Kirche zu bleiben und die Dienste der »Kirche bei Gelegenheit« in Anspruch zu nehmen. Konfirmandenarbeit und Konfirmation sind keineswegs wirkungslos, wenn das bei der Mehrheit der Konfirmierten erreicht wird. Wer die Volkskirche akzeptiert, muß dieses »Auswahlchristentum« bejahen. Es lebt auch in der säkularen Diaspora, in der es die »Christen in Halbdistanz« ja weiter gibt.

Trotzdem hat *Rosenboom* recht mit der Verbindung von Konfirmandenarbeit, Konfirmation und Gemeindeaufbau. Es stimmt, daß die Ergebnisse der ersteren stark davon abhängen, welche Gemeinde die jungen Leute erleben. Das Motiv des Gemeindeaufbaus darf allerdings nicht in solcher Weise dominieren, daß die jungen Menschen den Eindruck gewinnen, sie seien nur als mitarbeitende Gemeindeglieder interessant. Sie werden nur dann Interesse an der Gemeinde haben, wenn sie spüren, daß sie als Persönlichkeiten für die Kirche wichtig sind.

b) Das »konfirmierende Handeln«

Seit den sechziger Jahren setzt sich ein Konfirmationsverständnis durch, das »ein *umfassendes* Bemühen der *Gesamtgemeinde* um den *ganzen* jungen Menschen in seiner *heutigen Welt*« anstrebt.[29] *Eckart Schwerin* stellte die Geschichte dieses Programms im Bund der Evangelischen Kirchen in der DDR dar.[30] Hier drückt sich ein unrealistisches Vollständigkeitsdenken aus, das vielleicht mit der DDR-typischen Neigung zu Superlativen zusammenhängt. Es hätte genügt zu sagen, daß die Gemeinde sich um den ganzen jungen Menschen bemühen will und daß dies in Partnerschaft geschehen soll. Wesentlich ist dabei der prozessuale Charakter dieses Handelns. Die Konfirmation stellt darin einen Höhepunkt dar, aber konfirmierendes Handeln ist auf Kontinuität angelegt. Bereits 1962 sagte *Wulf Thiel* auf der Westberliner Regionalsynode der Berlin-Brandenburgischen Kirche: »Es gibt ein konfirmierendes Handeln der Kirche, und das ist nicht an einen Akt und an eine Stunde und an einen Ort festzulegen ... Darin, daß die Mutter mit dem Kind betet bei Tisch und abends, geschieht confirmatio, Befestigung. Darin, daß ein junges Mädel aus der Gemeinde in dem Laiendienst der Verkündigung im Kindergottesdienst diese kleine Schar sammelt, geschieht Befestigung, confirmatio.«[31]

28 Ebd., 18.
29 Meyer-Blanck, 263.
30 Evangelische Kinder- und Konfirmandenarbeit. Eine problemgeschichtliche Untersuchung der Entwicklungen auf der Ebene des Bundes der Evangelischen Kirchen in der DDR von 1970–1980, Würzburg 1989; vgl. die Texte bei Bäumler/Luther 325–342.
31 Urban/Weinzen, 152f.

Michael Meyer-Blanck grenzt den Begriff des konfirmierenden Handelns auf das gottesdienstliche Handeln ein, das seinen Schwerpunkt in der Konfirmation hat, »aber durch punktuelle ›Stationsgottesdienste‹ im Alter von 4, 7 und 10 Jahren ergänzt wird«[32]. Eine Eingrenzung auf gottesdienstliche Handlungen ist allerdings problematisch und entspricht nicht genügend der Absicht, den ganzen jungen Menschen zu erreichen. Man muß zwar fragen, wie realistisch das ganzheitliche Ideal unter volkskirchlichen Bedingungen ist und inwiefern bei großen Teilnehmerzahlen die Konfirmandenarbeit hier auf Grenzen stößt. Auf jeden Fall gehört zum Begriff des konfirmierenden Handelns, daß die jungen Menschen auch selbst Handelnde sind. Am besten ist das möglich, wenn sie sich an Projekten beteiligen, zum Beispiel eine Konfirmandenrüste mit vorbereiten und durchführen oder zusammen mit der Jungen Gemeinde eine diakonische Aktion planen und realisieren. 1970 erschienen »Empfehlungen zur Reform der Konfirmation«, vorgelegt vom Theologischen Ausschuß der Vereinigten Evangelisch-Lutherischen Kirche in der DDR, in denen es heißt: »Die Konfirmanden sind bisher weithin nur Objekte des Konfirmanden-›Unterrichts‹ gewesen. Im konfirmierenden Handeln werden sie als Glieder der Kirche in verschiedener Weise ... tätig.«[33]

Die Rede vom konfirmierenden Handeln ist angemessener als die vom »Gesamtkatechumenat«. Auch dieser Begriff sollte das Lernen als eine im ganzen Christenleben notwendige Dimension deutlich machen und bereitete damit die heute so genannte Gemeindepädagogik vor. Der Katechumenatsbegriff ist aber der Vorbereitung auf die Taufe zuzuordnen und nicht auf das Leben der Getauften auszuweiten. Stärkung im Glauben, in der Liebe und Hoffnung braucht dagegen auch der und die Konfirmierte. In dieser confirmatio gibt es keine Aufteilung in Subjekte und Objekte des konfirmierenden Handelns.

c) Objektivität und Subjektivität im konfirmierenden Handeln

Wenn ich behaupte, daß Gottes Gabe in den Sakramenten objektiv gilt, so ist auch das eine von mir als Subjekt vertretene Glaubensaussage. Ich teile sie mit anderen Subjekten, aber wir sind eine Minderheit in unserer Gesellschaft. Die Mehrheit kann mit unserer Behauptung und einer objektiv vorhandenen Gabe Gottes nichts anfangen. Sie toleriert allenfalls unsere subjektive Ansicht. Mit *Luther* meine ich, daß die »assertio«, die Behauptung des objektiv Gültigen, zum Glauben gehört. In »De servo arbitrio«, »Vom unfreien Willen«, sagt *Luther*: »Nimm die Glaubensbehauptungen (assertiones), und du hast das Christentum aufgehoben« (WA 18, 603, 28f.). »Was ist elender als die Ungewißheit?«, fragt er (WA 18, 604, 33 = Quid enim incertitudine miserius?). Confirmatio, Befestigung im Glauben, setzt Grundlagen voraus, deren Gültigkeit nicht meiner Zustim-

32   Meyer-Blanck, 264.
33   Schwerin, 121.

mung oder Ablehnung unterliegt. »Der Heilige Geist ist kein Skeptiker«, sagt *Luther* im genannten Zusammenhang. Er schafft nicht selbstgefällige Sicherheit, aber er schenkt Gewißheit, die durch Zweifel hindurchhilft. Der Geist Gottes gibt tragfähige Fundamente des Glaubens, nicht aber fundamentalistische Intoleranz.

Für *Luther* war es entscheidend wichtig, daß Gottes gnädige Zuwendung in der Taufe objektiv gilt und nicht von persönlichen Leistungen abhängt. Gottes Tun kommt unserem zuvor und ermöglicht es. Gott ist der eigentliche Konfirmator. Das sind dogmatische Aussagen von erheblicher praktischer Bedeutung. Wird ein objektives Handeln Gottes als Grundlage des konfirmierenden Handelns behauptet, so muß den Konfirmanden ein Mindestmaß von dieser Grundlage mitgeteilt und von ihnen angeeignet werden. *Luther* formulierte dieses Mindestmaß im Kleinen Katechismus. Er ging davon aus, daß der Christ eine fundamentale Kenntnis des für die Glaubenspraxis Wichtigen besitzen muß. Der traditionelle Konfirmandenunterricht ist deshalb Katechismusunterricht. In unserer Situation ist es nicht mehr möglich, den Katechismus mit Luthers Erklärungen auswendig zu lernen und den Unterricht als Katechismuserklärung zu gestalten. Damit ist der Katechismus keineswegs für die Konfirmandenarbeit uninteressant geworden, wie z.B. *Klaus Meyer zu Uptrup* [34] zeigt. Was in den fünf Hauptstücken steht, bildet noch heute die Grundlagen christlichen Glaubens und Lebens. Konfirmierendes Handeln hat in diese Themen einzuführen.

Welche Lernstoffe sind für das Leben evangelischer Christen so wichtig, daß sie thematisiert und nach Möglichkeit von den Jugendlichen angeeignet werden sollen? Diese Frage setzt voraus, daß bestimmte Lernstoffe objektiv wichtig und darum auch für die Konfirmanden bedeutsam sind. Wer getauft ist oder sich auf die Taufe vorbereitet, soll ihren Sinn kennen; wer am Abendmahl teilnehmen will, soll wissen, warum wir es feiern usw. Die Zehn Gebote galten immer mit Recht als Grundlage einer elementaren Ethik und damit als Orientierungshilfe. Es ist nicht die Aufgabe einer Kasualtheorie, Lehrplanentwürfe zu diskutieren und methodische Fragen ihrer Durchführung zu behandeln. Da das konfirmierende Handeln sich nicht auf die Konfirmation beschränkt, sondern einen Lernprozeß darstellt, ist die Frage nach den Lerninhalten aber nicht ganz zu umgehen.

Bis zur Aufklärung ging die Kirche davon aus, daß die Lernstoffe objektiv vorgegeben und in keiner Weise durch die subjektive Freiheit der jungen Menschen zu relativieren sind. Man konnte fragen, wie die Lerninhalte am wirksamsten mitteilbar, nicht aber ob sie überhaupt rezipierbar sind, ob sie dem Aufnahmevermögen junger Menschen entsprechen, ob sie subjektiv ehrlich annehmbar sind. Diese Fragen kamen mit der Aufklärung. Der Pietismus nahm zwar die Persönlichkeit der jungen Menschen ernst, aber

---

34 »Konfirmandenunterricht – aber wie? Grundriß einer Methodik mit praktischen Beispielen«, Gütersloh 1978. Vgl. meinen Aufsatz »Der Kleine Katechismus nach 450 Jahren«, in: ChL 32, 1979, 227-232.

das objektiv Vorgegebene durfte in keiner Weise subjektiv relativiert werden.

Die moderne Religionspädagogik kann an dieser Stelle nicht hinter die Aufklärung zurückgehen. Hilfen zum mündigen Christsein sind nur möglich, wenn die Kirche die kritische Subjektivität junger Menschen akzeptiert und didaktisch reflektiert. Didaktische Arbeit besteht nicht zuletzt darin, daß vorgegebene Lernstoffe von der kritischen Subjektivität der jungen Menschen her überprüft und im Dialog auch neue Lerninhalte gefunden werden.

Praktisch heißt das: Man kann nicht einen Lehrplan entwerfen, indem man nur fragt, welche Kenntnisse nötig sind, damit junge Menschen in die evangelische Gemeinde hineinwachsen, sondern ebenso wichtig ist die Frage, was sie wissen und erfahren müssen, um als evangelische Christen für ihren Weg in die Zukunft gerüstet zu sein. Die Planung der Konfirmandenarbeit kann deshalb nicht das Werk einsamer Schreibtischstrategen und auch nicht allein von Kommissionen sein, sondern sie erfordert die Beteiligung der Betroffenen, der Konfirmanden und ihrer Eltern.

Bei Mitgliederbefragungen erhält die Konfirmandenarbeit insgesamt zwar ein überraschend gutes Urteil, aber es wird immer noch häufig kritisiert, man habe zu viel auswendig lernen müssen. Das Bemühen der Pfarrer/innen, den Mädchen und Jungen wenigstens einige Kernsätze auch gedächtnismäßig mitzugeben, findet bei den Betroffenen wenig Anklang, während es von der Kerngemeinde und oft auch den Angehörigen gefordert und weithin vermißt wird. Seit einigen Jahren führt die Korrektur der kognitiven Einseitigkeit dazu, daß auf das Auswendiglernen oft ganz verzichtet wird. Die Orientierung an den Interessen der Jugendlichen verleitet leicht dazu, den Wert von Kenntnissen zu unterschätzen. »Erwachsenwerden im Glauben kann nicht darin bestehen, Kenntnisse zu erwerben«, meint *Th. Müller*.[35] Er hat sicher recht, wenn er meint, zum Erwachsenwerden gehöre »Freiheit, Toleranz, Solidarität, Selbständigkeit in Verbundenheit mit den anderen, gerade im Hinblick auf Glaubensinhalte, Glaubensweisen, Lebensgestaltung aus dem Glauben usw.« All das setzt aber eine Menge Kenntnisse voraus bzw. ist ohne sie nicht zu haben.

d) Konfirmation und Konfirmandenunterricht

Eine Lehre vom Konfirmandenunterricht ist im Rahmen der Kasualtheorie nicht möglich. Dafür gibt es eine Fülle von Literatur, aus der ich nur das »Handbuch für die Konfirmandenarbeit«, hg. vom Comenius-Institut, Gütersloh 1984, nennen will. Unmöglich ist es aber auch, von der Konfirmation zu reden, ohne zugleich an den Konfirmandenunterricht zu denken. Im 16. Jh. entstand die Formel »catechesis est confirmatio«, der Unterricht ist die Konfirmation. In der Unterweisung geschieht Kräftigung des

---

35   Müller, 85.

Glaubens und »Übung« der Taufe im Sinne *Luthers.* Die kontinuierliche catechesis war für die Reformatoren wichtiger als die einmalige confirmatio. Das entspricht der Absicht des Begriffs »konfirmierendes Handeln«. Manche Autoren sprechen lieber von »Konfirmandenarbeit« als von -unterricht. Das Wort »Unterricht« erinnert sie zu sehr an die Schule und zu wenig an partnerschaftlichen Umgang. *Henning Schröer* weist richtig darauf hin, daß der Begriff des »konfirmierenden Handelns« in dieser Hinsicht nicht besser geeignet ist.[36] Konfirmandenunterricht ist oft sehr harte Arbeit, auch wenn methodisch klare Unterschiede zum schulischen Unterricht bestehen. »Unterricht« muß keineswegs bedeuten, daß junge Leute unter den Druck von Autoritäten gesetzt werden und unter der Last von Lernstoffen leiden. Beides kann genauso unter der Überschrift »Arbeit« geschehen. Der Begriff »Unterricht« läßt allerdings keinen Zweifel daran, daß etwas gelernt werden soll. *Schröer* beobachtet, »daß das Interesse an affektiven sozialen Lernzielen oft zu einer kognitiven Unterforderung von Konfirmanden führt. Die geistigen Bedürfnisse werden unterschätzt. Konfirmandenarbeit darf nicht Konfirmandensozialarbeit oder bloßes Konfirmandenspiel werden. Denn der Jugendliche soll kirchliches Leben und Tradition verstehen lernen, darüber miteinander sprechen und argumentieren lernen, gerade damit nicht alles einfach hingenommen wird. Die Konfirmation ist Einübung in jugendlichen Glauben als verstehende Praxis, die auch Absage an infantilen Glauben bedeutet und Reife des Glaubens anbahnt.«[37]

Zum ganzheitlichen Lernen gehört ein Minimum an Auswendiglernen. *Hans-Bernhard Kaufmann* faßte die Bedeutung des Auswendig-Könnens wichtiger Texte zusammen.[38] Die Aneignung von Texten wie Glaubensbekenntnis, Vaterunser, Dekalog schafft ein Bewußtsein geistiger Gemeinschaft. »Worte, die Erfahrungen und Einsichten verdichten und in geprägter Form angeeignet werden, arbeiten in uns weiter und können zu einem Schlüssel des Verstehens und Verhaltens werden«, können uns helfen, in besonderen Erfahrungen Sprache zu finden.

Was eine Gruppe auswendig lernen kann, hängt von verschiedenen Bedingungen ab. In Gottesdiensten mit geistigbehinderten Menschen hat es mich überrascht, wie kräftig viele das Credo, das Vaterunser und andere Texte mitsprachen. Durch Wiederholung lernen auch behinderte Kinder, Jugendliche und Erwachsene auswendig. Unsere Konfirmanden sind bei geistiger Gesundheit an dieser Stelle oft behindert, aber trotzdem in der Lage, einige wichtige Texte auswendig zu lernen, wenn sie den Sinn des Lernens einsehen. Es ist peinlich, wenn sie beim Konfirmationsgottesdienst nichts mitsprechen können. Frühere Konfirmandengenerationen mußten ein Soll an Gottesdienstbesuchen erfüllen, und in manchen Gemeinden ist es noch üblich, daß sie die Sollerfüllung testieren lassen. Es ist sehr zweifelhaft, ob

---

36 Vgl. Schröers Artikel »Konfirmandenarbeit und Konfirmation« im o.g. Handbuch, 220.
37 Ebd., 230.
38 Ebd., 335f.

dadurch ein positiver Lerneffekt erreicht wird. Die Erfahrung zeigt, daß die Mehrzahl der Konfirmierten dann die Konfirmation als Entbindung von dieser Pflicht ansieht. Positive Lernergebnisse sind eher dadurch zu erzielen, daß die Konfirmanden Gottesdienste aktiv mitgestalten. Das gilt besonders für den Konfirmationsgottesdienst, der von der Gruppe gemeinsam vorbereitet und durchgeführt wird, ebenso wie der Gottesdienst zur Vorstellung der Konfirmanden, der früher Konfirmandenprüfung hieß.

Sehr wertvoll sind für gemeinsames Lernen Konfirmandenrüsten und -tage. Dort ist das oft geforderte ganzheitliche Lernen am besten möglich. Gelernt wird nicht nur in den thematischen Arbeitseinheiten, wo man bestimmte Themen behandelt oder gemeinsam etwas erarbeitet – etwa einen Gottesdienstentwurf –, sondern auch beim gemeinsamen Essen, Spielen und natürlich Feiern von Andachten und Gottesdiensten. Hier wird Gemeinschaft erfahren und damit für das Christsein Grundlegendes gelernt in einer Weise, die bei anderen Arbeitsformen nicht möglich ist.[39]

3. Ordnungen

a) Vorstellung der Konfirmanden und Konfirmationsgottesdienst

Der Vorstellungsgottesdienst geht auf das »Katechismusverhör« der Reformationszeit zurück. Die Konfirmanden sollen zeigen, daß sie über ihren Glauben Auskunft geben können. In der Reformation hing diese Rechenschaft eng mit der Abendmahlszulassung zusammen. Zum würdigen Empfang des Sakramentes gehört, daß man es richtig versteht. Damit verbanden sich die Gefahren der Intellektualisierung und der Formalisierung, obwohl beides den Reformatoren fern lag. Sie wußten natürlich, daß das Sakrament als göttliches Geheimnis dem menschlichen Verstand nur sehr bedingt zugänglich ist, und sie wußten ebenso, daß ein formales Wissen dogmatischer Richtigkeiten, eine bloße notitia (Kenntnis) nicht Glauben ist. Der erbitterte Kampf um Rechtgläubigkeit verlief aber zwangsläufig beim einfachen Volk auf Kosten der rechten Gläubigkeit im Sinne der persönlichen Aneignung des evangelischen Glaubens. Die Probleme der Theologen waren nicht die der Gemeindeglieder.

Heute hat wohl kein Konfirmator die Absicht, bei der Konfirmandenvorstellung die Rechtgläubigkeit der Jugendlichen zu prüfen. Vielmehr erhalten sie die Gelegenheit, vor der Gemeinde etwas von ihrem Wissens- und Erkenntnisstand in Glaubensfragen darzulegen. Manche Eltern und Großeltern erinnern sich an ihre eigene Konfirmation und erwarten, daß die Gebote, einige Bibelsprüche und Gesangbuchstrophen zügig aufgesagt werden. Oft erwarten das dieselben Leute, die ihren eigenen Konfirmandenunterricht kritisieren, weil sie zu viel auswendig lernen mußten. Sie beurteilen den Wissensstand heutiger Konfirmanden als zu schwach. Oft mag die Kritik berechtigt sein. Wichtiger ist aber, daß die Konfirmanden

---

39   Vgl. Frieder Schmitthenner und Helmut Siegel, ebd., 77-85.

auf Grundfragen des Glaubens antworten können. Was bedeutet die Taufe? Warum feiern wir das Abendmahl? Was meinen wir, wenn wir Jesus Gottes Sohn nennen? Kann man die Welt naturwissenschaftlich erklären und zugleich an Gott glauben? Das sind schon zu viele Fragen für einen Vorstellungsgottesdienst, wenn ein echtes Gespräch geführt wird. Oft sind die Konfirmanden zu aufgeregt dafür. Es ist besser, wenn sie in ungezwungener Form, etwa im Rahmen eines Familien- oder Jugendgottesdienstes, über ihren Glauben sprechen. Manche Gemeinden führen Gesprächsrunden zwischen dem Kirchenvorstand und der Konfirmandengruppe durch. Je weniger solche Gespräche Prüfungscharakter haben, desto ergiebiger dürften sie sein.

Der Konfirmationsgottesdienst gehört zu den Höhepunkten im Leben der Konfirmanden und ihrer Familien sowie der ganzen Gemeinde. Es war falsch, daß wir in der DDR diesen Höhepunkt zeitweise nivellieren wollten, sei es zugunsten des »konfirmierenden Handelns« oder um die Konfrontation mit der Jugendweihe zu entschärfen. Damit haben wir keineswegs dem »konfirmierenden Handeln« gedient, sondern ihm ein wichtiges Motiv entzogen.

Die »Rahmenordnung ›Das konfirmierende Handeln der Gemeinde‹ mit Jugendlichen im Konfirmandenalter (12-15 Jahre)« des Facharbeitskreises Konfirmation des Bundes der Evangelischen Kirchen in der DDR[40] wies dem Konfirmationsgottesdienst folgende Aufgaben zu:

– Ruf zum Zeugnis und Dienst in der Gemeinde und Gesellschaft;
– Vergegenwärtigung des in der Taufe persönlich zugeeigneten Heils;
– Einstimmen der Jugendlichen in das Glaubensbekenntnis der Gemeinde;
– Fürbitte der Gemeinde für die Jugendlichen;
– Zuspruch des Segens Gottes;
– erneute und besondere Hinführung zur Jungen Gemeinde.

Diese Aufzählung spiegelt Erwartungen der Kirche an die Konfirmanden wider, vom Ruf zu Zeugnis und Dienst bis zur Eingliederung in die Junge Gemeinde. Inwiefern kommen aber die Erwartungen der jungen Menschen zur Geltung? Tauferinnerung, Glaubensbekenntnis, Fürbitte und Segen sind die wesentlichen Elemente der Konfirmation, und sie sind in erster Linie Dienst für die Jugendlichen. Sie werden zur Jungen Gemeinde eingeladen, weil sie die Gemeinschaft junger Christen brauchen. Natürlich braucht auch die Kirche Nachwuchs, aber das ist zweitrangig. Der »Ruf zum Zeugnis und Dienst in Gemeinde und Gesellschaft« verpufft, wenn die Beteiligten nicht *vor* dem Konfirmationsgottesdienst so etwas wie eine Berufung erfahren haben, das heißt: sich ein Stück mit Inhalten und Zielen der Gemeinde identifizieren können.

Der Gottesdienst ist ein festlicher Höhepunkt. Nicht Forderungen und Verpflichtungen sind am Platz, sondern die Feier der Zuwendung Gottes zu den Jugendlichen, die darum im Mittelpunkt dieses Gottesdienstes stehen. Zur Festlichkeit gehört der feierliche Einzug. Dieses alte liturgische Ele-

---

40 Bei Schwerin, 138ff.

ment ist in den Gottesdiensten anderer Kirchen, besonders der Orthodoxie, stärker erhalten geblieben als bei uns. Wir sind zu sehr eine sitzende Kirche! Der feierliche, von Musik begleitende Introitus drückt aus, daß wir ein Fest *begehen*.

Im Gottesdienst sollten außer den Konfirmanden Vertreterinnen der Gemeinde aktiv beteiligt sein. So kann jemand aus dem Kirchenvorstand (Gemeindekirchenrat, Presbyterium) gratulieren, ein Segenswort sprechen, ein Geschenk der Gemeinde überreichen, während ein Vertreter der Jungen Gemeinde mit dem Glückwunsch die Einladung zur nächsten Versammlung der Jugendgruppe verbindet. Eine solche Einladung geht in der Aufregung des großen Ereignisses unter, wenn das Thema »Junge Gemeinde« nicht im Konfirmandenunterricht besprochen wurde, am besten in einer gemeinsamen Veranstaltung. Dennoch ist die öffentliche Einladung wichtig, weil sie bekundet, daß die Einsegnung keine »Aussegnung« ist. Auch die Mitwirkung des Kirchenvorstandes ist unter diesem Aspekt wichtig.

Zum Kern der Handlung gehört das Bekenntnis der Konfirmanden, das nicht als Gelübde zu formulieren ist. Darin besteht heute ein weitgehender Konsens: Im Bekenntnis antworten die Konfirmanden auf das Wort, das ihnen in der Taufe zugesprochen wurde, und damit auf die göttliche Zuwendung.[41] Im Unterricht formulieren die Konfirmanden mit der Hilfe von Vorlagen ein Bekenntnis, das sie im Gottesdienst sprechen. Der trinitarische Aufbau sollte erkennbar sein, da es um eine Antwort auf das Taufbekenntnis geht. Ich halte es für angemessen, daß die Gemeinde außerdem zusammen mit den Konfirmanden das Apostolikum bekennt und damit die Gemeinschaft der Getauften über die Grenzen von Zeit und Raum sowie der Konfessionen hinweg ausdrückt.

Nach dem Glaubensbekenntnis sieht die neue Konfirmationsagende der VELKD eine Frage an die Konfirmandinnen/Konfirmanden oder eine Erklärung derselben vor, ob sie durch Gottes Gnade in diesem Glauben bleiben und wachsen wollen. Wird die Frageform gewählt, spricht sie der Konfirmator (laut Entwurf, doch könnte es gut eine Kirchenälteste tun), während die von der Gruppe formulierte Erklärung von einem Konfirmanden/einer Konfirmandin gesprochen wird, z.B.: »Wir haben zusammen mit der Gemeinde den christlichen Glauben bekannt. In diesem Glauben wollen wir bleiben und wachsen. Wir bitten Gott um seine Hilfe.«

41 Der Entwurf einer neuen Konfirmationsagende der VELKD sieht vor, daß die Konfirmanden vor der Konfirmation Leitsätze erarbeiten, die als Hinführung zum Bekenntnis vom Konfirmator zu sprechen sind, aber sicher auch von Konfirmanden gesprochen werden können, und die Gottes Zuwendung aussagen: »Mein Leben verdanke ich Gott. Gott will für mich immer mein Vater sein. In Jesus Christus ist er mir ganz nahe gekommen. Er bleibt bei mir mein Leben lang. Er verläßt mich nicht im Sterben. Auf ihn kann ich mich verlassen. Der Heilige Geist schenkt mir neue Kraft, wenn ich am Ende bin. Er gibt mir Mut, als Christ zu leben. Er hilft mir, Christus nachzufolgen.« Unglücklich ist nur die Einschränkung des Heiligen Geistes auf die Situation, »wenn ich am Ende bin«. Auch wenn ich am Anfang bin, lebe ich von seiner Kraft!

Die Form der Erklärung ist m.E. gegenüber der Frage entschieden vorzuziehen, da mit letzterer das Problem des Gelübdes nicht gelöst ist. Auch die Erklärung kann aber fehlen, da das Wesentliche im Bekenntnis gesagt ist. Die Einsegnung ist nach gutem Brauch mit dem Konfirmationsspruch verbunden, den sich die Konfirmanden selbst wählen sollten. Es empfiehlt sich, im Unterricht frühzeitig darauf hinzuweisen. Biblische Texte begegnen den Konfirmanden oft, und sie werden langfristig gebeten, darauf zu achten, ob ihnen ein Wort so wichtig ist, daß es sie als Konfirmationsspruch begleiten soll. Eine andere Möglichkeit besteht darin, daß die Konfirmanden eine Liste mit ca. 30 Sprüchen erhalten, aus denen sie sich einen aussuchen. Die Einsegnung wird jedem Jugendlichen individuell unter Handauflegung zugesprochen. Auch das ist in der Vorbereitung zu klären, denn es gibt Jugendliche, die eine Handauflegung als »Begrabschen« ablehnen. Es wird den Beteiligten also nichts unvorbereitet übergestülpt. Die Handauflegung ist ein guter biblischer Brauch, von dem die Wirkung des Segens aber nicht abhängt. In Anlehnung an *Bucer* ist die verbreitete Konfirmationsformel formuliert, die ich nach wie vor für gut halte: »Gott Vater, Sohn und Heiliger Geist gebe dir seine Gnade: Schutz und Schirm vor allem Argen, Stärke und Hilfe zu allem Guten, daß du bewahrt werdest zum ewigen Leben. Friede sei mit dir«.

Das Abendmahl gehört in den Konfirmationsgottesdienst, wenn auch nicht mehr in der Regel als Erstkommunion. Es ist ein guter Brauch, daß die Konfirmanden mit ihren Angehörigen und Paten zusammen zum Abendmahl gehen. Das bedarf zumindest in der säkularen Diaspora der rechtzeitigen Vorbereitung. Es ist mit den Konfirmanden und gegebenenfalls ihren Eltern zu besprechen, weil sie oft nicht darauf eingestellt sind und in vielen Fällen auch nicht berechtigt sind, das Abendmahl zu empfangen, da sie nicht (mehr) zur Kirche gehören. Sie dürfen deshalb nicht im Konfirmationsgottesdienst überrumpelt werden.

Der Konfirmationsgottesdienst ist für alle Beteiligten ein so wichtiges Ereignis, daß jedes Detail sorgfältig vorbereitet werden sollte. Wenn die Konfirmanden den Ablaufplan in die Hand bekommen, fühlen sie sich sicherer und können konzentrierter beteiligt sein. Genaue Planung bedeutet nicht steife Förmlichkeit, sondern sie ermöglicht eine bei aller Feierlichkeit lockere Atmosphäre.

b) Die Konfirmation Erwachsener

Da die kirchliche Ordnung die Konfirmation für die volle Mitgliedschaft fordert, kommt es zur Konfirmation von Getauften, die sich nicht im üblichen Alter konfirmieren ließen. In der DDR führte die Jugendweihe oft dazu, daß die Konfirmation unterblieb. Wenn nicht konfirmierte Erwachsene Kontakt zur Kirche finden und sich in ihr engagieren, empfinden sie oft das Bedürfnis, sich über Glaubensfragen zu informieren. Dafür gibt es mancherlei Möglichkeiten auf gemeindlicher und übergemeindlicher Ebene. Müssen solche Leute konfirmiert werden? Ich würde es von ihrem

Wunsch abhängig machen, ob sie ein öffentliches Bekenntnis vor der Gemeinde ablegen wollen oder ob sie ihr Bekenntnis praktizieren, indem sie als Christen in und mit der Gemeinde leben ohne einen besonderen Konfirmationsakt. Ihre Konfirmation ist ihre Beteiligung am kirchlichen Leben. Der Kirchenvorstand kann ihnen dieses bescheinigen und damit auch formell die Konfirmation zuerkennen. Das ist bis jetzt kein gültiges Kirchenrecht, aber ich würde jede und jeden als Paten akzeptieren, denen ihre Gemeinde außer der Taufe die aktive Beteiligung am Gemeindeleben attestiert. Ein solches Zeugnis besagt erheblich mehr als die formelle Konfirmation.

In gleicher Weise möchte ich es beim aktiven und passiven Wahlrecht halten. Wer kein Interesse am Gemeindeleben hat, nimmt an den kirchlichen Wahlen nicht teil, und das ist in der Volkskirche die überwältigende Mehrheit. Es ist schon fast ein Bekenntnis, wenn jemand zur kirchlichen Wahl geht. Die Konfirmation sagt über die Kompetenz des Wählers wenig aus. Warum sollte man die Wählerlisten darauf überprüfen, ob alle konfirmiert sind? Nicht anders steht es um das passive Wahlrecht. Viele Gemeinden leiden darunter, daß Leute fehlen, die sich zur Wahl stellen. In der säkularen Diaspora bringen kirchliche Ämter kein Sozialprestige. Es sind Ehrenämter ohne viel Ehre, aber mit Opfern an Zeit und Kraft ohne jeden materiellen Anreiz. Wer dazu bereit ist, erweist sich damit bereits als konfirmiert. Es wäre reiner Formalismus, von ihr oder ihm noch eine Nachkonfirmation zu verlangen. Übrigens ist die Einführung in das Ältestenamt in solchem Fall eine Konfirmation als Laienordination.

Ein »konfirmierendes Handeln« in diesem Sinn der Berufung, Segnung und Sendung zu einem geordneten Dienst[42] wäre ein großer Gewinn für den Gemeindeaufbau. Generell läßt sich die Konfirmation allerdings nicht als Laienordination verstehen, auch nicht bei Erwachsenen. Damit würde ein großer Teil der Konfirmierten überfordert. Außerdem empfiehlt es sich nicht, jede Beauftragung und Segnung zu einem befristeten Dienst Ordination zu nennen. Der Begriff »Laienordination« ist nur dort angebracht, wo bewährte Gemeindeglieder ohne theologische Ausbildung zum ehrenamtlichen Verkündigungsdienst berufen, gesegnet und gesendet werden.

Die Konfirmation entfällt bei Mündigentaufen, wobei als Alter der religiösen Mündigkeit das abgeschlossene 14. Lebensjahr gilt. Werden junge Menschen erst bei der Konfirmation getauft, so handelt es sich eigentlich bei ihnen nur um eine Taufe, nicht um eine Konfirmation.[43] Man kann auch sagen, daß in solchen Fällen die ursprüngliche Einheit von Taufe und Konfirmation wieder hergestellt ist. Die Getauften erhalten eine Taufurkunde, auf der vermerkt sein sollte: »gilt zugleich als Konfirmationsurkunde«. Da die Einbindung der jungen Leute in die Gruppe für sie wichtig ist, gelten sie ebenso als Konfirmanden wie als Täuflinge. Insofern ist der

---

42 Vgl. oben S. 39.
43 Vgl. Christian Grethlein, Konfirmation als neuer Tauftermin?, in: PTh 80, 1991, 204-215.

obige Satz, daß die Konfirmation entfällt, zu korrigieren. Taufe und Konfirmation werden als Einheit gefeiert.

c) Die kirchenrechtliche Bedeutung der Konfirmation

Die wichtigste kirchenrechtliche Konsequenz der Konfirmation war im Protestantismus lange die Zulassung zum Abendmahl. Seit den achtziger Jahren gaben einige Landeskirchen probeweise die Erstkommunion unter bestimmten Bedingungen schon vor der Konfirmation frei.[44] Es ist pädagogisch zweifellos günstiger, mit der Feier des Sakramentes etwas von seiner Bedeutung zu lernen, als nur abstrakt darüber zu reden und die Erstkommunion an die Konfirmation zu binden. Die Erfahrung von Jahrhunderten zeigte, daß so aus der ersten oft die letzte Kommunion wird. Daher überzeugt das Argument, die Konfirmation werde durch ein vorgezogenes Erstabendmahl entleert, nicht. Das Ziel der Abendmahlszulassung motiviert kaum zur Konfirmation, obwohl die Zustimmung zu der Vorgabe, daß die Konfirmation zur Teilnahme am Abendmahl berechtigt, hoch ist (1992 56%, 1982 60% West, 1992 54% Ost). Die Koppelung von Konfirmation und Erstkommunion erhöht weder das Interesse an ersterer noch an letzterer.

Kirchenrechtlich ist die Konfirmation ferner eine Voraussetzung für das Patenamt (vgl. S. 79f.), für das aktive und passive Wahlrecht sowie für die kirchliche Trauung. In der Volkskirche läßt diese Regelung sich als eine Minimalforderung verstehen. Normalerweise durchlaufen alle die kirchliche Sozialisation, zu der die Konfirmation gehört. Wenn jemand deutlich vom Normalverhalten abweicht, ist zu fragen, ob er oder sie die Rechte der Gemeinschaft in Anspruch nehmen kann. Nur so ist zu erklären, daß die Konfirmation als Bedingung für eine kirchliche Trauung gilt. Die Teilnahme an der Konfirmation wird faktisch als Beweis für eine christliche Lebenshaltung gewertet, die zur Wahrnehmung bestimmter Rechte und Pflichten eines evangelischen Christen ermächtigt und eigentlich auch verpflichtet. Mit der Konfirmation scheint ein objektives Kriterium gegeben zu sein. Woran könnte ein Großstadtpfarramt sich sonst halten, wenn jemand eine Patenbescheinigung erbittet? Soll der Pfarrer oder die Sekretärin fragen, wie oft der Antragsteller zum Gottesdienst geht, wann er zuletzt das Abendmahl empfangen hat und ob er täglich betet? In einer Freikirche wäre das möglich, in der Volkskirche geht es nicht. Auch in unseren nachvolkskirchlichen Gemeinden lassen sich die Kriterien einer praxis pietatis (praktischen Frömmigkeit) nicht in der kirchlichen Ordnung durchsetzen.

Auch die Pfeiler volkskirchlicher Ordnung erweisen sich nur teilweise als tragfähig. Die Konfirmation gehört nicht dazu. Falls jemand nicht kon-

---

44 Vgl. die Übersicht von Tabea Schmidt in ChI 39, 1986, 46-57, sowie Eberhard Kenntner, Abendmahl mit Kindern, Gütersloh 1980.

firmiert ist, sich aber am kirchlichen Leben beteiligt, so bringt er bessere
Voraussetzungen für kirchliche Ämter mit als ein Konfirmierter, den weder
seine Taufe noch seine Konfirmation sehr interessiert. Die Bedeutung der
Konfirmation liegt also nur sehr partiell und zweitrangig auf der kirchenrechtlichen Ebene. Je mehr die Kirche ihren Charakter als Volkskirche
verliert, desto weniger kirchenrechtliche Relevanz ist der Konfirmation
beizumessen.

Es geht mir nicht darum, die kirchliche Ordnung zugunsten des geistlichen
Lebens abzuwerten oder gar zu behaupten, weniger Kirchenrecht bringe
automatisch mehr lebendige Frömmigkeit. Davon kann keine Rede sein.
Vielmehr kommt es darauf an, daß Handlungen, in denen Gottes Zuwendung zum Menschen und darum die Zuwendung der Menschen untereinander zum Ausdruck kommen, nicht in menschliche Leistungen verkehrt
werden. Gottes Gaben und menschliche Aufgaben, Evangelium und Gesetz sind zu unterscheiden. Zugleich ist der Dynamik des göttlichen
Geistes Raum zu geben, der zwar kein Geist der Unordnung ist (1 Kor
14,33), sich aber auch nicht durch menschliche Ordnungen binden läßt.

4. Anregungen

a) Konfirmandenunterricht durch Gemeindeglieder

Als ich zum ersten Mal las, daß Eltern von Konfirmanden und andere
Gemeindeglieder sich aktiv an der Konfirmandenarbeit beteiligten, hielt
ich das für eine Überforderung. Die Konfirmandenarbeit gehört zu den
schwierigsten Aufgaben im Pfarramt. Wer nicht pädagogisch besonders
begabt und besser als im gewöhnlichen Theologiestudium ausgebildet ist,
denkt oft mit Grausen an den Konfirmandenunterricht, insbesondere an
unlösbare Disziplinschwierigkeiten und fehlende Motivation. Dürfen wir
Gemeindegliedern derartiges zumuten? Wo gibt es überhaupt Gemeindeglieder, die sich für eine so schwierige Aufgabe gewinnen lassen? *Wilhelm
Reinmuth* stellt in seinem Beitrag über »Gemeindeglieder als Mitarbeiter
im Konfirmandenunterricht«[45] die Widerstände zusammen. Potentielle
Mitarbeiter/innen machen geltend, »– daß sie keine Zeit haben. Dieser
Einwand ist bei der hohen Arbeitsbelastung, vor allem der berufstätigen
Frauen, oft nur zu berechtigt;
– daß sie sich momentan innerlich nicht frei genug fühlen, mitzumachen
  (Eheprobleme, eigene Weiterbildung, Erziehungsschwierigkeiten,
  Hausbau o.ä.). Auch diese Hinderungsgründe sind zu respektieren;
– daß sie sich nicht fest genug mit dem christlichen Glauben verbunden
  fühlen und sich deshalb die Arbeit mit Konfirmanden nicht zutrauen;
– daß sie sich pädagogisch nicht kompetent fühlen;
– daß sie sich kognitiv auf theologischem Gebiet unsicher fühlen;

---

45   Handbuch für die Konfirmandenarbeit, 54-65, Zitat 56.

– daß sie von den Konfirmanden und den Konfirmandeneltern nicht akzeptiert werden.«

Diese Bedenken gelten sinngemäß auch auf anderen Gebieten der Gemeindearbeit und sind für den Gemeindeaufbau insgesamt ernstzunehmen. Es gibt auch bei gutwilligen Gemeindegliedern Zeiten, in denen sie keine zusätzlichen Aufgaben verkraften können. Andererseits geschieht kein Gemeindeaufbau, ohne daß Schwierigkeiten überwunden werden. Wenn sich jemand theologisch nicht genügend kompetent fühlt, um mit Konfirmanden zu diskutieren, so kann das als Anreiz zu theologischer Arbeit wirken, und gleiches gilt auf dem pädagogischen Feld. In der Kleinstadt Hoya an der Weser begann der Pfarrer *Hans-Wilhelm Hastedt* in den siebziger Jahren damit, Mütter von Konfirmanden für einen auf das 4. Schuljahr vorverlegten Vorkonfirmandenunterricht zu gewinnen. Er stieß zunächst auf erhebliche Bedenken, fand dann aber vier Eltern, eine Lehrerin und eine im Kindergottesdienst mitarbeitende Oberschülerin. Die Mitarbeit wird jeweils für ein Jahr erbeten. In Kleingruppen, die sich in Wohnungen oder kirchlichen Räumen versammeln, werden vor allem biblische Geschichten besprochen. Einmal wöchentlich kommen die Mitarbeiterinnen mit dem Pfarrer zur Vorbereitung zusammen, wobei sie auch schriftliches Arbeitsmaterial erhalten. Monatlich einmal treffen sich alle Beteiligten, also die Gruppen, ihre Leiterinnen und der Pfarrer, in der Kirche. Nach einiger Zeit schlossen sich Religionslehrer dem Projekt an, um es mit ihrer pädagogischen Kompetenz zu unterstützen. 1982/83 meldeten sich mehr Eltern zur Mitarbeit als gebraucht wurden.[46] Der Initiator konnte nach zehn Jahren dieser Praxis feststellen: »Bislang haben alle Beteiligten nach Ablauf des Jahres in etwa so votiert: Schade, daß die Arbeit zu Ende geht. Wenn Sie keine Mitarbeiter finden, dann machen wir das noch einmal ein Jahr. Können wir nicht anderswo weiterarbeiten?«[47] Dieses Modell bringt dem Pfarrer keineswegs eine Entlastung, sondern Mehrarbeit, aber diese dient dem Gemeindeaufbau. Als Lehrende lernen die Eltern nicht nur auf der kognitiven Ebene, sondern der Glaube wird ihnen persönlich bedeutsam. Hier zeigt sich eine Möglichkeit, in das allgemeine Priestertum hineinzuwachsen. Mich fasziniert daran, wie konfirmierendes Handeln wirklich ein Tun der Gemeinde ist, nicht nur *an* der jungen Generation als Teil der Gemeinde, der von den hauptamtlichen Fachleuten betreut wird. Konfirmandenelternarbeit ist seit langem bekannt als das Bemühen, die Konfirmandeneltern als Partner zu gewinnen.[48] Natürlich ist es auch wichtig, mit den Konfirmandeneltern über die Fragen des konfirmierenden Handelns zu reden, zumal auch im günstigsten Fall nur ein kleiner Teil für so intensive Mitarbeit wie beim »Hoyaer Modell« zu gewinnen sein wird. Wichtig ist aber, daß die Konfirmandeneltern nicht nur Objekte, sondern Subjekte des Handelns sind. Mütter und Väter von Konfirmanden verfügen oft auf Gebieten, die für die Jugendlichen interes-

---

46 Vgl. den Bericht Hastedts in »Konfirmandenzeit von 11 bis 15?«, 20-31.
47 Ebd., 29.
48 Vgl. Peter Hennig, Konfirmandenelternarbeit, Stuttgart 1982; Handbuch, 234-269.

sant sind, über mehr Kompetenz als die Pfarrer/innen. Wenn ein Naturwis-
senschaftler erklärt, wie er Wissenschaft und Glauben vereinbart, oder
wenn eine Ärztin bezeugt, wie ihr Glaube ihr hilft, dem Leiden und Sterben
zu begegnen, wirkt das stärker, als wenn es ein Pfarrer tut, bei dem das zum
Job gehört und der auf diesen Gebieten weniger Kompetenz besitzt.

Auf die Zeitverlagerung beim »Hoyaer Modell« sei nochmals hingewiesen: Der Vorkonfirmandenunterricht wird vom 7. auf das 4. Schuljahr
vorverlegt, während der vom Pfarrer gehaltene Konfirmandenunterricht im
8. Schuljahr bleibt. Die Zwischenzeit wird durch freiwillige Angebote wie
Pfadfinder, Jungschar, Kinderchor, Posaunenchor u. dgl. gefüllt. Die
Christenlehre kann hier ihren Ort behalten, spart also das 4. Schuljahr aus
und erstreckt sich dafür auf das 7. Die zeitliche Veränderung erleichtert die
für den Gemeindeaufbau folgenreiche Aktivierung des allgemeinen
Priestertums im konfirmierenden Handeln. Das läßt sich natürlich nicht
auf Grund einsamer Entschlüsse von Pfarrern einführen. In Hoya begann
es mit Gesprächen im Mütterkreis, im Kirchenvorstand und in einer
Elternversammlung. In Schwelm am südlichen Rand des Ruhrgebiets
entwarfen die acht Pfarrer zusammen mit dem Presbyterium ein Modell,
das mit Eltern und Lehrern beraten wurde. Man unterschied drei Phasen:
einen Grundkurs im 5. Schuljahr, der nach dem Sakramentsunterricht mit
einem Abendmahlsgottesdienst endet; es folgen zwei Jahre hindurch meh-
rere Konfirmandentreffen, zu denen beispielsweise gehört, daß Mütter mit
je vier Kindern zu Alten und Kranken zum Adventssingen gehen. Wie beim
Hoyaer Modell helfen Eltern besonders im Grundkurs mit. Das Interesse
der Eltern wirkte ermutigend und zeigte, daß *Rosenbooms* Versuch »Gemeindeaufbau durch Konfirmandenunterricht« zu fördern (vgl. S. 109),
keineswegs überholt ist. Während die Konfirmation sich als erstaunlich
resistent gegen alle Versuche einer zeitlichen Verschiebung erwies, liegen
in der Zeit davor viele Möglichkeiten, die Verbindung sowohl mit den
Interessen der Kinder und Jugendlichen als auch mit dem Gemeindeaufbau
zu verstärken.

b) Der Gottesdienst im konfirmierenden Handeln

Michael Meyer-Blanck schlägt vor, die Konfirmation so zu entflechten,
daß auf dem Weg von der Taufe zur Konfirmation vier Stationsgottesdienste begangen werden. Der erste dieser Art findet im Kindergartenalter
statt und kann seinen Ort im kirchlichen Kindergarten haben, wo er als
Tauferinnerungsgottesdienst gefeiert wird. Die Taufe eines Kindes aus
dem Kindergarten wäre dafür ein guter Anlaß. Die Handauflegung und
Segnung jedes Kindes gehört zur Tauferinnerung. *Meyer-Blanck* bemerkt
mit Recht, daß darüber vorher mit den Eltern gesprochen werden muß. Ich
halte es für wichtig, daß ein solcher Akt auf die getauften Kinder begrenzt
wird. Tauferinnerung kann zwar auf Ungetaufte als Einladung zur Taufe
wirken, aber der Segensakt ist nicht als Einladung zu verstehen, sondern
als Geltendmachen der geschehenen Taufe.

Die zweite Station setzt *Meyer-Blanck* bei der Einschulung an. Dieser Vorschlag wurde bereits S. 45 aufgenommen. Am Ende des entsprechend dem »Hoyaer Modell« auf das 4. Schuljahr vorverlegten Vorkonfirmandenjahres setzt *Meyer-Blanck* einen Gottesdienst mit Erstkommunion an. Die hannoversche Landeskirche hat diese Möglichkeit bereits im Konfirmandengesetz von 1989 den Kirchenvorständen mit Genehmigung des Kirchenkreises freigestellt. Im 5.-7. Schuljahr werden Kinder und Eltern jährlich zu einem Abendmahlsgottesdienst eingeladen, der am besten als Familiengottesdienst gestaltet wird. Zur Erstkommunion nach der 4. Klasse schreibt *Meyer-Blanck:*
»Die Abendmahlszulassung hat ihren besten Ort in dieser noch wenig von Selbstfindungs- und Autoritätsproblemen geprägten Altersstufe, die Eltern haben Gelegenheit, sich mit ihrer z.T. problematischen Abendmahlsgeschichte auseinanderzusetzen, ohne durch die Ablösungsauseinandersetzungen mit den Kindern beansprucht zu sein. Die Eltern können sich an ihre eigene Konfirmandenzeit erinnern und merken, wie wichtig es ist, für den Weg im Glauben Ansprechpartner zu haben«.[49]
Vorausgesetzt ist bei diesem Konzept die volkskirchliche Realität, daß die meisten Kinder getauft und die meisten Eltern konfirmiert sind. Praktikabel ist es aber auch in der säkularen Diaspora. Ungetaufte Kinder können nicht zum Abendmahl zugelassen werden, aber sie können am Sakramentsunterricht teilnehmen und darüber eine Bescheinigung erhalten.
Der Liturgische Ausschuß der VELKD schlägt einen Gottesdienst zu Beginn der Konfirmandenzeit vor. Er soll einen einladenden Charakter haben und zeigen, daß die Gemeinde sich auch im Gottesdienst auf die neuen Konfirmandinnen und Konfirmanden einstellt. Bei den jungen Leuten und ihren Angehörigen kann nicht vorausgesetzt werden, daß sie mit dem gottesdienstlichen Ablauf vertraut sind. Setzt man den Gottesdienst zu Beginn der sog. Präparandenzeit an, also am Anfang des 7. Schuljahres, so kann die Konfirmandengruppe des 8. Schuljahres ihn vorbereiten und zusammen mit den Präparanden feiern, oder die Junge Gemeinde übernimmt diese Aufgabe. Der Entwurf sieht auch die Möglichkeit vor, den Gottesdienst erst nach einigen Unterrichtsstunden zu feiern, in denen er von der Konfirmandengruppe vorbereitet wurde. Damit entfällt aber der Charakter eines Eröffnungsgottesdienstes. Wo nicht alle Konfirmandinnen und Konfirmanden getauft sind, sollte man diesen Gottesdienst ohne Abendmahl feiern. Alle sollten ein Begrüßungsgeschenk der Gemeinde erhalten, das der Arbeit im Unterricht dient und das am besten von einer Kirchenältesten überreicht wird, z.B. ein Liederheft oder eine Arbeitsmappe. Auf jeden Fall werden alle mit Namensnennung begrüßt, was in den Abkündigungen geschehen kann. Es dient zur Belebung des Patenamtes, wenn die Paten zu diesem Gottesdienst eingeladen und besonders begrüßt werden.

---

49   Meyer-Blanck, 276f.

Die Konfirmation ist der vierte Stationsgottesdienst. Zu seinem Sinn und seiner Gestaltung ist hier nicht wieder Stellung zu nehmen. *Meyer-Blancks* Vorschlag hilft dazu, die Überfrachtung des Konfirmationsgottesdienstes abzubauen, ohne seinen Wert für die Beteiligten abzuschwächen. Zur Tradition der Konfirmandenarbeit gehört das Bemühen, die Konfirmanden zum Gottesdienst hinzuführen, sie in ihm zu beheimaten. Damit sind alle Beteiligten glatt überfordert. Unsere agendarischen Gottesdienste sind auch bei guter Gestaltung den meisten Kindern und Jugendlichen ebenso schwer zugänglich wie den Nichtchristen. Damit will ich keineswegs in die kurzschlüssige Gottesdienstschelte einstimmen, sondern nur an die banale Einsicht erinnern: »Eines schickt sich nicht für alle« (Goethe). Kein Gottesdienstmodell gewährleistet, daß sich alle Altersgruppen, sozialen Schichten, Gläubige und Ungläubige ansprechen lassen. Würden wir in jedem Monat eine Christvesper feiern, kämen nie so viele Leute wie einmal im Jahr am Heiligen Abend. Ein Grund für unsere an diesem Abend vollen Kirchen liegt einfach darin, daß nur einmal im Jahr Weihnachten ist. Der beste Familiengottesdienst läßt sich nicht zur Regel machen.

Der Vorschlag, vier Stationsgottesdienste als Höhepunkte auf dem mit der Taufe begonnenen Weg zu begehen, ist deshalb realistisch. Er schließt die Möglichkeit zu Ergänzungen ein. *Christian Möller* berichtet in seinem Buch »Gottesdienst als Gemeindeaufbau«[50] von einem am Gottesdienst orientierten Konfirmandenkurs. Eine Pfarrvakanz in Wuppertal veranlaßte ihn dazu, eine Konfirmandengruppe zu übernehmen, die statt des wöchentlichen Unterrichts jeden zweiten Sonntag eine halbe Stunde vor dem Gottesdienst in den Gemeindesaal kam, um den Gottesdienst vorzubesprechen, ihn dann mitzufeiern, wobei sie jeweils Aufgaben übernahmen, und anschließend eine Nachbesprechung und zugleich Vorbereitung des nächsten Gottesdienstes durchzuführen. Vom Gottesdienst wurden Verbindungen zu Katechismusstoffen hergestellt. Die Konfirmanden reagierten positiv, weil der Unterricht in der Woche entfiel. Die Eltern bedauerten zunächst teilweise, daß die Familie jeden zweiten Sonntag gebunden war, beteiligten sich dann aber zusammen mit ihren Familien stärker als sonst an den Gottesdiensten. So wirkte die gottesdienstzentrierte Konfirmandenarbeit als Impuls für das Gemeindeleben. Allerdings wäre es unrealistisch zu erwarten, daß diese Familien nach der Konfirmation regelmäßige Kirchgänger würden. Sie haben »Kirche bei Gelegenheit« erlebt, und die Gelegenheit der Konfirmation bot den Anlaß, eine Zeitlang öfter als sonst zum Gottesdienst zu gehen, ihn auch mit mehr Interesse zu erleben. Damit erfuhren sie ein Stück confirmatio.

---

50 Göttingen 1988, 195-201.

c) Silberne und Goldene Konfirmation

Während die Goldene Konfirmation sehr verbreitet ist, kenne ich eine Praxis der Silbernen Konfirmation nicht. Die Agende der VELKD sieht ein Gedächtnis der Konfirmation als zeitlich nicht festgelegte Möglichkeit vor. Sie leitet das Gedächtnis ein mit der Formel: »Es sind heute unter uns versammelt die Brüder und Schwestern, die vor ... Jahren (in den Jahren ... bis ...) (in unserer ... Kirche) konfirmiert worden sind«. 25 Jahre nach der Konfirmation lebt die Mehrzahl der Konfirmierten in der Volkskirche als »Christen in Halbdistanz«. Nicht wenige sind inzwischen Konfirmanden- eltern, oder sie hatten durch die Taufe von Kindern Kontakte zur Kirche, manchmal die ersten seit ihrer Trauung. Es wäre sehr sinnvoll, sie in dieser Phase auf ihre Konfirmation anzusprechen. Viele sind daran interessiert, sich einmal in ihrer früheren Konfirmandengruppe zu treffen, so wie gern Treffen der Schulabgänger nach 20 oder 25 Jahren arrangiert werden. In der nachvolkskirchlichen Situation gehören viele der einstigen Konfir- manden nicht mehr zur Kirche, und auch in den alten Bundesländern ist ihre Zahl geschrumpft. Es ist sicher schwierig, die zahlenmäßig ge- schwächten und weit verstreuten Gruppen zu sammeln, aber wenn es die Betreffenden in die Hand nehmen, sollte es von den Gemeinden nach Kräften unterstützt werden.

Bei der Goldenen Konfirmation werden jetzt die Jahrgänge erreicht, die nicht mehr durch den 2. Weltkrieg dezimiert wurden. Die starken Ge- burtsjahrgänge von 1929 bis 1940 erreichen jetzt und im nächsten Jahrzehnt das Alter der Goldenen Konfirmation. Dieses Alter bringt den Männern bei normaler Berufstätigkeit den schwierigen Übergang in den Ruhestand. Dafür fehlt ein Passageritus, und die Goldene Konfirmation kann ihn schon deshalb nicht ersetzen, weil das Ausscheiden aus dem Berufsleben zu uneinheitlich erfolgt. Trotzdem ist das Alter um das 65. Lebensjahr eine Zeit des Übergangs. Auch wenn der Abschied aus dem Beruf eine Weile zurückliegt, ist er oft noch nicht verarbeitet. Aus der Generation der Eltern verlassen die letzten diese Welt, und die eigene Generation beginnt sich zu lichten. Gesundheitliche Störungen verstärken das »memento mori« – denke daran, daß du sterben mußt! Andererseits hält das Leben noch manche Freuden bereit, auf die man hoffen darf. Der Ruhestand gewährt Freiheit, eigenen Interessen nachzugehen, mehr Zeit für die Familie zu haben, besonders für die Generation der Enkel. Damit ist in dieser Phase die typische Ambivalenz der Schwellensituation gegeben, zu deren Bewältigung die Passageriten dienen sollen.

Man kann nicht sagen, der alternde Mensch werde religiös, aber religiöse Impulse aus der Vergangenheit, die lange überlagert waren, kommen jetzt oft zur Wirkung. Die Senioren, die heute in unseren Gottesdiensten sitzen, sind oft dieselben, deren Fehlen wir vor 25 Jahren beklagten. Die Goldene Konfirmation ist eine Gelegenheit, ihnen geistliche Heimat anzubieten und sie neu realisieren zu lassen, was sie vor 50 Jahren erlebten und was ihnen damals nur zum Teil bewußt war. 50 Jahre später läßt sich anknüpfen an das damals Erfahrene, und man kann es mit den seither gewonnenen

Erfahrungen eines halben Jahrhunderts verknüpfen. Es ist die Chance zu einer vorläufigen Lebensbilanz, ähnlich wie der 60. oder 65. Geburtstag, und es ist zugleich das Angebot einer Stärkung für den neuen Lebensabschnitt, den Herbst des Lebens.[51] Wenn man weiß, daß der weitaus größere Teil des Lebens vergangen ist, bleibt die Frage nach der Zukunft. Steht sie im Zeichen eines fortschreitenden Verfalls der Kräfte und Abnahme der Lebensqualität? Welche Hoffnung trägt uns in die Zukunft? Die Goldene Konfirmation kann Gelegenheit bieten, verdrängte Fragen bewußt zu machen. Geburtstage werden selten dazu genutzt. Goldene Hochzeiten eher, zumal die Feiernden dann der irdischen Grenze noch näher sind. Der Befestigung im Glauben, zu der das konfirmierende Handeln im Kindes- und Jugendalter helfen will, muß eine Stärkung in der Hoffnung entsprechen, die bei aller Erdverwurzelung von der Beschränkung auf das Sichtbare befreit.»Denn was sichtbar ist, das ist zeitlich; was aber unsichtbar ist, das ist ewig« (2 Kor 4,18).

Es würde der von *Matthes* geforderten integralen Kasualpraxis entsprechen, wenn Silberne und Goldene Konfirmation gemeinsam gefeiert würden, wenigstens teilweise, oder gar die dritte Generation der jeweiligen Konfirmanden partiell hinzukäme. Wir leiden ja auch in der Kirche unter einem mangelhaften Austausch der Generationen. Bekanntlich verstehen sich die Enkel oft besser mit ihren Großeltern als mit den eigenen Eltern oder deren Generation. Ein Gemeindefest, das vor 50 und 25 Jahren Konfirmierte mit heutigen Konfirmanden verbindet, könnte für alle ein gutes Erlebnis werden.

d) Konfirmation geistigbehinderter Menschen

Das ganzheitliche Verständnis des konfirmierenden Handelns macht die Frage, ob geistigbehinderte Menschen konfirmiert werden sollen, überflüssig. Sie brauchen wie alle andern Christen Stationen auf dem Glaubensweg, Stationen, auf denen sie besondere Zuwendung erfahren, Höhepunkte in ihrer Biographie. Ebenso wichtig ist für ihre Angehörigen, daß die behinderten Mitchristen zur Gemeinschaft gehören als ihre vollwertigen Mitglieder, die »nicht Gäste und Fremdlinge, sondern Bürger mit den Heiligen und Gottes Hausgenossen« sind (vgl. Eph 2, 19). Am deutlichsten kommt die Zugehörigkeit zum Ausdruck, wenn eine integrative Konfirmandenarbeit zur gemeinsamen Konfirmation behinderter und nichtbehinderter Menschen führt.

Irene Abel vermittelt einen guten Überblick über »Modelle der Konfirmandenarbeit mit geistig behinderten Jugendlichen«[52]. Sie beurteilt die verschiedenen Konzepte als gleichwertig, da sie es ermöglichen, unter-

---

51   Vgl. Richard Boeckler und Klaus Dirschauer (Hg.), Emanzipiertes Alter, 2 Bde., Göttingen 1990.
52   In: Gottfried Adam (Hg.), Religiöse Begleitung und Erziehung von Menschen mit geistiger Behinderung, Würzburg 1990, 235-260.

schiedlichen Voraussetzungen zu entsprechen. Die Experten sind sich darin einig, daß eine integrative Konfirmationspraxis, also in der Gemeinschaft von Behinderten und Nichtbehinderten, anzustreben, aber nicht um jeden Preis durchzusetzen ist. Keine Ideologie der Integration ist maßgebend, sondern das Beste für die Betroffenen ist mit ihnen zu finden. Über integrative Konfirmandenarbeit liegen eindrucksvolle Berichte vor.[53] *Birgitta Carlquist* berichtet aus Schweden, daß dort nach kräftigen Anstrengungen wieder Rückschläge zu verzeichnen sind und auch in der Pfarrerschaft nicht überall die Arbeit mit behinderten Jugendlichen Unterstützung findet. Das Gefühl der Überforderung lähmt oft. In der Tat kann integrative Konfirmandenarbeit nicht das Werk weniger Fachleute sein, obwohl eine Fachkompetenz dazu gehört, die nicht von jedem Pfarrer erwartet werden kann.

In der DDR veröffentlichte 1982 eine Arbeitsgruppe des Diakonischen Werkes die Ausarbeitung »Konfirmandenarbeit mit geistig schwer behinderten Jugendlichen« (ChL 35, 1982, 243-271), die auch in Auswahl den Themenplan für die Arbeit mit geistig schwer behinderten Jugendlichen wiedergibt. Das Themenspektrum ist erstaunlich weit und kann natürlich nur unter Berücksichtigung der jeweiligen Situation bearbeitet werden. Es gehört nicht zu einer Kasualtheorie, die Möglichkeiten der Konfirmandenarbeit mit Geistigbehinderten im Detail zu diskutieren. Da aber von Konfirmation nicht sinnvoll zu reden ist, ohne den Konfirmandenunterricht einzubeziehen, möchte ich darauf hinweisen, daß die Möglichkeiten des Lernens bei geistigbehinderten Menschen nicht zu unterschätzen sind und sich auch von daher falsche Abstufungen und Trennungen verbieten. Berücksichtigen wir, wie gering oft die Lernergebnisse bei Nichtbehinderten sind, so zeigt sich auch an dieser Stelle, wie unbegründet Ausgrenzungen sind. Natürlich erfordern unterschiedliche Behinderungsgrade differenzierte didaktische und methodische Verfahrensweisen, und es wäre unfair, Schwerstmehrfachbehinderte mit Leichtbehinderten und Gesunden zusammen zu unterrichten. Es geht darum, daß praktisch notwendige Differenzierungen nicht als Ausgrenzung erfahren werden, sondern die Gemeinschaft Behinderter und Nichtbehinderter beiden Seiten wertvolle Erfahrungen bringt. Die behinderten Mitmenschen sind oft weniger als die »Gesunden« darin behindert, ihre Gefühle auszudrücken.

53   Vgl. Gottfried Adam/Annebelle Pithan (Hg.), Wege religiöser Kommunikation. Kreative Ansätze der Arbeit mit behinderten Menschen, Münster 1990; darin besonders Thomas Wallin, Integrierte Konfirmandenarbeit in Schweden. Das Modell von Skakagarden, 151-159, und Birgitta Carlquist, Zur Arbeit mit geistig behinderten Menschen in der schwedischen Kirche, 35-42; Gertrud Lorenz, Erstkommunion und Firmung. Wege zur integrierenden Einbindung geistig Behinderter in die Pfarrgemeinde, 143-150; Ernst Wörle, Konfirmation geistig behinderter Jugendlicher, in: Gottfried Adam/Herbert Schultze (Hg.), Religionsunterricht mit Sonderschülern, Münster 1988, 291-299; Anna-Katharina Szagun, Partnerschaftliches Verhalten von Behinderten und Nichtbehinderten, Diss. phil. Göttingen 1991, 218-246, 450-463.

Für einen gemeinsamen Unterricht gibt *Richard Rogge* in seinem Beitrag »Behinderte im Konfirmandenunterricht«[54] zu bedenken, daß ein geistig-behinderter Jugendlicher in der Gruppe zum Außenseiter werden kann, »entweder durch eine übermäßige Betreuung oder dadurch, daß eine offene oder versteckte Abwehr in der Gruppe entsteht«.[55] Andererseits bestünde ein wertvolles Lernergebnis für die Gruppe darin, andersartige Menschen zu akzeptieren, die Normalität des Andersseins zu erkennen und in den gesellschaftlich Schwächeren vollwertige Glieder der Gemeinde zu sehen. Natürlich hängt es vom Grad der Behinderung ab, in welcher Form eine integrative Arbeit möglich ist. *Rogge* plädiert dafür, daß geistigbe-hinderte Jugendliche eine auf ihre Möglichkeiten abgestimmte Vorberei-tung auf die Konfirmation erhalten, am besten in ihrer Schule, sofern sie eine solche besuchen können, oder in ihrem Heim. Für den Unterricht schlägt er fünf Schritte vor: Beim ersten wird der Unterschied zwischen dem Baby, dem Gott in der Taufe sagte: »Du gehörst zu mir!«, und dem Jugendlichen herausgearbeitet, dem Gott in der Konfirmation sagt: »Ich bleibe bei dir, bleibe du auch bei mir«. Der zweite Schritt macht mit dem Konfirmationsgottesdienst vertraut, noch ohne Bezug auf das Abendmahl, dem die nächsten beiden Schritte sich zuwenden: »Jesus hat mit seinen Freunden das Abendmahl gefeiert« (3.) und »Jesus lädt mich ein und alle, die zu ihm gehören« (4.). Bei diesem 4. Schritt werden die praktischen Details der Abendmahlsfeier erläutert und geprobt, also die Abendmahlsgeräte gezeigt, einmal aus dem Kelch getrunken u.dgl. Der 5. Schritt unter dem Thema »Wir gehören zusammen« vertieft das Gefühl der Zusammengehörigkeit durch gegenseitige Hilfe und ge-meinsames Spiel.

Rogge nennt verschiedene Möglichkeiten für den Rahmen der Konfirmation. Eine Hauskonfirmation kommt in Betracht, »wenn der Konfirmand schwerstbehindert, sehr leicht reizbar ist oder in einer fremden Umgebung/ Gruppe aggressiv reagiert oder wenn die Eltern wegen des Verhaltens ihres Kindes bei einer Feier im größeren Rahmen große Qualen leiden«[56]. Zu-sammen mit Nichtbehinderten kann die Konfirmation entweder in der Heimatgemeinde erfolgen, auch wenn der Unterricht nicht dort stattfand, oder am Schulort, auch wenn sie gesondert unterrichtet wurden. Erstere Möglichkeit schlägt *Rogge* vor,

»– wenn die betreffenden Eltern – auch der Behinderte – es wünschen;
– wenn sie einen guten Kontakt zur Gemeinde haben und der Behinderte hier ›zu Hause‹ ist, oder
– wenn der behinderte Konfirmand eine(n) nichtbehinderte(n) Schwester (Bruder) hat, die (der) ebenfalls konfirmiert werden soll und mit dieser Lösung einverstanden ist.«

Welche Form die beste ist, müssen die Beteiligten gemeinsam entscheiden, es wird also in einer Elternversammlung geklärt oder auch in individuellen

54 Handbuch, 128-142.
55 Ebd., 133.
56 Ebd., 134.

Gesprächen, denn niemand darf unter Druck gesetzt werden. Auch die gute Absicht einer integrativen Praxis ist niemandem aufzunötigen. *Rogge* hält es für zweifelhaft, ob durch die gemeinsame Konfirmation Geistigbehinderte »wirklich stärker in die Gemeinde integriert werden, ob diese Gemeinde dadurch zur ›Heimatgemeinde‹ des Behinderten wird«. Er sieht dabei »die Gefahr, daß Geistigbehinderte (nicht nur zeitlich) überfordert werden und in der Menge untergehen«, hält die Integration aber in überschaubaren Gemeinden für gut möglich.

Schließlich können geistigbehinderte Jugendliche, die zusammen eine Schule besuchen, für sich in einem Gottesdienst konfirmiert werden, ebenso wie die Bewohner eines Heimes. »Sie erleben, auch wenn es viele nicht artikulieren können: ›Dieser Gottesdienst ist für uns. Wir gehören mit allen anderen, die gekommen sind, mit den Bekannten (Eltern, Verwandte, Lehrer, Mitarbeiter der verschiedenen Einrichtungen der Lebenshilfe) und mit den Unbekannten zusammen. Wir alle sind Freunde Jesu.‹«[57]

Jede Form der Konfirmation möchten die Konfirmanden als Fest erleben, und auch für die Angehörigen soll es möglichst ein Tag der Freude sein. Sie erleben es vielleicht als belastend, wenn ihre Kinder mit gesunden zusammen konfirmiert werden und der Unterschied ihnen wieder schmerzlich bewußt wird. Was für sie und ihre Kinder die hilfreichste Form ist, können sie am besten entscheiden.

Warum stehen die Überlegungen zur Konfirmation Geistigbehinderter unter der Überschrift »Anregungen«? Ich denke, die Gemeinschaft mit diesen Freundinnen und Freunden Jesu regt uns an, vom hohen Roß unseres protestantischen Intellektualismus herabzusteigen, auf dem wir ohnehin wackliger sitzen, als wir uns oft eingestehen. Wir werden angeregt, die elementaren Grundlagen christlichen Lebens begreifen und anschaulich aussagen zu lernen. Damit ist keinem Infantilismus oder Irrationalismus das Wort geredet, aber jeder Hochmut abgewehrt, der das Denkvermögen bewußt oder unbewußt höher wertet als die Fähigkeit zur Liebe, zur Dankbarkeit und zur Gemeinschaft.

57 Ebd., 135.

IV. Die Trauung

1. Befunde

a) Ehe und Familie heute

Manche Journalisten und leider auch Theologen erwecken den Eindruck, als sei die Ehe ein »auslaufendes Modell« oder jedenfalls nur eine beliebige Möglichkeit des Zusammenlebens von Frauen und Männern. Sie berufen sich auf die in unserem Jahrhundert drastisch gestiegene Scheidungsquote und auf die wachsende Zahl nichtehelicher Lebensgemeinschaften. Von 1960 bis 1989 haben sich in Ost- und Westdeutschland die Scheidungen mehr als verdoppelt.[1] In der DDR kamen 1960 auf 10 000 Einwohner 14,2 Scheidungen, 1989 waren es 30,1. In der BRD betrugen die Zahlen 1960 8,8 und 1989 20,4. 1986 lauteten die Vergleichszahlen in den USA 48,0, in der UdSSR 33,16, in Kuba 31,5, was die globale Dimension des Problems zeigt. 1989 waren in der DDR mehr als 50 000, in der BRD ca. 90 000 Kinder von der Scheidung betroffen. Eltern und Kinder zusammen ergeben die Zahl von rund einer halben Million Menschen, die im vereinigten Deutschland jährlich unter dem Zerbrechen der Ehe und damit der Familie leiden. Deshalb verwundert es nicht, daß die Menschen nach alternativen Formen des Zusammenlebens suchen. Die Akzeptanz der sogenannten nichtehelichen Lebensgemeinschaft wächst besonders in der jüngeren Generation. Laut »Allensbacher Jahrbuch der Demoskopie 1984-1992« Bd. 9 fanden 1982 46% und 1989 50% der Befragten die »Ehe ohne Trauschein« gut, und nur 36% bzw. 27% »nicht so gut«.[2]

Andererseits lebten 1982 in der BRD nur 5,8% der Bevölkerung in nichtehelicher Lebensgemeinschaft, und 1991 war mit 6,2% kein dramatischer Anstieg zu verzeichnen. In den neuen Bundesländern waren es mit 6,8% nicht wesentlich mehr. Dagegen lebten 1991 48,6% der Bevölkerung im Ehestand und 1992 trotz deutlicher Zunahme der Ein-Personen-Haushalte nur 16% (im früheren Bundesgebiet) allein.[3] Vergleicht man damit die Zahl von 63,2% in der BRD 1950, so erweist sich die Rede vom Ende

---

1   Vgl. Jürgen Ziemer, Trennung vor der Zeit, Leipzig 1992, 11ff.
2   Hg. von Elisabeth Noelle-Neumann und Renate Köcher, 1993, 110; vgl. Martin R. Textor, Einstellungen zu Ehe und Familie, in: WzM 43, 1991, 32-42.
3   Bundesamt (Hg.), Datenreport 6, München/Landsberg 1994, 32f.

der Ehe jedenfalls statistisch als unbegründet. Andere Befragungsergebnisse unterstreichen diesen Befund. Auf die Frage, was im Leben wichtig ist, nannten 1990 in den alten Bundesländern 70% die Familie als sehr und weitere 23% als ziemlich wichtig. Nur 5% fanden sie nicht sehr und 1% überhaupt nicht wichtig. In den neuen Bundesländern hielten sogar 83% die Familie für sehr wichtig, und nur 2% für nicht sehr wichtig. Zwar können auch aus nichtehelichen Lebensgemeinschaften Familien entstehen, aber für die Mehrheit der Befragten gehören Familie und Ehe zusammen. Auf die Frage, ob die Ehe überholt sein, antworteten 1990 72% in den alten und 77% in den neuen Bundesländern mit Nein!

Die Befragungsergebnisse zeigen, daß die Mehrheit der Bevölkerung nach wie vor viel, wahrscheinlich oft zu viel, von der Ehe erwartet. Die Frage, was für eine gute Ehe wichtig ist, beantworteten 1990 79% (West) bzw. 77% (Ost) mit dem Urteil, gegenseitiger Respekt und Anerkennung seien sehr wichtig, und für weitere 20 bzw. 21% waren sie ziemlich wichtig. Fast die gleiche Bewertung erhielt die traditionelle Tugend der Treue. Obwohl die hohe Wertschätzung der Treue oft nicht von einem entsprechenden Verhalten beglaubigt wird, drückt sich darin doch ein Bedürfnis aus, das gegen die Behauptung spricht, die Institution Ehe sei veraltet. Wenn 99% der Befragten die Treue für sehr oder ziemlich wichtig halten, steht dahinter mehr oder weniger bewußt die Erkenntnis, daß verläßliche, dauerhafte Beziehungen einen hohen Wert darstellen. Diese Erkenntnis spricht für die Institution Ehe. Die hohen Erwartungen an die Ehe, die sich in den Befragungen widerspiegeln, dürften zu dem Bündel von Ursachen für die Scheidungshäufigkeit heute gehören. Wer ideale Wünsche mit der Ehe verbindet, programmiert Enttäuschungen. Von der Notwendigkeit realistischer Vorstellungen über Ehe und Familie wird noch zu reden sein. Zunächst sind die Befunde zu würdigen, die m.E. nicht dazu berechtigen, pauschal von einem Zerfall der Institution Ehe zu reden. Natürlich lese ich die Ergebnisse von Befragungen und Statistiken nicht unvoreingenommen, sondern als entschiedener Befürworter der Ehe. Die Zunahme der Scheidungen und die vielen unglücklichen, enttäuschten Menschen machen mich betroffen. Ich meine aber, daß die Institution Ehe stabiler ist, als ihre Kritiker es wahrhaben möchten, und ich halte es für demagogisch, wenn sie aus den Fakten die Auflösung dieser Institution ableiten wollen. Was für die Ehe gilt, ist von der Familie zu sagen.[4] Auf die Frage, ob man die Familie braucht, um glücklich zu sein, antworteten 1953 78% mit Ja, 1991 68%, in den neuen Bundesländern aber 83%! Daß man ohne Familie glücklicher sei, behauptete in den alten Bundesländern nur 1% der Befragten, in den neuen niemand! Dabei ist zu beachten, daß Menschen ohne Familie durchaus glücklich sind, besonders wenn sie wie Ordensleute, Priester oder Diakonissen gewollt ohne Familie leben, daß sie aber daraus kein Argument gegen die Familie ableiten. Ich selber brauche meine Familie, um glücklich zu sein, aber ich kann das nicht allen anderen

---

4 Sehr gründlich informiert aus soziologischer Sicht das »Handbuch der Familien- und Jugendforschung«, Bd. 1: Familienforschung, Neuwied/Frankfurt a.M. 1989.

unterstellen. Die genannten Befunde sagen mir, daß sich mit der Familie wie mit der Ehe hohe Erwartungen in der Bevölkerung verbinden. Bei der 1986 in der BRD gestellten Frage: »Was gibt Ihrem Leben zur Zeit Inhalt?« nannten die Befragten an erster Stelle (67%) die Familie. Daß nur 22% die Religion nannten, sei nebenbei erwähnt als Beispiel für unangemessene Fragestellungen. Wenn man die Religion von Lebensbereichen wie Familie, Freundeskreis, Freizeit und Beruf trennt, suggeriert man ihre Bedeutungslosigkeit. In der Kasualpraxis erweist sich die Oberflächlichkeit solchen Denkens. Die Bedeutung der Religion kann ja nur i n den genannten Lebensbereichen konkret erfahrbar werden, nicht isoliert von ihnen. Macht man die Religion zu einem von Sexualität, Ehe und Familie getrennten Bereich – Ausdifferenzierung nennt man das –, dann schwindet natürlicherweise das Interesse an der kirchlichen Trauung. Sie ist diejenige Kasualie, die am stärksten von der Säkularisierung betroffen wurde. Der Traditionsabbruch wirkt sich beim Rückgang der Kasualpraxis hier noch gravierender aus als bei Taufe und Konfirmation. So wurden in der BRD von je 100 Paaren mit einem oder zwei evangelischen Partnern, die standesamtlich die Ehe geschlossen haben, einschließlich Wiederverheiratungen und -trauungen Geschiedener, 1963 62, 1978 47 und 1987 44 in evangelischen Kirchen getraut. In der DDR vollzog sich der Rückgang noch dramatischer. In der Evangelisch-Lutherischen Landeskirche von Sachsen wurden 1950 67,2% der von Evangelischen geschlossenen Ehen kirchlich getraut, 1980 nur noch 21,8%, was 9,2% der in der Bevölkerung insgesamt geschlossenen Ehen entsprach. In Anhalt sank die Zahl der evangelischen Trauungen von 1954 bis 1973 um fast 83%. 1991 fanden in dieser etwa 120 000 Mitglieder zählenden Landeskirche ganze 65 Trauungen statt, das sind statistisch 0,5 auf 1000 Gemeindeglieder. 1992 stiegen in Anhalt die Taufen gegenüber 1991 um 13,7%, die Konfirmationen um 23%, die Beerdigungen um 8,9%, nur die Zahl der Trauungen sank um 7,7%. In Sachsen und in der Kirchenprovinz Sachsen kamen auf 1000 Gemeindeglieder 1,4, in Baden dagegen 4,6, in Württemberg 4,3 und in Bremen immer noch 3,0 Trauungen. Der starke Rückgang der Gemeindeglieder im Osten ließ eine wesentlich ungünstigere Alterspyramide entstehen als im Westen, aber das erklärt die Unterschiede zwischen west- und ostdeutscher Kasualpraxis ungenügend. Mit der Volkskirche löste sich das kirchliche Brauchtum auf, und davon wurde die Trauung besonders stark getroffen.

b) Historische Aspekte

Carl Heinz Ratschow stellt in der TRE[5] fest, daß »die Ehen in allen Kulturen kultisch geschlossen, d.h. religiös begründet sind«. In der Religionsgeschichte gibt es die »heilige Hochzeit« als Ausdruck der für alles Leben kennzeichnenden Polarität des Männlichen und Weiblichen. »Hochzeitliches

---

5   Bd. IX, 1982, 309.

Geschehen und Fortpflanzung ist selten unmittelbar aufeinander bezogen, wenn auch an der Hochzeit sekundär Fruchbarkeitsriten statthaben«. Nach *Ratschow* bezieht sich der Übergangsritus der Hochzeit ursprünglich nicht auf den individuellen Übergang vom jungfräulichen zum Frauen- bzw. vom Junggesellendasein zum verheirateten Mann, sondern auf den Übergang in eine andere Sippe und zu anderen Ahnen. In der Ehe wird Fremdes versöhnt. »Dieses Fremde sind schon Mann und Frau selbst in der Repräsentanz des kosmischen Dualismus. Die Lieder und Riten des gesamten Übergangsgeschehens erschließen den Beteiligten diesen Hintergrund. In jeder Hochzeit lebt etwas völlig anderes als die Erfüllung persönlicher Liebeswünsche zweier Menschen. Die Eheriten bauen die Brücken, um die Abgründe, die zwischen verschiedenen Ahnen oder Sippen liegen, zu überwinden und die Lösung eines Menschen aus seinem angestammten Heil in eine neue Welt und ihr Heil zu ermöglichen.«[6] Solche Gedanken scheinen uns sehr fern zu liegen. Selbst wenn Ehepartner Abgründe zwischen ihren Familien empfinden sollten, glauben sie nicht, diese durch den Hochzeitsritus überwinden zu können oder zu sollen. Wenn man – was quasi zum Ritus gehört – mit Sekt anstößt und Bruderschaft schließt, empfindet man das nicht als religiösen Ritus. *Manfred Josuttis* nahm den religionsgeschichtlichen Aspekt auf mit der These: »In der Hochzeit vollzieht sich die Feier des Lebens. Aus Anlaß der Eheschließung feiern Verwandte und Freunde, Bekannte und Nachbarn des neuen Paares das Leben als Fest.«[7] *Josuttis* will aber den profanen Charakter von Ehe und Eheschließung festhalten, während *Rolf Schäfer* »in der leidenschaftlichen Aufmerksamkeit, die heute dem Gebiet des Sexuellen gezollt wird, eine religiöse Erscheinung« sieht.[8] Trotz der erheblichen Wandlungen im Eheverständnis sind tief in die Religionsgeschichte zurückreichende Wurzeln vorhanden, die sich gegen die bei vielen evangelischen Theologen beliebten Profanitätsparolen als resistent erweisen.
Im Alten Testament gibt es zwar den Begriff »Ehe« nicht, natürlich aber die Sache, deren hoher sozialer Rang in gesetzlichen Anweisungen zum Ausdruck kommt. In der älteren Zeit war die Vielehe verbreitet, aber wohl hauptsächlich bei den Königen und den Reichen, und die Tendenz ging hin zur Monogamie. Nach *Hans Walter Wolff* tendierte die altisraelitische Ordnung als Liebesehe zur Einehe.[9] Eine der merkwürdigen modernen Behauptungen zur Geschichte der Ehe hat zum Inhalt, die Liebesehe sei erst mit der Romantik vor 200 Jahren aufgekommen. Das ist falsch. Auch unter völlig anderen sozio-kulturellen Umständen als in der abendländischen Neuzeit gibt es die Liebesehe. Erotik und Sexualität werden im Alten Testament weder tabuisiert noch gar verteufelt, sondern in großer Offenheit positiv gesehen. Das sog. Hohelied Salomos ist ein Liebeslied, das

6   Ebd., 310.
7   Der Traugottesdienst, in: Friedrich Wintzer, Praktische Theologie, Neukirchen-Vluyn 1982, 60.
8   »Die Lehre von der Ehe im Lichte des Gottesgedankens«, in: ders., Gotteslehre und kirchliche Praxis, Tübingen 1991, 95-131, Zitat 104.
9   Anthropologie des Alten Testaments, Berlin 1980, 159.

bald allegorisch gedeutet wurde, weil seine erotische Sprache schon in der Antike anstößig wirkte. Die wechselseitige ganzheitliche Zusammengehörigkeit drückt Kap. 6,3 aus: »Ich gehöre meinem Geliebten, und mein Geliebter gehört mir«. Es lag nahe, solche Aussagen auf die mystische Liebe zwischen Jesus und den Gläubigen zu deuten, zumal schon bei manchen Propheten die Ehe als Gleichnis für den Bund zwischen Gott und Israel galt (Hos 1-3; Jer 2,2; 3,1; Ez 16; 23). Die symbolische Transparenz ehelicher Liebe für die mystische Verbundenheit Christi mit seiner Gemeinde wird Eph 5,32 ausgesagt und dient der katholischen Theologie zur Deutung der Ehe als Sakrament. Ursprünglich war keine solche Spiritualisierung von Liebe und Ehe gemeint.

Nach Dtn 20,7 wurden Verlobte vom Kriegsdienst befreit, und Dtn 24,5 spricht dem Neuvermählten das Recht zu, zu Hause zu bleiben, um seine Frau zu erfreuen! Auf der anderen Seite stehen sehr harte Gesetze wie die Todesstrafe für Ehebruch (Dtn 22,22ff.), die schon für Verlobte gelten soll, und sogar für vorehelichen Geschlechtsverkehr. Auch andere Sexualdelikte sollten nach dem Heiligkeitsgesetz (Lev 17-26) mit dem Tod bestraft werden, darunter die Homosexualität (18,22; 20,13). Es ist nicht bekannt, ob diese Gesetze exekutiert wurden, aber noch Joh 8,2-11 zeigt die Wirkung dieser Gesetze, die in der christlichen Sexualmoral eine gesetzliche Neigung förderten.

Die erste Quelle für einen Trauritus enthält das Buch Tobit im Kap. 7 (ca. 2. Jh. v. Chr.). Als Tobias Raguel um dessen Tochter Sara bittet, antwortet Raguel: »Du sollst sie bekommen. Sie ist von jetzt an nach Recht und Gesetz deine Frau ... Und er ließ seine Tochter Sara rufen, nahm sie bei der Hand und gab sie Tobias zur Frau. Er sagte: Hier, sie ist dein nach dem Gesetz des Mose. Führ sie zu deinem Vater! und er segnete sie. Dann rief er seine Frau Edna herbei, nahm ein Blatt Papier, schrieb den Ehevertrag und setzte das Siegel darunter«. Nach dem Text der Vulgata übergab er die Tochter mit den Worten: »Der Gott Abrahams und der Gott Isaaks und der Gott Jakobs sei mit euch und verbinde euch und erfülle seinen Segen bei euch«. Hier haben wir die älteste Trauungsliturgie im jüdisch-christlichen Raum.

Das Verhältnis von Frau und Mann wird im Alten Testament unterschiedlich akzentuiert. Insgesamt dominieren patriarchalische Strukturen, und sie wirkten in der Geschichte des Judentums wie des Christentums stark weiter. Andererseits finden wir schon Gen 1 und 2 verschiedene Nuancen. Gen 1,27 stehen Mann und Frau gleichwertig nebeneinander, während die Frau nach Gen 2,18-23 aus dem Mann entsteht und zu seiner Gehilfin bestimmt ist.

In rabbinischen Judentum führte das patriarchalische Denken zur Benachteiligung der Frau. »Nach Ansicht der Schule Hillels durfte der Mann die Frau aus jedem Grund verstoßen, selbst wenn sie nur das Essen anbrennen ließ. Rabbi Akiba gestattete die Scheidung sogar schon, wenn der Mann eine andere Frau vorzog«[10]. Die Schule Schammajs erlaubte dagegen die

---

10   Zeev W. Falk, TRE IX, 315.

Scheidung nur wegen Unzucht oder wenn Ehehindernisse vorlagen. Im Judentum zur Zeit des Neuen Testaments konnte der Mann seine Frau entlassen, sie ihn aber nicht. Auf diesem Hintergrund wird Jesu rigorose Stellung zur Ehescheidung verständlich.

Im Neuen Testament findet sich wie zur Taufe auch zur Ehe kein systematisch ausgeführtes Lehrstück, sondern eine Reihe von Anweisungen, Ratschlägen und Hinweisen, die aus bestimmten Situationen hervorgingen. Außer dem soziokulturellen Kontext, sei es der jüdischen, sei es der römisch-hellenistischen Umwelt, ist vor allem der eschatologische Horizont zu beachten, in dem die ersten Christen lebten. Angesichts des Reiches Gottes wurden Ehe und Familie zwar nicht unwichtig, aber doch in ihrer Bedeutung relativiert. Für Paulus sei nur auf 1 Kor 7 hingewiesen, die älteste christliche Stellungnahme zur Ehe. Paulus hält die Ehelosigkeit angesichts der kommenden Bedrängnis für den besseren Weg als die Ehe (V. 7.26.28). Ehelosigkeit hilft zur Konzentration auf die Sache des Herrn (V. 32), während die Ehe dazu nötigt, sich um die Dinge der Welt und den Ehepartner zu kümmern (V. 33f.). Paulus steht nicht ablehnend zur Ehe und den Frauen. Er fordert keine Askese, die der natürlichen sexuellen Veranlagung widerspricht. »Es ist besser, zu heiraten als sich in Begierde zu verzehren« (V. 9). Diese Einstellung wirkte in der Folge als Abwertung der Ehe, da man sie fälschlich als Notlösung für die zur Askese Unfähigen verstand und mit einer prinzipiellen Leib- und Sexualfeindlichkeit verband. Diese lag dem Juden Paulus fern, dessen asketische Haltung nur aus der Erwartung der baldigen Wiederkunft des Herrn zu verstehen ist.

Noch weniger als Paulus kann Jesus eine negative Stellung zur Ehe, zur Leiblichkeit und zu den Frauen unterstellt werden, obwohl er wie dieser ehelos lebte. Die Geschlechtlichkeit ist weder zu vergöttlichen noch zu verteufeln, denn sie ist »eine gute Anordnung des Schöpfers, die zur Menschlichkeit des Geschöpfes hinzugehört und in die leiblich-geistige Ganzheit der Person integriert ist«[11]. Fügt Gott die Ehepartner zusammen (Mt 19,9), »dann ist Ehe nicht einfach private Übereinkunft, gesellschaftliche Konvention oder glücklicher oder unglücklicher Zufall. Der Schöpfer selbst hat seine Hand im Spiel.«[12] Als »eine volle personale Einheit und ganzheitliche Lebensgemeinschaft«[13] ist die Ehe unauflöslich. Die sogenannte Unzuchtsklausel, nach der eine Scheidung wegen Ehebruch möglich ist (Mt 5,32; 19,9), wird von den meisten Exegeten als Einschub gedeutet, der das rigorose Jesuswort praktikabel machen und mit der Gemeindepraxis in Einklang bringen soll. Manche Ausleger meinen, Jesus habe mit dem Scheidungsverbot die rechtlich stark benachteiligten Frauen schützen wollen. Was uns unter völlig veränderten sozialen und rechtlichen Verhältnissen als harte Forderung erscheint, wäre dann eine Intervention zugunsten der schwächeren Seite. Jesus hat »eine klare Grenze gegenüber einer sich verselbständigenden Sexualität gezogen und die Frau

---

11 Wolfgang Schrage, Ethik des Neuen Testaments, Berlin 1985, 82.
12 Ebd., 83.
13 Ebd.

damit zugleich aus ihrer Rolle als bloßes Lustobjekt männlicher Begierde befreit. Zur Ehe gehört Selbstzucht und bedingungsloses Zueinanderstehen, nicht aber eine zügellose Begehrlichkeit, die alles an den eigenen Triebbedürfnissen mißt und die Ehe ruiniert.«[14]

An der Form der Eheschließung zeigten die neutestamentlichen Autoren kein Interesse. Daß die Hochzeit festlich begangen wurde, ist wiederholt erwähnt (z.b. Joh. 2,1-11). In der Form werden sich die Christen nach dem in ihrer Umgebung Üblichen gerichtet haben. Daraus ist natürlich nicht abzuleiten, die Ehe sei eine »weltliche« Angelegenheit, denn eine solche Unterscheidung von Religiösem und Weltlichem ist modern und nicht in die Antike zurückzuprojizieren. Richtig ist daran nur, daß für die rechtliche Gültigkeit der Ehe keine Mitwirkung der Kirche erforderlich war und sie an der Form der Trauung kein erkennbares Interesse zeigte.

Bischof *Ignatius* erwartet um das Jahr 100, daß Eheschließungen mit der Zustimmung des Bischofs geschehen (Brief an Polykarp cap. 5). *Tertullian* verlangt ein Jahrhundert später, daß die Gemeinde über die beabsichtigte Ehe informiert wird, und er spricht von einer Segnung der Ehegatten, die offensichtlich im Gottesdienst standfand.[15] Die Segnung der Eheleute in einer gottesdienstlichen Handlung wurde mehr und mehr als notwendig erachtet, aber sie konstitutierte die Ehe nicht rechtlich. In rechtlicher Hinsicht galt: »Consensus facit nuptias«, das heißt die Übereinkunft zwischen den Nupturienten konstitutiert die Ehe. Papst *Nikolaus I.* bestätigte diesen Satz 866, und er galt weiter, als 1215 das kirchliche Aufgebot vorgeschrieben wurde, das den öffentlichen Charakter der Ehe sichern sollte. In Spanien ist schon in der ersten Hälfte des 11. Jh. bezeugt, daß der Priester in der sog. Brauttorvermählung vor der Kirchentür die Hand der Braut von ihrem Vater oder einem Verwandten sowie die Hand des Bräutigams von dessen Verwandten erhält und beider Hände verbindet. Der Priester übernimmt also die ursprünglich dem Vertreter der Familie obliegende rechtliche Aufgabe. Diese Entwicklung erreichte ihren Abschluß auf dem Konzil von Trient 1563, wo die sog. Formpflicht vorgeschrieben wurde: Die Ehe ist nur gültig, wenn die Trauung in Gegenwart des Pfarrers und mindestens zweier Zeugen vollzogen wird.[16] Zwar spenden die Ehepartner einander das Sakrament der Ehe, aber ohne Mitwirkung des Priesters kommt es nicht zustande.

Luther lehnte das sakramentale Verständnis der Ehe ab und wandte sich scharf gegen die kirchliche Ehegesetzgebung. Seine oft mißverstandene Bemerkung, die Ehe sei ein »weltlich Ding«, bezieht sich auf die rechtliche

---

14 Ebd., 86.
15 Ad uxorem 2,8 = CSEL 70, 123, 38f. Vgl. zur Geschichte insgesamt Bruno Kleinheyer, Riten um Ehe und Familie, in: Gottesdienst der Kirche 8, Regensburg 1984, 69-156, bes. 81f., sowie Alfred Niebergall, Ehe und Eheschließung in der Bibel und in der Geschichte der alten Kirche, Marburg 1985; Sabine Demel, Kirchliche Trauung – unerläßliche Pflicht für die Ehe des katholischen Christen? Stuttgart/Berlin/Köln 1993.
16 Zur Geschichte und aktuellen Interpretation vgl. Demel.

Institution, in deren Gestaltung die Kirche nicht hineinzuregieren hat.[17]
Die Ehe ist Gottes gute Ordnung, seine Gabe und Aufgabe für die Menschen
und damit keineswegs eine von seinem Wort zu lösende säkulare Angelegenheit, die zur freien Disposition stünde. *Luther* mußte oft und zu seinem
Verdruß in Eheproblemen Rat geben und wurde dadurch zu einem erbitter-
ten Feind der sogenannten klandestinen Ehe oder heimlichen Verlöbnisse.
Sie basierten auf dem Grundsatz »consensus facit nuptias« und führten oft
dazu, daß Männer ihre Frauen im Stich lassen konnten, weil letzteren die
rechtliche Absicherung fehlte. Deshalb forderte Luther, daß die Verlöbnisse
bzw. Eheschließungen öffentlich erfolgen.
In seinem Traubüchlein von 1529 folgt *Luther* dem Brauch, daß der
rechtliche Trauungsakt vor der Kirchentür stattfindet. Dieser Handlung
geht das Aufgebot voraus, das mögliche Ehehindernisse (z.B. eine schon
bestehende Ehe) ausschließen, den Ehewillen öffentlich bekanntmachen
und zur Fürbitte aufrufen soll.[18] Die rechtliche Handlung vor der Kirchentür enthält drei Teile: a) Die Konsensfragen: »Hans wiltu Greten zum
ehelichen Gemahl haben? Dicat Ja. Greta wiltu Hansen zum ehelichen
Gemahl haben? Dicat Ja«. b) Der Trauritus: Die Nupturienten geben
einander die Trauringe, der Pfarrer fügt ihre rechten Hände zusammen und
sagt: »Was Gott zusammenfügt, soll kein Mensch scheiden«. c) Das
öffentliche Zusammensprechen: »Weil denn Hans N. und Greta N. einander zur Ehe begehren und solches hier öffentlich vor Gott und der Welt
bekennen, darauf sie die Hände und Trauringe einander gegeben haben, so
spreche ich sie ehelich zusammen im Namen des Vaters und des Sohnes
und des heiligen Geistes«. Vor dem Altar schließen sich Gebet, Vermahnung
und Segen an. Schon das biblische Zitat beim Trauritus und die trinitarische
Formel zeigen, daß die lokale Teilung keine Trennung in Weltliches und
Geistliches bedeutet. Beide Teile begründen zusammen den Ehestand, der
ein von Gott gewollter und gesegneter Stand ist, aber auch ein Bewährungsfeld des Glaubens, in dem das »Kreuz« nicht fehlt.
Im 17. Jh. gewann die kirchliche Trauung rechtliche Bedeutung. Galt
vorher die öffentliche Verlobung nach germanischem Recht weithin als
Beginn der Ehe, so entwickelten sich jetzt Verlobung und Trauung auseinander. Im 18. Jh. setzte sich auf evangelischer Seite die im katholischen
Raum seit 1563 gültige Auffassung durch, daß die Ehe nur gültig ist, wenn
der Konsens öffentlich vor einem Pfarrer erklärt wird. Die Trauung
konstituierte jetzt die Ehe, die Verlobung verlor jede rechtliche Bedeutung.
1792 wurde durch die französische Revolution die obligatorische Zivilehe
eingeführt. 1874 folgte Preußen, und 1876 wurde die Zivilehe für das
ganze Deutsche Reich verbindlich. Den religiösen Minderheiten und der

---

17 Vgl. meinen Aufsatz »›Weltlich Ding‹ oder ›göttlicher Stand‹? Die Ehe als
Bewährungsfeld evangelischer Frömmigkeit«, in: »Luther« 62, 1991, 126-140.
18 Luther forderte außerdem das Einverständnis der beiderseitigen Eltern. Es trifft
aber nicht zu, daß die Protestanten sich mit der Öffentlichkeit der Familie begnügten,
wie Kleinheyer, Riten, 113 meint. Aufgebot und Brauttorvermählung überschreiten
diesen Bereich weit.

wachsenden Zahl von Dissidenten konnte nicht mehr zugemutet werden, daß sie sich von einem Pfarrer trauen lassen, ohne seiner Kirche anzugehören. Die katholische Kirche erkennt unter Getauften nur die kirchlich gültige Trauung an. Im evangelischen Raum gab es heftige Auseinandersetzungen um die Zivilehe. Es setzte sich die Auffassung durch, daß die Zivilehe gültige Ehe ist, daß aber von Christen die kirchliche Trauung zu erwarten ist, in der sich die Eheleute einander »zur gegenseitigen Lebensgemeinschaft im Namen Gottes« anvertrauen[19] und bekennen, »daß sie einander sich aus Gottes Hand hinnehmen wollen, daß sie vor ihm und durch ihn sich zusammenfügen lassen zu unlöslicher Gemeinschaft bis zum Tode«[20].

2. Grundlagen

a) Gibt es christliche Ehen?

Manche evangelische Theologen halten es für protestantisch, diese Frage mit Nein zu beantworten. Auf katholischer und orthodoxer Seite würde die Frage Kopfschütteln hervorrufen. Wenn Christen heiraten, entstehen christliche Ehen, das gilt für Protestanten wie für Katholiken und Christen anderer Konfessionen. Damit ist keine ideale Christlichkeit all dieser Ehen behauptet, keine ethische Perfektion, sondern es wird eine Grundlage benannt, die die Ehe zwischen Christen von anderen Ehen unterscheidet, sofern sie bewußt als Ehe von Christen geschlossen wird.[21] Christlich ist eine Ehe, in der ein Mann und eine Frau auf Dauer zusammenleben und ihre Verbundenheit als Gabe und Aufgabe des dreieinigen Gottes verstehen. In dieser Sicht der Ehe stimmen die verschiedenen Konfessionen überein.

Die Ehe ist eine in die soziokulturellen Wandlungen verflochtene Institution. Das zeigt sich schon in der Bibel, wo das Alte Testament noch die Polygamie kennt, die Tendenz aber zur Monogamie hingeht. Natürlich haben römisch-hellenistische und jüdische Ehevorstellungen auf die Christen eingewirkt. Es gibt kein von Umwelteinflüssen freies Leben der Christen, wohl aber ein Leben, das im Glauben an den dreieinigen Gott gründet und darum christlich zu nennen ist. Niemand wird behaupten, man dürfe dieses Leben nur christlich nennen, wenn es keine Gemeinsamkeiten mit dem Leben anderer Menschen aufweist oder wenn es keines der Probleme kennt, die das Leben von Nichtchristen belasten. Manche Ehen von Nichtchristen sind glücklicher als viele christliche Ehen. Auch Christinnen und Christen, die sich aufrichtig bemühen, im Geist Jesu zu leben,

---

19   Rietschel/Graff, 735.
20   Ebd.
21   Friedrich Winter beantwortet die in der Überschrift gestellte Frage positiv mit dem Titel seines Buches »Zehn Kapitel zur christlichen Ehe«, Berlin 1972. In knapper Form führt dieses Buch in Grundfragen eines christlichen Eheverständnisses ein.

erschweren sich selbst und anderen das Leben durch Unausgeglichenheit, Launenhaftigkeit, Überempfindlichkeit oder mangelnde Sensibilität. Gerade bei ernsten Christen hat sich oft eine unbiblische Leibfeindlichkeit und Angst vor Sinnlichkeit und sexueller Lust als Hemmung des ehelichen Glücks ausgewirkt. Vielleicht möchten deshalb manche Theologen nicht von einer christlichen Ehe reden. Sie mögen damit eine prüde oder gar unehrliche Sexualmoral assoziieren.

Das Fundament christlichen Lebens ist der Glaube an den Schöpfer, der die Menschen als Frau und Mann schuf; der Glaube an den Erlöser, der in Jesus zum Bruder für Frau und Mann wurde und beiden der Weg, die Wahrheit und das Leben ist; der Glaube an den Leben schaffenden und Freiheit schenkenden Geist der Kraft, der Liebe und der Besonnenheit (2 Tim 1,7; vgl. Gal 5,22; Eph 5,9). Nicht der Geist Gottes, sondern der Geist neuplatonischer und gnostischer Leibfeindlichkeit brachte die Verteufelung der Sexualität in das Christentum. Ein schwerer Fehler in der Geschichte der christlichen Ethik bestand darin, die vom Schöpfer mit der Sexualität verbundene Lust mit der »Fleischeslust« zu identifizieren, die zum Wesen der gottfernen Welt gehört. Besonders in pietistischen Kreisen fehlte oft die Freiheit dazu, das Glück der Sexualität ohne falsche Skrupel dankbar zu genießen.

Andererseits gehört zum Leben der Christen, was das Neue Testament mit dem heute altmodisch klingenden Wort »Keuschheit« meint. Nach Mt 5,28 ist der begehrliche Blick auf eine Frau schon Ehebruch, das heißt die Sünde gegen das 6. Gebot beginnt in Gedanken. So radikal dachte Jesus nicht nur auf sexuellem Gebiet, aber hier wurde die Gefahr des sündigen Gedankens von den Christen ernster genommen als auf anderen Gebieten. Das 6. Gebot dominierte, während das 5. zurücktrat und in Kriegen völlig außer Kraft gesetzt wurde. Heute ist eine Umkehrung erfolgt, jedenfalls in unserem Raum. Es gilt als modern, das biblische Gebot der Keuschheit zu belächeln oder praktisch zu vergessen. Dabei wird übersehen, daß Keuschheit ein Ausdruck von Menschenwürde ist. Sie bewahrt davor, einen andern Menschen zum Objekt des Begehrens zu machen, und sie achtet die Integrität seiner Persönlichkeit.

Ähnlich altmodisch wie »Keuschheit« klingt das Wort »Askese«, obwohl wir spätestens seit den ersten Publikationen des Club of Rome wissen, daß die Menschheit ohne Askese sich selber zugrunde richten wird. Askese heißt zunächst einfach Übung, und zwar Übung in einem sinnvollen Verzicht. Askese heißt, daß man freiwillig um eines Zieles willen darauf verzichtet, bestimmte Bedürfnisse zu befriedigen. Es geht also nicht darum, anderen Wasser zu predigen und selbst Wein zu trinken. Paulus gebraucht dafür 1 Kor 9,24-27 das Bild von den Sportlern, die um des Sieges willen auf alles verzichten. Askese gehört zur »Freiheit eines Christenmenschen« als die Freiheit dazu, aus Liebe verzichten zu können. Ehe ist auf Dauer ohne solchen Verzicht nicht möglich, z.B. den Verzicht darauf, Recht zu behalten, aber auch darauf, jederzeit die sexuellen Bedürfnisse zu befriedigen, ohne Rücksicht auf den Zustand des oder der anderen. Ohne Askese lassen sich die Durststrecken, die in jeder Ehe normal sind, kaum unbeschadet durchstehen. Askese ist die Übung in der Lebenskunst, Frustration auszuhalten. Ein großer Teil der Ehescheidungen könnte vermieden werden durch die gezielte Übung der Kunst, Enttäuschungen und Verletzungen zu ertragen. Diese Kunst nennt man Toleranz, und es fällt auf, daß viele Menschen Toleranz fordern, daß aber kaum Bereitschaft zu der Askese besteht, ohne die es Toleranz gar nicht geben kann.

Toleranz, verstanden im Sinne der Fähigkeit, andere in ihrem Anderssein zu ertragen, setzt eine klare eigene Identität und mit ihr bestimmte Positionen voraus. Die Identität der christlichen Ehe gründet in der Beziehung der Ehegatten zum dreieinigen Gott, die im biblischen Wort verankert ist und in der Gemeinschaft der Kirche stets neu gestärkt wird. In dieser Gemeinschaft bestehen bei allen konfessionellen Differenzen grundlegende Übereinstimmungen, die keinem Zeitgeist und keiner Anpassungsneigung zu opfern sind. Sie lassen sich folgendermaßen zusammenfassen:

Die Ehe ist die ohne Vorbehalte und exklusiv auf Dauer eingegangene Verbindung eines Mannes und einer Frau. Eine christliche Ehe besteht, wenn die Ehegatten ihr gemeinsames Leben in der Beziehung zum dreieinigen Gott begründet wissen und gestalten möchten.

Die christliche Ehe ist eine Institution, sofern Gottesbeziehung, Partnerbeziehung und mit der Kirchen- die Öffentlichkeitsbeziehung zusammengehören. So wichtig die Liebe der Partner für die Entstehung und den Bestand der Ehe ist, so wenig genügt sie dafür. Gründet sich die Ehe nur auf die ständigen Schwankungen ausgesetzte Gefühle, so ist das Scheitern programmiert. Die Krise der modernen abendländischen Ehe hat darin einen Grund. Ein weiterer Grund liegt im Verlust der Erkenntnis, daß wir von Gottes Vergebung leben und darum unseren Mitmenschen Vergebung schulden. »Vergib uns unsere Schuld, wie auch wir vergeben unseren Schuldigern«, diese Vaterunser-Bitte gehört zu den Grundlagen der christlichen Ehe. Nicht zufällig steht das Gleichnis vom nicht zur Vergebung bereiten »Schalksknecht« Mt 18,21-35 vor den Jesusworten über Ehe und Ehescheidung. Christen sind nicht bessere Eheleute als Nichtchristen, aber sie haben es besser, da sie von Gottes Vergebung leben und deshalb immer neu anfangen können, Vergebung zu erbitten und zu gewähren.

b) Der Sinn der kirchlichen Trauung

In der kirchlichen Trauung beginnen die Ehepartner öffentlich ihre christliche Ehe und stellen sie unter den Segen Gottes. Wie der geschichtliche Überblick zeigte, änderte sich das Verhältnis der rechtlichen und der geistlichen Komponente mehrfach. Ursprünglich hatte der kirchliche Akt keine rechtliche Bedeutung, doch übernahm im Laufe des Mittelalters der Priester die rechtliche Funktion des »Muntwaltes«, des Vertreters der Sippe. Der rechtliche Akt vor der Kirchentür und die geistliche Handlung am Altar sind bei Luther zwar noch räumlich getrennt, aber doch in der Person des Pfarrers verbunden. Seit 1563 kommt die Ehe im katholischen

Raum nur noch unter Beteiligung des Priesters zustande, und im Protestantismus verläuft die Entwicklung ähnlich, bis das Preußische Landrecht 1794 die gültige Ehe vom Vollzug durch den Geistlichen abhängig macht. Bismarcks Zivilgesetzgebung fordert 1876 für das Deutsche Reich die Ziviltrauung als Voraussetzung für die kirchliche Trauung, die damit ihre rechtliche Funktion verlor.

Während für die katholische Kirche nur eine nach katholischem Kirchenrecht geschlossene Ehe gültig, eine nur standesamtlich vollzogene also illegitim ist[22], erkennen die evangelischen Kirchen letztere als gültig an und gehen in ihren Trauagenden davon aus, daß die Paare bereits verheiratet sind. Der Sinn von Traufragen, Ringwechsel und anderen mit der Eheschließung verbundenen Riten in der kirchlichen Trauung wird daher von manchen Autoren in Frage gestellt. Sie übersehen, daß diese Riten nicht nur eine rechtliche, sondern auch eine religiöse Bedeutung haben und daß eine strenge Trennung beider Dimensionen auf einem Mißverständnis der Rede von der Ehe als »weltlich Ding« beruht.[23] Mit den Antworten auf die Traufragen und dem Ringwechsel bezeugen die Eheleute, daß ihre Verbindung auf einem tieferen Fundament ruht als dem des vor dem Standesbeamten abgeschlossenen Vertrags. Deshalb handelt es sich bei der kirchlichen Trauung um keine Wiederholung, sondern um eine Ergänzung des auf dem Standesamt Vollzogenen.

Für meine Frau und mich war die kirchliche Trauung wichtiger als die standesamtliche. Wir betrachten die kirchliche Trauung als den eigentlichen Beginn unserer Ehe, die standesamtliche dagegen als eine formale Handlung gemäß dem Wort: »Gebt dem Kaiser, was des Kaisers ist ...« (Mt 22,21). Ich sage das so persönlich, weil ich daraus keine Regel machen will. Wer welche Handlung auf welche Weise für sich wertet, das ist seine oder ihre Entscheidung. Mich stört es aber, daß im protestantischen Raum oft der Eindruck erweckt wird, als dürfe man der kirchlichen Trauung nicht den höheren Rang einräumen und als müsse man sie von jedem Schein einer konstitutiven Bedeutung freihalten. Warum soll mir Bismarcks einst aus politischen Gründen festgelegte Regelung mehr bedeuten als die spirituelle Seite der Sache? Ich will keineswegs den Spieß umdrehen und die Ehe spiritualisieren oder klerikalisieren, möchte aber mir das Recht nehmen, die spirituelle Dimension für wichtiger zu halten als die juristische. Das bedeutet für mich keine Abwertung der letzteren, im Gegenteil:

---

22 Katholische Theologen und Kirchenrechtler treten allerdings nicht mehr selten für die Anerkennung der Zivilehe ein. Vgl. z.B. Klemens Richter (Hg.), Eheschließung – mehr als ein rechtlich Ding?, Freiburg 1989, darin Alois Müller, S. 98f: Die Doppelheit des zivilen und kirchlichen Eheschließungsaktes ist die normale Form in pluralistischen Gesellschaften; Hansjakob Becker, S. 106: Die Kirche sollte aus theologischen Gründen und nicht nur aus ökumenischen Rücksichten die zivile Trauung als Eheschließung ernstnehmen. S. Demel findet im c. 1071 n. 2 CIC bereits eine »zumindest indirekte Anerkennung der Zivilehe als auch vor der katholischen Kirche *gültigen* Ehe« (Kirchliche Trauung, 274).

23 Vgl. Rolf Schäfer, Zur kirchlichen Trauung, in: Gotteslehre und kirchliche Praxis, Tübingen 1991, 132-146.

Wenn Mann und Frau ihre Ehe in der Verantwortung vor Gott und im Vertrauen auf ihn beginnen, werden sie sich auch um verantwortliches Handeln vor der Gesellschaft bemühen, in der sie nach Gottes Willen leben und als Familie eine Keimzelle bilden.

Das Verhältnis von standesamtlicher und kirchlicher Trauung läßt sich durch die Begriffe »Vertrag« und »Bund« erläutern. Auf dem Standesamt wird ein Vertrag abgeschlossen, der die Grundlage für ein Rechtsverhältnis bildet. Der Vertrag gehörte immer zum Eheschluß. Er ist besonders wichtig, um den schwächeren Partner zu schützen. Deshalb hat das Juristische seine ethische Bedeutung. Der Bund schließt Vertragstreue ein, geht aber über sie hinaus, weil er in der spirituellen Dimension begründet ist. Als Vertragsgrundlage wird heute in unserem Kulturkreis meist die gegenseitige Liebe angesehen. Erkaltet sie auf einer Seite, beginnt eine Entfremdung, so scheint die Vertragsgrundlage zu entfallen, der Vertrag wird aufgelöst. Natürlich ist die gegenseitige Liebe von grundlegender Bedeutung für jede Ehe. Zum Ehebund gehört aber ihre Verankerung in der Liebe Gottes, die auch dann besteht, wenn menschliche Liebe durch Labilität, Nervosität, Streß, Kommunikationsstörungen, körperliche Müdigkeit, Interessenkollisionen zeitweise nicht spürbar ist. Wie beim Glauben bietet auch bei der Liebe nicht das den subjektiven Schwankungen unterworfene Gefühl eine ausreichende, tragfähige Basis, sondern dieses Gefühl bedarf der Einbindung in Beziehungen, die das Subjekt übergreifen. Solche Beziehungen existieren in der Familie, und oft hilft die Rücksicht auf die Familie durch Ehekrisen hindurch. Die moderne Kleinfamilie ist allerdings weniger tragfähig als die Großfamilie früherer Jahrhunderte. Auch die kirchlichen Beziehungen wirken kaum als stabilisierender Faktor, zumal im protestantischen Raum, wenn sie nur sporadisch in Form einer Kasualfrömmigkeit existieren. Mir ist keine Untersuchung bekannt, ob kirchlich getraute Ehen die gleiche Scheidungshäufigkeit verzeichnen wie nur standesamtlich geschlossene.[24] Wenn es Unterschiede gibt, sind sie vermutlich gering, weil die Trauung ähnlich wie die Taufe nur einen Anfang setzt, der ständiger Übung bedarf. Die Trauung kann im gelingenden Fall eine gute Starthilfe für den gemeinsamen Weg eines Ehepaares und einer Familie im christlichen Glauben geben. Wahrscheinlich sind dafür die Gespräche vor der Trauung sogar wichtiger als die Trauung selbst, mit der sich viel Aufregung verbindet. Christliche Ehen und Familien brauchen lebendige Beziehungen zur Gemeinde. Ehe- und Familienseelsorge geschieht am besten im Rahmen des Gemeindeaufbaus, in Gruppen, die Gelegenheiten bieten, sich auszutauschen. Die intensive Gemeinschaft von Menschen, die Ehe und Familie als Gottes Gabe und Aufgabe annehmen und gestalten möchten, kann sehr stabilisierend wirken. Allerdings gilt auch hier, daß die Mehrzahl der

---

24 Auf zwei Ehescheidungen in der BRD kamen 1989 drei in der DDR (nach Ziemer, 12). Das hängt sicher mit dem höheren Grad an konfessioneller Bindung, insbesondere mit dem stärkeren Anteil der katholischen Bevölkerung in der BRD zusammen, außerdem natürlich auch mit den unterschiedlichen juristischen und soziologischen Gegebenheiten.

Menschen – nicht nur in der Volkskirche, sondern weithin auch in der Diaspora – distanziertere Formen der Beziehungen zur Kirche wünscht. Auch ihnen soll die Trauung in einladender Weise Gottes freundliche Zuwendung erfahrbar machen und sie ermutigen, ihren gemeinsamen Weg als Christen zu gehen.

Man hat den Sinn der kirchlichen Trauung zusammengefaßt als *praedicatio* (Verkündigung des Wortes Gottes für das Leben in Ehe und Familie), *confessio* (Bekenntnis der Ehepartner zum gemeinsamen Leben als Christen) und *benedictio* (Segnung der Ehepaare für ihren gemeinsamen Weg). Mit jeder Trauung bekennt sich die Kirche zur Ehe als der nach wie vor nicht nur für die Christen, sondern für die Menschheit bestimmten Schöpfungsgabe. Jede Trauung setzt ein Zeichen gegen jene, die die Ehe kaputtreden und sie als überholt deklarieren. Als Kirche wären wir auf dem Holzweg, wenn wir den Parolen derer folgten, die es für fortschrittlich halten, Ehe und Familie abzuwerten, und es konservativ schelten, für sie einzutreten. Mit dem Begriff »konservativ« wird viel Schindluder getrieben. Man suggeriert, er bedeute »reaktionär« oder »überlebt«, aber er heißt »bewahrend«. Das Gut der Ehe und der Familie zu bewahren, ist uns Christen aufgetragen, soweit wir es können, und es besteht kein Grund, an dieser Stelle zu resignieren.

c) Partnerschaft und Haushalterschaft in Ehe und Familie

Nicht bewahren möchte ich das patriarchalische Verständnis von Ehe und Familie, das sich allerdings in der Geschichte oft besser bewährte, als heutige Kritik vermuten läßt. Mein Großvater und mein Vater dominierten in ihren Familien, aber niemand empfand das als autoritär oder gar tyrannisch. Daß der Mann das Haupt der Frau ist, wie Christus das Haupt der Gemeinde (Eph 5,23), galt für sie nur zusammen mit der Mahnung: »Ihr Männer, liebt eure Frauen, wie auch Christus die Gemeinde geliebt hat und hat sich selbst für sie dahingegeben« (V. 25). Christi Hingabe läßt sich nicht mit patriarchalischer Diktatur vereinbaren. Der Hinweis auf die Hingabe Christi zeigt übrigens auch, daß die Parallelisierung seiner Beziehungen zur Gemeinde mit der Beziehung des Mannes zur Frau an Grenzen stößt, denn kein Mann kann seiner Frau so das Heil bringen wie Christus seiner Gemeinde. Christus bringt die Erlösung, die der Mann genau so empfangen muß wie die Frau.

Partnerschaft bedeutet, daß Menschen sich gegenseitig ergänzen und dadurch keine einseitige Abhängigkeit entstehen lassen. Partner brauchen sich gegenseitig, und dabei wird nicht nur eine Seite gebraucht oder gar mißbraucht, um die andere zu befriedigen. Der Begriff »Partnerschaft« kommt aus dem Geschäftsleben und entstammt nicht der Bibel.[25] Er ist aber

25 »Haushalterschaft im partnerschaftlichen Verhalten als neues Selbstverständnis des Christseins in der Geschlechterliebe« entfaltet Helmut Fritzsche in seinem Buch »Freiheit und Verantwortung in Liebe und Ehe. Zur Theologie der Partnerbeziehungen«,

dem Griechischen »koinonia« ähnlich. Koinonia ist eine Gemeinschaft, in der Menschen aneinander Anteil nehmen und sich gegenseitig Anteil geben an dem, was ihr Leben erfüllt. Koinonia schließt die Möglichkeit eines Autoritätsgefälles ein. Zwischen Eltern und Kindern besteht zwangsläufig zunächst ein Autoritätsgefälle, das später weitgehend ausgeglichen wird. Meine Kinder verstehen viel mehr von den Naturwissenschaften als ich, und auch auf anderen Gebieten bin ich schon lange keine Autorität mehr für sie. Autorität hängt mit Kompetenz zusammen, während autoritäres Verhalten sich oft mit Inkompetenz verbindet, die lediglich Macht ausübt. Autorität und Partnerschaft gehören durchaus zusammen, während partnerschaftliches und autoritäres Verhalten sich widersprechen. In der Partnerschaft verteilt sich die Autorität auf die Beteiligten, ihrer Kompetenz entsprechend. Die anti-autoritäre Welle richtete viel Schaden an, weil sie echte und notwendige Autorität mit autoritärer Unterdrückung in einen Topf warf und vom Anti nicht zum Pro gelangte: für partnerschaftliche Autorität. Ehe und Familie sind darauf wie alle sozialen Gebilde angewiesen.

Der Begriff der Partnerschaft schließt das Prinzip des gegenseitigen Nutzens ein. Ehe und Familie stehen bei Befragungen so hoch im Kurs, weil dieser gegenseitige Nutzen mindestens als Wunsch vorhanden ist. Koinonia geht über den gegenseitigen Nutzen hinaus, sie teilt mit anderen auch dann, wenn das keinen persönlichen Vorteil bringt. Als Student besuchte ich öfter ein junges Ehepaar, das praktisch keine Ehe führen konnte, weil der Mann bald nach Ehebeginn an multipler Sklerose erkrankt war. Seine Frau arbeitete und lebte nur für ihn, bis er starb, ohne daß er ihr ein Partner sein konnte. Sie ließ ihn nie seine Unterlegenheit spüren.

»Haushalterschaft« ist ein Leitmotiv aus der Lehre vom Gemeindeaufbau, das biblisch vor allem 1 Pt 4,10 begründet ist: »Dient einander, ein jeder mit der Gabe, die er empfangen hat, als die guten Haushalter der mancherlei Gnade Gottes«. Auch hier ist gegenseitiger Nutzen im Blick, doch im Vordergrund steht, daß Gott vielfältige Gaben austeilte, die weiterzugeben sind, und zwar auf gewissenhafte Weise. Ehe und Familie sind Übungsfelder für Haushalterschaft, ebenso wie die Gemeinde. Familien und Gemeinden können und müssen sich gegenseitig anregen zu haushalterschaftlichem Denken und Handeln. Soziales und geistliches Leben hängen davon ab, daß Menschen bereit und befähigt sind, ihre Gaben in den Dienst der Gemeinschaft zu stellen. Diese Bereitschaft ist unerläßlich für eine gute Ehe, für ein gesundes Familienleben und für eine lebendige Gemeinde.

Berlin 1983. Vgl. Joachim Wiebering, Partnerschaftlich leben. Christliches Ethos im Alltag, Berlin 1985.

3. Ordnungen

a) Nichteheliche Lebensgemeinschaften?

Die Berliner Pfarrerin *Helga Frisch* tritt in ihrem Buch »»Wilde Ehe‹ mit kirchlichem Segen?«[26] dafür ein, Segensgottesdienste für nicht standesamtlich verheiratete Paare anzubieten. Sie schildert die Geschichte der Ehe als »eine Chronik der Mißstände« und begeht damit den beliebten Fehler, bei der Ehe die negativen Erfahrungen, bei den nichtehelichen Partnerschaften dagegen die positiven Seiten hervorzuheben. Es ist nicht zu leugnen, daß Schwächen der traditionellen Ehe dazu führten, nach alternativen Möglichkeiten des Zusammenlebens von Männern, Frauen und Kindern zu suchen. Ebenso ist klar, daß es in unserem Kulturkreis erhebliche Wandlungen in der Form der Institution Ehe gab. Erinnert sei nur an die von Luther und dem Trienter Konzil bekämpften »klandestinen Ehen« oder »heimlichen Verlöbnisse« neben den öffentlich geschlossenen Ehen. Die Bibel schreibt nicht vor, wie die Ehe zu schließen und rechtlich zu gestalten ist.

Was versteht *Helga Frisch* unter »wilden Ehen«? Es sind Lebensgemeinschaften von Frau und Mann, die auf deren Konsens gründen, aber nicht auf dem Standesamt als Ehen legalisiert wurden. »Wild« ist eine journalistische Übersetzung von »clandestinus« (= heimlich). Die klandestinen Ehen galten lange als legal. Bei *Luther* waren es seelsorgerliche Erfahrungen, die ihn gegen diese Form der Eheschließung aufbrachten, aber auch er ging davon aus, daß es sich um gültige Ehen handelt. Wenn eine Frau und ein Mann sich einig werden, auf Dauer zusammenzuleben, dann beginnen sie eine Ehe gemäß dem alten Satz »consensus facit nuptias«. Insofern ist die Bezeichnung »nichtehelich« falsch. Es handelt sich um eine informelle, juristisch nicht legalisierte Ehe, wenn sie heute nicht auf dem Standesamt vollzogen wird. Was *Bismarck* 1876 in Deutschland einführte, gilt weder überall noch für alle Zeiten. Wenn es triftige Gründe dafür gibt, spricht nichts gegen Überlegungen, welche Alternativen zur jetzigen Regelung denkbar sind.

Einer der Gründe für die sog. nichtehelichen Lebensgemeinschaften besteht in der Annahme, daß die Ehe besser gelingt, wenn die Partner vorher probierten, ob sie zusammenpassen. Der schwedische Soziologe *Jan Trost* äußert sich dazu skeptisch,[27] weil die »Scheidungsrate als Indikator für Glück und Zufriedenheit in der Ehe in keinem von uns bekannten Land mit dem vorehelichen Zusammenleben negativ korreliert«, m.a.W.: Es ist nicht

---

26 Gütersloh 1990; vgl. Manfred Arndt u.a., Heiraten – oder nicht? Gütersloh 1978; Ernst-Rüdiger Kiesow, Nicht-eheliche Lebensgemeinschaft als pastoralethisches Problem, ZdZ 43, 1989, 211-217; Karl Ernst Nipkow, Ehe und nichteheliche Lebensgemeinschaften, PT 80, 1991, 375-396; Friedrich Winter, Eheähnliche Formen des Zusammenlebens in Gesellschaft und Kirche, ChL 37, 1984, 334-342.
27 Jan Trost, Nichteheliche Lebensgemeinschaften, in: Handbuch der Familien- und Jugendforschung Bd. 1, Neuwied/Frankfurt a.M. 1989, 370.

nachweisbar, daß voreheliches Zusammenleben die Scheidungshäufigkeit senkt. Außerdem ist es eine Selbsttäuschung, wenn man sich vom Verzicht auf die Ehe verspricht, eine Trennung sei dann leichter zu verkraften. Nach *Trost* sind »die Probleme der Auflösung einer nichtehelichen Lebensgemeinschaft genauso tiefgreifend und vielschichtig ... wie bei einer Ehescheidung«. Einfacher ist lediglich die rechtliche Seite zu lösen, doch ob das für beide Seiten zum Vorteil ist, bleibt offen.

Zur verantwortlichen Partnerwahl gehört, »daß sich die Liebenden Zeit lassen, um sich gegenseitig kennenzulernen, die Erwartungen des anderen an eine Partnerschaft zu testen sowie Temperament und Verhalten des anderen unter den Bedingungen des Alltags – und nicht etwa nur eines Urlaubs – zu erfahren.«[28] Dieses Motiv veranlaßt viele zu einer Art von Probeehe. *Wiebering* äußert als Ethiker Verständnis dafür, stellt aber fest: »Ein entscheidender Aspekt entzieht sich der Erprobung, nämlich die Vorbehaltlosigkeit und Dauerhaftigkeit der Gemeinschaft. Das kann nur im Vertrauen aufeinander gewagt und im Vollzug gelebt werden. Dieses Wagnis wird in der ›Ehe auf Probe‹ umgangen, wenn die Gemeinschaft ausdrücklich nicht auf Dauer geführt werden soll, sondern jederzeit gekündigt werden kann.«[29]

Grundlegend ist für eine christliche Ehe der unbedingte Vorsatz, auf Dauer und exklusiv mit einem bestimmten Menschen des anderen Geschlechtes zusammenzuleben. Die Vorbehaltlosigkeit dieses ehestiftenden Konsenses folgt aus der Unbedingtheit der Liebe. Die Würde des geliebten Menschen wird angetastet, wenn diese Vorbehaltlosigkeit entfällt.[30] Besteht der Vorbehalt, man wisse noch nicht, ob man zusammenpasse, und wolle daher auf unbestimmte Zeit probeweise zusammenleben, so handelt es sich um keine Ehe, und eine Segenshandlung kommt dafür meiner Meinung nach nicht in Frage. Der Vorbehalt, im Fall von Schwierigkeiten auseinandergehen zu können, würde es mir unmöglich machen, dafür Gottes Segen zu erbitten und zuzusprechen.

Von seiten derer, die wie *Helga Frisch* für eine Segenshandlung bei eheähnlichen Lebensgemeinschaften eintreten, wird eingewandt, es handle sich hierbei um nicht weniger Verbindlichkeit als bei standesamtlich geschlossenen Ehen. Mir fällt es schwer, die Bedenken gegen den juristischen Akt zu verstehen, wenn die Lebensgemeinschaft ohne Vorbehalt eingegangen wird. Besonders unter Christen sehe ich das nicht ein. Wenn zwei Menschen sich vor Gott miteinander verbinden, bindet sie das nach meinem Verständnis viel tiefer und fester aneinander als der Vertrag auf

---

28 Joachim Wiebering, Partnerschaftlich leben, 47.
29 Ebd., 48.
30 In einer vom Bundesminister für Jugend, Familie und Gesundheit hg. Publikation »Nichteheliche Lebensgemeinschaften in der Bundesrepublik Deutschland«, 1985, heißt es S. 169: »Von Werteverfall, Bindungslosigkeit oder Verantwortungslosigkeit bei den unverheiratet lebenden Paaren kann nicht gesprochen werden« (zit. bei Nipkow, 378). Vorsicht gegenüber moralischen Disqualifizierungen dieser Lebensform ist demnach geboten. Trotzdem sind ethische und seelsorgerliche Bedenken berechtigt.

dem Standesamt, und ich verstehe nicht, warum die weniger wichtige Verpflichtung verweigert werden sollte. Stünde dahinter der Gedanke, im Falle des Scheiterns sei es einfacher, sich zu trennen, wenn man nicht legal verheiratet war, so wäre von vornherein der Wurm in dieser Lebensgemeinschaft. Solcher Gedanke wird meist vehement zurückgewiesen. Ein anderes Motiv könnte die Abneigung gegenüber vorgegebenen Ordnungen und der verbreitete Affekt gegen das Institutionelle sein. Woher nimmt der Staat das Recht, uns vorzuschreiben, wie wir die höchst persönliche Angelegenheit unseres Zusammenlebens ordnen? Diese Frage halte ich nicht für völlig unberechtigt. Zwar ist einzuwenden, daß die Ehe keine reine Privatangelegenheit ist, weil Ehe und Familie hohe Relevanz für die Gesellschaft besitzen, aber diese Bedeutung hängt nicht von der Form der Eheschließung ab. Den Kritikern der Institution Ehe ist entgegenzuhalten, daß die rechtlichen Ordnungen dem Schutz der Beteiligten dienen sollen, wie wir das bereits bei *Luthers* Kampf gegen die »heimlichen Verlöbnisse« fanden. Kein Rechtsstaat kann dieses Schutzmotiv so verwirklichen, daß alle möglichen Bedenken Berücksichtigung finden.

Dennoch ist zu fragen, ob der Staat der Kirche Bedingungen für eine rechtlich nicht relevante religiöse Handlung auferlegen darf. Es ist eine theologische und seelsorgerliche Entscheidung, wann die Kirche eine Kasualie feiert, und es gibt kein einsichtiges Motiv dafür, staatskirchenrechtlich vorzuschreiben, wann eine kirchliche Trauung erlaubt ist.[31] In der DDR interessierte sich der Staat nicht dafür, aber die evangelische Kirche hielt von sich aus daran fest, daß die standesamtliche Eheschließung Voraussetzung für die kirchliche Trauung ist. Diese Regelung hat den Vorteil, daß nicht aus Unkenntnis Leute mit Ehehindernissen, also etwa bereits mit dritten Personen Verheiratete, getraut werden können, aber das läßt sich leicht den vorzulegenden Urkunden entnehmen.

Folgendes Beispiel aus der DDR-Zeit möge das Problem anschaulich machen: Ein älteres Paar kam zu einem Pfarrer mit der Bitte, sie zu ihrem gemeinsamen Leben einzusegnen, das sie ohne standesamtliche Eheschließung beginnen wollten. Im Fall der regulären Eheschließung wäre ihnen eine Rente verlorengegangen. Der Pfarrer fragte seinen Superintendenten, der die Bitte abwies. Ich halte das für falsch. Das Paar wollte vor Gott und seiner Gemeinde in der Ehe leben, dafür aber sich nicht vom Staat durch Entzug einer Rente bestrafen lassen. Als ich das Beispiel auf einer Tagung erzählte, protestierte ein Teilnehmer: Das Paar habe den Segen Gottes und den materiellen Segen des Staates in Form der Rente erlangen wollen und dabei versucht, den Staat zu betrügen. Das Paar wollte

---

31 S. Demel erörtert in ihrer Untersuchung »Die Verknüpfung von ziviler und kirchlicher Trauung im Konzept einer gestuften Sakramentalität« (265-300). Sie tritt dafür ein, daß die Zivilehe getaufter Christen »als gültige und anfanghaft sakramentale«, wenn auch mangelhafte Ehe anerkannt wird. Das ist evangelischem Denken fremd. Eine fakultative Zivilehe lehnt sie aus rechtlichen und seelsorgerlichen Gründen ab, tritt aber dafür ein, daß die Reihenfolge von standesamtlicher und kirchlicher Trauung unter bestimmten Bedingungen modifiziert werden kann.

aber gerade nicht eine heimliche Ehe führen wie unzählige andere, sondern sich öffentlich vor der Gemeinde dazu bekennen. Warum sollte das durch Entzug der Rente bestraft werden und die Kirche solches Verfahren unterstützen? Ich plädiere also dafür, die seit 1876 festgelegte Regelung zu überprüfen und die kirchliche Trauung von der bürgerlichen Eheschließung unabhängig zu machen. Der staatliche Gesetzgeber hat das Recht und die Pflicht, Ehe und Familie zu schützen und im Interesse der einzelnen und der Gesellschaft zu ordnen. Ich würde niemandem dazu raten, für sich und seine Angehörigen auf diese schützende Ordnung zu verzichten. Als Theologe und Pfarrer sehe ich aber keinen Grund, Menschen zu dieser rechtlichen Regelung zu nötigen. Die Frage, ob und wann das Standesamt aufzusuchen ist, finde ich zweitrangig gegenüber der Frage, ob und wann Gott Menschen zusammenfügt.[32] Aus diesem Zusammenfügen ergeben sich Bindungen, die tiefer gehen als der Vertrag auf dem Standesamt. *Karl-Heinrich Lütcke* beobachtete schon 1983 wie *Paul Michael Zulehner* 1976, daß Menschen die kirchliche Trauung später als die standesamtliche ansetzen und stärker als diese gewichten: »Jetzt wird es ernst, jetzt können und wollen wir auch den letzten Schritt wagen.«[33] Nach *Lütckes* Beobachtung »wächst die Zahl derer, die die rechtlich bisher nicht erlaubte Möglichkeit fordern, eine kirchliche Trauung ohne vorherige standesamtliche Eheschließung zu halten. Viele erleben die standesamtliche Eheschließung nur noch als Vertragsschluß mit Kündigungsmöglichkeit.«[34] Theologisch sehe ich weder Gründe dafür, den standesamtlichen Akt abzuwerten oder für überflüssig zu erklären, noch dafür, ihn zur notwendigen Bedingung für eine vor Gott und der Kirche gültigen Ehe zu erheben. Vielleicht ist die Zeit reif dafür, unterschiedliche Formen der Ehe – worunter ich in christlicher Tradition nur die lebenslange Einehe verstehen kann – anzuerkennen. Es darf aber nichts geschehen, was zum Zerfall der Institution Ehe beiträgt. Die These von *Herrad Schenk*, die Ehe werde allmählich überholt, weil die Institution Ehe nicht mit der Liebe vereinbar sei[35], ist ein Beispiel dafür, wie ideologische Tendenzen in wissenschaftlicher Einkleidung vorangetrieben werden. Je mehr solche Ansichten in der Gesellschaft und auch in der Kirche Verbreitung finden, desto stärker wird die Ehe destabilisiert. Die »sich selbst erfüllende Prophetie« funktioniert leider im Negativen oft besser als im Positiven.

---

32 Das betont auch Ulrich Bach im Blick auf die Ehen behinderter Menschen: »Die Heirat Behinderter aus der Sicht evangelischer Theologie« in: ders., Boden unter den Füßen hat keiner, Göttingen 1980, 171-187.
33 Handbuch der Praktischen Theologie, Bd. 3, Gütersloh 1983, 188; vgl. P.M. Zulehner, Heirat – Geburt – Tod, Wien/Freiburg/Basel 1976, 86.
34 Lütcke, 189.
35 Herrad Schenk, Freie Liebe – wilde Ehe. Über die allmähliche Auflösung der Ehe durch die Liebe, München 1987.

b) Die Trauungsliturgie

Die evangelische Trauung besteht aus der Verkündigung des Wortes Gottes in Predigt und Lesung (praedicatio), Bekenntnis der Brautleute zum Leben als christliches Ehepaar (confessio) und Segen sowie Fürbitte der Gemeinde (benedictio). Die 1988 veröffentlichte Agende III Teil 2 der VELKD drückt evangelisches Eheverständnis in angemessener Weise aus. Der Beginn »richtet sich nach örtlichem Herkommen und den Erfordernissen des Einzelfalles«[36]. Falls der feierliche Einzug nicht mehr üblich ist, wäre es gut, ihn wieder einzuführen. Der Pfarrer begrüßt den Hochzeitszug an der Kirchentür. Dafür bietet die Agende Beispiele an. Festlichkeit sollte nicht steife Förmlichkeit bedeuten, eine freundliche Begrüßung in gelöster Atmosphäre erleichtert das Mitgehen der Beteiligten. Ich halte es für sinnvoll, daß der Pfarrer den Brautleuten an der Kirchentür die Eheringe abnimmt und sie auf dem Altar niederlegt bis zum Ringwechsel. Natürlich muß das im Traugespräch besprochen werden. Es soll nicht das Mißverständnis aufkommen, die schon geschlossene Ehe werde in der Kirche nicht anerkannt, sondern es wird symbolisch ausgedrückt, daß sich Mann und Frau jetzt vor Gott einander anvertrauen, nachdem sie es vor der Gesellschaft bereits getan haben.

Bei den Schriftlesungen verzichtet die neue Agende auf den mißverständlichen Text aus Eph 5. Mt 19,4-6 ist wichtig wegen des Satzes: »Was nun Gott zusammengefügt hat, das soll der Mensch nicht scheiden.« Allerdings wird dieser Satz auch nach dem Ringwechsel vor der Segnung gesprochen, und man kann fragen, ob die Doppelung nötig ist. Die wiederholte Aussage, daß Mann und Frau »ein Fleisch« werden, ist nach meinem Empfinden sprachlich nicht glücklich. Gemeint ist die ganzheitliche Lebensgemeinschaft von Frau und Mann, also nicht nur das Sexuelle. »Sie werden eins sein« wäre wohl eine angemessene Übersetzung.[37] Doch vielleicht schwäche ich damit die Bedeutung des Sexuellen zu sehr ab.

Für das Bekenntnis der Ehepartner zueinander bietet die Agende die Form der Traufragen und die der Erklärung der Eheleute an. Die Frage, ob die Eheleute ihre Gattin bzw. ihren Gatten lieben und ehren und die Ehe in guten und in bösen Tagen nach Gottes Gebot und Verheißung führen wollen, bis der Tod sie scheidet, kann an sie einzeln oder gemeinsam gerichtet werden. Das sollten sie im Traugespräch entscheiden. Dabei ist auch über die Formulierung »bis der Tod euch scheidet« zu sprechen. Mit ihr ist das Scheidungsverbot thematisiert. Ich frage die Brautleute immer, ob ihnen die Formulierung zu hart erscheint, aber niemand sprach sich gegen sie aus. Man kann auch formulieren: »... so lange ihr lebt«. Das Nein zur Scheidung bzw. das Ja zur unbedingten Dauer der Ehe wäre damit

---

36 Vgl. zum Folgenden das »Arbeitsbuch zur Trauung«, hg. vom Gemeinsamen Liturgischen Ausschuß im Auftrag des Rates der EKU – Bereich DDR –, der Kirchenleitung der VELK in der DDR und der Konferenz der Evang. Kirchenleitungen in der DDR, Berlin/Altenburg 1990, 35.
37 So eine Variante im »Arbeitsbuch«, 37.

ebenso deutlich ausgedrückt. Es spricht aber außerdem einiges dafür, an einer so wichtigen Station des Lebensweges auch an den Tod zu denken. Unter volkskundlichem Aspekt steht das Heiratsbrauchtum »ursprünglich in enger Verbindung zu Totenbräuchen. Bis in die Gegenwart ist es mancherorts üblich, im zeitlichen Zusammenhang mit der Trauung, die Gräber der nächsten Verwandten zu besuchen.«[38] Wird das Scheidungsverbot hier nur implizit berührt, folgt es an zentraler Stelle, nach dem Ringwechsel, ausdrücklich. Angesichts der Scheidungshäufigkeit bis hinein in die Pfarrerschaft ist damit ein gravierendes Thema für das Traugespräch vorgegeben. Einen Verzicht auf das Bekenntnis zur lebenslangen Ehe halte ich nicht für vertretbar.

Die andere von der Agende angebotene Möglichkeit des Traubekenntnissses ist die Erklärung, die Mann und Frau einander zusprechen. Im Traugespräch wird geklärt, ob sie die Fragen oder die Erklärung bevorzugen. Die Erklärung erfordert eine höhere Konzentrationsleistung, ist aber vorzuziehen, wenn die Eheleute sich damit nicht überfordert fühlen. Der Pfarrer kann die Erklärung satzweise vorsprechen, was aber den Bekenntnischarakter abschwächt. Rheinische Vikare verfaßten ein Trauversprechen, in dem es heißt: »Liebe(r) ..., ich will dich (als) meine Ehefrau/meinen Ehemann, lieben, wie auch Gott mein Leben in Liebe begleitet. Und diese Liebe soll ehrlich sein, Freude und Enttäuschung, Zärtlichkeit und Streit sollen ihren Platz haben. Ich will dich annehmen, wie auch Jesus mich annimmt. Ich will bereit sein, neu auf dich zuzugehen. Meine Liebe zu dir will ich nicht abhängig machen von Bedingungen.« Das etwas zu lange Versprechen, das man in Auswahl verwenden kann, endet mit dem Satz: »Und dieses Versprechen ... will ich halten, bis daß der Tod uns scheidet.«[39] Bemerkenswert finde ich, daß das modern formulierte Bekenntnis mit diesem konservativen Satz in traditioneller Sprache (»bis daß ...«) endet. Es ist eine gute Aufgabe für Eheseminare, Hilfen zu solchen Bekenntnissen zu geben, in denen die Brautleute einander und vor der Gemeinde versprechen, wie sie ihre Ehe führen wollen.

Für die Segnung bietet die Agende einen gelungenen Text an, den »die Eltern, Paten, Geschwister und weitere Verwandte, Kirchenvorsteher und andere Gemeindeglieder« sprechen können. Es empfiehlt sich nicht, den Kreis zu sehr auszuweiten, und natürlich muß rechtzeitig geklärt werden, wer welchen Text spricht. Gibt man den Nupturienten im Traugespräch die Texte mit, um sie gegebenenfalls zu verteilen, so geschieht damit ein wichtiges Stück der Vorbereitung auf die Trauung. In gleicher Weise kann man bei den Fürbitten verfahren. Die Agende enthält ein Gebet mit mehreren Sprechern.

Den Trauspruch sollte das Paar selbst wählen. Dazu kann man ihm eine Liste geeigneter Sprüche mitgeben. Ein von dem Paar selbst gewählter Text schlägt bereits eine Brücke zwischen der Traugemeinde und dem

---

38 Fritz Mybes (Hg.), Die Trauung = Dienst am Wort, hg. von Peter Helbich, Göttingen 1991, 142.
39 Ebd., 106.

Prediger. Die Traupredigt hat situationsbezogen die Ehe als Gottes Gabe und Aufgabe zu verkündigen.[40] Als Gottes Gabe ist die Ehe Grund zu Dankbarkeit und Freude. Der Dank gilt auch denen, die das Leben dieses Mannes und dieser Frau bisher begleitet haben, besonders den Eltern, für die die Hochzeit ihrer erwachsenen Kinder bei aller Freude auch einen Abschied bedeutet. Oft ist die Freude durch äußere Probleme überschattet wie Wohnungsnot, Sorge um die Arbeitsstellen, eine verfrühte Schwangerschaft. *Luther* weist in seinem Traubüchlein darauf hin, daß es kein Scherz oder Kinderspiel ist, ehelich zu werden, sondern daß man des göttlichen Segens und des gemeinsamen Gebets bedarf, weil der Teufel viel Unglück im Ehestand anrichtet »mit Ehebruch, Untreue, Uneinigkeit und allerlei Jammer« (WA 30/3, 76, 14f.). Gemeint ist nicht, daß man die Probleme in der Ehe schwarz malt, damit sich die göttliche Verheißung um so leuchtender davon abhebt, sondern daß die große Gabe und die schöne, aber auch oft schwere Aufgabe realistisch gesehen und angenommen werden.

Die Agende sieht die Möglichkeit vor, im Traugottesdienst nach der Segnung das Abendmahl zu feiern. Für Christen hat es seinen guten Sinn, geistliche Nahrung für den gemeinsamen Weg zu empfangen. Zur Hochzeitsgesellschaft gehören aber oft Leute, die entweder gar nicht zur Kirche gehören oder ihr innerlich fernstehen. Es wäre nicht gut, wenn sie sich in der Gruppe genötigt sähen, am Sakrament teilzunehmen, ohne es zu bejahen. Auf keinen Fall darf die Hochzeitsgesellschaft von der Abendmahlsfeier überrascht werden. Ich halte es für günstiger, wenn das Ehepaar mit seinen Angehörigen eingeladen wird, zusammen mit der Gemeinde das Abendmahl zu feiern, wenn die Trauung im Gottesdienst abgekündigt wird. Dadurch kommt die Zusammengehörigkeit der Eheleute mit der Gemeinde besser zur Geltung als bei einer Abendmahlsfeier in der Trauung.

c) Die Trauung konfessionsverschiedener Ehen

Während man früher die Ehen zwischen Partnern aus verschiedenen Konfessionen Mischehen nannte, spricht man heute lieber von konfessionsverschiedenen Ehen und ökumenischen Trauungen. Sie sind von Ehen zwischen Christen und Nichtchristen, die einer anderen oder gar keiner Religion angehören, zu unterscheiden. Man kann aber auch die Ehen zwischen Partnern, die sich in ihrer Konfessions- bzw. Religionszugehörigkeit unterscheiden, unter dem Begriff Mischehen zusammenfassen.

In der Volkskirche und in der konfessionellen Diaspora steht das Problem der konfessionsverschiedenen Ehe im Vordergrund, im deutschen Sprach-

---

40 Vgl. die guten Hinweise bei Karl-Heinrich Lütcke, Die Traupredigt und die Krise der Ehe, ZGP 6, 1988/5, 27-30.

raum vor allem die katholisch-evangelische Ehe.[41] Jede Art von Mischehe ist vor allem ein seelsorgerliches Problem, und jede rechtliche Regelung sollte der Seelsorge dienen, dem Heil und Wohl der Betroffenen. Bei der konfessionsverschiedenen Ehe steht zugleich die Glaubwürdigkeit der Kirchen auf dem Prüfstand. Sie nimmt Schaden, wenn der Eindruck entsteht, daß die Kirchen vorrangig an ihrem Bestand interessiert sind. Jede kirchenrechtliche Regelung, die nicht von der freien Entscheidung der Nupturienten ausgeht, muß sich diesen Vorwurf gefallen lassen. Das katholische Mischehenrecht kann davon nicht entlastet werden. Ihm liegt der Anspruch zu Grunde, daß die Ehe katholisch getraut wird und die Kinder katholisch zu taufen sind. In der Praxis handeln viele katholische Priester ökumenisch offen, aber das kanonische Recht setzt keine offene Entscheidungsfreiheit der Nupturienten voraus. Wenn junge Menschen, die in der am kritischsten zur Kirche stehenden Altersstufe leben, sich als Objekte kirchlichen Gezänkes und klerikaler Ansprüche fühlen, liegt es nahe, daß sie sich von beiden Kirchen abwenden. Es gehört ein hohes Maß an Verbundenheit mit der eigenen Kirche und zugleich an ökumenischem Geist dazu, die vor allem durch das katholische Kirchenrecht verursachten, aber auch in der Konfessionsverschiedenheit generell begründeten Spannungen zu verarbeiten. Am ehesten gelingt das, wenn die konfessionsverschiedenen Partner jeweils in ökumenisch offenen, kooperativen Gemeinden beheimatet sind. Schwierig ist es aber fast immer, sich zu entscheiden, ob die Kinder katholisch oder evangelisch getauft und erzogen werden, ob man in die katholische Messe oder den evangelischen Gottesdienst geht, ob man ohne Erlaubnis gemeinsam kommuniziert usw. Manchmal geht es zeitweise gut, bis ein ökumenisch offener Priester oder eine Pfarrerin die Stelle wechselt oder bis die Ehe aus anderen Gründen in eine Krise gerät, deren Konfliktpotential durch die Konfessionsverschiedenheit verstärkt wird. Hier liegt ein Problem nicht nur der konfessionellen, sondern jeder Mischehe: Sie erfordert mehr Identitätssicherheit und zugleich mehr Toleranz als eine homogene Ehe. Die normalerweise in jeder Ehe entstehenden kleineren Konflikte werden leicht auf die religiösen und weltanschaulichen Differenzen zurückgeführt, was eine Problembearbeitung auf der Beziehungsebene erschwert. Persönliche Beziehungsprobleme werden rationalisiert und generalisiert: »Protestanten haben keine Moral«, »Katholiken sind falsch«. Eine andere Gefahr besteht darin, daß die Eheleute um ihrer Gemeinsamkeit willen die religiösen Unterschiede nivellieren und eine indifferente Haltung einnehmen.
Nach can. 1124 CIC ist die Ehe zwischen einem Katholiken und einem nichtkatholischen Christen ohne ausdrückliche Genehmigung der zuständigen Autorität (in der Regel des Bischofs) verboten. Der Bischof kann nach can. 1125 unter drei Bedingungen die Genehmigung erteilen:

41　Vgl. Christiane Hoeren, Katholisches Eherecht und das Recht der konfessionsverschiedenen Ehe aus evangelischer Sicht, Diss.theol. Münster 1993; Walter Schöpsdau, Konfessionsverschiedene Ehe, Göttingen 1984.

1. Der katholische Teil erklärt sich bereit, die Gefahren des Abfalls vom (katholischen) Glauben zu beseitigen, und er verspricht, »nach Kräften alles zu tun, daß alle seine Kinder in der katholischen Kirche getauft und erzogen werden«.
2. Der nichtkatholische Teil muß die Verpflichtung des katholischen Partners kennen, während früher auch von ihm eine entsprechende Verpflichtung erwartet wurde.
3. Beide Partner sind über die Ziele und wesentlichen Inhalte der Ehe zu belehren, »die von keinem der beiden Eheschließenden ausgeschlossen werden dürfen«. Die Ehe ist nach can. 1108 nur gültig, wenn sie vor dem Priester und zwei Zeugen nach den Regeln des kanonischen Rechts geschlossen wird. Vom sog. Hindernis der Religionsverschiedenheit kann der zuständige Bischof Dispens erteilen. Manche Bischofskonferenzen wie die Berliner haben diese Befugnis an die Ortspfarrer delegiert. Es hängt also von der Offenheit der Bischöfe und der Pfarrer ab, wie großzügig die Vorgaben des kanonischen Rechtes praktiziert werden.

Das Versprechen, die Kinder katholisch zu taufen und zu erziehen, wird eingeschränkt durch die Klausel »soweit das in Ihrer Ehe möglich ist«. Dadurch gewinnt der Pfarrer einen seelsorgerlichen Ermessensspielraum. Im sog. Brautexamen muß der katholische Partner folgende Fragen beantworten: »Wollen Sie in Ihrer Ehe als katholischer Christ leben und den Glauben bezeugen? Sind Sie sich bewußt, daß Sie als katholischer Christ die Pflicht haben, Ihre Kinder in der katholischen Kirche taufen zu lassen und im katholischen Glauben zu erziehen? Versprechen Sie, sich nach Kräften darum zu bemühen, dieses sittliche Gebot zu erfüllen, soweit das in Ihrer Ehe möglich ist?« Diese Fragen werden zu Protokoll genommen. Brautunterricht und Brautexamen finden mit beiden Partnern statt. Am Brautunterricht kann der nichtkatholische Seelsorger teilnehmen.[42]

Wenn einer katholischen Trauung erhebliche Schwierigkeiten entgegenstehen, kann der Bischof von der sog. Formpflicht befreien, das heißt es kann auch eine nicht katholisch getraute Ehe, an der ein(e) Katholik(in) beteiligt ist, als Sakrament anerkannt werden. Das Brautexamen muß auch in diesem Fall stattfinden. Die Bereitschaft zu diesem Zugeständnis ist regional sehr unterschiedlich entwickelt. In traditionell katholischen Gebieten ist die Praxis meist restriktiver als in der Diaspora, insbesondere wo sie sich wie in Ostdeutschland mit der säkularen Diaspora verbindet. In der DDR breitete sich zunehmend die Einsicht aus, daß es wichtiger ist, Eheleuten und Familien zum Leben als Christen in einer nichtchristlichen Welt zu helfen, als sie für eine bestimmte Konfession zu gewinnen. Dabei

---

42 Die Französische Bischofskonferenz schlug vor, »das bisher sehr juristisch-formal ausgerichtete Brautexamen zu einem bzw. mehreren Traugespräch(en) umzu-wandeln« (Demel, 294). Ein schriftliches Ergebnis wird allerdings auch hier erwartet: In einer Erklärung soll das in den Gesprächen erarbeitete Leitbild der Ehe zusammen-gefaßt werden.

ist klar, daß das christliche Leben faktisch konfessionsbezogen ist, solange verschiedene Kirchen nebeneinander existieren.

In der ökumenischen Trauung wird versucht, exemplarisch vom Neben- oder gar Gegeneinander zum Miteinander zu kommen.[43] Die von der Katholischen Deutschen Bischofskonferenz und dem Rat der EKD herausgegebene, in der Agende enthaltene »Gemeinsame kirchliche Trauung« brachte zwar einen Fortschritt in der traurigen Geschichte der konfessionsverschiedenen Ehe, muß aber als mißglückt bezeichnet werden. Es handelt sich nicht um eine ökumenische Trauung, sondern entweder um eine katholische in der katholischen Kirche, an der ein evangelischer Pfarrer eine Gastrolle geben darf, oder um eine evangelische in einer evangelischen Kirche, bei der ein katholischer Priester mitwirken kann. *Schmidt-Lauber* weist zutreffend darauf hin, daß wirklich ökumenische Trauungen möglich sind und auch praktiziert werden, in Baden sogar unter Zustimmung des katholischen Bischofs von Freiburg. Ich selbst habe solche Trauungen schon Ende der sechziger Jahre in der evangelischen und in der katholischen Kirche gehalten, noch vor dem Motu proprio »Matrimonia mixta« von 1970, das eine Liberalisierung im Geiste des 2. Vaticanums brachte. Mit meinem katholischen Kollegen war ich der Meinung, die auch *Schmidt-Lauber* vertritt: Wenn der katholische Priester den Konsens der Eheleute entgegennimmt, handelt es sich um eine nach katholischem Kirchenrecht gültige Trauung, für die nicht einmal der Dispens von der Formpflicht erforderlich ist. Wir teilten uns die Liturgie auf, wobei wir überwiegend dem katholischen Formular folgten, und ich hielt die Predigt, die nach evangelischem Verständnis wichtiger ist als der Konsens vor dem Pfarrer. Ich konnte nie verstehen, warum die Kirchen sich so gegen diese wirklich ökumenische Praxis sträuben, bei der beide Seiten ihre Prioritäten zur Geltung bringen können. So würde der Schritt von der konfessionsverschiedenen zur konfessionsverbindenden Ehe wenigstens auf einer sehr wichtigen Station getan.[44] So wichtig eine solche Station ist, so wenig genügt sie für einen guten gemeinsamen Weg. Wieder zeigt sich, wie notwendig die Verbindung der Kasualie mit dem Gemeindeleben ist und zugleich wie hinderlich die Spaltung der Kirchen sich für viele auswirkt. Gemeindeaufbau geschieht innerhalb von Partikularkirchen, aber er ist zugleich Auferbauung des Leibes Christi in der Welt, und damit muß er die Konfessionsgrenzen übergreifen. Das ist wohl für niemanden wichtiger als für Ehepaare und Familien, die verschiedenen Kirchen angehören. Für sie haben gemeinsame Bibelwochen, Gebetsgottesdienste und diakonische Zusammenarbeit eine höhere Bedeutung als für die meisten, die die Kirchentrennung nicht so existentiell erleben. Am bedrückendsten ist, daß ihnen die Gemeinschaft am Tisch des Herrn verwehrt wird. Von evangeli-

---

43 Vgl. Hans-Christoph Schmidt-Lauber, Zwei Jahrzehnte Gemeinsame kirchliche Trauung, in: ders., Die Zukunft des Gottesdienstes, Stuttgart 1990, 422-445.
44 Vgl. Beate und Jörg Beyer, Konfessionsverschiedene Ehe, Mainz 1986; Ursula Beykirch, Von der konfessionsverschiedenen zur konfessionsverbindenden Ehe?, Würzburg 1987.

scher Seite gibt es keinen theologischen Grund, diese Ausgrenzung konfessionsverschiedener Paare mitzutragen. Taktische ökumenische Rücksichten stoßen hier an Grenzen. Wenn das katholische Kirchenrecht Katholiken die Teilnahme am evangelischen Abendmahl untersagt, ist es eine Gewissensentscheidung der katholischen Gläubigen, ob sie sich daran gebunden fühlen. Als evangelische Kirche sind wir frei zur Gastbereitschaft für alle Getauften.

d) Der Gottesdienst zur Eheschließung

Die Bezeichnung ist unglücklich, denn jede kirchliche Trauung ist ein Gottesdienst zur Eheschließung.[45] Die Agende III präzisiert daher: »Gottesdienst anläßlich der Eheschließung zwischen einem evangelischen Christen und einem Nichtchristen«. Dabei kann an Konfessionslose und an Angehörige einer anderen Religion wie Islam, Hinduismus oder Buddhismus gedacht sein, was erhebliche Unterschiede einschließt. In der DDR hatten wir es fast nur mit Konfessionslosen zu tun, das heißt mit Ungetauften oder nicht mehr zur Kirche Gehörigen, die ein Kirchenmitglied heirateten. Bis 1975 war in diesen Fällen eine kirchliche Trauung nur möglich, wenn der konfessionslose Teil in die Kirche eintrat. Das ergab eine hohe Schwelle, vor der die meisten zurückschreckten. Theologisch und seelsorgerlich wäre es nicht zu verantworten, wenn jemand um der Trauung willen sich taufen ließe, ohne diesen Schritt innerlich zu bejahen. In der säkularen Diaspora wächst die Zahl derjenigen, die ohne Erfahrungen mit der Kirche leben, ihr aber nicht feindlich gegenüberstehen, sondern für religiöse Fragen aufgeschlossen sind, ohne aber sich institutionell binden zu wollen. Bei 27% Anteil der Evangelischen an der Bevölkerung ist es natürlich, daß junge Christen sich oft mit Konfessionslosen verbinden. Damit fehlt eine wesentliche Grundlage des gemeinsamen Lebens. Der christliche Teil braucht um so mehr Hilfe, um seine Identität zu bewahren. Für die katholische Kirche war Konfessionslosigkeit im Unterschied zur Konfessionsverschiedenheit nie ein Grund, die Trauung zu verweigern. Katholiken konnten mit Nichtchristen katholisch getraut werden, nur darf der ungetaufte Partner natürlich nicht kommunizieren.

Der auf evangelischer Seite neu geschaffene »Gottesdienst zur Eheschließung« ersetzt die Traufragen durch eine »Anrede«, die Gottes Willen zum Ausdruck bringt, ohne nach dem Willen der Eheleute zu fragen. Der Zuspruch des Segens entfällt[46] ebenso wie der Ritus des Ringwechsels. Dem nichtchristlichen Teil soll nichts zugemutet werden, was er nicht bejahen kann. Woher wissen wir aber, was die Beteiligten mitvollziehen können? Nur im Traugespräch ist es zu erkunden. A priori läßt es sich nicht

---

45 Das »Arbeitsbuch« faßt Trauung und Gottesdienst zur Eheschließung zusammen als »Gottesdienst bei der Eheschließung«.

46 Das »Arbeitsbuch« sieht S. 81 einen Segen vor, der auf Wunsch des Paares unter Handauflegung erfolgen kann.

bestimmen, ebenso wie die Tatsache der Kirchenmitgliedschaft keineswegs garantiert, daß die Betreffenden sich alles zu eigen machen, was die Agende enthält. So verständlich das Bemühen ist, die besondere Situation zu berücksichtigen, so wenig ist die Agende geeignet, das zu leisten. Faktisch kommt es so doch zu einer Diskriminierung der Ehe zwischen Christen und Nichtchristen. Man sollte bei ihnen wie bei zwei Kirchenmitgliedern vom Formular der normalen Trauung ausgehen und Veränderungen nur vornehmen, wenn wirklich sich für einen Teil Unzumutbares ergibt. Zu ändern ist allerdings nicht der Vorsatz der Ehe auf Lebenszeit, zumal dieser nicht vom Getauftsein oder der Kirchenzugehörigkeit abhängt. Warum die Traufragen entfallen sollen, kann ich nicht einsehen, und ich kann der Bibel nicht entnehmen, daß nur Kirchenmitglieder zu segnen seien. Dürften wir nur Gläubige segnen, stünden wir vor der unlösbaren Aufgabe, sie von den Ungläubigen abzugrenzen.

e) Ehejubiläen

Im vorigen Jahrhundert war die Goldene Hochzeit noch so selten, daß der preußische König seinen Untertanen gratulierte, wenn sie dieses Fest feiern konnten. Die stark gestiegene Lebensdauer steigerte die Häufigkeit hoher Ehejubiläen, und trotz vieler Scheidungen und des häufigen Verzichts auf Trauungen werden auch künftig Silberne und Goldene Hochzeiten keine Seltenheit sein. In den stark säkularisierten Gebieten ist der gute Brauch, Ehejubiläen mit einer gottesdienstlichen Handlung zu begehen, leider weithin aus der Übung gekommen. Allerdings ist die Silberne Hochzeit generell bisher noch kaum als Kasualie entdeckt worden. War die »grüne« Hochzeit noch grundsätzlich eine öffentliche Angelegenheit, gelten die Ehejubiläen als reine Privatveranstaltungen. Das ist begründet, sofern sie weder im bürgerlichen noch im kirchlichen Recht irgendwie von Bedeutung sind. Es ist aber sehr zu wünschen, daß Christen an so wichtigen Gedenktagen wie der Silbernen, Goldenen oder gar Diamantenen (60 Jahre) oder Eisernen Hochzeit (65 Jahre) die Gemeinde teilnehmen lassen. Das bedeutet als Minimum: Solche Gedenktage werden dem Pfarramt mitgeteilt, das daraufhin eine Andacht in der Kirche, in der Wohnung oder am Ort der Feier anbietet. Möglich ist auch, daß das Jubelpaar am Sonntag nach der Feier zum Gottesdienst eingeladen wird, wo der Gedenktag abgekündigt und in die Fürbitte einbezogen wird. Die Agende enthält ein Formular »Gottesdienst zum Gedenktag der Trauung«, in dessen Vorbemerkungen dazu ermuntert wird, in der Gemeinde ausdrücklich auf die Möglichkeit eines gottesdienstlichen Gedenkens hinzuweisen. Die Handlung kann als gesonderter Gottesdienst oder im Rahmen eines Gemeindegottesdienstes stattfinden. Seine inhaltlichen Schwerpunkte sind der Dank für das bisherige gemeinsame Leben mit seinen Höhen und Tiefen sowie die Bitte um weiteres Geleit. Der Trauspruch kann nach 25 oder 50 Jahren dazu helfen, die dankbare Rückschau und den getrosten Ausblick unter das Licht des Wortes Gottes zu stellen und so die Predigt vor Allgemeinplätzen

zu bewahren. »Die Ansprache solte niemals Vorwürfe über eine Kirchenferne beinhalten, noch mit Imperativen geziert sein, sondern wohltuend die
innovative und indikative Möglichkeit der Einladung des christlichen
Glaubens zur Sprache bringen.«[47] Wie bei jeder Kasualie muß das Gespräch vorhergehen, damit ein Dialog zwischen dem biblischen Wort und
den Lebenserfahrungen der Hauptpersonen zustande kommt. Das biblische
Wort und die Erfahrungen aus 25, 50 oder 60 gemeinsamen Jahren
kommen so in Beziehung zueinander, daß sich die »Fußstapfen des noch
lebenden und waltenden, liebreichen und getreuen Gottes« (*A.H. Francke*)
erkennen lassen.

Die Silberne Hochzeit ist als Kasualie im Unterschied zur Goldenen kaum
im Blick, obwohl sie eine wichtige Station im Lebenszyklus darstellt. Man
spricht oft von einer Krise der Lebensmitte. Frauen kommen ins Klimak-
terium und werden oft stärker als die Männer davon betroffen, daß die
Kinder das Haus verlassen. Im Berufsleben gilt weithin jugendliche Dynamik mehr als der Erfahrungsschatz langjähriger Praxis. Nach dem
Verlust einer Arbeitsstelle kann es für Endvierziger schwer sein, wieder
angemessene Arbeit zu finden. Das Selbstwertgefühl wird an verschiedenen Stellen empfindlich getroffen. Selbst bei einer gesicherten beruflichen
Tätigkeit mit hoher Beanspruchung entsteht nicht selten ein Gefühl des
Unbefriedigtseins. »Die eingefahrene und eingespielte Lebensweise wird
plötzlich als verengt und belastend empfunden.«[48] Manche Ehe zerbricht
in dieser Zeit, weil er oder sie in einer neuen Beziehung einen Neuanfang
meint finden zu können. Es ist eine Hilfe, wenn Eheleute in dieser Zeit
nicht nur zur Besinnung kommen – was leider durch den äußeren Trubel oft
eher erschwert wird –, sondern auch Anerkennung finden. Darin besteht
eine Aufgabe der Kinder, denen sich an diesem Tag die Gelegenheit bietet,
ihren Eltern für viel Mühe zu danken. Indem das Silberpaar im Mittelpunkt
einer Feier steht, erfährt es Bestätigung, die beiden gemeinsam gilt und
damit auch der Stabilisierung ihrer Gemeinsamkeit dient.

Wenn ich die Ehejubiläen unter die Überschrift »Ordnungen« stellte, so
will ich damit nicht sagen, die rechtliche oder liturgische Ordnung dieser
Feiern sei hervorzuheben, sondern ich drücke den Wunsch aus, die Ehejubiläen mögen zu einer guten Ordnung unter Christen werden. Es ist »in
Ordnung«, wenn Christen wichtige Stellen auf ihrem Lebensweg als
»Fälle der Zuwendung« begehen, sich dankbar Gott zuwenden, sich seine
Zuwendung zusprechen lassen und die Zuwendung der ihnen Nahestehenden erfahren. Damit unterstreiche ich das oben S. 43ff. zu den runden
Geburtstagen Gesagte. Wir sollen nicht nur darüber klagen, daß altes
kirchliches Brauchtum verlorenging, sondern die Chancen nutzen, neues
zu schaffen und zu fördern.

---

47 Hans-J. Milchner in dem von ihm hg. Buch »Jubiläumstrauungen«, Göttingen
1992, 22 = Dienst am Wort, hg. von Peter Helbich, 58; dieses Buch enthält Gottes-
dienstentwürfe, Predigten und liturgische Texte für die verschiedenen Jubiläumstrauungen.
48 Gottfried Hänisch, Seelsorge an Menschen in der Lebensmitte, in: Handbuch der
Seelsorge, hg. von I. Becker u.a., Berlin [4]1990, 274.

Bei der Goldenen Hochzeit und noch mehr bei den seltenen späteren Ehejubiläen gehen die Hauptpersonen auf das Ende ihres Erdenlebens zu. Die Generation der Kinder und Enkel hält es oft für angebracht, diesen Gedanken zu überspielen und so auch die eigene Unsicherheit gegenüber den Letzten Dingen zu verdrängen. Die Liturgie bietet Hilfen dazu, dieses Tabu in taktvoller Weise zu brechen, z.B. in dem Gebet: »Geleite sie durch dieses Leben in dein ewiges Reich, wo sie dich loben und preisen werden in Ewigkeit« oder: »Herr schenke uns ein erfülltes Leben. Bleibe bei uns und laß uns einst Eingang in dein ewiges Reich finden«. Solche Gebete gehören auch in die Silberne Hochzeit. In dem Lied »Jesu geh voran«, das mit gutem Grund gern bei Hochzeiten gesungen wird, heißt es: »Richte unsern Sinn auf das Ende hin« und »Tu uns nach dem Lauf deine Türe auf«. Daran ist bei jedem Ehejubiläum zu erinnern. Es sollte zur guten Ordnung des Lebens von Christen gehören, an Tagen, die das vergängliche Leben feiern, das unvergängliche im Blick zu haben.

Der Segensakt richtet sich in der Agende II der EKU mehr als in der VELK-Agende nach dem Stil der Trauung. Ich bevorzuge diese Form der Unionsagende, in der es heißt: »Durch seine Güte beschützt habt ihr Freud und Leid, gute und böse Tage miteinander geteilt. Nun wollt ihr ihm von Herzen Dank sagen und für euer ferneres Leben seinen Segen erbitten. So reicht euch denn die rechte Hand und empfangt mit gläubigem Herzen den göttlichen Segen.«[49] Beim Segen legt der Pastor nach dieser Agende seine rechte Hand auf die ineinandergelegten Hände der Eheleute, wie er nach katholischem Ritus die Hände mit der Stola umwindet. Der biblische Brauch der Handauflegung scheint mir angemessener zu sein.

Ein Wort noch zum Abendmahl beim Ehejubiläum. Als junger Pastor hielt ich eine Feier mit Abendmahl zur Goldenen Hochzeit in der Wohnung des Paares, weil der Ehemann nicht mehr zur Kirche gehen konnte. Die Stube war so eng, daß Patene und Kelch von den Kommunikanten um den Tisch gereicht werden mußten. Einer der Anwesenden nahm den Kelch und sagte: »Na dann Prost!«. Ich hatte einfach vorausgesetzt, daß alle in der Lage sind, das Sakrament in rechter Weise mitzufeiern. Sonst hätte ich die Anwesenden darauf hingewiesen, daß sie Teller und Kelch weitergeben können, ohne Brot und Wein zu nehmen. Mir wurde klar, daß in einer solchen Gruppe fast zwangsläufig Leute sind, die nach kirchlicher Ordnung nicht zur Abendmahlsgemeinde gehören, oder, was mir noch wichtiger ist, die nicht kommunizieren sollten, weil sie keine innere Beziehung zum Sakrament haben. Darum darf die Feier nicht so arrangiert werden, daß solche Leute praktisch veranlaßt werden, etwas gegen ihre Überzeugung zu tun, was zugleich eine Herabwürdigung der heiligen Handlung bedeutet. Heute ist in der säkularen Diaspora noch viel häufiger als damals mit der Anwesenheit von Menschen zu rechnen, die keine Beziehung zum Abendmahl haben oder es komisch finden, was da zelebriert wird. Darum

---

49   Das »Arbeitsbuch« folgt S. 87 dieser Form, läßt aber »mit gläubigem Herzen« aus. Stehen dahinter sprachliche Erwägungen, oder was haben die Verfasser gegen »gläubige Herzen«?

sollte bei der Vorbereitung geklärt werden, ob die Feier des Heiligen Mahles in der gegebenen Situation ratsam ist.

f) Ehe für behinderte Menschen?

Die Situation von Körperbehinderten, Sinnesgeschädigten und Geistigbehinderten ist schwer vergleichbar. Bei Blinden und Taubstummen sowie leicht Körperbehinderten fragt kaum jemand, ob sie heiraten dürfen. Mit welchem Recht fragen wir bei schwer Körperbehinderten danach? *Ulrich Bach* erzählt von einer nichtbehinderten Studentin, die einen an den Rollstuhl gebundenen Angestellten heiraten möchte, aber auf den Widerstand ihrer Eltern stößt.[50] Bach fragt: Dürfen die Eltern »scheiden«, was Gott zusammengefügt hat? Oder ist Gott nur am Werk, wenn Mann und Frau unseren Normen von Gesundheit entsprechen? Ist dem behinderten Partner und der nichtbehinderten Partnerin klar, daß Gott sie zusammengefügt hat, dann sind andere nicht befugt, ihnen die Ehe zu verwehren. Das Fundament der Ehe besteht darin, daß ein Mann und eine Frau glauben: Wir gehören vor Gott und den Menschen zusammen. Wie die Zusammengehörigkeit den Menschen gegenüber geregelt wird, ist nicht unbedeutend, denn der Unterschied zwischen Ehe und Freundschaft soll erkennbar sein. Ohne Ordnung geht es nicht, aber sie muß den Bedürfnissen der Menschen angepaßt werden. Praktisch läuft die Frage darauf hinaus, ob Behinderte auch ohne Trauung als von Gott zusammengefügte Menschen behandelt werden können, und das heißt natürlich, daß sie nicht zum zölibatären Leben gezwungen werden. In diakonischen Häusern wirft das Probleme auf, aber schon 1978 wurde in einem ökumenischen Memorandum über »Leben und Zeugnis der Behinderten in der christlichen Gemeinde« gesagt: »Die Suche nach Partnerschaft und die sexuellen Bedürfnisse behinderter Menschen stoßen bei der Mehrheit der Christen wie in der Gesellschaft weithin auf Unverständnis und Ablehnung. Das bedeutet aber für die Betroffenen eine starke und unmögliche Belastung. Daher können wir uns selbst nur verpflichten – und wir bitten die Kirchen, das gleiche zu tun –, nicht sofort moralische Bedenken zu äußern, wo Behinderte neue, vielleicht aufregend ungewohnte Wege suchen.«[51] Als ich 1961 in einer diakonischen Anstalt als Vikar arbeitete, hielten wir es für unsere Pflicht, sexuelle Kontakte der Geistigbehinderten zu unterbinden, denn Ehen schienen undenkbar. Heute können wir auch Geistigbehinderte nicht mehr zeitlebens wie Kinder behandeln. Die Bundesvereinigung Lebenshilfe für geistig Behinderte e.V. gab eine Schrift heraus, in der die juristischen, theologischen und psychosozialen Aspekte der Heirat von geistig behinderten Menschen erörtert werden.[52] Juristisch gilt: »Eine Ehe kann nur

---

50 Die Heirat Behinderter – aus der Sicht evangelischer Theologie, in: Boden unter den Füßen hat keiner, Göttingen 1980, 177.
51 Ebd., 192.
52 Heirat nicht ausgeschlossen? Zur Eheschließung geistig behinderter Menschen. Zusammengestellt von Ulrich Kolkmann, Marburg 1993.

derjenige schließen, der ehefähig ist, und dazu gehört die Geschäfts-
fähigkeit.«[53] Geschäftsunfähig ist nach § 104 BGB, »wer sich in einem die
freie Willensbestimmung ausschließenden Zustande krankhafter Störung
der Geistestätigkeit befindet, sofern nicht der Zustand seiner Natur nach
ein vorübergehender ist«. »Gemeint ist, daß jemand aufgrund seiner
geistigen Fähigkeiten nicht in der Lage ist, eine freie Willensentscheidung
zu treffen, Für und Wider von Entscheidungen abzuwägen und sich dann
entsprechend zu entscheiden sowie Tragweiten und Konsequenzen einer
rechtlichen Verpflichtung zu überblicken«[54]. 1992 trat ein Betreuungsgesetz
in Kraft, das die Entmündigung durch Betreuung ersetzt mit dem Ziel,
»den Betreuten, hier den Menschen mit geistiger Behinderung, eine möglichst selbständige Lebensführung zu ermöglichen«[55]. Der Standesbeamte
muß beurteilen, ob die Personen, die heiraten wollen, die Geschäfts-
fähigkeit besitzen, und er hat im Zweifelsfall die vormundschaftsgericht-
lichen Akten einzusehen. Sollte eine Ehe trotz Geschäfts- und damit
Eheunfähigkeit geschlossen werden, ist sie nichtig. Daß Partner unter
Betreuung stehen, bedeutet nicht automatisch Geschäftsunfähigkeit.
Vielmehr soll die Betreuung möglichst dazu helfen, daß auch behinderte
Partner zusammenleben können. Geschäftsunfähige Eltern können nicht
das Sorgerecht für ihre Kinder wahrnehmen. Wenn geistigbehinderte
Eltern nicht in der Lage sind, das körperliche, geistige oder seelische Wohl
ihrer Kinder zu gewährleisten, kann eine Trennung veranlaßt werden, was
sicher nur in schweren Fällen in Betracht kommt, zumal leider nicht-
behinderte Eltern oft keineswegs diesen Kriterien gerecht werden.

Das Kirchenrecht entspricht der rechtlichen Regelung darin, daß die Ehe
die Fähigkeit voraussetzt, zu verstehen, »was es bedeutet, sich in guten und
in schlechten Tagen, mit Leib und Seele seinem Partner lebenslang anzuvertrauen«[56]. Aus geistiger Behinderung ist keine prinzipielle Eheunfähigkeit abzuleiten. Der Verzicht auf Kinder ist nicht zur Bedingung zu
machen. Wenn »Ehewillige zu einer verantwortlichen Entscheidung über
ihr Zeugungsverhalten nicht in der Lage sind, können sie auch keine
christliche Ehe schließen«, meint *Molinski*.[57] Ist das ein praktikables Kriterium? Wieviele nicht als geistigbehindert Eingestufte dürften danach
wohl nicht heiratenf? Bemerkenswert ist, daß Molinski das Recht auf
Sexualität weiter faßt als das auf die Ehe. »Der behinderte Mensch darf
auch Partnerschaft haben, darf mit einem anderen Menschen zusammenleben, soweit das für ihn die beste Möglichkeit ist, sich selbst zu entfalten,
Liebe und Geborgenheit zu schenken und zu empfangen und sich dabei
verantwortlich selbst sexuell zu bestimmen entsprechend der Eigenart
seiner Sexualität.«[58] Die evangelische Theologin *Erika Reichle* stimmt an

53 Heinz-Grimm, 11.
54 Ebd., 12.
55 Ebd., 15.
56 Molinski, 49.
57 Ebd., 54.
58 Ebd., 56.

dieser Stelle mit dem katholischen Kollegen überein und gibt der Kirche »das Recht und möglicherweise sogar die Pflicht, Personen vor Gott und der Gemeinde einander anzuvertrauen und ihre Verbindung zu segnen, wenn sie ehelich leben, aber keine rechtsgültige Ehe schließen können«[59]. Es ist deutlich zu machen, daß diese Ehe zwar keine bürgerlich-rechtliche, aber in der Gemeinde gültige ist, die man deshalb als Trauung gestaltet. So sympathisch mir dieser Vorschlag ist, so schwierig erscheint mir die Frage, welcher Grad der Behinderung ein solches Verfahren zuläßt. Der kognitive Aspekt, der in juristischer und katholischer Sicht konstitutiv ist, kann auch auf evangelischer Seite nicht ausgeblendet werden. Eine innerkirchliche, juristisch irrelevante Ehe ist nur dann möglich, wenn die Ehe als ganzheitliche Lebensgemeinschaft auf Dauer verstanden werden kann.

4. Anregungen

a) Vorbereitung auf die Ehe

Am besten vollzieht sich die Vorbereitung auf die Ehe in einer intakten Familie. Intakt heißt nicht ideal oder perfekt. Wenn Kinder erleben, daß ihre Eltern Meinungsverschiedenheiten austragen, daß manchmal Spannungen das Zusammensein belasten, ohne daß daraus eine Dauerkrise entsteht oder die Ehe zerbricht, so lernen sie daraus mehr, als ein Unterricht vermitteln kann. Trotzdem ist es wichtig, daß Kinder und Jugendliche ins Gespräch kommen über Liebe, Ehe und Familie. Sie sprechen darüber auch ohne pädagogische Impulse, sie spielen Hochzeit und Familienleben, ehe sie diese Themen rational reflektieren. Es ist hier nicht der Ort, das weite Feld der Sexualpädagogik zu behandeln. Mir kommt es nur darauf an, daß die Vorbereitung auf die Ehe zu den wichtigen gemeindepädagogischen Aufgaben gehört, die im Kindergarten beginnen müssen. Sind wir uns in der Kirche darin einig, daß Ehe und Familie zu den wertvollen uns anvertrauten Gaben und Aufgaben gehören, dann müssen wir auf den verschiedenen kirchlichen Handlungsfeldern das uns Mögliche tun, diese Gabe zu bewahren und sie der heranwachsenden Generation zu erschließen.[60]

Die Geschichte der christlichen Sexualpädagogik ist durch eine repressive Tendenz belastet. Das Verbot dominierte: »Du sollst nicht ehebrechen!« Natürlich gehört dieses Verbot zum Grundbestand christlicher Ethik und muß schon der jungen Generation nahegebracht werden, aber der Schöpfer gab den Menschen die Sexualität nicht in erster Linie dazu, ihnen ein schlechtes Gewissen zu machen und Verbote einzuschärfen. Wir lernten und lehrten, daß unreine Gedanken die Vorstufe zum Ehebruch sind, was ja stimmt (vgl. Mt 15,19; 5,28), aber nicht erkennen ließ, daß Liebe etwas

---

59 Reichele, 71.
60 Vgl. Ernst-Rüdiger Kiesow, Seelsorge als Vorbereitung auf die Ehe, in: Handbuch der Seelsorge, Berlin [4]1990, 325-336.

Schönes ist. In der Konfirmandenmappe von *Wilfried Pioch* »Meine Welt, mein Leben, mein Glaube«[61] werden zu der Frage »Was ist Liebe?« sieben Bilder angeboten: Zwei zeigen je eine Mutter mit ihrem Baby, eins ein altes Ehepaar, ein anderes eine junge Frau, die mit einem jungen Mann im Rollstuhl Zärtlichkeiten austauscht, eins zeigt Hände, die ein Kätzchen tragen und streicheln. Die Bilder werden besprochen, weitere Bilder aus Zeitungen und Illustrierten gesucht. Die vielfältigen Ausdrucksformen der Liebe, die so anschaulich werden, regen zum Gespräch an, ebenso wie Berichte von Vierzehn- und Fünfzehnjährigen, die ihre Probleme im Verhältnis zum Freund oder zur Freundin darlegen. Unter der Überschrift »Typisch Mann – typisch Frau« sollen die Konfirmanden dann aus einer Liste von Eigenschaftswörtern je sieben Attribute für den »idealen Mann« und die »ideale Frau« aussuchen. Wörter wie »fromm« oder »gläubig« sind nicht dabei, doch wird es freigestellt, drei nicht in der Liste enthaltenen Wörter hinzuzufügen. Der Gruppenleiter kann gegebenenfalls, wenn die Konfirmanden nicht von selbst darauf kommen, solche Ergänzungen vornehmen und erklären, daß er Eigenschaften wie »attraktiv« und »gläubig« durchaus für vereinbar hält. Zum Sinn der kirchlichen Trauung werden verschiedene Antworten aufgeführt, die junge Paare einem Reporter auf die Frage gaben, ob sie kirchlich getraut werden möchten. Die agendarische Traufrage wird mitgeteilt und dazu erklärt: »Bei der Trauung versprechen Eheleute, daß sie sich füreinander vor Gott verantwortlich wissen und daß sie miteinander in Treue verbunden bleiben wollen, wie auch immer der weitere Lebensweg aussehen mag.«

Das vom Bund der Evangelischen Kirchen in der DDR 1989 herausgegebene Handbuch »Konfirmanden begleiten« formuliert zum Thema »Das andere Geschlecht« die Teilziele 1: »Bedenken, daß mit dem Wort Liebe unterschiedliche Lebensvollzüge gemeint sein können«; 2: »Bewußtmachen, Freundschaft ist ein Übungsfeld für den Umgang mit anderen Menschen«; 3: »Erkennen, Intimbeziehungen wollen Ausdruck der Liebe zum Partner, zur Partnerin sein« und 4: »Erkennen, daß unsere Geschlechtlichkeit eine gute Gabe ist«. Ähnlich wie bei *Pioch* wird von Fallbeispielen ausgegangen, um typische Probleme Jugendlicher im sexuellen Verhalten zu diskutieren. Konkrete Fragen wie die nach frühzeitigem Sexualverkehr werden anhand schriftlicher Anfragen wie der folgenden besprochen: »Er liebt mich und möchte mit mir (geschlechtlich) verkehren. Ich liebe ihn auch. Trotzdem habe ich eigentlich keine Bedürfnisse nach Geschlechtsverkehr. Aber die Sexualität gehört nun einmal zur Liebe. Sollte ich ihn vielleicht nicht richtig lieben, weil ich kein Bedürfnis verspüre? Aber ich liebe ihn doch! Deshalb werde ich mich seinem Drängen fügen. Ist das richtig von mir? (Mädchen, 16 Jahre)«[62]. Solche Impulse helfen dazu, das ethische Problem ehrlich zu diskutieren. Junge Leute dürfen allerdings auch erwarten, daß die Erwachsenen eine eigene Position vertreten, also nicht nur die Jugendlichen ihrem Diskurs überlassen. An dieser Stelle ist

---

61   Hamburg 1992, 23.
62   Berlin 1989, 189.

eine große Unsicherheit zu verzeichnen. Aus Angst vor autoritärem und moralisierendem Reden laufen wir Gefahr, keine Orientierungshilfen mehr zu geben. Wer vorehelichen Geschlechtsverkehr nicht für gut hält, wird auch unter Theologen entgeistert angesehen, und die daran festhaltenden evangelikalen Gruppen stoßen oft bei den eigenen Jugendlichen an dieser Stelle auf Unverständnis, oder sie halten sich einfach nicht mehr an die Normen, ebenso wie viele treue katholische Christinnen und Christen nicht den sexualethischen Geboten des Papstes folgen.

Ich bekenne mich zu der altmodischen Ansicht, daß zur Vorbereitung auf die Ehe auch Einübung in das Verzichten gehört, weil zum Leben in der Ehe wie zu ethisch verantwortlichem Leben überhaupt die Selbstbeherrschung unentbehrlich ist. Das hat nichts mit finsterer Unterdrückung natürlicher Gefühle und Bedürfnisse zu tun, sondern ist verantwortlicher Umgang mit der Sexualität als einer wichtigen sozialen Verhaltensweise. Selbstverwirklichung gibt es nur zusammen mit Selbstbegrenzung und Selbstkontrolle, wenn sie nicht zur Selbstsucht entarten soll. Das gilt im Blick auf alle Bedürfnisse, und es war eine Fehlentwicklung, daß Selbstbeherrschung einseitig auf sexuellem Gebiet gefordert wurde. Wie falsch das ist, zeigt sich in unzähligen Ehekrisen und Familientragödien. Es ist gut, daß das Problem der Gewalt heute im kirchlichen wie schulischen Unterricht und in der Jugendarbeit sensibel behandelt wird. Die Entstehung und Verarbeitung von Aggressionen wird thematisiert. Als Vorbereitung auf Ehe und Familie ist das nicht weniger wichtig als die ethische Dimension der Sexualität.

Themen wie Aids und Abtreibung gehören zur Vorbereitung auf die Ehe. Die Geißel Aids ist ungeeignet als moralische Peitsche, aber sie fordert heraus zu neuer Besinnung auf ethische Normen. Es ist Sünde, seinen eigenen Leib und den anderer Menschen in tödliche Gefahr zu bringen. Ebenso ist es Sünde, durch leichtfertigen Sexualverkehr Leben zu zeugen, das dann abgetrieben wird. Für mich ist das kein Motiv, nach dem Strafrecht zu rufen, das nach meiner Überzeugung ungeeignet ist, dieses ethische Problem zu lösen. Wir tun Unrecht, wenn wir den Richtern und Frauenärzten auferlegen, was wir an der jungen Generation versäumten. Die Volkskirchen haben die Chance, dem größten Teil der jungen Menschen Orientierungshilfen zu geben, zumal wenn der schulische Religionsunterricht hinzukommt. Was sie dabei nicht erreichen, kann kein Strafrecht in Ordnung bringen. In der säkularen Diaspora ist der gesellschaftliche Einfluß der Kirchen viel geringer, der ethische Orientierungsbedarf aber eher noch größer. Als Kirche und Theologen stehen wir in der Gefahr – jedenfalls auf protestantischer Seite mit Ausnahme der Freikirchen –, uns dem gesellschaftlichen Trend anzupassen. In der Sorge, ja nicht unmodern zu wirken, verlieren wir an Profil und damit gerade an Attraktivität, die wir durch unser Modernsein gewinnen wollten. Das gilt nicht nur im Blick auf Sexualität, Ehe und Familie!

Die katholische Kirche entwickelte aus dem sog. Brautunterricht, der sich mit dem Traugespräch auf evangelischer Seite vergleichen läßt, die im Stil der Erwachsenenbildung arbeitenden Eheseminare oder -kollegs, die nicht

nur zur Vorbereitung auf die Ehe dienen, sondern auch Eheleuten, besonders in ihrer ersten Ehephase, Hilfen geben möchten.[63] Auf evangelischer
Seite geschieht Entsprechendes u.a. in Familienbildungsstätten. *Eva Reblin*,
die darüber berichtete, stellte auf dem Gebiet der Ehevorbereitung »ein
deutliches evangelisches Defizit« fest.[64] Zu diesen Kursen gehört evangelische Wertorientierung hinsichtlich der Inhalte von Ehe und Familie
ebenso wie praktisches Partnertraining, Geburtsvorbereitung, Säuglingspflege usw. Kurse dieser Art sind ein Beispiel dafür, wie übergemeindliche
Institutionen die Gemeindepraxis ergänzen und unterstützen können. In
kirchlichen Bildungseinrichtungen wie den Familienbildungsstätten und
Heimvolkshochschulen sind Fachleute zu Angeboten bereit, die auf der
Gemeindeebene nicht oder nur mit großem Aufwand organisiert werden
können.
Als schwierig erweist sich die ethische Orientierung. Sehr unterschiedlich
sind im protestantischen Raum die Stellungnahmen zum vor- und außer-
ehelichen Sexualverhalten, zur Ehescheidung, zur Homosexualität und zur
Abtreibung. In Gemeinden, deren Leitung für den missionarischen Gemeindeaufbau eintritt, gilt in der Regel eine mehr oder weniger konservative Sexualmoral, wie ich sie auch selbst vertrete. In den kirchlichen
Bildungseinrichtungen, die mit Recht auch für Menschen ohne christliche
Prägung offen sein wollen, weht meist ein liberaler Geist, der mit evangelikalen und charismatischen Erwartungen kollidiert. Es ist wichtig, daß
beide Seiten aufeinander hören, sich nicht gegenseitig verketzern und
immer daran denken, daß es weder um liberale noch um konservative
Prinzipien, sondern um Menschen geht. Manchmal sind Leute, die Toleranz und Offenheit auf ihre Fahnen geschrieben haben, sehr intolerant
gegenüber solchen, die sie als konservative einordnen. Auf sexualethischem
Gebiet fällt es offenbar beiden Seiten besonders schwer, unterschiedliche
Positionen zu tolerieren, weil damit sehr persönliche Erfahrungen und
Einstellungen verbunden sind. Wer aber Ehepaaren helfen will, Kommunikationsstörungen zu überwinden, Mißverständnisse abzubauen und Gemeinsames zu entdecken, darf nicht Vorurteile gegenüber anderen Gruppen
pflegen und Klischees zu Markte tragen. Wir sollten uns in den innerkirchlichen Auseinandersetzungen dazu anregen lassen, die Motive der
Konfliktbearbeitung, die wir werdenden oder gewordenen Eheleuten
empfehlen, auch selbst zu praktizieren.

---

63 Vgl. Elisabeth Weiß, Erfahrungen mit katholischen Eheseminaren in der Groß-
stadt, in: Ehe – Institution im Wandel, Hamburg 1979, 117-123; das Ehe- wird vom
Elternseminar ergänzt; Helmut Geiger, Christliches Elternseminar, Leipzig o.J. = Die
Hauskirche, hg. von Hans Donat, 13.
64 »Ehevorbereitung und Ehebegleitung durch Evangelische Familien-Bildungsstätten«, ebd., 125.

b) Das Traugespräch

Der Pfarrer einer City-Kirche erzählte, daß ein nicht zu seiner Gemeinde gehörendes junges Paar ihn um die Trauung bat. Im Gespräch stellte sich heraus, daß das Paar bereits auch Gespräche mit einem anderen Pfarrer geführt hatte. Nach dem zweiten Gespräch waren die jungen Leute sich einig, daß sie von diesem Pfarrer nicht getraut sein wollten. Sie hatten ihre Vorstellungen über den Verlauf und Inhalt der Trauung, stießen aber ständig auf den Widerstand oder die Ablehnung des Pfarrers. Bei weniger Interesse am Inhalt der Trauung hätten sie sich entweder den Vorstellungen des Pfarrers gefügt – »Hauptsache, es wird feierlich« –, oder sie hätten darauf verzichtet. Feierlich kann es ja auch auf dem Standesamt sein. Fragten wir den Pfarrer nach jenem Paar, so würde er vermutlich darlegen, daß es theologisch oder liturgisch unzumutbare Vorstellungen äußerte. Er muß als Pfarrer verantworten, was er tut, und er verstand seine ablehnende Haltung sicher nicht als klerikale Herrschsucht, sondern als pastorale Gewissenhaftigkeit. Das mit diesem Beispiel bezeichnete Problem läßt sich nicht unter Hinweis auf die Agende lösen. Sie bietet Spielraum und darf nicht verhindern, daß die Hauptpersonen aktiv an der Gestaltung teilnehmen. Wir stoßen hier auf ein grundsätzliches Problem des Gemeindeaufbaus: Mündige, Verantwortung übernehmende Gemeinde kann nie entstehen, wenn wir Theologen alles meinen regeln zu müssen, bis hin zu ästhetischen Fragen. Im Zusammenhang mit den Kasualien spielt das Ästhetische eine wichtige Rolle. Manches finden die Leute schön, was der Pfarrer für Kitsch hält. Kitsch läßt sich schwer definieren. Über den Geschmack soll man nicht streiten, sagten die alten Römer, womit nicht gemeint ist, das Ästhetische sei unwichtig, wohl aber, es sei relativ. Was schön oder kitschig ist, empfinden verschiedene Leute unterschiedlich. Wenn es in den Kasualien um Zuwendung zu bestimmten Menschen geht, sind sie dabei nicht passive Empfänger der Zuwendung. Im Traugespräch wie in anderen Kasualgesprächen sollten die Pfarrer/innen sich als Partner/innen derer verstehen, die einen bestimmten Dienst erbitten. Als Partner hat der Pfarrer natürlich das Recht und die Pflicht, seine Meinung zu den Vorstellungen des Paares zu äußern. Geht es um Musik – sie spielte im oben genannten Beispiel eine Rolle –, so ist die Organistin zuständig und müßte bei Unklarheiten in das Gespräch einbezogen werden. Können sich die Partner nicht einigen, so sollte der Pfarrer nach Möglichkeit den Ausweg erleichtern, der in unserem Beispiel gefunden wurde, nämlich daß ein Kollege den Dienst übernahm. Dieser tat das übrigens auch nicht in bloßer Anpassung an die Wünsche des Paares, sondern indem er sich als Partner für ein intensives Gespräch zur Verfügung stellte und dabei zu einem Konsens mit dem Paar gelangte.

Wenn ich das Gespräch unter die Überschrift »Anregungen« stellte, so auch deshalb, weil der Pfarrer in ihm Anregungen für seinen Dienst erhält, auf die er angewiesen ist. Ich sehe nur einen Punkt, an dem ich keine sachliche Variante akzeptieren könnte, nämlich die Dauerhaftigkeit der Ehe, den Vorsatz der vorbehaltlosen Bindung. Wie oben (S. 141f.) ausgeführt, läßt sich dieser Vorsatz sprachlich unterschiedlich ausdrücken, aber er darf keinen Vorbehalt einschließen. Alles andere ist variabel. Bestimmte Wünsche des Paares kann der Pfarrer – übrigens entsprechend bei andern Kasualien – als solche kenntlich machen, z.B.: »Wir hören jetzt das Lied, das Sie sich gewünscht haben« oder: »Gebt nun vor Gott und dieser Gemeinde das Versprechen ab, wie ihr es selber formuliert habt«.

c) Trauung von Homosexuellen?

Die Trauung eines homosexuellen Paares ist nicht möglich, weil nur eine Ehe getraut werden kann, die Verbindung zweier gleichgeschlechtlicher Personen aber keine Ehe ist. Bernhard von Issendorff schlägt deshalb vor, statt einer Trauung solchen Paaren einen Segensgottesdienst zu halten[65], den er mit einer Klarstellung beginnt: »Dieser Gottesdienst ist keine Trauung, sondern ein Fürbittengottesdienst für zwei Menschen, die nach unserem Gesetz nicht heiraten können. Dieser Gottesdienst begründet keine Ehe, sondern segnet zwei Menschen, die sich lieben.« Demnach wäre eine kirchliche Trauung homosexueller Paare möglich, wenn der Staat die Ehegesetzgebung zugunsten der homosexuellen Lebensgemeinschaft änderte, wie ja bereits gefordert wird. In der Vorbemerkung meint der Verfasser, die Kirche tue kaum etwas, um den Streß homosexueller Paare zu mildern, die moralischer Verurteilung ausgesetzt sind. Andererseits stellt er fest: »Homosexuelle wechseln überaus schnell ihre Partner, was als schmerzvoll erfahren wird. Die Sehnsucht nach Treue ist spürbar«, und der Segensgottesdienst soll dafür eine Hilfe bieten.

Der Streit um die Homosexualität wird neuerdings mit einer Heftigkeit geführt, als gehe es um einen zentralen Glaubensartikel. Auf der einen Seite stehen die Anwälte einer völligen Gleichberechtigung von Homo- und Heterosexualität, auf der anderen Seite die meist im pietistischen, evangelikalen oder charismatischen Lager beheimateten strikten Gegner solcher Gleichberechtigung.[66] Die Diskussion wird dadurch sehr erschwert,

---

65   ZGP 6, 1988/5, 21f.

66   Für die Gleichwertigkeit der Homosexualität wirbt das von Günter Grau hg. Buch »Und diese Liebe auch«, Berlin 1989. Die Gegenposition vertritt Gerhard J.M. van den Aardweg, Das Drama des gewöhnlichen Homosexuellen: Analyse und Therapie, Neuhausen/Stuttgart 1985. Nach Grau wärmt er »lediglich das über ein Jahrhundert alte Pathologisierungskonzept auf« und klammert sich damit an »sexualwissenschaftliche Rückständigkeit« (Grau, 63), womit er finanzielle Interessen verfolge: Wenn Homosexuelle gesund sind, kann der Therapeut an ihnen nichts verdienen. Auf diesem Niveau ist kein Gespräch mehr möglich. Daß die wissenschaftlichen Meinungen keineswegs so eindeutig sind, wie Grau behauptet, zeigt das auf umfänglichen Literaturstudien basierende Werk von Hermann Hartfeld, Homosexualität im Kontext von Bibel, Theologie und Seelsorge, Wuppertal und Zürich 1991. Hartfeld vertritt eine evangelikale Position und versteht die Homosexualität als überwiegend umweltbedingt und damit heilbar. Die Arbeit des kath. Pastoralpsychologen Wunibald Müller, Homosexualität, eine Herausforderung für Theologie und Seelsorge, Mainz 1986, wendet sich gegen die

daß sich verschiedene Argumentationsebenen überschneiden. Auf der humanwissenschaftlichen Ebene wird diskutiert, ob die Homosexualität eine normale, gesunde Variante der Sexualität ist oder eine krankhafte, therapiebedürftige und -fähige Abweichung vom Normalen. Beide Seiten berufen sich auf wissenschaftliche Befunde, und das jeweilige Vorverständnis spielt eine ausschlaggebende Rolle. Manche Vertreter der These, die Homosexualität sei eine normale und konstante, der therapeutischen Veränderung weder zugängliche noch bedürftige Anlage, sind selbst homosexuell veranlagt. Objektive Forschung und subjektive Motive lassen sich in der persönlichen Betroffenheit nicht auseinanderhalten.

Persönliche Betroffenheit bewegt aber auch die Gegner der Homosexualität, die ihre Bindung an das biblische Wort in Frage gestellt sehen. Lev 18,22; 20,13; Röm 1, 26f. wird die Homosexualität scharf verurteilt. Wer sich daran gebunden fühlt, darf nicht als Fundamentalist abgetan werden, der sich an überholte oder zu relativierende Bibelstellen klammere. Überholt ist das Gebot der Todesstrafe, das Lev 20,13 mit der Homosexualität verbunden ist wie V. 10 mit dem Ehebruch. Nicht überholt ist die kritische Einstellung zur Homosexualität. Nirgends deutet die Bibel an, diese sei eine normale, der Gemeinschaft von Frau und Mann gleichzustellende Form der Geschlechtlichkeit.

Mit der humanwissenschaftlichen und der biblischen verquickt sich die moralische Argumentation. Die moralische Diffamierung der Homosexuellen führte zu Verfolgungen bis in die Vernichtungslager der Nazis. Historisch mögen Verbindungen zwischen diesen Verbrechen und einer falschen Dämonisierung der Homosexualität bestehen. Heute muß es aber möglich sein, das Sachproblem ohne Verquickung mit dem unseligen historischen Hintergrund zu diskutieren. Wer sich heute aus biblischen Motiven von der Homosexualität abgrenzt – was nicht Ausgrenzung der Homosexuellen bedeutet! –, hat mit den Verbrechen der Nazis nichts zu tun. Es ist völlig zweierlei, homosexuelle Menschen zu diffamieren und die Gleichstellung von Homo- und Heterosexualität abzulehnen.

Von Issendorff sagt in seinem Segensgottesdienst: »In heterosexueller wie in homosexueller Liebe kann der Mensch Gottes Willen erfüllen, wenn er zuerst Gott, seinen Herrn, über alle Dinge fürchtet, liebt und ihm vertraut und sodann seinen Nächsten wie sich selber achtet. In heterosexueller wie in homosexueller Liebe kann der Mensch Gottes Willen verfehlen, wenn er etwas anderes: eine Sache, einen Fetisch, eine Person an die Stelle Gottes setzt und sich ihm unterwirft – und darüber den Nächsten wie sich selbst vergißt.«[67]

Weder die Hetero- noch die Homosexualität darf wie eine Sache ideologisch an die Stelle Gottes gesetzt werden. In der Tat verfehlt die hetero-

Pathologisierung der Homosexualität, ohne eine homosexuellen Lebensstil zu propagieren. Müller will einerseits Intoleranz und Vorurteile mit Hilfe wissenschaftlicher Erkenntnisse überwinden, andererseits christliche Prinzipien nicht augenblicklichen gesellschaftlichen Trends opfern.

67 Bernhard von Issendorf in ZGP 6, 1988/5, 22.

sexuelle Wirklichkeit bestimmt den Willen Gottes nicht seltener als die homosexuelle. Es gibt keine moralische Überlegenheit der Heterosexuellen über die Homosexuellen, aber es besteht eine Verschiedenheit, die sich nicht einebnen läßt. Das Eherecht geht von dieser Verschiedenheit aus, indem es in den meisten Ländern Ehen nur zwischen einer Frau und einem Mann anerkennt. Wenn die Kirchen Gleiches tun, geschieht das unabhängig von der staatlichen Gesetzgebung.[68] Selbst wenn diese sich änderte, müßten die Kirchen nach meinem Verständnis dabei bleiben, die Ehe ausschließlich als heterosexuelle Lebensgemeinschaft anzuerkennen. Ein Segensgottesdienst, wie von Issendorff ihn vorschlägt, bedeutet für mich eine kirchliche Bejahung der homosexuellen Lebensform, wie ich sie nicht vertreten kann. Sollten die evangelischen Kirchen in ihrem gegenwärtigen Meinungsbildungsprozeß diese vielfach bereits zu hörende Bejahung offiziell bestätigen, könnte ich dem nicht folgen. Das wäre aber für mich kein Grund, aus meiner Kirche auszuwandern, denn es geht um keinen Glaubensartikel, mit dem die Kirche steht oder fällt.

Pauschalurteile wie »Homosexualität ist Sünde« oder ist eine »heilbare Krankheit« sind ebenso falsch wie die gegenteiligen Behauptungen. Heterosexualität ist ja auch nicht absolut etwas Gutes, sondern kann beglücken wie verletzen. In der Kirche besteht das Problem heute nicht mehr darin, daß Homosexuelle verfolgt oder ausgegrenzt werden, sondern Konflikte entstehen, wenn Homosexualität der Ehe gleichgestellt wird oder werden soll. Die Forderung, homosexuelle Partnerschaften offiziell und öffentlich als Form der Ehe anzuerkennen, richtet sich rechtlich an den Gesetzgeber, nicht an die Kirche. Die Kirche hat nicht zu fragen, welche ihrer Mitglieder homosexuell sind, ihr sind sie nicht weniger wert als die Heterosexuellen. Zur Gemeinde als der Großfamilie Gottes haben alle freien Zugang. Am Tisch des Herrn gehören sie zusammen. Auf dieser gemeinsamen Basis des Angenommenseins durch Christus ist nicht nur gegenseitige Annahme der Unterschiedlichen möglich, sondern auch weiterhin die Diskussion gegensätzlicher Standpunkte nötig. Die Stellung zur Homosexualität gehört nicht zu den vorrangigen Sachproblemen unserer Zeit. Es ist zu wünschen, daß unsere kirchenleitenden Gremien nicht genötigt werden, darauf viel Zeit und Kraft zu verwenden. Dazu werden sie allerdings gezwungen, wenn aus der Toleranzforderung zugunsten der Homosexualität faktisch ein Angriff auf Ehe und Familie entsteht.

---

68   Helmut Kentler behauptet in dem von ihm hg. Buch »Die Menschlichkeit der Sexualität« (München 1983, 15ff.), die Kirche stehe mit ihrer Sexualethik im staatlichen Dienst. Dahinter steht die zutreffende Einsicht, daß Ehe und Familie im gemeinsamen Selbsterhaltungsinteresse von Kirche und Gesellschaft liegen. Aus dieser positiven Tatsache macht Kentler eine Diffamierung: »Die Kirche verdient sich das staatliche Wohlwollen, indem sie Werte vermittelt und Rituale vollzieht, die das Funktionieren des gesellschaftlichen Systems garantieren« (ebd., 18). Ehe und Familie sind anscheinend nach Kentlers Meinung nicht primär Werte für die Menschen, sondern für den bürgerlichen Staat und die ihm dienende Kirche.

d) Die Ehescheidung als Kasualie?

»Zunehmend versuchen Menschen, ihre Ehescheidung so zu gestalten, daß die Leiden der gemeinsamen Kinder möglichst klein bleiben, eine konfrontationslose Begegnung mit dem geschiedenen Partner, vielleicht auch Kameradschaft möglich wird.«[69] Das ist zweifellos zu begrüßen. Das mit jeder Trennung einer Ehe und Familie verbundene Unglück muß gelindert werden, so weit man es vermag. *Von Issendorff* will dazu durch die »Liturgie einer Trennungssegnung« beitragen.[70] Da die Trennung wie die Trauung nicht nur ein privates Geschehen, sondern ein öffentlicher Vorgang ist, will er beides in eine tragende Gemeinschaft und in die Gemeinde als bergende Öffentlichkeit einbeziehen. Die Handlung beginnt mit dem Votum: »Unser ganzes Leben, Glück und Leid steht unter dem Herrn. Auch unser Versagen und Scheitern nimmt der Herr an. Der heilige Geist wird uns in eine neue Zeit führen. Im Namen des Vaters und des Sohnes und des heiligen Geistes«. Das Versagen und Scheitern wird vor Gott ausgesprochen, damit er einen neuen Anfang gibt. So hilft die Handlung zur Buße. »Wir haben einander so sehr verletzt, daß wir das gemeinsame Glück vergaßen. Herr, nicht aus uns leben wir, sondern weil Du uns mit Deiner Vergebung nicht verläßt«, heißt es im Eingangsgebet. Als Kern der Handlung kann man die Beichtfrage und die Absolution verstehen: »Ist Dir, ..., leid, daß Du Deinem Partner schuldig bliebst, was Du ihm nach Gottes Willen hättest werden können? Empfindest Du Reue darüber, daß mißlang, was gelingen sollte, daß verschwiegen wurde, was hätte zur Sprache kommen müssen, daß starb, was leben sollte? Legst Du vor Gott ab alle böse Erinnerung, alle schlechte Phantasie über den anderen, alles Leid und Unglück, das aufwuchs in Eurer Partnerschaft? Ist dies Dein Gefühl und das Sinnen des Herzens, so bekräftige es mit dem Ja!« Darauf erfolgt unter Berufung auf das Kreuzesopfer Jesu die Absolution des ordinierten Pfarrers, der den Beichtenden sagt: »Auch Euch gilt Gottes Liebe. Der Herr vergibt Euch alle Eure Sünde«. Nach einer Predigt werden die Geschiedenen gefragt, ob sie bereit sind, nachdem sie Gottes Vergebung empfangen haben, nun auch einander zu vergeben, auf Vorwürfe zu verzichten, die Selbstrechtfertigung aufzugeben, dankbar an das vergangene Glück sich zu erinnern und dem geschiedenen Partner künftig mit Respekt zu begegnen, worauf sie antworten sollen: »Ja, mit Gottes Hilfe!« Der Segen betont den Bußcharakter der Handlung im Sinne des neuen Anfangs: »Der Herr der Buße, er gibt einem jeden von Euch einen neuen Anfang: Müde macht er munter; Totes erweckt er zum Leben. Der Herr der Buße, er hat einen jeden von Euch aufgefangen, als er fiel: Er gibt einen neuen Weg und eine neue Hoffnung.« *Hans Georg Lubkoll* urteilt in seinem Kommentar, dieser Text sei eine hervorragende Hilfe zur Seelsorge, aber was in der Seelsorge möglich und nötig ist, lasse sich »nicht in jedem Fall in die Liturgie eines öffentlichen

---

69 Bernhard von Issendorff, 18 (vgl. Anm. 67).
70 Ebd., 18-20.

Gottesdienstes übertragen«[71]. Dem stimme ich zu. Außerdem kommt mir
die Frage, ob Menschen, die all das mitvollziehen, was *von Issendorff* so
eindrücklich formulierte, den neuen Anfang nicht in ihrer alten Ehe
schaffen könnten. Wer in dieser Weise vor Gott und Menschen Schuld
bekennt, Vergebung empfängt, sich seinerseits zum Vergeben bereit erklärt
und vom Herrn der Buße einen neuen Anfang schenken läßt, sollte doch
eigentlich damit einen Weg gefunden haben, daß die Scheidung widerruf-
bar wird. Eine »Trennungssegnung« erweckt bei mir den Eindruck, als
werde die Scheidung schicksalhaft hingenommen wie ein Todesfall und
damit die Rückkehr in die Ehe ausgeschlossen, die Endgültigkeit der
Scheidung also pfarramtlich bestätigt und pastoral gesegnet. Zwar finden
nicht viele geschiedene Ehepaare wieder zusammen, aber es gibt sie doch.
Schon aus diesem Grund könnte ich eine öffentliche Trennungssegnung
nicht befürworten. Eine seelsorgerliche Handlung mit dem geschiedenen
Paar halte ich dagegen wie *Lubkoll* für sinnvoll, und dafür finde ich die
Texte hilfreich. Allerdings würde ich Wert darauf legen, daß die Möglichkeit der Rückkehr in die alte Ehe offenbleibt. Auch wenn bereits dritte
Personen in die alte Paarbeziehung Eingang fanden, besteht ja noch die
Chance zur Restituierung der geschiedenen Ehe, solange keine neue
geschlossen wird. *Von Issendorffs* Liturgie zur Scheidung könnte als »Passageritus« in Ehekrisen dienen, *ehe* es zur Scheidung kommt. Es müßte
sich dabei um einen seelsorgerlichen Akt ohne Öffentlichkeit handeln, der
den Partnern hilft, eine Krise zu »passieren«, das Tor zu einem neuen
Anfang zu durchschreiten und sich neu einander zuzuwenden, wie der
vergebende Gott sich ihnen zuwendet.
Jürgen Ziemer erläutert sachlich und einfühlsam die Gründe für den
starken Anstieg der Scheidungszahlen und gibt seelsorgerliche Hilfen, die
Nöte der Trennung zu verarbeiten[72]. Er weist darauf hin, daß die Ehe mit
der Scheidung »keineswegs absolut zu Ende ist«[73], und er empfiehlt,
möglichst nicht gleich nach der Scheidung eine neue Beziehung einzugehen, sondern erst den alten Ärger, Zorn und Frust zu verarbeiten, »sich auf
sich selbst zu besinnen, die Kräfte zu sammeln, neues Selbstvertrauen zu
gewinnen und mit dem Gewesenen einigermaßen ins reine zu kommen«[74].
Oft schlugen die mit der Scheidung und schon vor ihr erlittenen Erfahrungen solche Wunden, daß Zeit vergehen muß, ehe eine Handlung, wie von
Issendorff sie vorschlägt, von beiden Beteiligten bejaht werden könnte.
Die Betroffenen dürfen sich in dieser Hinsicht auch nicht selbst überfordern.

---

71 Ebd., 20.
72 Trennung vor der Zeit: Ehescheidung im Gespräch, Leipzig 1992; Ziemer gibt
auch gute Hinweise zur wichtigsten Literatur.
73 Ebd., 5.
74 Ebd., 89.

e) Möglichkeiten der Eheseelsorge

Nach meiner Erfahrung besteht das Hauptproblem der Eheseelsorge darin, daß sie zu selten und oft zu spät zustande kommt. Die Hemmschwelle, in akuten Ehekrisen seelsorgerliche Hilfe zu beanspruchen, liegt zu hoch. Auch zur psychologischen Eheberatung gehen viele zu spät, wie man den nötigen Arztbesuch oft zu lange aufschiebt. Bei der Eheseelsorge erweist sich die buchstäbliche Notwendigkeit einer integralen Kasualpraxis. Wer die Kirche nur anläßlich biographischer Höhepunkte, nicht aber im Alltag für zuständig in Lebensfragen hält, wird sich bei Eheproblemen kaum an sie wenden. Bei der Struktur unserer Gemeinden ist es unwahrscheinlich, daß ein Pastor oder eine Beraterin von sich aus erkennt, wo eine Ehekrise aufbricht, und daß er oder sie Hilfe anbieten kann, ohne daß die Betroffenen die Initiative ergreifen. In der Bevölkerung und auch unter den Kirchenmitgliedern ist die Kirche als mögliche Hilfe zur Lösung von Eheproblemen kaum im Blick.[75] Wenn ein Ehepaar oder ein Paar unter starkem Leidensdruck das helfende Gespräch sucht, ist es oft schon zu spät, weil die Entfremdung bereits tiefer sitzt oder die Bindung an eine dritte Person erfolgte.

Christliche Eheseelsorge kann heute vor allem vorbeugend helfen, indem sie zu einem realistischen Eheverständnis beiträgt, das gemeinsame Fundament der Ehepartner stärkt und Gemeinschaft in Gruppen anbietet, in denen die Hemmschwelle beim Austausch über Probleme des Ehe- und Familienlebens niedriger liegt als beim Weg zur Einzelseelsorge oder Paarberatung.[76] Eheseelsorge beginnt in den Gruppen des Religions- und Konfirmandenunterrichts sowie der Jugendarbeit[77], wenn junge Menschen sich geistig auf Ehe und Familie vorbereiten. Gute Möglichkeiten bieten die bereits erwähnten Eheseminare, in denen intensive Gruppenarbeit sich mit individueller oder Paarberatung verbinden kann. Auch in Hauskreisen entwickelt sich meist ein Vertrauensverhältnis, das über die vorbeugende und stabilisierende Funktion hinaus Möglichkeiten der Krisenintervention enthält.

In der charismatischen Richtungsgemeinde »Basileia« in Bern – sie gehört zur reformierten Kirche – nimmt die Eheseelsorge einen wichtigen Platz im Gemeindeleben ein, zumal Jugendliche und junge Familien in der Gemeinde dominieren. Zur Gemeindeleitung gehört ein Psychiater, der zusammen mit seiner Frau vorrangig in der Eheberatung arbeitet. Die

75 Vgl. Ernst-Rüdiger Kiesow, Seelsorge an Ehe und Familie, in: Handbuch der Seelsorge, Berlin [4]1990, 343: »Junge Eheleute, die befragt wurden, an wen sie sich bei von ihnen selbst nicht zu lösenden Konflikten wenden würden, antworteten zu 24%: an Verwandte, zu 23%: an Beratungsstellen, zu 12%: an Freunde und Bekannte; mehr als ein Drittel der Befragten würden sich an niemanden wenden.« Die Kirche kam in der DDR offenbar überhaupt nicht in Betracht, bei den Beratungsstellen waren staatliche gemeint.
76 Vgl. Kiesow, ebd., wo die Gelegenheit zur Ehe- und Familienberatung in der Gemeinde vorrangig in der Arbeit mit Gruppen gesehen wird.
77 Vgl. oben S. 153ff.

Sexualmoral ist anspruchsvoll, aber der Grundsatz der Unauflösbarkeit der Ehe führt nicht zur Ausgrenzung von Geschiedenen. Die Gemeinde ist kein Klüngel für Familien, sondern eine Art von Großfamilie, zu der Geschiedene, Alleinerziehende und Alleinstehende sich zugehörig fühlen. In Gemeindeveranstaltungen und in der Gemeindezeitung wird offen und sachlich über Fragen der Sexualität gesprochen. »Unsere Sexualität zwischen Hollywood-Phantasie und Realität« ist ein Artikel in der Gemeindezeitung überschrieben. In einem Gottesdienst hörte ich eine Predigt, in der es um verletzte Beziehungen ging, die durch die Christusbeziehung geheilt werden können. Die Predigt war zugleich ein Angebot, das Gespräch mit dem Prediger oder einer Mitarbeiterin der Gemeinde zu suchen.

Solche Möglichkeit ist nicht an eine Richtungsgemeinde gebunden. Das erwähnte Heft der »Zeitschrift für Gottesdienst und Predigt«[78] enthält Predigten über Ehe und Ehescheidung (Mk 10,2-9), die als Einladung zum Gespräch wirken könnten. Eine Theologiestudentin spricht ganz persönlich von ihren Hoffnungen und Ängsten: »Ich selbst wünsche mir, daß ich meine Ehe bis zum Tod des einen von beiden führen kann. Ich möchte ihn lieben, und ich möchte mir immer wieder sagen können, diese Ehe ist von Gott gewollt. Gott möchte, daß ich jetzt mit diesem Mann zusammenbleibe, weil ich ihn einmal gewählt habe.«[79] Zugleich denkt sie an ihre Freundin, die immer wieder versuchte, ihren Mann zu verstehen, der sie hintergangen hat, bis die Ehe zerbrach. Sie erinnert sich aber auch an Ehepartner, die zusammen alt geworden sind und noch Hand in Hand gehen. »Dann freue ich mich. Diese beiden haben sich so etwas von ihrer Jugendlichkeit und ihrer Verliebtheit bewahrt, und ich denke: Es geht also, daß man sich ein Leben lang liebhat. Und mir fällt der Vers ein: ›Was Gott zusammengefügt hat, das soll ein Mensch nicht scheiden‹«. Hinter diesem Satz steht der Gott, der es gut mit uns meint und der uns damit eine Lebenshilfe gibt. Diese Predigt ist so dialogisch, daß sie Betroffene zum Gespräch ermutigt. Allerdings ist die Schwelle zwischen dem Hören einer Predigt und dem Schritt zum Gespräch hoch.

Gute Beispiele für das Bemühen um seelsorgerliche Hilfen durch die Predigt sind auch im selben Heft die Predigten von *Hans Werner Dannowski* und *Christian Zippert*. *Dannowski* beginnt mit dem Vorsatz: »Ein seelsorgerliches Wort möchte ich gerne finden, nicht den moralischen Zeigefinger hoch erheben«. Er bekennt, daß er den Satz: »Was Gott zusammengefügt hat, soll der Mensch nicht scheiden« als Pfarrer immer schwerer über die Lippen bringt, weil er das Scheitern so vieler Ehen erlebte, bei deren Anfang er diesen Satz gesprochen hatte. »Was hast du für ein Recht, frage ich mich seitdem immer wieder, die Entscheidung, die zwei Menschen füreinander fällen, mit dem Namen ›Gott‹ zu belegen?« Der Prediger erzählt von einer geschiedenen Frau, die sich als Versager fühlte und erkannte, sie habe schon vor der Ehe versagt, nämlich bei der Partnerwahl. *Dannowski* fragte sie, »ob es ihr heute lieber wäre, der Pfarrer damals bei

78   1988/5.
79   Simone Carstens, ebd., 5.

ihrer Trauung hätte das Wort Jesu nicht gesagt: ›Was Gott zusammengefügt, soll der Mensch nicht scheiden‹? Sie sieht mich erstaunt an: ›Was wäre dadurch anders? Wollen Sie ein Leben ohne Risiko, ohne Schuld und ohne Gewissensentscheidung? Dieser Weg *war* Gottes Weg für mich. Entscheidendes habe ich dabei gelernt, wenn es auch manchmal durch die Hölle ging.‹« Auch diese Predigt wirkt dialogisch, nicht zuletzt durch den eingefügten echten Dialog, und sie vermeidet außerdem die Absolutsetzung der Ehe, denn: »Gemeinschaftsfähig zu werden und zu bleiben, das ist genauso das große Thema für den, der allein lebt, wie für den Verheirateten. Viele Ehepaare gibt es, die nur sich selber sehen, und so – als Institution für das private Glück – so hat sich Gott die Ehe auch nicht gedacht.« Man spürt beim erfahrenen Seelsorger stark das Bewußtsein, daß es kein Glück ohne Schmerzen gibt. »Was Gott zusammengefügt hat – das ist zuerst und zuletzt auch die Ermutigung, ihn anzuschreien, ihn anzurufen, auf seine Nähe zu warten. An solchen Orten leben wir, aber auch dies – vor Gott.«

Christian Zippert setzt ebenfalls sehr persönlich ein: »als Sohn geschiedener Eltern, als Verheirateter und als Gesprächspartner für manche Menschen, auch Pfarrer, die Eheprobleme haben, manchmal bis hin zur Scheidung«. Er faßt die klar gegliederte Predigt in drei Sätzen zusammen: »Liebe ist von Gott auf Dauer angelegt. Und: Liebe kann scheitern, innerhalb wie außerhalb der Ehe. Und: Für das Scheitern von Ehen muß es angemessene Regelungen geben.« Diese Predigt ist in besonderer Weise nüchtern. *Zippert* weist darauf hin, »daß Verheiratete heute, im Unterschied zu anderen Zeiten, wenig gestützt werden durch ihre größere Familie ... Und wenig gestützt werden durch die öffentliche Meinung.« Die Ehe erweist sich zwar auch heute »als eine erstaunlich tragfähige Lebensform. Aber in der öffentlichen Meinung gilt sie doch nur als ein Vertrag auf Gegenseitigkeit und Widerruf. Und eben das in einer Zeit, in der die Menschen sehr viel länger leben als früher. Viele Eheprobleme lösten sich früher früh genug durch den Tod, zumeist durch den Tod der Frau bei der Geburt eines ihrer zahlreichen Kinder.« Diese veränderte Situation ändert nichts daran, daß das Scheitern einer Ehe allemal Schuld ist, »Schuld mit bösen Folgen für alle Beteiligten: die Frau, den Mann, nicht zuletzt die Kinder«. Im Interesse der Betroffenen müssen die Folgen angemessen geregelt werden. Der Prediger geht auf das Scheidungsrecht ein und spricht sich für die kirchliche Trauung Geschiedener aus. Auch in solche Trauung gehört das Wort: »Was Gott zusammenfügt, das soll der Mensch nicht scheiden«. Gottes ursprünglicher Wille wird durch unser Scheitern nicht ungültig. »Keiner bleibt schuldlos in Liebe und Ehe. Das ist das Belastende an der Besinnung, die uns von Jesus aufgegeben ist. Aber es gibt auch Entlastendes: Auch diese Schuld kann und will Gott vergeben. Und weil das so ist und weil wir sowieso nicht anders können, sollten wir uns getrost auf Liebe und Ehe einlassen – im Glauben an Gott, so wie ihn uns Jesus verkündet.«

Das Scheidungsthema gibt diesen Predigten einen ernsten Ton. Kein Prediger wird den Eindruck erwecken wollen, als hinge ständig das

Damoklesschwert der Scheidung über den Ehen. Wenn alles gut geht, spricht man nicht viel darüber. Eheseelsorge ist dann nicht nötig. *Bonhoeffers* Warnung davor, die Menschen und ihr Glück madig zu machen, hat Gehör gefunden. Die Probleme des Lebens dürfen den Dank für Gottes gute Gaben nicht überlagern. Eheseelsorge hat es aber mehr mit den Schattenseiten der Ehe zu tun als mit dem Glück, das alle von ihr erhoffen. Um mit den Schattenseiten leben zu können, ist allerdings die lichte Seite zu unterstützen. Es klingt banal und ist doch eine schwer zu akzeptierende Tatsache, daß wir in Ehe und Familie wie im Leben überhaupt die Lichtseiten nicht ohne den Schatten haben können. Es gehört zu den fundamentalen Aufgaben der Seelsorge, zum Leben mit beidem zu helfen. In akuten Problemen kann das die Aufgabe von Fachleuten mit spezieller Ausbildung und Erfahrung sein. Seelsorge geschieht aber auch als die »allgemeine Sorge« (cura generalis) um den Menschen vom Evangelium her, die in der Gemeindepraxis insgesamt geschieht, wie auch das Beispiel der Predigten zeigen sollte.

V. Die Bestattung

1. Befunde

a) Zur Geschichte

Die Religionsgeschichte zeigt, daß ein allgemeines menschliches Bedürfnis dazu führt, die Toten in angemessener Form zu bestatten. Es geht darum, »den Toten in gebührender Weise ins Totenreich zu überbringen und dadurch sowohl ihm als den Hinterbliebenen Ruhe zu geben«[1]. Dieses Bedürfnis führt zu bestimmten Sitten und Riten, die auch in einer säkularisierten Welt ihre Formen finden.

Das Neue Testament setzt die Bestattungsbräuche im damaligen Palästina voraus. Der »Jüngling von Nain« wurde auf einer offenen Bahre in einem Trauerzug zu dem außerhalb der Stadt gelegenen Grab getragen (Lk 7,12). Klagefrauen wurden bestellt und bezahlt, um zu heulen (Jer 9,16; Mk 5,38), nach Mt 9,23 von Flötenspielern begleitet. Lazarus wurde vor der Bestattung mit Binden an Händen und Füßen umwickelt, das Gesicht mit einem Schweißtuch verhüllt (Joh 11,44). Jesus wurde zur Bestattung in ein Leinentuch gewickelt (Mk 15,46). Die Salbung gehörte nicht zum festen Ritual, sie geschah als ein freier Liebesdienst.

Die Urchristenheit übernahm jüdisches Brauchtum, ohne sich gesetzlich daran zu binden. Daß sie die Leiber ihrer Schwestern und Brüder pietätvoll beerdigte, ergab sich aus dem theologischen Verständnis des Leibes als Schöpfung Gottes, als Glied Christi (1 Kor 6,15) und Tempel des heiligen Geistes (V. 19). Leiber, die zur Auferstehung bestimmt sind (Röm 8,11), dürfen nach ihrem Tod nicht nachlässig behandelt werden, obwohl der natürliche Leib vom geistlichen zu unterscheiden ist (1 Kor 15,44).

Gegen die Pflicht der Pietät scheint das schroffe Wort Jesu zu stehen, das er einem Sohn sagt, der seinen Vater begraben will, ehe er Jesus folgt: »Laß die Toten ihre Toten begraben; du aber geh hin und verkündige das Reich Gottes« (Lk 9,60).[2] Mit diesem Wort nimmt Jesus nicht allgemein zur Beerdigung Stellung, sondern er stellt einen bestimmten Menschen in einer geschichtlichen Situation vor die Entscheidung, was ihm jetzt wich-

---

1 Edsman, RGG I, 960.
2 Vgl. Wilhelm Gräb, »... laß die Toten ihre Toten begraben«. Überlegungen zu einer zeitgenössischen Begräbnishomiletik, PTh 83, 1994, 180-198.

tiger ist: Gottes Reich oder die Beerdigung des Vaters. Den anstößigen Rigorismus dieses Wortes wollten die Ausleger oft entschärfen, indem sie es im übertragenen Sinn deuteten: »Jesus, der Herr des Lebens, ruft den Jünger aus den Verstrickungen des Todes heraus« (J. Ernst z.St.). Das ergibt Sinn, zumal biologisch Tote niemanden begraben können. Die eigentliche Absicht Jesu liegt aber nicht darin, abstrakt über den Tod und den Umgang mit Toten zu reden, sondern in einer konkreten Situation den Vorrang des Reiches Gottes einzufordern.

Die Christen haben deshalb nicht gegen den Willen Jesu gehandelt, wenn sie von Anfang an die Bestattung ihrer Verstorbenen als Gemeindesache praktizierten. Die Gemeinde nahm nicht nur betend und singend an der Beerdigung teil, sondern sorgte auch für die Bestattung armer Mitchristen. Der Christengegner *Julian* († 363) nannte die Sorge der Christen um die Toten als einen der Gründe für die Ausbreitung ihrer Religion. Der Apologet *Aristides* berichtet: »Wenn ein Gerechter unter ihnen aus dieser Welt geht, so freuen sie sich und danken Gott und geleiten seinen Leichnam, als wenn er von einem Ort zum andern reist«[3].

Die ersten christlichen Leichenreden stammen aus dem 4. Jh., von *Gregor von Nazianz, Gregor von Nyssa, Chrysostomus* und *Ambrosius*.[4] Sie folgten formal dem Vorbild der heidnisch-antiken Leichenrede (Laudatio funebris). Interessant ist für die Geschichte der Predigt, wie stark die antike Rhetorik in die christliche Verkündigung hineinwirkt. Einige Gedanken dieser frühen Predigten haben die spätere Bestattungspredigt sehr beeinflußt: Trauer ist auch Christen erlaubt, aber sie steht im Zeichen der Hoffnung und des Dankes. Der natürliche Tod ist etwas Gutes (bonum), weil er aus allen Übeln der Welt befreit und zu Gott führt. Damit der natürliche Tod ein »bonum« sein kann, muß der Christ allerdings den geistlichen Tod üben, das heißt durch Askese den fleischlichen Versuchungen entfliehen. Die Auferstehungshoffnung wird nicht nur als biblisches Zeugnis weitergegeben, sondern auch rational zu stützen versucht, z.B. durch den bis weit ins 16. Jh. beliebten Hinweis auf den Wundervogel Phönix, der angeblich aus der Asche aufersteht.

Im Mittelalter wurde die »cura pro mortuis« (Sorge für die Toten) zunehmend wichtig. Die Lebenden fühlten sich verpflichtet, den armen Seelen im Fegefeuer zu helfen. Das geschah durch Gebete, das Lesen von Messen und durch Stiftungen. Der Beginn des Gebetes »pro defunctis« (für die Verstorbenen) gab später einer musikalischen Gattung den Namen: »Requiem« (»Requiem aeternam dona eis, Domine, et lux perpetua luceat eis« = Ewige Ruhe gib ihnen, Herr, und das ewige Licht leuchte ihnen).

Die Kirche fühlte sich nicht nur den Verstorbenen verpflichtet, sondern auch den Sterbenden. Die bereits Jak 5,14f. bezeugte Krankensalbung

---

3 Nach Walter Caspari, Die geschichtliche Grundlage des gegenwärtigen Ev. Gemeindelebens, aus den Quellen im Abriß dargestellt, Leipzig ²1908, 194. Zur Geschichte der Bestattung insgesamt vgl. Bruno Bürki, Im Herrn entschlafen, Heidelberg 1969.

4 Vgl. Eberhard Winkler, Die Leichenpredigt im deutschen Luthertum bis Spener, München 1967, 14ff.

entwickelte sich im Mittelalter zur »Letzten Ölung«. Daneben bildete sich als geistliche Wegzehrung (viaticum) für den letzten Gang die Krankenkommunion heraus. Alle Dienste im Umkreis des Todes standen unter dem Vorzeichen des Gerichtes. Die ars moriendi (Sterbekunst) sollte den Menschen helfen, sich rechtzeitig auf den Tod vorzubereiten, um so den Höllenstrafen zu entgehen und nicht nur rechtzeitig Buße zu tun, sondern auch im Sterben Trost zu finden. Eine ganze Literaturgattung widmete sich dieser ars moriendi, die zur ars vivendi (Lebenskunst oder besser Lebenshilfe) wird, wenn Tod und Leben vom Evangelium her verstanden und geübt werden.

Darum bemühte sich die Reformation, indem sie Elemente der altkirchlichen und mittelalterlichen Stellung zu den letzten Dingen aufnahm, dabei aber den Trost des Evangeliums neu zur Geltung brachte. 1519 erschien *Luthers* »Sermon von der Bereitung zum Sterben«, in dem der Reformator zwanzig Ratschläge zur Vorbereitung auf den Tod gibt. Er beginnt mit der nüchternen Empfehlung, durch ein Testament die zeitlichen Güter zu ordnen. An zweiter Stelle steht die zu gebende und die zu erbittende Vergebung. Der Tod ist im Blick auf Christus zu überwinden. »Je tiefer und fester du dir dies Bild einprägst und ansiehst, je mehr des Todes Bild abfällt und von ihm selbst verschwindet« (WA 2, 689). Der Angefochtene soll nicht nur auf das Wort Christi hören, sondern auch auf sein Bild schauen. Entsprechend mahnt Luther in einer Leichenpredigt: »Lieber, siehe den toten Leichnam hier nicht an, du hast etwas höhers und bessers anzusehen, nämlich Jesus Christus Tod und Auferstehung« (WA 36, 243, 21). Man muß lernen, »den Toten ansehen nicht im Grab und Sarg, sondern in Christo« (WA 36, 244, 3). In dieser Sicht des Glaubens ist es viel gewisser, »daß Herzog Hans von Sachsen wird wieder herfür kommen aus dem Loch und viel schöner denn die Sonne jetzt ist, denn daß er hier vor unsern Augen liegt« (WA 36, 250, 20). Der Glaube verdrängt und verbietet die Trauer nicht, sondern er überwindet die hoffnungslose Traurigkeit. Wer an die Auferstehung glaubt, kann nicht mehr hoffnungslos traurig sein. Die Lehre von der Auferstehung ist tröstender Zuspruch, der aber als Trost nur dann wirken kann, wenn der angefochtene Mensch sich glaubend daran hält.

Die evangelischen Kirchenordnungen des 16. Jh. legten auf die »ehrliche« Bestattung Wert. Die Beerdigung soll vor allem den Lebenden helfen, den Tod in das Leben einzubeziehen: »Alle Toten sollen ehrlich begraben werden, den Lebendigen zu einer Erinnerung ihrer Sterblichkeit, auf daß ein jeder sein Ende und wie ungewiß dasselbige sei, bedenke, und sein Leben in Bußfertigkeit zu richten und sich zum Tode bereit und geschickt zu machen, hierdurch vermahnet werde«[5]. Außerdem ist die Bestattung ein letztes Liebeswerk am Verstorbenen und ein Dienst, der den Armen nicht vorenthalten werden darf. Allerdings wirkten sich die sozialen Unterschiede erheblich auf die Gestaltung der Trauerfeiern aus. Der Aufwand bei der Beerdigung bis hin zum Druck umfangreicher Leichenpredigten, denen oft

---

5 Albertinisch-sächsische Kirchenordnung 1580, in: Die evangelischen Kirchenordnungen des XVI. Jahrhunderts, hg. von Emil Sehling, Bd. I, Leipzig 1902, 438a.

zahlreiche Gedichte beigefügt wurden, entwickelte sich zum Statussymbol. Leichenpredigten wurden auch in Sammelbänden gedruckt und als Erbauungsliteratur gelesen.

Aus Gründen der Kirchenzucht konnte das »ehrliche Begräbnis« verweigert werden. So bestimmt die Kirchenordnung von Thorn 1575: »Die sich aber selbst beleidigen (= Leid antun) und erstechen, erhenken, erdrücken oder sonsten verzweifeln und in ihren Sünden ohne Buße sterben und verderben, werden zugleich durch geistliche und weltliche Recht von christlichem Begräbnis ausgeschlossen. Also auch andere räudige Schafe, die mit öffentlichen Ärgernissen beladen sein, als Gotteslästerer, Verächter des Wortes und hochwürdigen Sakramenten, Mörder, Ehebrecher, die ohne Buße sterben, sind nicht wert, daß sie sollen bei frommen Christen ein ehrlich Begräbnis haben«[6].

Mit der Verweigerung des »ehrlichen Begräbnisses« vollzogen Kirche und Gesellschaft eine posthume soziale Ächtung und zugleich eine schwere Sanktion gegen die Angehörigen. Waren letztere ohnehin von der Selbsttötung eines Familienmitglieds tief betroffen, wurde ihnen zusätzlich der seelsorgerliche und soziale Beistand versagt. Die Frage, ob die Verstorbenen es wert waren, ein »ehrliches Begräbnis« zu erhalten, geht von der Rechtfertigung durch die Werke aus und verleugnet die reformatorische Rechtfertigungslehre. Außerdem widerspricht sie dem Motiv, daß die Beerdigung vorrangig ein Dienst für die Hinterbliebenen ist. Zwar wollte auch die Kirchenzucht den Lebenden dienen, indem sie abzuschrecken versuchte, aber die Kirche verdunkelte damit den Trost des Evangeliums dort, wo er am nötigsten war. Hinter der Praxis des »ehrlichen Begräbnisses« und seiner Verweigerung verbirgt sich eine unevangelische Variante der antik-heidnischen Totenehrung (Laudatio funebris): Es wird vorausgesetzt, daß man den Toten ehren muß, ihn aber nur ehren darf, wenn er bestimmten Normen gerecht wurde. Als letzte Norm blieb in der Volkskirche das Zahlen der Kirchensteuern erhalten.

Luthers Freund *Johannes Mathesius* zitiert in einer Leichenpredigt den antiken Satz: »De mortuis nil nisi bonum (= über die Toten nichts als Gutes)«[7]. Weil Christus unsere Sünden zudeckt, ist der Prediger berechtigt, daß er die Gebrechen der Verstorbenen »mit dem Grabstein bedecke und das Gute rühme und nachsage«. Was im Leben der Verstorbenen gut war, soll als Beispiel wirken. Je mehr seit dem 17. Jh. das Leben der Verstorbenen in den Vordergrund trat, desto größer wurde die Gefahr der Unglaubwürdigkeit, wenn man faktisch die Rechtfertigungsbotschaft außer Kraft setzte, die ja vom Sündersein des Menschen ausgeht. Das Bedürfnis nach gesellschaftlicher Anerkennung geriet in Konflikt mit der theologischen Erkenntnis.

Schon im 16. Jh. erhob sich Kritik an der unglaubwürdigen Leichenpredigt, die von den Frühpietisten im 17. Jh. fortgeführt wurde. *Heinrich Müller* (1631–1675) kritisiert die Leichenpredigten als »leichte Predig-

6   Sehling (vgl. Anm. 5), Bd. IV, Leipzig 1911, 243b.
7   Vgl. Winkler, Leichenpredigt, 70.

ten«, da sie Hand und Beutel mit Gold und Silber beschweren![8] Unwahr-
haftige Predigt führt zur Gottlosigkeit: »Wer wollte böses meiden/wann es
in gutes kan verwandelt werden/und ruhm bringen nach dem todte?« fragt
Müller. Er möchte nur denen Leichenpredigten halten, die sie durch ein
christliches Leben verdienten und als Muster der Barmherzigkeit und
Geduld dienen können. Auch hier drängt sich die Werkgerechtigkeit in die
Kasualpraxis ein.

August Hermann Francke übernahm das Urteil, »daß die Leichen-Predigten
insgemein Lügen-Predigten sind«[9]. Er wollte das Problem lösen, indem er
im Leben der Verstorbenen nach Beispielen suchte, die der Erbauung
dienen können. So findet er im Leben einer Verstorbenen

»ein Exempel einer ungefärbten Gottseligkeit, ein Exempel rechtschaffener
Zucht und Keuschheit, ein Exempel einer wahrhaftigen Verleugnung der Liebe
dieser Welt; ein Exempel einer aufrichtigen und brünstigen Liebe zu JEsu
Christo, ihrem Heylande; ein Exempel einer rechtschaffenen Treue in allem
demjenigen, was ihr von GOtt unter die Hände gegeben ward, ein Exempel einer
durch den Geist Christi gewirckten Freundlichkeit und Holdseligkeit; ein Exempel
und Muster, daran man sehen konte, wie lieblich es sey, wann die natürlichen
Kräfte und Gaben durch die Gnade geheiliget, und zur Ehre GOttes angewendet
werden«.

Francke wollte Biographisches möglichst nur dann zur Sprache bringen,
wenn es in diesem Sinn exemplarisch wirken und zur Praxis des Glaubens
einladen kann. Das Beispiel christlichen Glaubens sollte dem Lob Gottes
statt menschlichem Ruhm dienen und zugleich zu solchem Leben auffor-
dern.

In der Aufklärung begann die Verdrängung des Todes aus dem gesellschaftlichen Bewußtsein. Um das Jahr 1800 nahm die Zahl der anonymen
Bestattungen zu, an denen meist kein Pfarrer beteiligt war. Mit der Industrialisierung und der damit verbundenen Urbanisierung wurde die das
ganze Leben gestaltende Kraft des kirchlichen Brauchtums von der Taufe
bis zur Beerdigung weiter geschwächt. Die letzten Dinge wurden besonders im städtischen Raum mehr und mehr aus dem familiären Bereich in
die neu entstehenden Krankenhäuser, Alters- und Pflegeheime verlegt. Der
grandiose medizinische Fortschritt ließ seit der zweiten Hälfte des 19. Jh.
die persönliche Begegnung mit Sterben und Tod immer seltener werden,
sofern man von den Katastrophen der Kriege absieht. Wahrscheinlich
verstärkte das massenhafte unnatürliche Sterben in den Kriegen das Bedürfnis, der Realität des Todes auszuweichen und sie bestimmten Institutionen wie Kliniken, Altersheimen, Bestattungsunternehmen und Kirchen
zu überlassen.

Seit dem auslaufenden 19. Jh. erfuhr der Umgang mit den Sterbenden, mit
den Toten und mit der eigenen Sterblichkeit einschneidende Veränderun-

---

8 Ebd., 235.
9 Vgl. E. Winkler, Exempla fidei. Verkündigung und Seelsorge in der Bestattungspredigt bei August Hermann Francke, in: Verkündigung und Neuzeit, hg. von A. Lindt
und K. Deppermann, Bielefeld 1975, 22-32; Zitat 24.

gen. Eine eher äußerliche Änderung war die Einführung der Feuerbestattung seit dem letzten Viertel des vorigen Jh. Zunächst verband sich damit weithin der Widerspruch gegen das Christentum, das immer die Erdbestattung praktizierte, und gegen seinen Auferstehungsglauben. Auch hygienische und ökonomische Motive spielten eine Rolle. Die Kirchen lehnten die Feuerbestattung mit unterschiedlicher Konsequenz ab. Erst 1963 gab die katholische Kirche diese Bestattungsform frei und zog damit die Konsequenz aus der Tatsache, daß die Einäscherung längst ihre ursprüngliche antichristliche Zielrichtung verloren hatte.

Als viel tiefgehender erwies sich der mit der Aufklärung beginnende, in unserem Jh. aber rapide sich ausbreitende Säkularisierungsprozeß, der einen verheerenden Transzendenzverlust mit sich brachte. Weltweit ist dieser Prozeß keineswegs gleichmäßig zu beobachten, am stärksten ist die westliche und die ehemals sozialistische Welt betroffen. Im deutschen Sprachraum drang die Verdiesseitigung des Denkens und Empfindens tief in die Theologie und in die Kirche – leider besonders die evangelische – ein. Die Erfahrung, daß die Mehrzahl unserer Zeitgenossen – jedenfalls in Deutschland, und vor allem in den neuen Bundesländern – nichts mehr mit dem Auferstehungsglauben anfangen kann, führt weithin zur Preisgabe dieser fundamentalen Wahrheit. Die inhaltlichen Probleme der Bestattungspredigt wie auch der Sterbeseelsorge haben sich seit *Francke* verschoben. Ob und wie von der verstorbenen Person angemessen zu reden ist, erweist sich als vergleichsweise leicht lösbares Problem gegenüber der grundlegenden hermeneutischen Aufgabe, Menschen in der säkularisierten Welt Zugänge zur österlichen Hoffnung zu erschließen. Darüber wird im grundlegenden Teil nachzudenken sein (vgl. S. 175-182).

Zur jüngsten Geschichte gehört aber auch die Beobachtung, daß die Säkularisierung nicht jedes Transzendenzverlangen tötet. Die esoterische Literatur blüht und bietet Alternativen zur christlichen Eschatologie an, die dem denkenden Menschen oft nicht weniger zumuten als die angeblich nicht mehr zumutbare christliche Lehre. Jedenfalls beweist die Esoterik, daß der sogenannte moderne Mensch mit materialistischen Thesen wie der Behauptung, mit dem Tod sei alles aus, weder den Stein der Weisen noch das Ziel seiner Sehnsucht gefunden hat. Damit sind wir bereits bei Beobachtungen zur gegenwärtigen Situation.

b) Zur gegenwärtigen Situation

Die Beerdigung ist die häufigste und am wenigsten von den Schrumpfungen kirchlicher Handlungen betroffene Kasualie. In der Ev.-Luth. Landeskirche Sachsens wurden 1989 99,8% der verstorbenen Evangelischen kirchlich beerdigt, 1985 waren es 99,2%, 1976 89,3% und 1966 84,7%. Auf jede besetzte Pfarrstelle einschließlich der übergemeindlichen kamen 1989 22 Beerdigungen bei 11 Taufen. 1991 wurden in den alten Bundesländern 91,4% der verstorbenen Evangelischen kirchlich beerdigt. Der Säkularisierungsprozeß verändert jedoch auch die Bestattungspraxis. Die

Zahl der weltlichen Trauerfeiern nimmt zu, ihr Anteil ist ein Gradmesser für die kirchliche Situation.

Auch die Zahl der anonymen Bestattungen wächst, besonders im groß-städtischen Raum. Als Hauptmotiv ist die fehlende Bereitschaft zur Aus-einandersetzung mit der Realität von Tod und Sterben anzusehen. Der Tod ist eine Angelegenheit der Bestattungsinstitute, ihm wird der Zutritt in das normale Leben verwehrt. Außerdem lassen sich die Kosten verringern. Mitunter verfügen Menschen als ihren letzten Willen, daß sie anonym beerdigt werden möchten, um ihren Angehörigen die Grabpflege zu erspa-ren. Mir ist eine entschiedene Christin bekannt, die aus Bescheidenheit diese Regelung traf, weil sie die ersparten Mittel und Kräfte den Lebenden zuwenden wollte. Trotz dieser guten Absicht wäre die weitere Ausbreitung der anoymen Beerdigung ein geistiger und geistlicher Verlust. Sie würde die unheilvolle Tendenz verstärken, Sterben und Tod aus dem Bewußtsein der Lebenden zu verdrängen. Christen tun ihren Angehörigen und Nach-kommen einen besseren Dienst, wenn sie mit ihrer Grabgestaltung ein Zeichen der Hoffnung setzen, die in Christus begründet liegt.

Zur Situation gehört eine starke Zunahme der Einäscherungen, besonders in Großstädten und ihrem Umfeld, während im ländlichen Raum die Entfernung zu den Krematorien diese Tendenz bremst. Es erspart Kosten und erleichtert die Prozedur, wenn die Trauerfeier nur mit der Urne stattfindet. Der alte Brauch, die Verstorbenen aufzubahren und vor der Schließung des Sarges von ihnen Abschied zu nehmen, ging weithin verloren. Der Tote gerät buchstäblich aus dem Blick. Bei der Trauerfeier sieht man eine Urne, die in nichts an die verstorbene Person erinnert, während die Trauernden im Sarg den Leib des Menschen wissen, von dem sie Abschied nehmen müssen. Unter psychologischem und seelsorgerlichem Aspekt ist zu wünschen, daß die Trauerfeier bei Einäscherungen vorher mit dem Sarg gehalten wird.[10]

Trotz der Zunahme anonymer Beerdigungen und der Beisetzung »in aller Stille« behielt die Bestattung weithin die Bedeutung eines gesellschaftli-chen Ereignisses. An kirchlichen Trauerfeiern nehmen deshalb viele Men-schen teil, die sonst ohne Kontakte zur Kirche leben. Oft gehört dazu die Mehrzahl der Angehörigen. Sie begegnen bei dieser Gelegenheit mehr unfreiwillig als aus eigenem Entschluß der Kirche und ihrer Botschaft. Ihr Bild von der Kirche wird nicht unwesentlich durch diese Begegnung geprägt.

Was bringen die Menschen an Erwartungen und Voraussetzungen mit? Die Skala ist sehr weit. Eine Minderheit läßt sich vom Glauben an den auferstandenen Jesus Christus und von der Hoffnung leiten, daß er uns und unsere Entschlafenen zu neuem Leben erwecken wird. Bei der Mehrheit müssen wir davon ausgehen, daß für sie mit dem Tod alles vorbei ist oder daß sie eher eine diffuse Unsterblichkeitshoffnung – etwa in Form des

---

10 Vgl. Reinhold Lindner in seinem empfehlenswerten Kapitel »Der Weg der Trauer«, in: »Trauernden predigen. Beispiele und Anleitungen«, hg. von R. Lindner und H. Nitschke, Gütersloh ²1985, 122-152, bes. 135.

Reinkarnationsglaubens – als eine spezifisch christliche Hoffnung über den Tod hinaus mitbringen. *Grabners* Befragung[11] von Leipziger evangelischen Kirchenmitgliedern ergab 1989, daß auf der fünfstufigen Skala 22% die 5. Stufe, also die höchste Zustimmung wählten auf die Vorgabe: »Nach dem Tod ist alles endgültig aus«. Stufe 4, also ebenfalls Zustimmung, galt für 13%, und noch einmal 22% entschieden sich für Stufe 3, die immer noch Nähe zur Vorgabe signalisiert. 44% lehnen diesen Satz ab. Relativ hohe Zustimmung erfährt andererseits das Bekenntnis: »Ich glaube: Jesus ist von den Toten auferweckt, das heißt: Jesu Grab ist leer, und er ist leibhaftig auferstanden«. 37% wählen hier Stufe 5, 18% Stufe 4, und nur 25% die ablehnenden Stufen 1 und 2. Damit ist bei diesem Glaubenssatz mit stark traditionell dogmatischer Formulierung eine höhere Zustimmung festzustellen als bei der Aussage: »Der Tod ist der Übergang zu einem anderen Leben«, die mit 27% auf Stufe 5 und 14% auf Stufe 4 bejaht wird. Vermutlich drückt sich in der relativ hohen Akzeptanz der Auferstehung Jesu eine kirchenfreundliche Haltung aus, die 1989 in Leipzig verbreitet war. Die Bejahung eines dogmatischen Satzes verbindet sich nicht automatisch mit Konsequenzen für das persönliche Leben. Bei Nichtchristen und distanzierten Kirchenmitgliedern ist der Anteil derer, für die nach dem Tod »endgültig alles aus« ist, sicher noch höher als bei *Grabner*.

Gibt es empirische Daten für mögliche Anknüpfungspunkte? Auf die Frage nach dem Sinn des Christseins erhalten zwar ethische und diakonische Motive die höchsten Werte, aber auch die Aspekte der Hoffnung, der Geborgenheit und der Hilfe in schwierigen Lebenslagen haben hohe Bedeutung. »Durch den Glauben bekomme ich ein Gefühl der Geborgenheit, das nicht mit dem Verstand geklärt werden kann«, meinen 61%, und nur 17% lehnen es ab. Ebenso viele stimmen dem Satz zu: »Der Glaube hilft mir, in schwierigen Lebenslagen nicht zu verzweifeln«, und 59% verstehen unter christlichem Leben »auf Dinge hoffen und vertrauen, die zwar bestehen, aber nicht sichtbar sind«. Diese Befunde entsprechen der religionssoziologischen These, daß eine wesentliche Funktion von Religion in der Kontingenzbewältigung zu finden ist, also im Verarbeiten des Unberechenbaren, oft Bedrohlichen und Verunsichernden. »Daß ich Trost finde, wenn ich traurig und verzweifelt bin«, halten 70% für sehr wichtig und 17% für ziemlich wichtig. Trost im Leiden sucht auch der säkularisierte Mitmensch. Für »trostreiche Worte« bedanken sich die Hinterbliebenen nach weltlichen und kirchlichen Bestattungen. Das Hauptproblem besteht heute bei der Kasualie Beerdigung darin, Trost mitzuteilen, der aus der christlichen Hoffnung lebt. Damit sind wir bei den Grundlagen dieser Kasualie.

---

11 Wolf-Jürgen Grabner, Religiosität in einer säkularisierten Gesellschaft. Eine Kirchenmitgliedschaftuntersuchung in Leipzig 1989, Frankfurt a.M. 1994, 186f.

2. Grundlagen

a) Trost als menschliches Bedürfnis und als Inhalt des Glaubens

Christlicher Trost gründet im biblischen Zeugnis von der Auferstehung Jesu und der verheißenen Auferstehung der Toten. Stieß die Rede von der Auferstehung der Toten schon bei den Hörern des Apostels Paulus auf Ablehnung (Apg 17,32; 23,6; vgl. 1 Kor 15,22ff.), so ist sie in einer säkularisierten Welt noch viel schwerer verständlich zu machen. Wir werden deshalb im nächsten Abschnitt nach möglichen Zugängen zu dieser Botschaft fragen. Was aus theologischen Gründen vorrangig zu bedenken wäre, wird unter kommunikativem Aspekt zurückgestellt, denn in der Praxis helfen die besten theologischen Wahrheiten nicht, wenn sie nicht kommunikabel sind. Deshalb suchen wir nach Anknüpfungsmöglichkeiten für Worte des Trostes

Über Todesanzeigen und auf Grabsteinen lesen wir mitunter das Wort »Erlöst!«. Gemeint ist dabei meist nicht die Erlösung durch Christus, sondern der Tod wird als Erlösung von Schmerzen und Ängsten verstanden. »Erlöst« ist nicht nur der Verstorbene von seinem Leiden, befreit sind auch die Hinterbliebenen von ihrer Hilflosigkeit und vom dunklen Schatten, den das Sterben des Angehörigen auf ihr eigenes Leben warf. »Erlöst« drückt Erleichterung aus, die keineswegs als leichtfertiges Gefühl verstanden werden muß, sondern als notwendige Entlastung. Als Christ und Theologe empfinde ich Schwierigkeiten, wenn ein so zentraler theologischer Begriff wie »Erlösung« in säkularisierter Bedeutung gebraucht wird. Ich achte darauf, ihn nicht selber in diesem Sinn zu verwenden. Dennoch nehme ich das darin enthaltene Trostmotiv auf und folge damit einer alten christlichen Tradition. Schon die altkirchliche Verkündigung übernahm Trostmotive aus der antiken Philosophie.[12] Griechen und Römer hatten eine Trostliteratur entwickelt, die das allgemein menschliche Trostbedürfnis ausdrückt und teilweise bis heute wirksame Gedanken enthält. »Es gibt keinen Schmerz, den nicht die Länge der Zeit vermindert und mäßigt«, schreibt *Cicero*[13] und verbindet so das »Prinzip Hoffnung« mit dem Leid. »Das Leben muß und wird weitergehen«, so trösten sich viele vom Leid Betroffene selber, und darin können wir sie als Seelsorger nur bestärken. Das Leben wird weitergehen, weil Gott mitgeht. Verstehen wir die Kasualie als Tore zum Leben (vgl. S. 27f.), so denken wir bei der Bestattung gleichermaßen an die verstorbene Person, der sich das Tor zu einem anderen Leben öffnet, wie an die Trauernden, für die das Leben nun auch in einer veränderten Weise weitergeht. Dabei ist die Art, in der sie von der Veränderung betroffen werden, und damit die Notwendigkeit des Trostes höchst unterschiedlich. Wenn ein Neunzigjähriger nach schwerer Gehirn-

---

12 Vgl. S. 168 sowie Hans Theo Weyhofen, Trost. Modelle des religiösen und philosophischen Trostes und ihre Beurteilung durch die Religionskritik, Frankfurt a.M./Bern 1983, 90-137.
13 Ebd., 81.

verkalkung oder langwierigem Schenkelhalsbruch endlich friedlich entschlafen ist, so läßt sich das nicht mit dem Tod der 28jährigen Mutter von drei Kindern nach einem Krebsleiden oder des 20jährigen Sohnes durch einen Unfall vergleichen. Trotzdem gilt auch bei so tragischen Fällen, daß die Zeit Wunden heilt.[14] Das ist kein spezifisch christlicher Trost, aber darin kommt eine Hoffnung zur Geltung, die zum Wesen des Glaubens gehört. In der Sicht des Glaubens ist die Zeit ja keine anonyme Größe, weil sie in Gottes Händen liegt (vgl. Ps 31,16). Daß die Zeit Wunden heilt, heißt für Christen: Gottes Wege führen weiter. »Der Wolken, Luft und Winden gibt Wege, Lauf und Bahn, der wird auch Wege finden, da dein Fuß gehen kann« (*Paul Gerhardt*).

Ein anderer Gedanke, der sich bereits bei dem Philosophen *Seneca* findet, ist die Erinnerung an das Gute, das einem Menschen und durch ihn gegeben wurde. »Denk daran, tiefbeglückend war, was du gehabt, menschlich, was du verloren hast«[15]. Die dankbare Erinnerung an das Positive soll den Schmerz mildern. Sie macht natürlich zugleich bewußt, was durch den Tod verloren ging. Die antike Philosophie und manche von ihr beeinflußten Theologen neigten dazu, den Schmerz zu verdrängen oder zugunsten des Ideals stoischer Gelassenheit zu verwerfen. Christlicher Trost nimmt den Schmerz ernst und schwächt ihn nicht durch Verharmlosung des Leidens. Dankbare Erinnerung an das, was einem Menschen in seinem Leben gegeben wurde und was er anderen bedeutete, verringert den Schmerz des Verlustes nicht, setzt dem Negativen aber Positives entgegen. In der Sicht des Glaubens hängt alles mit Gott zusammen, das Negative und das Positive. Der Dank richtet den Blick auf das Positive. Dank bezieht sich auf das, was Menschen einander gaben, in der Sicht des Glaubens aber nur geben konnten, da sie es von Gott empfangen hatten.

Zu den Trostmotiven, die aus der antiken Philosophie in das Christentum einflossen, gehörte die Abwertung des irdischen Lebens zugunsten des jenseitigen, in dem die Seele von allen Fesseln der leiblichen Existenz befreit ist. Das Leben ist aber als Gabe des Schöpfers ein so wertvolles Gut, daß theologische Gründe verbieten, es abzuwerten, abgesehen davon, daß es heute kaum jemanden trösten kann, wenn man die Nichtigkeit alles Irdischen und Vergänglichen behauptet. Der Schmerz entsteht ja gerade aus der Vergänglichkeit dessen, was keineswegs nichtig ist. Trost entartet zur Vertröstung, wenn das Diesseits zugunsten des Jenseits vernachlässigt wird. Dieses Problem gehört aber eher in die Geschichte der Frömmigkeit als in die heutige Praxis. Heute besteht die Gefahr vielmehr darin, daß die Trostmotive sich auf das Diesseits und damit auf die menschlichen Möglichkeiten beschränken. Der auf sich gestellte Mensch kann das Schicksal in stoischer Tapferkeit hinnehmen, er kann sich verzweifelt dagegen

---

14 Andererseits ist der Hinweis von Manfred Seitz zu beachten, »daß die Zeit nicht nur heilt, sondern Schmerz, Verlassenheit und Ungeborgenheit fortschreitend zur Entfaltung bringt. Von daher gesehen, kann es sich bei echtem Trost ... nur um eine Erscheinung handeln, die mitgeht, Schritt hält und sich entfaltet«, in: Calwer Predigthilfen Beerdigung, Stuttgart 1974, 30.

15 Seneca nach Weyhofen, 87.

aufbäumen, und er kann es überspielen, aus dem Bewußtsein verdrängen. All das gibt es auch bei Christen, und es läßt die Menschen in Trostlosigkeit stecken, wenn das Schicksal eine blinde, anonyme Macht bleibt. Glaubende haben es im Schicksal mit Gott zu tun. Wir können nicht ohne weiteres sagen, es habe »Gott gefallen«, bestimmte Menschen aus diesem Leben abzurufen, einen jungen Ehemann plötzlich seiner Frau und den Kindern zu entreißen oder Eltern ihr einziges Kind zu nehmen. Während sich Trauernde früher damit trösten konnten, Gott rufe solche Menschen jung aus dem Leben, die er besonders liebe, weil es ihnen im Himmel viel besser geht als auf der Erde, würde dieser Gedanke heute eher abstoßen als trösten. Warum mußte diese gute Frau, die ein Leben lang für andere da war, so schwer leiden und so früh sterben? Warum durfte der Mann, der kaum den Ruhestand erreicht hatte, nicht noch einige Jahre mit seiner Frau leben? Warum mußte dieses Kind an Leukämie sterben, ehe das Leben richtig begonnen hatte? Warum ließ Gott es zu, daß einer meiner Studenten, der mit Begeisterung auf das Pfarramt zuging und bestimmt ein ausgezeichneter Pastor geworden wäre, im Examen an Krebs erkrankte und weder die ärztliche Kunst noch das Gebet vieler ihm helfen konnten? Hinter diesen Warum-Fragen steht die Theodizee-Frage: Existiert überhaupt ein Gott, wenn all das geschehen kann? Müßte er nicht eingreifen, wenn es ihn gäbe?[16] Diese Frage rührt dermaßen an den Nerv des Glaubens, daß manche Christen meinen, sie überhaupt nicht zulassen und sich nicht mit ihr auseinandersetzen zu dürfen. In der Bibel wird aber die Warum-Frage nicht nur erlaubt, sondern häufig ausgesprochen. Jesu Schrei am Kreuz »Mein Gott, mein Gott, warum hast du mich verlassen?« (Mk 15,34 par.) zitiert Ps 22,2 und steht damit in der Tradition des Klagegebets, in dem der Leidende mit seiner Hilflosigkeit und Ratlosigkeit zu Gott kommt. Mit der Klage ist auch die Anklage erlaubt, wie besonders eindrucksvoll das Buch Hiob zeigt[17]. Die Rolle der Freunde Hiobs warnt uns davor, die Klage mit theologischen Argumenten zuzudecken und die Warum-Frage plausibel beantworten zu wollen.

Wenn biblische Zeugen im Leiden die Warum-Frage aussprechen, wenden sie sich an den Gott, der sich zu verbergen scheint und in der Not nicht erfahren läßt. »Warum verbirgst du dein Antlitz und hältst mich für deinen Feind?« fragt Hiob (13,24; vgl. Ps 44,25). Nicht die Existenz Gottes an sich, sondern sein Dasein für den Leidenden ist in Frage gestellt. Man kann fragen, ob das für die einzelnen Menschen in ihrer Not einen entscheidenden Unterschied ergibt. Wenn Gott existiert, aber sich in der Not verbirgt, ist das für den Betroffenen kaum hilfreicher als wenn er meint, es gäbe diesen Gott gar nicht. Viele Atheisten begründen ihre Einstellung damit, daß sie besser mit der grausamen Realität leben könnten, wenn sie darauf verzichten, sie mit einem lebenden Gott in Verbindung zu bringen.

16 Vgl. Hans-Georg Fritzsche, Schuld und Übel. Zum Theodizeeproblem, Berlin 1987.
17 Vgl. Tobias Mickel, Seelsorgerliche Aspekte im Hiobbuch. Ein Beitrag zur biblischen Dimension der Poimenik, Berlin 1990.

Der Zugang zum christlichen Trost wird verbaut, wenn Gott als der »liebe Gott« vor allem dazu dienen soll, Menschen vor Not und Leiden zu bewahren. Tut er das nicht, wird er entlassen oder für tot erklärt. Christlicher Trost verkommt zur Vertröstung, wenn Gott nicht auch als der Unbegreifliche, Verborgene bezeugt und geglaubt wird. Warum mußte sein Sohn am Kreuz so fürchterlich leiden und qualvoll zugrunde gehen? In der christlichen Tradition wurde dieser grausame Tod oft vorschnell verständlich gemacht. Christus starb für uns, damit schien das Rätsel dieses Leidens gelöst. Es geschah ja alles aus Liebe zu uns. Aber warum mußte Liebe sich so auswirken? Die Dogmatik ordnet den Tod Jesu in die Lehre vom Heil (Soteriologie) ein, mit Recht, und die Frömmigkeit eignet sich die Heilslehre an, ebenfalls mit Recht, aber dabei wird allzu leicht die Unbegreiflichkeit dieses Geschehens übersehen. Am Kreuz sehen wir nicht nur den Gott, der sich uns in Christus voller Liebe zeigt (deus revelatus), sondern spüren zugleich etwas von der Unbegreiflichkeit und Verborgenheit (deus absconditus), ja vom erschreckenden Geheimnis, das wir Gott nennen (mysterium tremendum).

Christlicher Trost gründet in der Beziehung zu diesem Gott, der uns in Liebe begegnet und zugleich rätselhaft bleibt. Im Kreuz Jesu steht uns seine Liebe vor Augen, die er uns in Jesus zuwandte, und doch auch seine Unbegreiflichkeit. Für christlichen Trost genügt daher der Blick auf Vergangenheit und Gegenwart nicht. Er lebt von der Hoffnung, die ihren Grund in der Auferstehung Jesu hat. Immer wieder hat man diskutiert, ob Jesus wirklich leiblich auferweckt wurde. Evangelikale Theologen kämpften aus verständlichen Gründen für die historische Realität der Osterereignisse. Es geht ja um Grundlagen christlichen Lebens, nicht nur um akademische Streitfragen. Man sollte sich aber nicht in falsche und fruchtlose Streitereien hineinziehen lassen. Jesu Auferweckung und damit die unsere läßt sich nur im Glauben als Grund der Hoffnung annehmen, niemals aber historisch beweisen. Über Zugänge zur Auferstehungsbotschaft ist im nächsten Abschnitt nachzudenken.

Vorher ist an einen anderen Aspekt des Trostes zu erinnern, der heute oft vernachlässigt wird. Gemeint ist das durch den Zuspruch und die Annahme der Vergebung getröstete Gewissen. Trost ist die Antwort auf Trauer, die nicht nur durch den Tod und seine Folgen, sondern auch durch Schuld entsteht. Der Tod enger Angehöriger weckt oft Schuldgefühle. Hätten wir die Mutter nicht öfter besuchen sollen? Wäre es nicht besser gewesen, den Vater zu Hause sterben zu lassen? War es richtig, ihn noch einmal zu operieren? Ist es in ihrem Sinn, sie einäschern zu lassen? Hätten wir nicht doch offen mit ihm über seine Krankheit und das nahende Ende reden sollen? Das Verlangen nach Selbstrechtfertigung drängt solche und ähnliche Fragen oft zurück. Trost im Glauben an die Vergebung befähigt dazu, Versagen und Versäumtes einzugestehen und diese Last zu Gottes Füßen abzulegen. Nehmen Menschen den Trost an, der aus der Vergebung kommt, wird jede Form von Unwahrhaftigkeit am Grab und Sarg überflüssig. Es hat dann keinen Sinn mehr, die Beziehungen zum Verstorbenen zu idealisieren. Man kann »getrost« Schwächen der verstorbenen Person und des eigenen Verhaltens eingestehen und das Urteil Gott überlassen.

b) Auferstehung und ewiges Leben

»Das Gefühl, ohnmächtig gegen die Verdiesseitigung des Lebens anzukämpfen, wird zum Mißerfolgserlebnis« vieler Pfarrer, meint Rolf Schäfer[18]. Der rapide Verlust von Hoffnung über die Todesgrenze hinaus geht nicht nur auf die allgemeine Säkularisierung zurück, wie die Zuwendung vieler zur Esoterik und zum New Age zeigt. Theologie und Kirchen gaben zu wenig Verstehenshilfen für die zentrale und grundlegende Verkündigung der Auferstehung.

Für den Zugang zum Auferstehungsglauben ist der Streit um die historische Tatsächlichkeit der Auferstehung Jesu geradezu schädlich, weil er irreführende Vorstellungen weckt. Niemand kann nachweisen, was mit dem Leichnam Jesu geschehen war, als die Frauen am Ostermorgen das Grab leer vorfanden. Die Geschichtlichkeit der Auferstehung Jesu bewährt sich in ihrer Wirkung auf Menschen, die vorher deprimiert und verängstigt waren. Genau darin erweist sich zu jeder Zeit die Wahrheit des Auferstehungsglaubens. Traurige werden getröstet, Niedergeschlagene gewinnen Lebensmut, Verzweifelte finden einen neuen Anfang. »Das Alte ist vergangen, siehe, Neues ist geworden« (2 Kor 5,17). Wo Menschen das erfahren, erschließt sich ein Zugang zum Auferstehungsglauben. Die Auferstehung *vor* dem Tod muß erfahren, wer zum Glauben an die Auferstehung der Toten finden will. »Wach auf, der du schläfst, und steh auf von den Toten, so wird dich Christus erleuchten« (Eph 5,14). Hier ist die Auferstehung aus dem geistlichen Tod, dem Tod des Unglaubens und der Sünde, gemeint. Nach Kol 2,12 und 3,1 *sind* die Glaubenden bereits mit Christus auferstanden. Wer diese Auferstehung aus dem alten in das neue Leben erfahren hat, kennt eine Analogie, die den Glauben an die Auferstehung der Toten verstehen hilft. Wie die Auferstehung aus dem Tod der Gottferne Gottes Tat ist, so hängt auch die künftige Auferstehung ganz von ihm ab. Andererseits darf der Mensch, der die Realität des neuen Lebens schon jetzt erfährt, auf dem Weg der Analogie des Glaubens auf die Wirklichkeit des neuen Lebens jenseits der Todesgrenze schließen. Es ist kein Schlußverfahren menschlicher Logik, sondern ein ganz »theo-logischer« Schluß, der nur durch die persönliche Beziehung des Glaubenden zu Gott plausibel wird. *Rolf Schäfer* hat richtig darauf hingewiesen, daß der Auferstehungsglaube am Ende eines Verstehensprozesses steht, »der mit ganz anderen Grunderfahrungen beginnt«[19]. Was christliche Verkündigung am Grab von weltlichen Trauerfeiern unterscheidet, ist in der fundamentalen Bedeutung des Gottesglaubens verankert. Ohne Gott kann man sich durchaus eine Unsterblichkeit vorstellen, einen unendlichen Kreislauf des materiellen und

18 Pastoraltheologische Aspekte der Beerdigung, PT 83, 1994, 199-209, Zitat S. 201.
19 Ebd., 204.

geistigen Seins, eine Macht der Liebe, die nie aufhört und ähnliches. Auferstehung und ewiges Leben im christlichen Sinn sind undenkbar ohne den Glauben an den dreieinigen Gott. Dieser Glauben bedeutet nicht nur die Kenntnis dogmatischer Sätze (*notitia*), auch nicht nur die Zustimmung zu ihnen (*assensus*), sondern ein Vertrauen (*fiducia*), auf das sich das Leben gründet und von dem dieses Leben getragen wird, auch wenn die Glaubenden es sich nicht ständig bewußt machen.

Die Grunderfahrung des Glaubens an Gott ist die Voraussetzung dafür, den Glauben an Auferstehung und ewiges Leben annehmen zu können.[20] Wer an Gott glaubt, für den gibt es kein Ende der Gottesbeziehung.[21] Wie die Liebe ist auch der Glaube auf Endlosigkeit aus. »Wer an den Sohn (Gottes) glaubt, der *hat* das *ewige* Leben« (Joh 3,36; 5,24). Im Glauben hat das Leben bereits begonnen, das nicht enden wird, weil es Leben von Gott, mit ihm und in ihm ist. Auferstehung bedeutet, daß dieses jetzt schon beginnende ewige Leben jenseits des Todes durch Gottes wunderbare Kraft eine neue Qualität erhalten wird. Leben mit Gott ist schon jetzt ewiges Leben, obwohl seine biologische Komponente durch den Tod beendet wird. Durch die Auferstehung wird das Leben in der Gemeinschaft mit Gott unendlich. Unendlichkeit können wir uns nicht vorstellen, weil wir in den Kategorien von Raum und Zeit denken. Unwillkürlich stellen wir uns »ewig« so vor, als würden Jahrtausende und Jahrmillionen in endloser Reihe aufeinander folgen. Wenn man sich dann noch vorstellt, die Frommen sollten über eine so verstandene Zeit ohne Ende Halleluja singen, die Verworfenen aber in ebensolcher Zeit unendlich in der Hölle leiden, so gerät man in Absurditäten. Sie werden gegenstandslos, wenn man beachtet, daß der Tod unsere Koordinaten Raum und Zeit aufhebt. Theologen sprachen vom »nunc aeternum«, dem Zusammenfallen von Augenblick und Ewigkeit. Ewigkeit ist »Zeit ohne Zeit«, wie *Johann Rist* sagte (EKG 324,1).

Wer an Gott glaubt, verbindet sein Leben mit dem Ewigen. Theologisch ist es richtiger, zu sagen: Der Ewige verbindet unser Leben mit dem seinen, also mit dem ewigen Leben. Es war eine konsequente Entwicklung, daß der alttestamentliche Gottesglaube, der sich ursprünglich nicht mit dem Auferstehungsglauben verband, auf diesen hinführte. Das Grundvertrauen, das die Beziehung des Menschen zu Gott bestimmt, kann auf Dauer nicht abrupt an der Todesgrenze enden. Es trägt durch das finstere Tal hindurch und weist über dieses hinaus. »Der Glaube als Vertrauen wird von selbst

---

20   Vgl. Eberhard Jüngel, Tod, Gütersloh [4]1990, 54: Der christliche Glaube lebt »nicht von der Hoffnung auf die Auferstehung der Toten, sondern die Hoffnung auf Auferstehung lebt vom Glauben an Jesus Christus.« Die Begegnung mit dem Tod Jesu Christi und eine daraus folgende neue Einstellung zum Tod sind nach Jüngel Voraussetzungen für das Verständnis von Auferstehung.

21   Damit wird die Rede von der »Gottfremdheit des Todes« (vgl. Jüngel, a.a.O. 98ff.) relativiert. Zu Jes 25,8: »Gott vernichtet den Tod auf immer« sagt Jüngel m.E. mit Recht, diese Prophezeiung sei »die letzte Konsequenz eines Glaubens, der Gott als Schöpfer nicht nur, sondern als leidenschaftlichen Herrn und Partner eines Bundes kennt, in dem die *Liebe* regieren soll.« (103).

zur Hoffnung.«[22] Darin besteht die religionspädagogische und seelsorgerliche Aufgabe, Menschen zum Vertrauen zu helfen, das zur Hoffnung
wird auf Gottes unendliche Liebe, die uns auch durch den Tod begleitet und
über ihn hinausführt.

Wer Erwachsenen einen Zugang zum Auferstehungsglauben erschließen
will, kann Hilfen in der Religionspädagogik finden, zumal die Verstehens-
bedingungen bei Erwachsenen heute weithin nicht besser sind als bei
Kindern. *Werner Thiede* geht u.a. der Frage nach, die auch viele Erwachsene bewegt: Wo bleiben unsere Toten?[23] Er antwortet: Während der irdische Leib zerfällt, schlafen die Toten in Gottes Hand bis zur Auferweckung.
Damit spricht er bewußt bildlich, wie es auch in der Bibel geschieht (Dtn
31,16; 2 Sam 7,12; Dan 12,2; Mt 27,52; 1 Kor 11,30; 15,20 u.ö.). Dem Bild
vom Schlafen korrespondiert das vom Auferwecktwerden. Diese Bilder
nehmen Erfahrungen auf, um sie in analogischer Weise zu deuten, daß
heißt um Ähnlichkeit und Andersartigkeit auszudrücken. Der Zustand
jenseits des Todes ist einem Schlaf vergleichbar, aus dem die Schlafenden
geweckt werden, aber zugleich stellen Schlaf und Auferweckung etwas
ganz anderes, Neues dar.

Manfred Seitz faßt die Hoffnung in vier Sätzen zusammen:
»– Gott selber läßt sterben.
– Die Toten ruhen in seiner Hand.
– Er ist es, der ihrer gedenkt.
– Christus steht am anderen Ufer«[24].

Elementar wird hier Grundlegendes gesagt. Die Existenz der Verstorbenen
gründet in Gott: Sie ruhen in seiner Hand und leben, indem er ihrer
gedenkt. Daß Christus am anderen Ufer steht (vgl. Joh 21,4), empfinde ich
als starkes und hilfreiches Bild. Während das Bild vom Schlafen oder
Ruhen in Gottes Hand die über den Tod hinausreichende Gottesbeziehung
und damit die Kontinuität ausdrückt, liegt im Bild vom Christus am
jenseitigen Ufer auch der Bruch, den der Tod darstellt, und der neue
Anfang, den Gott schafft.

Das biblische Bild vom Schlaf finde ich notwendig als Gegensatz zu der in
der neueren evangelischen Theologie verbreiteten These vom Ganztod, die
dem radikalen Ende des Menschen mit Leib und Seele im Tod seine neue
Schöpfung in der Auferstehung folgen läßt. Berechtigt ist an dieser These
der Gedanke, daß der Mensch eine leib-seelische Einheit bildet und die
moderne Anthropologie ihn nicht in einen sterblichen Leib und eine
unsterbliche Seele aufteilen kann. Die These vom Ganztod läßt die Frage
unbeantwortet, inwiefern der auferweckte Mensch mit dem verstorbenen
identisch ist. Kann eine Person, die zu existieren aufgehört hat, mit einer
neu entstandenen identisch sein? Das Bild vom Schlaf »in Gottes Hand«

22 Schäfer, Pastoraltheologische Aspekte, 205.
23 Vgl. W. Thiede, Sterben, Tod und Auferstehung als Themen für Kinder und
Jugendliche, PTh 83, 1994, 210-228.
24 Calwer Predigthilfen Beerdigung, hg. von Herbert Breit und Manfred Seitz,
Stuttgart 1974, 39.

hängt nicht von der platonischen Vorstellung einer unsterblichen Seele ab, die im Tode dem Kerker des Leibes entflieht. Die Kontinuität der Person über den Tod hinaus liegt allein in Gott begründet, von dem alles Leben kommt und zu dem es zurückkehrt. Unsere Vorfahren drückten das aus, indem sie auf Grabsteine die schönen Worte setzten: »Hier ruht in Gott ...«. Das Grab, das nach wenigen Jahrzehnten eingeebnet wird, ist natürlich nur ein Symbol für die Ruhestätte des Menschen, der »in Gott« aufgehoben ist. Ein anderes biblisches Bild für Tod und Auferstehung ist das vom Korn, das in der Erde ersterben muß, um neue Frucht zu bringen. Jesus verwendet es nach Joh 12,24 zur Deutung seines eigenen Todes. Paulus gebraucht es 1 Kor 15,35-44, um die neue Leiblichkeit der Auferstehung zu erklären. Gott läßt durch den Tod hindurch neues Leben entstehen. Tod und Auferstehung verhalten sich wie Aussaat und Entstehung neuen Lebens. »Es wird gesät verweslich und wird auferstehen unverweslich« (V. 42). Gott sät, und er läßt auferstehen, so daß die den Tod übergreifende Kontinuität in ihm begründet ist, nicht im »Korn«, also nicht in einer den Tod überdauernden Qualität des Menschen. Zugleich drückt das Bild aber doch eine Identität auf seiten des Menschen aus: Es ist dasselbe Korn, das gesät wird und aus dem das neue Leben hervorgeht.

Das Bild von der Saat und dem aus ihr erwachsenden neuen Leben ist eine wichtige Verstehenshilfe für die Predigt angesichts des Todes. In der neueren evangelischen Theologie neigen viele dazu, einseitig die negative Sicht des Todes hervorzuheben. Der Tod ist »der letzte Feind, der vernichtet wird« (1 Kor 15,26). Oft begegnet er den Menschen nur als Feind, und es wäre verhängnisvoll, das zu beschönigen. Andererseits ist er bereits »verschlungen vom Sieg«, und Paulus ruft dem bereits durch Christus besiegten Tod zu: »Tod, wo ist dein Sieg?« (V. 54f.). Das Bild von Saat und Ernte enthält die negative und die positive Sichtweise, besonders in der Fassung von Joh 12,24. Zuerst führt die Saat zum Sterben, das notwendig ist, damit »viel Frucht« wachsen kann. Christen können ihrem eigenen Sterben zwar keine Heilsbedeutung beimessen wie dem Tod Jesu, aber sie dürfen glauben, daß Gott auch durch ihr Sterben hindurch »viel Frucht« schaffen wird. »Die mit Tränen säen, werden mit Freuden ernten« (Ps 126,5). Wenn dieser Satz auch ursprünglich nicht eschatologisch gemeint ist, eignet er sich doch gut dazu, die Hoffnung auszudrücken, die im Bild von Saat und Ernte liegt.

Paulus verwendet das Bild von Saat und Ernte noch in einem anderen Sinn, der für die »letzten Dinge« ebenfalls bedeutsam ist: »Was der Mensch sät, das wird er ernten« (Gal 6,7; vgl. 2 Kor 9,6-10). Theologisch stehen wir damit bei der Frage nach Gesetz und Evangelium, Gericht und Gnade. Zugleich geht es um die seelsorgerliche Frage nach dem Sinn und Ertrag des Lebens. Diesen Fragen wenden wir uns nun zu.

c) Gericht und Gnade

»Er sei dir gnädig im Gericht ...« (bzw. »ihm/ihr«)[25] heißt es in der Beerdigungsliturgie. Der Gedanke an ein jenseitiges Gericht ist unseren Mitmenschen ebenso fremd wie der Auferstehungsglaube. Auch in der Kirche sind wir mit der Gerichtspredigt sehr zurückhaltend geworden. Wir wollen und dürfen kein Geschäft mit der Angst betreiben. Außerdem hat das Übermaß von apokalyptischen Schreckensbildern unsere Mitmenschen weitgehend gegen drohende Visionen immunisiert. Wie oft haben die säkularen Gerichtsprediger unserer Zeit ihre Katastrophenszenarien dargelegt, oft sachlich mit wissenschaftlicher Begründung, und immer wieder erleben sie sich als einsame Rufer in der Wüste, auch wenn die Medien ihre Botschaft in alle Welt verbreiten. Selbst der säkularisierte Gerichtsgedanke, der die Menschen als Täter und Opfer, Richter und Gerichtete zugleich identifiziert, bewegt wenig. *Schillers* Satz »Die Weltgeschichte ist das Weltgericht« läßt sich nicht aus der Erfahrung beweisen. Er steht in einem Gedicht mit der Überschrift »Resignation«. Der Dichter resigniert angesichts der Entscheidung zwischen Hoffnung und Genuß. »Wer dieser Blumen *eine* brach, begehre die andre Schwester nicht. Genieße, wer nicht glauben kann ... Wer Glauben kann, entbehre«. »Kein Toter kam aus seiner Gruft gestiegen«, um zu bezeugen, daß Verzicht sich im jenseitigen Leben auszahlt. Der Gedanke an eine ausgleichende Gerechtigkeit jenseits des Todes wird resignierend aufgegeben. Resignation ist das Ergebnis, wenn man den Gerichtsgedanken im Sinne einer ausgleichenden Gerechtigkeit festhält, ihn aber von der Beziehung zu Gott löst. Der religiöse Gerichtsgedanke, der nicht nur im Christentum wichtig ist, läßt sich nur vom Gottesglauben aus verstehen. Er enthält sowohl den Gedanken an eine letzte Gerechtigkeit nach allem Unrecht und den ungelösten Rätseln dieses Lebens als auch den Aspekt, daß wir für unser Leben Rechenschaft schulden. »Wir müssen alle offenbar werden vor dem Richterstuhl Christi, damit jeder seinen Lohn empfange für das, was er getan hat bei Lebzeiten, es sei gut oder böse« (2 Kor 5,10), das sagt derselbe Apostel, der so eindringlich betonte, daß wir nur durch Gnade von Gott gerecht gesprochen werden können. Gericht und Gnade gehören zusammen, wie z.B. Hebr 9,27f. beides verbindet: »wie den Menschen bestimmt ist, einmal zu sterben, danach aber das Gericht, so ist auch Christus einmal geopfert worden, die Sünden vieler wegzunehmen«. Gnade heißt also nicht, wir dürften unser Leben ohne die Verantwortung vor Gott als unserem Richter führen. Das wäre die »billige Gnade«, vor der *Bonhoeffer* so eindringlich warnte. Wenn die Rede vom Gericht entfällt,

---

25 Die Agende der EKU gebraucht im Unterschied zur VELK-Agende III die Anrede in der 2. Person. Dagegen ist mit Bernhard Klaus und Klaus Winkler, Begräbnis-Homiletik, München 1975, 27 zu sagen: »Der Tote wird keinesfalls persönlich angeredet«, denn das Handeln am Grabe richtet sich an die Lebenden. Beim Begräbnis geht es um »Trauerhilfe, Glaubenshilfe und Lebenshilfe für Hinterbliebene als Dienst der Kirche« (Untertitel des lesenswerten Buches).

kommt es zwangsläufig zu einer Entwertung der Gnade. »Die Rechtfertigung allein aus dem Glauben wäre ein Widerspruch in sich selber, falls es
kein künftiges Gericht mehr gäbe ... Die Gnade wäre ein für allemal billig,
Heilsgewißheit im Grunde überflüssig.«[26] Wie ist aber ein künftiges Gericht denkbar, wenn die Rettung durch Christus als schon geschehene
Tatsache geglaubt wird? Wer glaubt, hat doch schon das ewige Leben und
kommt laut Joh 5,24 nicht ins Gericht. Nach *Bohren* gehört die Botschaft
vom kommenden Richter in das Evangelium. Wie können die Menschen
aber darin eine frohe Botschaft erkennen, daß sie vor Gottes Gericht
gestellt werden sollen?

Nach lutherischer Sicht gehört die Lehre vom Gericht unter den Aspekt des
Gesetzes, das verurteilt und damit die Notwendigkeit der Gnade aufweist.
Unser Leben ist dem Gesetz unterworfen, daß wir schuldig werden, daß
wir sterben müssen, aber auch, daß wir Rechenschaft über unser Leben zu
geben haben. Gesetzmäßig stoßen wir an Grenzen, die wir als notvoll
erleben.

Bilanzieren wir unser Leben, so finden wir unter dem Blickpunkt des
Gesetzes Positives und Negatives und sind bestrebt, uns selber positiv zu
beurteilen, das Negative aber anderen anzulasten oder wenigstens die
Gewichte so zu verteilen, daß wir uns moralisch als o.k. einstufen können.
Wie stark dieses Bedürfnis auch in der Kirche besteht, zeigte sich nach
1945 ebenso wie nach 1990. Welche Fehlurteile aus dem Zwang zur
Selbstrechtfertigung entstehen, wurde ebenfalls deutlich. Wie wichtig die
als weltfremde dogmatische Lehre erscheinende Botschaft von der Rechtfertigung für die Praxis ist, zeigt sich durchweg in der Geschichte der
Bestattungspredigt, wenn es um die Lebensgeschichten der Verstorbenen
geht. Dazu ist im nächsten Abschnitt mehr zu sagen.

»Der Sünde Sold ist der Tod« (Röm 6,23). Damit beschreibt oder definiert
Paulus nicht den Tod, sondern er weist auf die Folgen der Sünde hin. Sie
bezahlt mit dem Tod. Das ist weder eine Aussage zum Tod als einer
biologischen Gesetzmäßigkeit noch eine Deutung individuellen Sterbens,
sondern ein theologischer Satz: »Das gestörte Gottesverhältnis führt in den
Tod.«[27] Im Gegensatz dazu steht das ewige Leben als die Gabe Gottes
(Röm 6,23b). Die Christen sollen sich als Menschen verstehen, die für die
Sünde tot sind, aber für Gott leben in Christus Jesus (Röm 6,11). Es gibt nur
die Alternative, entweder sich der Sünde zu unterwerfen, die zum Tod
führt, oder der Heiligung und Gerechtigkeit, an deren Ende das ewige
Leben steht (V. 16-22). Das klingt sehr dogmatisch und lebensfremd. Zeigt
nicht Paulus selbst gleich im nächsten Kapitel des Römerbriefes, daß das
Leben viel widersprüchlicher ist und sich nicht mit einfachen Gegensätzen
beschreiben läßt? Wir verstehen die Gedanken des Apostels nur dann
richtig, wenn wir aus ihnen keine Theorie über den Tod ableiten, sondern

---

26   Rudolf Bohren, Predigtlehre, München 1971, 251.
27   Jüngel, 94, auf das Todesverständnis im Alten Testament bezogen. Vgl. ders., 95:
Der Schatten, den der Tod wirft, ist »die unheimliche Vergrößerung des ursprünglichen
Schattens, der von unserem Leben her auf unser Ende fällt«.

eine Praxis des Lebens mit Gott. Das Bewußtsein der Verantwortung vor Gott bezieht den Gerichtsgedanken in das Leben ein. Er hängt aber nicht wie ein Damoklesschwert über dem Leben, weil jeder Tag eine Zeit der Gnade ist. Wenn wir uns daran erinnern lassen, daß die Sünde mit dem Tod bezahlt, so geschieht es, damit wir das Leben als Gnadengabe Gottes empfangen. Geschieht das, so verliert der Tod seinen Charakter als »Fluch«.[28] Eine fundamentale Schwierigkeit, das biblische Wort von Gericht und Gnade angemessen zu verstehen, liegt im moralischen Mißverständnis. Dieses liegt deshalb so nahe, weil Moral in unserem Leben äußerst wichtig ist. Jeder normale Mensch möchte moralisch gut dastehen und schafft dafür notfalls eine Ethik, die auch Verbrechen wie den Holocaust rechtfertigt. Das Bedürfnis, sich selbst moralisch zu bejahen und von andern bejaht zu werden, äußert sich auch darin, daß man sich mit vermeintlich oder wirklich moralisch Schlechteren vergleicht und sich so selber rechtfertigt. Solche Formen des Moralismus blockieren den Zugang zur biblischen Verkündigung von Gericht und Gnade.

Ein Zugang zum sachgemäßen Verständnis läßt sich finden, wenn wir von der uns anvertrauten Zeit ausgehen. Mit bestürzender Deutlichkeit zeigen die mittelalterlichen Totentänze, wie begrenzt die uns gegebene Zeit ist. »Was hast du aus deiner Zeit gemacht?« fragt das Gesetz. »Gib Rechenschaft über dein Haushalten« (Lk 16,2). »Siehe, jetzt ist die Zeit der Gnade, jetzt ist der Tag des Heils« (2 Kor 6,2) sagt das Evangelium. Gnadenzeit ist die uns gewährte Frist, die wir als von Gott geschenkte Möglichkeit dankbar annehmen. Jeder Sterbefall erinnert uns an die Begrenztheit unserer Zeit und zugleich an die Gnade des Lebens, das noch vor uns liegt. Die verrinnende Zeit als Gottes gute Gabe zu begreifen, ist sicher eine bessere Möglichkeit, den Gerichtsaspekt zur Geltung zu bringen, als wenn man versucht, den Menschen Angst vor der ewigen Verdammnis zu machen.

d) Die Bedeutung der Verstorbenen

In der Geschichte der Kasualien wurde die Rede von den Verstorbenen oft als das schwierigste Problem angesehen. Die Rechtfertigungslehre, mit der nach evangelischem Selbstverständnis die Kirche steht und fällt, wird praktisch verleugnet, wenn der Eindruck entsteht, die Menschen würden wegen ihres guten Lebens von Gott angenommen. Herr N. war nie im Gottesdienst, er ließ nie erkennen, daß ihm der Glaube etwas bedeutete, aber er war ein fleißiger Mann, der für seine Familie lebte, freundlich und hilfsbereit mit Nachbarn und Kollegen umging, und außerdem wurde er einst getauft und trat nicht aus der Kirche aus. Das scheint zu genügen, um ihm einen Platz im Himmel anzuweisen. Wenn das wirklich geschieht, müssen die theologischen Alarmglocken läuten, denn es wird die Einla-

---

28 Vgl. Jüngel, 113: »Der Tod muß nicht Fluchtod sein. Das Sterben kann auch ein Ende ohne Schrecken sein«.

dung zum Glauben überflüssig. Dann trifft *Bohrens* oft zitierte Kritik, daß die Kasualpraxis gegen das Evangelium immunisiert, ins Schwarze. Wer sagt aber, daß wir bei der Beerdigung Plätze im Himmel zu vergeben oder zu verweigern hätten? Weder positiv noch negativ haben wir das Jüngste Gericht vorwegzunehmen. Wir haben anläßlich des Todes eines bestimmten Menschen in einer konkreten Situation zu sagen, was vom biblischen Zeugnis über die Letzten Dinge gilt und in dieser einmaligen Lage gesagt werden kann. Methodisch hat die verstorbene Person sogar Vorrang, denn ehe wir die Bibel aufschlagen, um einen passenden Text für die Beerdigung zu suchen, finden wir ein menschliches Schicksal vor. Im Trauergespräch steht dieses Schicksal im Mittelpunkt, erst danach beziehen wir es auf einen biblischen Text.

Gott schuf jeden Menschen als ein Original, ein unverwechselbares Individuum. Jede Frau hatte ihr, jeder Mann sein einmaliges Schicksal. Oft ist es mühsam, die Originalität zu entdecken. Für die Angehörigen ist die Situation höchst ungewohnt und schwierig, so daß sie nicht selten auf Klischees und Allgemeinplätze zurückgreifen. »Er hat nur gearbeitet«; »sie hatte es schwer, viel Arbeit von klein auf« – war das wirklich alles? Im Gespräch vor der Trauerfeier kommt es nicht zuletzt darauf an, das Bild der verstorbenen Person genauer zu erkennen (vgl. S. 204f.). Zwar besteht die Aufgabe nicht darin, ein möglichst vollständiges biographisches Bild zu zeichnen, das wäre schon aus Zeitgründen unmöglich. Es gilt, Details zu finden und herauszuarbeiten, die in besonderer Weise der Erinnerung wert sind, Stücke auf dem Lebensweg, die sich dazu eignen, das Leben exemplarisch unter das Licht des Wortes Gottes zu stellen. Zum Beispiel mußte eine Frau mit ihren kleinen Kindern im Krieg aus ihrer Heimat fliehen und sich mühsam ohne ihren Mann eine neue Existenz aufbauen. Ein Mann wurde mehrfach verwundet, geriet in Gefangenschaft und konnte doch nach langer Trennung zu seiner Familie zurückkehren. Der Weg führte durch leidvolle Erfahrungen zu neuen Lebensmöglichkeiten. Das ist Grund zum Dank und zur Hoffnung. In der Sicht des Glaubens läßt dieses Schicksal sich als Gottes gnädige Führung deuten. Die Verkündigung erhält Konkretheit und Anschaulichkeit durch die biographischen Details, und zugleich verdeutlichen sie, daß ein ganz bestimmter Mensch mit seinem unaustauschbaren Schicksal gemeint ist.

Schwierig gestaltet sich die pastorale Aufgabe, wenn es nicht gelingt, markante Punkte im Leben der verstorbenen Person zu entdecken und zugleich die geistlichen Stationen wie Taufe, Konfirmation und Trauung den Trauernden nichts bedeuten und vermutlich auch im Bewußtsein der Verstorbenen keine Rolle spielten. Wurde Gottes Angebot nicht angenommen, fand ein Mensch keine persönliche Beziehung zu seiner Taufe, so gilt zwar die Taufe von Gott her, aber sie kam in diesem Leben nicht zu ihrem Ziel, und wir dürfen nicht so tun, als lägen die Dinge anders. Die Predigt wird sich dann um Einladung bemühen, daß die Lebenden Gottes Gabe annehmen.

Läßt sich beim Gespräch mit den Angehörigen kaum ein biographisches Profil erkennen, so ist es umso wichtiger, die Situation der Hinterbliebenen zu verstehen und auf sie einzugehen. Sie dürfen nicht den Eindruck gewinnen, der Pfarrer erfülle nur sein theologisches Soll, ohne sich für sie als Menschen sehr zu interessieren. Wenn Hinterbliebene offen oder versteckt die Erwartung äußern, der Pfarrer möge »doch nicht oder nicht so viel von Gott« reden[29], so muß dahinter nicht eine Ablehnung des Glaubens stehen. Es kann sich darin auch die Befürchtung äußern, daß das pastorale Reden die Wirklichkeit der Betroffenen verfehlt.

Wenn wir von einem verstorbenen Menschen reden, sprechen wir zugleich von und mit den Hinterbliebenen. Wir führen in der Bestattungspredigt einen Dialog weiter, der im Gespräch vor der Trauerfeier begann. Die Trauernden stellen die Weichen in der Art, wie sie vom Verstorbenen reden. Als Seelsorger und Prediger haben wir das nicht zu zensieren, sollen uns aber auch damit nicht identifizieren. Eine Klausel wie die Worte: »Sie erzählten mir von ihm ...« oder »Wie Sie mir sagten ...« drückt kein Mißtrauen aus, gibt aber die Verantwortung für diese Aussage ab.

In manchen Gemeinden ist es üblich, den Lebenslauf von der Predigt zu trennen, mitunter auch ihn von den Angehörigen selbst verfassen zu lassen. Es kommt auch vor, daß jemand seinen Lebenslauf selbst verfaßt, um ihn nach seinem Tod verlesen zu lassen. Andere ordnen an, daß gar nicht über sie als Person gesprochen werden soll. Natürlich sind solche Willenserklärungen zu respektieren. Wo sie – wie in den weitaus meisten Fällen – nicht vorliegen, halte ich es für den besseren Weg, das konkrete Schicksal und das biblische Zeugnis aufeinander zu beziehen. Es geht um Gottes Zuwendung zu Menschen, die dadurch betroffen sind, daß einer ihrer Angehörigen von ihnen genommen wurde. Aus diesem Anlaß ist Gottes Zuwendung auch zu diesem nun abgeschlossenen Leben zu bezeugen. Dabei sind die Kasualien in diesem Leben wichtige Daten, und die Taufe ist das Grunddatum des göttlichen Handelns an diesem Menschen. Der Hinweis auf die Taufe bedeutet nicht eine Seligsprechung des Verstorbenen, sondern erinnert daran, daß Gott in die jetzt beendete Lebensgeschichte hineingehört.

Zum Schicksal der verstorbenen Person gehört, daß sie Angehörige hinterläßt, die auf sehr unterschiedliche Weise mit ihr verbunden waren und in verschiedener Intensität vom Tod betroffen sind. Gefühle der Erleichterung können überwiegen, sich aber auch mit tiefem Abschiedsschmerz verbinden, ebenso mit Schuldgefühlen. In den meisten Fällen sind Gefühle der Dankbarkeit gegenüber der Verstorbenen anzunehmen und aufzunehmen. Die Trauernden sind dankbar für das, was die Verstorbene ihnen sein konnte, aber auch oft für viel Gutes, das sie oder er selber erlebten bis hin zu einem friedlichen Sterben. Dankbarkeit gegen Menschen und Gott gehört für Glaubende zusammen. Was Menschen uns geben konnten, empfingen sie von Gott. Dankbare Rückschau auf ein Leben führt ungezwungen zum Dank an Gott.

---

29 Klaus Dirschauer in »Beerdigung. Trauerfeiern – Ansprachen – Liturgische Texte«, hg. von Erhard Domay, Gütersloh 1990, 15.

Auch Dank und Klage bilden keinen Gegensatz. In manchen Trauerfeiern dominieren das Unfaßbare und der Schmerz dermaßen, daß kein Platz für das Danken zu sein scheint. Der Schmerz ist aber deshalb so stark, weil die Trauernden mit diesem Menschen sehr viel verloren haben. Bei aller Klage darf daran erinnert werden, daß Grund zur Dankbarkeit dafür besteht, diesen Menschen gehabt zu haben. Unter dem Vorzeichen des Dankes gegen Gott kommen die verstorbene Person und die Angehörigen angemessen zur Sprache. Im Dank wird deutlich, daß alles, was der Mensch zu leisten, zu geben und auch zu erdulden vermag, Gabe Gottes ist.

3. Ordnungen

a) Die liturgische Ordnung

Eine einheitliche Begräbnisliturgie gibt es nicht und ist nicht notwendig. Halboffizielle Publikationen wie die 1980 vom Rat der EKU – Bereich DDR – und der VELK in der DDR herausgegebene Arbeitshilfe »Die kirchliche Bestattung« und private Entwürfe[30] ergänzen die revisionsbedürftigen Agenden. Vorgegebene Formen erleichtern den Vollzug des Rituals sowohl für den Liturgen als auch für die Trauergemeinde, wenn auch für letztere nur sehr relativ. Es dient allen Beteiligten, wenn der Ablauf und Inhalt nicht der Willkür eines Pfarrers überlassen bleibt, die etwa meint, auf das Vaterunser, in das alle einstimmen können, verzichten zu sollen. Die Ordnung trägt dazu bei, daß der pastorale Dienst in Übereinstimmung mit den Grundsätzen der Kirche geschieht. Wenn bei einer kirchlichen Bestattung in keiner Weise von der Auferstehung und dem ewigen Leben gesprochen wird, sind diese Grundsätze im Sinne grundlegender Sätze des Glaubens verletzt. Liturgie und Predigt haben sich gegenseitig darin zu ergänzen, daß situationsbezogen zur Sprache kommt, was Christen einander angesichts des Todes zu sagen und was sie gemeinsam vor Gott zu bringen haben. Dafür stehen die Sprach- und Handlungsformen des Gebets, der Schriftlesung, des Gemeindegesangs oder anderer geistlicher Musik, der Predigt und der Bestattungshandlung zur Verfügung. Auf keines dieser Elemente ist zu verzichten.
Sie lassen sich auf verschiedene Orte verteilen. Äußere, aber auch innere Gründe führten dazu, daß eine Handlung im Trauer- oder Sterbehaus hierzulande kaum noch stattfindet. Es ist sehr zu wünschen, daß die innere Blockade dagegen abgebaut wird. Seelsorgerlich wäre viel gewonnen, wenn der Dienst bei Sterbenden mit dem an Trauernden wieder mehr verbunden würde (vgl. dazu S. 200-208). Ist der Tod eingetreten, sollte nicht nur nach dem Arzt und dem Bestattungsunternehmer gerufen werden, sondern eine liturgische Handlung erfolgen, ehe der Leichnam eingesargt und abgeholt wird. Die katholische Sterbeliturgie sieht dafür die »Commendatio animae« (wörtlich: »Empfehlung der Seele«) vor, in der es

---

30 Z.B. Klaus/Winkler, 33-36; Liturgische Texte bei Domay, 115-127.

heißt: »Herr, unser Gott, wir empfehlen dir unseren Bruder (unsere Schwester) N. In den Augen der Welt ist er (sie) tot. Laß ihn (sie) leben bei dir. Und was er (sie) aus menschlicher Schwäche gefehlt hat, das tilge du in deinem Erbarmen. Durch Christus, unsern Herrn«. Für ein solches Gebet, dem sich ein Vaterunser anschließen kann, bedarf es keines Pfarrers. In Krankenhäusern und Seniorenheimen, aber auch im Wohnbereich der Ortsgemeinde sollten Christen zu finden sein, die einen solchen letzten Dienst tun, nach Möglichkeit in Gegenwart von Angehörigen.

Die Handlungen in der Trauerhalle (Kirche) und auf dem Friedhof sind nach örtlicher Sitte verschieden verteilt. Manche Gemeinden haben den ursprünglich im Trauerhaus vollzogenen Teil in die Friedhofskapelle oder Leichenhalle verlegt. Dazu gehören Lied, Begrüßung, Schriftwort, Gebet und Aufforderung zum Gang an das Grab oder in die Kirche. Bei Erdbestattungen liegt es nahe, daß der Weg von der Friedhofskapelle zum Grab führt. Zur Handlung am Grab gehört ein biblisches Wort, die Versenkung des Sarges bzw. der Urne, der dreifache Erdwurf mit einem Votum, das Vaterunser und, wenn die Handlung am Grab endet, der Segen.

In einer Dorfgemeinde fand ich die Praxis vor, daß die ganze Trauerfeier stehend in einer kleinen Leichenhalle und am Grab »durchgestanden« wurde. Solche Übung ist unbarmherzig gegenüber alten und schwachen Leuten, die ohnehin manchmal durch das Geschehene angeschlagen sind. Es sollte selbstverständlich sein, daß für den längeren Teil der Handlung Sitzgelegenheit vorhanden ist. Auf dem Lande liegt der Friedhof meist dicht bei der Kirche, und in Städten verfügen die Friedhöfe in der Regel über geeignete Kapellen. Andersfalls ist es besser, den Weg zur Kirche oder von ihr zum Friedhof in Kauf zu nehmen, als die Trauerfeier unter unwürdigen Bedingungen durchzuführen.

Findet die Beerdigung in Hörnähe der Glocken statt, so beginnt sie mit ihrem Geläut. Ihr Klang schlägt eine Brücke zwischen der Trauergemeinde und der Welt, aus der sie kommt und in die sie bald zurückkehrt. Ursprünglich sollte das Geläut diejenigen, die nicht an der Trauerfeier teilnehmen konnten, zum Gebet für die Verstorbenen und Angehörigen erinnern und zugleich als memento mori dienen. Zum Eingangsteil gehört ferner ein Musikstück, wie ein von der Orgel, von Posaunen oder notfalls elektronisch dargebotener Choral. Bei allem Entgegenkommen gegen Wünsche der Angehörigen sollte der geistliche Charakter der Handlung von Anfang an klar sein, also nicht weltliche Musik die Handlung einleiten. Wenn die Feuerwehrkapelle ihrem früheren Mitglied einen letzten Gruß blasen will, wird sie auch einmal einen Choral darbieten können.

Zum Eingangsteil gehört eine Begrüßung. Die Arbeitshilfe »Die kirchliche Bestattung« schlägt einen kommunikativen Satz vor: »Wir sind zusammengekommen, um Abschied zu nehmen von N.N. Dieser Tod erfüllt Sie, die Angehörigen, und viele von uns mit Schmerz«. Ein persönlich gehaltenes Wort am Anfang ist durchaus angemessen und in einer Versammlung, die mehrheitlich mit liturgischer Sprache nicht vertraut ist, passender als der Beginn mit liturgischen Sätzen. Allerdings heißt »persönlich« nicht, daß Pfarrer oder Pfarrerin als Person in den Vordergrund treten, sondern daß von Anfang an deutlich wird: Vom Tod betroffene Menschen sollen persönlich angesprochen werden. Wie das Beispiel aus der Arbeitshilfe zeigt, liegt es nahe, in der Begrüßung bereits eine erste Deutung der Situation vorzunehmen. Ob und wie das angebracht erscheint, sollte jeweils überlegt werden. Es kann sein, daß unter dem Eindruck besonderer Betroffenheit gleich eingangs die Klage stärker zu verbalisieren ist. Jedenfalls sollten die Trauernden von Anfang an spüren können, daß sie gemeint sind und nicht ein distanziertes Ritual abläuft. Die Begrüßung kann andeuten, worum es in dieser kirchlichen Handlung geht, ohne daß die Predigt vorweggenommen wird.

»Wir lassen uns hineinnehmen in die Aussage des Liedes ›Was Gott tut, das ist wohlgetan‹«, fährt die »Arbeitshilfe« fort. Das ist Sprache Kanaans. Man läßt sich nicht in die Aussage eines Liedes hineinnehmen, sondern man singt ein Lied oder hört es. Ob gemeinsamer Gesang möglich ist, wird im Gespräch vor der Trauerfeier geklärt. Besser als ein pastorales Solo ist ein von der Orgel oder anderen Instrumenten gespielter Choral, dessen Text die Anwesenden im Gesangbuch mitlesen können, oder ein elektronisch wiedergegebener Chorgesang.

Als Eingangsgebet bietet sich ein Psalm an, der Klage, Trauer, Bitte um Hilfe und auch Vertrauen ausdrückt. Die katholische Agende verbindet das Eingangsgebet mit dem Confiteor: »Im Vertrauen auf die Barmherzigkeit Gottes bitten wir um Verzeihung der Sünden«. In einer evangelischen Gebetssammlung heißt es: »Gott, wir bitten dich: vergib, wo wir an ihr schuldig waren. Und vergib auch ihr, wo sie an anderen schuldig wurde. Nimm die Verstorbene in deine guten Hände«[31]. Ein weiteres Gebet sollte nach der Predigt oder am Grab gesprochen werden. Es möge den Dank enthalten für alles, was Gott der verstorbenen Person und durch sie anderen Menschen schenkte, und die Fürbitte für jene, die um sie trauern. Wichtig ist die Bitte der lutherischen Agende: »Wir befehlen deiner Gnade, den du als nächsten aus unserer Mitte abrufen wirst. Bereite ihn und uns alle zu einem seligen Ende und gib uns Kraft, daß wir den guten Kampf kämpfen, Glauben halten und gerüstet seien für deine Stunde in der Hoffnung der Auferstehung zum ewigen Leben«.

Das stille Gedenken an den Verstorbenen ist ein guter Impuls, den die »Arbeitshilfe« aus der katholischen Agende übernahm. Es folgt am besten auf die Predigt und mündet in ein Gebet. Der Vorschlag, auch am Grab eine solche Gedenkstille vorzusehen, ergibt m.E. eine unnötige Wiederholung. Schließt sich die Handlung auf dem Friedhof an die in der Kapelle oder Kirche an, so empfiehlt sich vor dem Auszug wieder ein Gesang oder Musikstück.

Der Auszug wird durch ein Geleitwort angekündigt, z.B. nach der »Arbeitshilfe«: »Lassen Sie uns nun gehen und den (die) Verstorbene(n) zu seinem (ihrem) Grabe geleiten. Wir geben ihn (sie) aus unseren Händen. Wir befehlen ihn (sie) den Händen des lebendigen Gottes. Der Friede

---

31 Domay, 121.

Gottes geleite uns auf dem Wege«. Der Weg zum Grab wird zum Symbol des Weges, der Gottes gnädige Führung zu seinem Ziel bedeutet: »Du tust mir kund den Weg zum Leben« (Ps 16,11). Die Gemeinde begleitet eins ihrer Glieder auf dem letzten Weg im Blick auf den, der Weg, Wahrheit und Leben ist (vgl. Joh 14,6). Die katholische Liturgie sagt unter Bezugnahme auf Hebr 13,14: »Wir haben hier keine bleibende Stätte, sondern wir suchen die zukünftige. Laßt uns darum den Leib unseres Bruders (unserer Schwester) zum Grabe tragen in der Hoffnung auf die Auferstehung«[32].

Die Grabhandlung beginnt mit einem biblischen Wort und/oder einem Gesangbuchvers, der rezitiert oder gesungen werden kann, wenn genügend Leute teilnehmen, die einen bekannten Vers wie »Jesus meine Zuversicht« mitsingen können. Die Bestattungsformel: »Nachdem es dem allmächtigen Gott gefallen hat, unsern Bruder (unsere Schwester) N.N. aus diesem Leben abzurufen ...« (VELK-Agende III, ebenso EKU-Agende II), ist mißverständlich. Wenn ein alter Mensch friedlich eingeschlafen ist oder von langem Leiden befreit wurde, wird sich kaum jemand an dieser Formulierung stoßen. Wer mag aber behaupten, es habe Gott gefallen, einen Menschen in der Blüte des Lebens abzurufen? Wir dürfen nicht mit flinken Formeln deuten, was Menschen ratlos macht und auch uns als Seelsorger und Prediger bedrückt und rätselhaft bleibt. Es ist jemand gestorben, deshalb stehen wir am Grab und haben diese für die Trauernden besonders belastende Handlung, in der wir die sterblichen Reste der Erde übergeben, nicht durch interpretierende Worte auszuschmücken oder abzuschwächen.

Die Agende der EKU (und ähnlich die der VELK) spricht in der Bestattungsformel vom Friedhof als dem Acker Gottes, in den der sterbliche Leib gelegt wird. Dieses schöne Symbol ist zwar weithin unbekannt, sollte aber deshalb nicht ausgelassen werden. Gottes Acker ist Symbol für die Hoffnung auf neues Leben durch die Auferstehung. Der dreifache Erdwurf mit den Worten »Erde zur Erde, Asche zur Asche, Staub zum Staube« betont die Vergänglichkeit des irdischen Lebens, während die Hoffnung auf die Auferstehung zum ewigen Leben durch Christus den »Gegen-satz« des Glaubens zur Erfahrung der Sterblichkeit ausdrückt.

Der Schlußsegen ist in seiner Deutung umstritten. Handelt es sich um eine letzte Segnung des oder der Toten, eine »Aussegnung«, oder gilt der Segen nur den Lebenden? Nach evangelischem Verständnis handelt die Kirche nicht an den Toten, ihr Dienst beschränkt sich auf Lebende. Die Reformatoren lehnten gottesdienstliche Fürbitten für die Verstorbenen und Seelenmessen ab. *Luther* hielt ein privates Gebet für möglich: »Willst du aber für deines Vaters Seele, für deiner Mutter Seele bitten, so magst du es tun daheim in deiner Kammer, und das einmal oder zwei, und laß darnach gut sein«[33]. Diese seelsorgerliche Unterscheidung zwischen privater und öffentlicher Frömmigkeit nimmt *Wölfel* auf, indem er vorschlägt, den Segen

---

32 Die verbindende Anrede »Laßt uns« ist sicher der Situation angemessener und liturgisch besser als das distanzierte »Sie«.

33 Rietschel/Graff, II 773; WA 10 III, 409, 9-11.

am Grab vom Hausvater sprechen zu lassen.[34] Abgesehen davon, daß oft
gar kein Hausvater vorhanden ist, der zu solcher geistlichen Handlung
bereit wäre, und auch davon, daß das allgemeine Priestertum keine Sache
nur der Väter und Männer ist, leuchtet nicht ein, warum die Grabhandlung
stärker als die Feier in der Kirche oder Kapelle privater Natur sein soll. Die
Unterscheidung von privater und öffentlicher Handlung hat dort ihren
Sinn, wo die Angehörigen mit einem sterbenden oder verstorbenen Menschen allein oder nur mit wenigen Beteiligten wie einer Schwester, einem
Arzt oder einem Seelsorger bei ihm sind. In diesem privaten Kreis halte ich
ein Segenswort über der verstorbenen Person für angebracht. Im öffentlichen Rahmen der Bestattung scheint es mir mißverständlich zu sein, wenn
ein toter Mensch gesegnet wird. Es kann der Eindruck entstehen, als
beanspruche die Kirche die Möglichkeit, auf das Schicksal der Verstorbenen einzuwirken, was evangelischer Theologie widerspricht. Bei einer
lutherischen Beerdigung erlebte ich, daß der Pfarrer die Hände segnend auf
den Sarg legte. Vermutlich wollte er mit dieser Geste ausdrücken, was
Wölfle formuliert: »Segnen des verstorbenen Gemeindegliedes heißt auf
dieses den Namen Gottes legen und dessen Mitsein über den Tod hinaus
realiter zusprechen, so wie zu Lebzeiten dieses Mit- und Bei-Sein durch
verschiedenste Segensakte realisiert wurde«[35]. Gottes Mit-Sein über die
Todesgrenze dürfen wir glauben und auch erbitten, können es aber nicht
zusprechen.

In der Formulierung und Gestik des Segens sollte der evangelische Grundsatz beachtet werden, daß das Begräbnis vor allem eine Handlung für die
Lebenden ist. Das kommt zum Ausdruck, wenn der Segen in der 2. Person
des Plurals oder noch besser in der ersten Person als Bitte formuliert wird:
Wenn Gottes Segen für *uns* erbeten wird, ist die verstorbene Person nicht
ausgeschlossen. Von Gottes gnädiger Zuwendung leben wir alle, diesseits
und jenseits der Todesgrenze.

Der aaronitische Segen ist nicht die einzige Möglichkeit. Aus der Erneuerten Agende sei die Segensbitte Nr. 554 empfohlen:

»Der Herr segne und beschütze uns.
Der Herr erhelle das Dunkel,
daß wir seinen Weg mit uns erkennen.
Er habe mit uns Erbarmen und bleibe uns zugewandt.
Der Herr gebe uns allen das Leben,
der Vater und der Sohn und der Heilige Geist« (vgl. auch Nr. 552 und 553 sowie
Ps 121,7-8).

---

34 Wölfle, 128f. Wölfle variiert damit eine Anregung Bohrens, der die Kasualien
insgesamt den Hausvätern übertragen wollte, vgl. oben S. 19f.
35 Ebd., 129.

b) Die Bestattung nicht zur Kirche Gehöriger

Hat sich jemand bewußt von der Kirche getrennt, so muß die Kirche diese Entscheidung respektieren, auch nach seinem Tod. Sie hat ihn oder sie aber nicht posthum für den Kirchenaustritt zu bestrafen, wie früher Menschen bestraft wurden, die sich selbst getötet hatten. Erbitten Angehörige die kirchliche Bestattung für einen Menschen, der aus der Kirche ausgetreten ist, so sollte die Entscheidung von zwei Fragen abhängen: Erstens ist zu klären, ob die kirchliche Handlung gegen den erkennbaren Willen der verstorbenen Person verstoßen würde. Die Verantwortung dafür liegt in der Regel bei den Angehörigen, die meist besser als der Pfarrer wissen, wie der oder die Betreffende dachte. Im Gespräch muß deutlich werden, daß die Kirche niemanden nach seinem Tod vereinnahmen möchte, zugleich aber, daß sie kein Richter- oder Strafamt ausübt, sondern zur Verkündigung des Evangeliums bereit ist, wenn diese gewünscht wird. Darin besteht das zweite Kriterium: Wollen die Trauernden das Evangelium hören, oder geht es ihnen nur um das öffentliche Ansehen, das weithin noch mit der kirchlichen Handlung verbunden ist? Selbst in den säkularisierten neuen Bundesländern gilt die kirchliche Beerdigung oft noch als eine öffentliche Bestätigung, jedenfalls auf dem Lande, und die Handlung unter Geläut und Orgelklang wirkt feierlicher als der weltliche Akt. Gewinnt der Pfarrer oder die Pfarrerin den Eindruck, daß den Angehörigen am kirchlichen Dienst liegt und daß sie darin keinen Widerspruch zum Willen des oder der Verstorbenen sehen, dann sollte dieser Dienst getrost geschehen. »Predige das Wort, steh dazu, es sei zur Zeit oder zur Unzeit«, wird Timotheus ermuntert (2 Tim 4,2). Was vor Jahrzehnten noch als »Unzeit« galt, darf heute als Chance genutzt werden, Gottes Zuwendung zu bezeugen.

In der säkularen Diaspora finden zunehmend Menschen Kontakt zur Kirche, die weder aus ihr ausgetreten noch jemals durch die Taufe ihre Mitglieder geworden sind. Das formale Kriterium der Mitgliedschaft kann in dieser Situation nicht den Ausschlag geben. Der im katholischen Kirchenrecht bedeutsame Aspekt des »votum ecclesiae« verdient auch auf evangelischer Seite Beachtung. Gemeint ist, daß jemand den Wunsch nach Zugehörigkeit empfindet und erkennen läßt, aber (noch) nicht die formellen Konsequenzen zog oder ziehen konnte. Das evangelische Kirchenrecht trug dem Rechnung, indem es die Möglichkeit der kirchlichen Bestattung vorsah, wenn jemand den Wunsch nach Kircheneintritt geäußert hatte, ihn aber schuldlos nicht mehr vollziehen konnte. Wenn ein Jugendlicher tödlich verunglückte, der in der Jungen Gemeinde mitarbeitete, aber noch nicht getauft war, so müßte es selbstverständlich sein, daß er kirchlich beerdigt wird, sofern seine Eltern es wünschen.

In der evangelischen Kirche in der DDR galt die kirchliche Beerdigung lange als letzter Pfeiler der Kirchensteuer. Beim Ruhen der kirchlichen Rechte infolge von Verweigerung der Kirchensteuer sowie nach Austritt wurde deshalb das kirchliche Begräbnis verweigert. Eine Zeitlang konnte ich das verstehen als Ausdruck kirchlicher Selbstachtung und zugleich Respektierung von Entscheidungen, die Menschen gegen die Kirche voll-

zogen hatten. Es wurde aber immer offenkundiger, daß weithin keine echte
Entscheidung gegen die Kirche und noch weniger gegen Gott stattgefun-
den hatte, weil die Kirche Gottes frohmachendes Angebot gar nicht den
Menschen nahegebracht hatte. Wie sollten sie sich gegen etwas entscheiden, was sie gar nicht kannten? Es ärgerte mich immer mehr, wenn die
Kirchensteuer als »Bringeschuld« bezeichnet wurde, die Kirche aber
nichts tat, um ihrer Bringeschuld zu entsprechen, den Menschen das
Evangelium nahezubringen. Die Beerdigung von Menschen mit unge-
ordneter Beziehung zur Kirche abzulehnen, erwies sich zunehmend als Akt
kirchlichen Eigeninteresses, wie bei einem Verein, der seinen Mitgliedern
Rechte versagt, wenn sie ihre Beiträge nicht bezahlt haben. Die Praxis
erinnerte fatal an den Spruch: »Sobald das Geld im Kasten klingt ...«.
Deshalb ist es richtig, daß die Kirche sich heute offener zeigt.
Sind die beiden oben genannten Fragen positiv beantwortet, sollte allerdings eine normale kirchliche Bestattung stattfinden. Es ist kein guter
Kompromiß, ohne Talar quasi als Privatperson diesen Dienst zu tun.[36]
Inhaltlich kann ein Pfarrer oder eine Pfarrerin ohnehin nichts anderes
sagen als im Talar, und der Rolle als Amtsträger(in) entflieht man nicht im
Anzug oder Kostüm. Ausnahmen kann ich mir nur außerhalb des Gemein-
debereiches denken, z.B. wenn eine Pfarrerin von einer Freundin gebeten
wird, deren Mann zu beerdigen, die ganze Familie nicht in der Kirche ist,
die Freundin aber sagt: »Gerade von dir erbitte ich diese Hilfe«.
In der Liturgie kann bei der Begrüßung auf den besonderen Umstand
hingewiesen werden: »Wir sind zusammengekommen, um Abschied zu
nehmen von N.N. Er/sie war kein Mitglied unserer Kirche, aber Sie, liebe
..., möchten in dieser schweren Stunde Gottes Wort hören und sich in der
Hoffnung als Christen stärken lassen. Dazu segne uns Gott diese Stunde«.
Natürlich kann auch in der Predigt erwähnt werden, daß und warum die
verstorbene Person nicht (mehr) zur Kirche gehörte.
Schwieriger ist es, wenn jemand einer anderen Kirche angehörte, die
Angehörigen aber eine evangelische Beerdigung wünschen, weil sie von
der anderen Kirche entfremdet oder zu ihr in Konflikt geraten sind. Im
ökumenischen Zeitalter sollten Lösungen gesucht werden, die für keine
Seite eine Kränkung bedeuten. Es geht um Gottes Zuwendung zu den
Menschen, nicht um kirchliche Eigeninteressen und auch nicht um persönliche Eitelkeiten.

---

36 Vgl. das von Friedrich-Wilhelm Lindemann interpretierte Beispiel: »Pastoralpsychologisches Vorgehen im Trauerfall«, in: Reimund Blühm u.a., Kirchliche Handlungsfelder, Stuttgart/Berlin/Köln 1993, 76-92.

4. Anregungen

a) Schritte zu einer neuen Ars moriendi (Sterbekunst)

»Mitten im Leben sind wir mit dem Tod umfangen«. Daß der Tod zum Leben gehört, haben auch die Christen bei uns weithin vergessen. Sterben und Tod gilt es neu in das Bewußtsein aufzunehmen und sich frühzeitig damit so auseinanderzusetzen, daß die »Sterbekunst« zur »Lebenskunst« wird.[37] So ist die ars moriendi auch ursprünglich gemeint: Wer das Sterben in das Leben integriert, bereichert damit das Leben, lebt es bewußter, intensiver und sinnvoller. Außerdem gilt: »Wer stirbt, ehe er stirbt, der stirbt nicht, wenn er stirbt.« Dieser Satz verwendet verschiedene Bedeutungsebenen des Wortes »sterben«, die im Christentum schon früh unterschieden und zugleich aufeinander bezogen wurden. Es gibt ein geistliches Sterben des »alten Adam«, das »Sterben mit Christus« (Röm 6,8; 2 Kor 4,10; 5,14; Kol 3,3), das die Bindung an die Sünde absterben läßt (Röm 6,11). Solches Sterben mit Christus zielt auf ein neues, unvergängliches Leben mit ihm (Röm 6,8ff; 14,8f.).

Im Neuen Testament wird die Beziehung zum Tod völlig durch den Christusglauben bestimmt. Das bleibt für Christen zu jeder Zeit gültig. Christi Auferweckung durch Gott brachte den Sieg über den Tod, und im Glauben an ihn liegt die geistliche Kraft, dem Tod im Leben zu begegnen und ihm die Hoffnung auf den endgültigen Sieg des Lebens entgegenzusetzen. Der säkulare Mitmensch findet dazu schwer Zugang. Plausibel ist dagegen die Erinnerung daran, daß wir alle sterben müssen. »Mors certa, hora incerta«: Der Tod ist sicher, nur seine Stunde weiß niemand. Wenn eine Sache unzweifelhaft sicher und zugleich von größter Bedeutung ist, so dürfte einleuchten, daß man diese Sache nicht vernachlässigen sollte. Der Verstand, der dem Wort von der Auferstehung so starke Widerstände entgegensetzt, müßte für die Erinnerung an den Tod sehr aufgeschlossen sein. An dieser Stelle zeigt sich freilich, daß gerade der aufgeklärte Mensch keineswegs so konsequent dem Verstand folgt, sondern gern ausweicht, wenn vernünftige Gedanken unangenehme Gefühle hervorrufen.

Rationale Argumente genügen deshalb nicht für die notwendige Sterbekunst. Daß es vernünftig ist, das Leben als eine unausweichlich durch den Tod begrenzte Zeit zu verstehen und sich rechtzeitig mit dem Gedanken an das Sterben vertraut zu machen, können auch Freidenker bejahen und zu einem wichtigen Lernziel erheben. Für Christen erhält die ars moriendi ihr Gewicht dadurch, daß die in Christus begründete Hoffnung über den Tod hinausführt. »Hoffen wir allein in diesem Leben auf Christus, so sind wir die elendesten unter allen Menschen«, behauptet Paulus (1 Kor 15,19). Ars moriendi heißt Einübung der Hoffnung bereits in diesem Leben, die dieses

---

37 Vgl. Harald Wagner/Torsten Kruse (Hg.), Ars moriendi. Erwägungen zur Kunst des Sterbens, Freiburg/Basel/Wien 1989. Texte zur ars moriendi von der Alten Kirche bis zu Johann Arnd (1555–1621) stellte Peter Godzik zusammen: Sterbenden Freund sein. Texte aus der Tradition der Kirche = Texte aus der VELKD 55/1993.

Leben überschreitet. Was Paulus 1 Kor 15,19 zugespitzt ausdrückt, bedeutet also keine Abwertung der Hoffnung als Kraft für das diesseitige Leben, sondern ihre Ausdehnung über die Todeslinie hinaus. Wie bedrückend armselig eine auf das Diesseits begrenzte Hoffnung wirkt, zeigt sich immer dann, wenn nach menschlichem Ermessen kein Grund zur Hoffnung mehr besteht. Kein Mensch kann ohne Hoffnung leben. Deshalb fällt es so schwer, Todkranken die Wahrheit über ihren Zustand zu sagen, und deshalb blüht die Unwahrhaftigkeit an Sterbebetten. Die bittere Realität kann auch Glaubende überfordern und in Depressionen stürzen, aber es macht erhebliche Unterschiede, ob Menschen nur einem dunklen Abgrund entgegensehen oder ob sie sich daran halten können, daß Gott sie nicht ins Bodenlose stürzen läßt.

Wie das biologische Altern mit dem Anfang des Lebens beginnt, sollte die Vorbereitung auf den Tod das Leben begleiten. Natürlich kann damit kein finsteres »Memento mori« im Sinne ständiger Erinnerung an das nahende Ende gemeint sein, wie es in manchen Klöstern gepflegt wurde, sondern die Integration der Letzten Dinge in die jeweilige Gegenwart. Damit ist eine wichtige religions- und gemeindepädagogische Aufgabe von hoher seelsorgerlicher Bedeutung gestellt. Ihre Lösung beginnt damit, daß Sterben und Tod zum Gesprächsthema mit Kindern und zur Erfahrung für sie werden. Als Pseudoerfahrung begegnet ihnen das Sterben massenhaft im Fernsehen. Dadurch werden sie eher dagegen immunisiert, sich mit der Realität von Sterben und Tod auseinanderzusetzen. Der Tod ihres Hamsters oder Wellensittichs berührt sie tief, während hunderte von Toten im Fernsehen sie kalt lassen. Viele Erwachsene projizieren ihre Ängste auf die Kinder und halten sie von der Leiche eines Angehörigen und sogar von der Beerdigung fern, angeblich um sie zu schonen.

Heinz-Dieter Knigge berichtet, daß er bei Beerdigungen in Familien mit Kindern anbot, »gemeinsam mit den Eltern oder auch allein mit dem betroffenen Kind (oder den Kindern) zu reden, um herauszufinden, ob sie zur Beerdigung mitkommen wollten, um sie dann darauf vorzubereiten und um überhaupt auf die Fragen zu hören, die die Kinder stellten«[38]. Fast immer wollten die Kinder mit zum Friedhof gehen, meist übernahmen die Eltern selber die Vorbereitung, und sie beurteilten es positiv, daß die Kinder dabei waren. Schon Dreijährigen kann man erklären, wie eine Beerdigung stattfindet, was die Trauernden empfinden und was sie tröstet. Als *Knigge* seine eigenen Kinder auf die Beerdigung eines Bekannten vorbereitete, zeigten sie sich besonders davon beeindruckt, daß man Blumen als Abschiedsgruß in das Grab werfen konnte, und sie pflückten

---

38   Kinder bei Beerdigungen, ZGP 1994/1, 32-35; Zitat S. 32; vgl. auch Marielene Leist, Kinder begegnen dem Tod. Ein beratendes Sachbuch für Eltern und Erzieher, Gütersloh/Freiburg ³1982; Paul Schladoth, Erfahrungen der Kinder mit Sterben und Tod – eine Herausforderung für den christlichen Erzieher, in: Klemens Richter (Hg.), Der Umgang mit den Toten. Tod und Bestattung in der christlichen Gemeinde, Freiburg/Basel/Wien 1990, 118-131; Friedrich Winter, Ars moriendi. Überlegungen zu einer Katechetik des Todes, ChL 31, 1978, 234-242.

dafür Blumen im Pfarrgarten. »Sie versuchten intuitiv, der Traurigkeit, der Hilflosigkeit und Ohnmacht, in die der Tod uns stürzt, die Aktivität einer Liebe entgegenzusetzen, die sich nicht sprachlos machen läßt, obwohl ihr die Worte oft fehlen.«[39] *Heinrich Pera* erzählt von einer sterbenden Mutter, die den Seelsorger bat, ihren elfjährigen Sohn von ihr und von ihrer Beerdigung fernzuhalten, weil sie ihn schonen wollte. Der Seelsorger gab zu bedenken, ob man nicht lieber den Jungen selber fragen solle, und er antwortete kurz und bündig: »Natürlich möchte ich mit bei der Beerdigung sein.«[40] Schon für Kinder ist »eine *vorbereitende*, eine *begleitende* und eine *nachbereitende* Trauer lebens-notwendig. Der Zeitpunkt für die Einbeziehung des Kindes kann nicht früh genug sein.«[41]

Die Verarbeitung der Realität von Sterben und Tod wird dadurch erschwert, daß wir kaum noch Gestorbene sehen. Als Kind erlebte ich die Beerdigung von Verwandten, die im Trauerhaus aufgebahrt wurden, wo viele von ihnen Abschied nahmen und dabei auch die Leichen berührten. Die Berührung der erkalteten Hand empfand ich als erschreckend, und ich hatte Angst, wenn ich der Leiche nahekam. Rational kann schon ein Kind verstehen, daß es sich nicht vor einer Leiche zu fürchten braucht. Intuitiv spürt es die in der Leiche verkörperte Bedrohtheit des Lebens, mit der es sich auseinandersetzen muß. Die Berührung der Leiche ist nicht nur ein letztes Zeichen der Verbundenheit, sondern zugleich schmerzhafte Erfahrung der nun ganz andersartigen Beziehung und des Abschieds.

Die Orthodoxe Kirche legt Wert darauf, die Gemeinschaft zwischen den Lebenden und ihren Sterbenden sowie Gestorbenen zu stärken. »Von der Todesstunde bis zur Bestattung bleibt der Verstorbene in der gewohnten Gemeinschaft, die den Abschied bewußt erlebt.«[42] Der Leichnam wird »in der Wohnung seiner Angehörigen aufgebahrt und festlich geschmückt. Als Zeichen der Hoffnung auf die Wiederkunft des Herrn und die Auferweckung aller Entschlafenen wird sein Blick gegen Osten, den Ort des Lichtes (Mt 24,27), gerichtet. Durch das Anzünden von Kerzen, den Weihrauch und die Ikone, die man dem Toten auf die Brust legt, wird das Haus zu einer Kultstätte umgewandelt, zu der die Verwandten und Bekannten kommen, um dem Toten, der im offenen Sarg, umgeben von seinen Angehörigen, aufgebahrt ist, den letzten Besuch in seinem irdischen Zuhause abzustatten und den Hinterbliebenen ihr Beileid auszusprechen.«[43] Solcher Abschied im Trauerhaus war auch bei uns vor wenigen Jahrzehnten noch üblich, wird sich aber aus verschiedenen Gründen nicht zurückgewinnen lassen.

---

39 Knigge, 33; Knigge gibt im gleichen Aufsatz zwei Beerdigungspredigten wieder, die sich besonders an die vier- bis neunjährigen Enkel der verstorbenen Großeltern richteten. Mit Recht ging der Prediger davon aus, daß man meist mit den Kindern auch die Erwachsenen erreicht. Kinder als vorrangige Adressaten helfen bei der Elementarisierung der Predigt.
40 Heinrich Pera/Bernd Weinert, Mit Leidenden unterwegs, Leipzig 1991, 163.
41 Ebd., 164.
42 Anastasios Kallis, »Der letzte Kuß«. Der Umgang mit den Toten und Trauernden in der orthodoxen Kirche und Theologie, in: Richter, 63-80, Zitat 71.
43 Ebd., 72.

Möglich ist aber doch ein würdiger Abschied am Ort des Todes und/oder der Trauerfeier.

»Der Umgang mit Toten und Hinterbliebenen im Krankenhaus« ist eine dringende diakonische und seelsorgerliche Aufgabe, für die *Werner Schweidtmann* hilfreiche Hinweise gibt.[44] Er sieht die Aufgabe für die Hinterbliebenen zuerst darin, daß sie »mit der neuen Situation, die furchtbar und angstbesetzt ist«, konfrontiert werden, und das heißt konkret, sie werden zum Toten hingeführt.[45] »Hier ist wichtig, ein Klima zu schaffen, das akzeptierend ist, das Raum schafft, in dem Emotionen – auch in sonst ungewohnter Heftigkeit – sich äußern und entladen können, weil diese Emotionen Lebensäußerungen sind, psychische Reaktionen auf diese schlimme Wirklichkeit.« Der Ritus kann dazu helfen, das Gefühlschaos zu bewältigen und durch vertraute Formen einen Halt zu finden.

Als nächsten Schritt nach der Hinführung findet *Schweidtmann* das Berühren wichtig. »Gerade unter dem Vorzeichen eines wünschenswerten Zusammenhangs zwischen anthropologischen, liturgischen und diakonalen Gesichtspunkten ist es wichtig, den toten Leib zu berühren. Damit ist ein wesentlicher Schritt zum ›Erfassen‹ der neuen Wirklichkeit gegeben und die Voraussetzung dafür geschaffen, daß ›letzte Dienste‹ am toten Leib vollzogen werden können« (ebd.). Die körperliche Nähe der toten Person empfinden die Hinterbliebenen oft mit Abwehrgefühlen und einer Betroffenheit, die den Ausdruck der Klage braucht. Das Gebet und die Lesung biblischer Worte kann der Klage Raum geben und über sie hinaus führen. Es wäre gut, wenn Christen sich dabei von Mitchristen helfen ließen. Eine Schwester oder Ärztin, ein Krankenhausseelsorger oder Gemeindpfarrer oder ein befreundetes Gemeindeglied kann die Hinterbliebenen begleiten, um ihnen durch das Gebet und Gottes Wort beizustehen, wenn sie leiblich mit dem Tod eines ihnen nahestehenden Menschen konfrontiert werden. Dabei helfen Texte wie die des »Evangelischen Pastorale«, hg. von der Lutherischen Liturgischen Konferenz (Gütersloh 1981). Dort wird z.B. S. 104 folgender Text angeboten:

»Ein Leben ist zu Ende gegangen, wir erschrecken darüber, daß ein Mensch so rasch vergeht und daß es auch mit uns zu Ende gehen wird. Herr, gib uns Trost und nimm von uns die Furcht vor dem Tode. Laß uns jetzt nicht hilflos sein, sondern schenke uns die Gewißheit, daß du in der Stunde des Sterbens und im Tode bei uns sein willst. Gib diese Gewißheit besonders denen, die durch den Tod dieses Menschen in Trauer versetzt sind«.

Vorgegebene Texte können helfen, lähmende Sprachlosigkeit zu überwinden. Nach Möglichkeit sind sie so aufzunehmen, daß die Situation der Betroffenen zur Sprache kommt und zugleich verändert wird. Zum Leid und zur Trauer gehört die Klage, wie schon die vielen Klagepsalmen zeigen. Die Klagepsalmen verbinden immer wieder den Notschrei mit dem Bekenntnis des Vertrauens auf Gottes Hilfe und dem Dank für erfahrene

44   Bei Richter, 81-92.
45   Schweidtmann, 89.

Rettung. Für die Seelsorge bei Sterbenden und Trauernden ist es wichtig, solche Worte zur Verfügung zu haben. Zum Beispiel enthält das »Evangelische Pastorale« Verse aus Ps 18, in dem es heißt: »Es umfingen mich des Todes Bande, und die Fluten des Verderbens erschreckten mich. Des Totenreichs Bande umfingen mich, und des Todes Stricke überwältigten mich. Als mir angst war, rief ich den Herrn an und schrie zu meinem Gott. Da erhörte er meine Stimme von seinem Tempel, und mein Schreien kam vor ihn zu seinen Ohren. Er streckte seine Hand aus von der Höhe und faßte mich und zog mich aus großen Wassern. Der Herr ward meine Zuversicht; er führte mich hinaus ins Weite; er riß mich heraus; denn er hatte Lust zu mir«.

Jeder kennt derartige Erfahrungen. Auch wer noch nicht selbst in Todesgefahr geriet oder direkt mit dem Sterben anderer konfrontiert wurde, versteht das Bild von den Fluten des Verderbens, die den Menschen erschrecken. Der Psalm ermutigt dazu, in der existentiellen Not zu Gott zu rufen und ihm zu vertrauen. Er lädt dazu ein, die Erfahrung des Psalmisten, in der unzählige Erfahrungen glaubender Menschen exemplarisch Sprache fand, nachzuerleben. Das ist Sterbekunst als Lebenskunst. Hilfe zum Leben mit Gott erweist sich als eine ars moriendi, die nicht auf den Tod fixiert ist, aber ihn im Leben ernstnimmt und dadurch den Wert des Lebens erhöht.

Johann Christoph Hampe entwickelte in seinem Buch »Sterben ist doch ganz anders« (Stuttgart/Berlin 1975) eine Art moderner ars moriendi. Er ging von der alten Einsicht aus, daß der Beginn des Sterbens schon in unserem Wissen vom Sterben liegt und daß dieses Wissen zu rechtem Leben gehört. Dieses Wissen möchte er mit einer neuen Sicht des Sterbens und des Todes verbinden, das den Menschen die Angst davor nimmt oder vermindert. Dabei beruft er sich auf Erfahrungen reanimierter Menschen, die den klinischen Tod als etwas Schönes, Lichtvolles, ja Wunderbares erlebten. Sterben muß nicht schrecklich sein. »Nur unsere Angst vor ihm ist schrecklich.«[46] *Hampe* folgt alter christlicher Tradition, indem er die Angst vor dem Sterben durch das »Sterben vor dem Sterben« überwinden will, also durch die Integration der Todeswirklichkeit in das Leben. Diese traditionelle Art von »Sterbekunst« will er durch die Zeugnisse klinisch tot Gewesener von den lichten Seiten des Sterbens ergänzen. Damit möchte er die Ängste gegenüber körperlichen und seelischen Qualen abbauen. Theologische Aussagen über die Letzten Dinge sind allerdings nicht aus den Berichten von Reanimierten abzuleiten. Wenn diese Berichte angstmindernd wirken, ist das zu begrüßen und zu unterstützen, aber aus ihnen kann man nicht folgern, Sterben und Tod seien angenehme und für alle Menschen positive Ereignisse, man müsse sie nur als solche erkennen.[47] Sterbekunst

---

46 Hampe, 152.
47 Der Arzt und Theologe Klaus Thomas erklärt in seinem Buch »Warum Angst vor dem Sterben?« (Freiburg/Basel/Wien 1980), 65: »Die Angst vor dem Sterben ... weicht nicht einer vagen Vision, die sich auf die Erfahrung einzelner gründet, sondern nur der festen Zuversicht des Glaubens an den Auferstandenen« (Orig. kursiv). Ders., 69: »Die Sterbeerlebnisse hängen weithin ab von unserer Vorbereitung auf das Sterben.«

hieße dann nur, eine angstfreie Sicht des Todes zu erlernen und die Angst als eine durch die Tradition bedingte neurotische Einstellung zu überwinden. Nicht durch den Ostersieg Christi wäre dann der Tod »verschlungen in den Sieg« (1 Kor 15,54), sondern durch neue thanatologische Erkenntnisse. So meinte es *Hampe* nicht, aber so könnte man seine Argumente mißverstehen. Christliche Sterbekunst und Trauerhilfe hängt nicht von außerordentlichen Erfahrungen ab, doch können diese seelsorgerlich hilfreich sein.

Hampe bezieht sich nicht nur auf mehr oder weniger spektakuläre Berichte von Menschen, die dem klinischen Tod entrissen wurden, sondern er folgt auch einer seit der Alten Kirche starken christlichen Tradition, die den Gedanken der Einheit alles Geschaffenen mit seinem Schöpfer gegen den Aspekt der Trennung setzte. Dies ist die vom Neuplatonismus beeinflußte Theologie, die alles Seiende als von Gott ausgehend und zu ihm zurückkehrend versteht. Besonders bei Mystikern wie *Meister Eckhart* dominiert diese Sicht. Es würde den Rahmen dieser Arbeit sprengen, darauf einzugehen, aber ich möchte doch einen besonders in der evangelischen Theologie vernachlässigten oder verworfenen Gedanken aufnehmen, der in den anderen christlichen Konfessionen lebendig blieb, nämlich die Verbundenheit von Lebenden und Toten. Der reformatorische Protest gegen die Totenmessen ist wohl der wichtigste Grund dafür, daß die Verstorbenen in der offiziellen kirchlichen Praxis im Protestantismus nicht vorkommen. Der erst im 19. Jh. durch *Friedrich Wilhelm III.* eingerichtete Totensonntag fand wenig Wohlwollen bei Theologen und Kirchenleitungen, die ihn zum Ewigkeitssonntag umprofilierten, während der Totensonntag in der Gemeindefrömmigkeit eine wichtige Platz einnimmt. Es ist falsch, den Totensonntag theologisch zu diskreditieren und durch den »Ewigkeitssonntag« zu ersetzen. Mit der Ewigkeit haben wir es immer zu tun, wenn wir Gottesdienst feiern und wenn wir uns im privaten Gebet Gott zuwenden. Auch am Totensonntag geht es um die Ewigkeit, in deren Licht wir unsere Verstorbenen sehen. Nur im Glauben an den ewigen Gott können Christen ihrer Toten gedenken, aber sie sollen es auch tun und sich dieses Gedenken nicht als Totenkult und dergleichen diffamieren lassen.

b) Die Begleitung Sterbender

Sterbenden beizustehen gehörte immer zu den Hauptaufgaben der Seelsorge.[48] Schwerkranken das Abendmahl zu reichen, war im Protestantismus ein ebenso wichtiger Anlaß zum Hausbesuch des Pfarrers wie das Versehen mit den Sterbesakramenten durch den katholischen Priester. Wenn die Hausgemeinde mit ihrem sterbenden Mitglied das Heilige Mahl feierte, verbanden sich Sterbe- und Trauerseelsorge zur Einheit. Die soziokulturellen

48 Vgl. zum Folgenden E. Winkler, Seelsorge an Kranken, Sterbenden und Trauernden, Handbuch der Seelsorge, hg. v. J. Becker u.a., Berlin ⁴1990, 405-427; Friedrich Winter, Seelsorge an Sterbenden und Trauernden, Berlin 1976.

Umbrüche seit dem 19. Jh. haben die Situation so radikal verändert, daß diese Einheit nicht zurückgewonnen werden kann. Andererseits sind die Bemühungen, der harten Realität des Todes wieder mehr Raum im Bewußtsein und in der Erfahrung zu schaffen, nicht aussichtslos. Buchtitel wie »Sterbende brauchen Solidarität«, »Mit Sterbenden leben«, »Von der Begleitung Sterbender«[49] lassen erkennen, daß seit einigen Jahren ein schwerwiegender Mangel an Mitmenschlichkeit in unserer Gesellschaft und in unserer Kirche zunehmend erkannt wird. Das Buch »Von der Begleitung Sterbender« entstand aus der Generalsynode der VELKD, die sich 1988 diesem Thema zuwandte und »Elementare Hilfen für die Begleitung Sterbender« erarbeitete, die in Form eines Falt- bzw. Flugblattes als erste Orientierungshilfe dienen können.[50]

In unserer säkularisierten Gesellschaft haben die Menschen mehr Angst vor dem Sterben als vor dem Tod und der Frage, ob danach etwas kommt. Auf die metaphysische Todesangst der Menschen vor der Aufklärung folgte die physische Sterbensangst, wenn man die Verschiebung etwas schematisch beschreibt. Während Christen früher um Bewahrung vor einem »bösen, schnellen Tod« baten – der schnelle Tod war böse, weil er keine Zeit zur Vorbereitung ließ –, wünschen sich die meisten heute ein schnelles Ende, das nur nicht zu früh kommen soll. »Er hatte einen schönen Tod«, sagt man, wenn jemand ohne Krankenlager plötzlich durch Herzversagen stirbt oder sich schlafen legt und nicht wieder aufwacht.

Seelsorge ist kein Geschäft mit der Angst, sondern ein Handeln gegen die Angst. Angst drängt sich auf, wenn Menschen sich hilflos dem Unheimlichen und Gefährlichen ausgeliefert fühlen. »Sterbende brauchen Solidarität«, weil sie dieses Gefühl elementarer Bedrohung allein nicht aushalten können, besonders wenn es mit körperlichen Schmerzen verbunden ist. »Solidarität« ist kein Begriff aus der Seelsorge, ist aber darin wichtig, daß er uns auf die Möglichkeit eigenen Betroffenseins hinweist. Jeder Mensch ist einmal ein Sterbender und darum mehr oder weniger auf Solidarität angewiesen, darum aber auch zu ihr verpflichtet. Auf Solidarität sind auch Nichtchristen ansprechbar. Jeder Mensch möchte geborgen sein, wenn die eigenen Kräfte schwinden und er sich nicht mehr selbst helfen kann. Zur Geborgenheit gehört, daß dem Schwachen nicht ständig bewußt gemacht wird, wie er die Hilfe der andern benötigt, wie abhängig er ist, sondern daß er sich angenommen fühlt und gut aufgehoben weiß. Darin liegt die große Stärke der Hospizbewegung, daß sie den Menschen auf dem letzten Stück ihres Lebensweges Geborgenheit vermittelt. Sie erfahren auf diesem so schwierigen Wegstück, daß ihre Würde als Menschen unantastbar ist. Wer

49 Torsten Kruse/Harald Wagner (Hg.), Sterbende brauchen Solidarität. Überlegungen aus medizinischer, ethischer und juristischer Sicht, München 1986; Wiltrud Hendriks, Mit Sterbenden leben, Hannover ²1988; Peter Godzik/Jürgen Jeziorowski (Hg.), Von der Begleitung Sterbender, Hannover 1989. »Sterbenden Freund sein« heißt ein Titel von Richard Lamerton (Freiburg/Basel/Wien 1991), der zu den Pionieren der Hospizbewegung gehört und als Arzt über diese Form der Begleitung in der letzten Lebensphase berichtet.
50 Vgl. Godzik/Jeziorowski, 148-156.

unter unerträglichen Schmerzen leidet, wer als alter Mensch wie ein Kind behandelt wird, weil er einnäßt wie ein Kind, oder wer das Pflegepersonal um nichts zu bitten wagt, weil er unfreundliche Reaktionen befürchtet, wird um seine Menschenwürde betrogen.

Damit ist klar, daß Begleitung Sterbender in erster Linie eine diakonische Aufgabe darstellt, zu deren Unterstützung die Gesellschaft verpflichtet ist. Seelsorge kann keine Schmerztherapie ersetzen. In der Hospizbewegung und in den Stationen für Palliative (= schmerzlindernde) Therapie hat die Schmerzbekämpfung Vorrang.[51] Ob besondere Sterbekliniken bzw. -hospize optimal sind oder ob palliative Stationen in normalen Krankenhäusern die bessere Lösung darstellen, müssen die Fachleute beurteilen. »Laßt mich doch zu Hause sterben!« heißt ein von der praktischen Ärztin *Petra-R. Muschaweck* und dem Theologen *Peter Godzik* herausgegebenes Buch (Gütersloh 1989). Es bespricht die Chancen und Schwierigkeiten der Begleitung Sterbender in ihrer eigenen Wohnung und ermutigt insgesamt sehr dazu, den im Titel formulierten Wunsch zu erfüllen.

Bahnbrechende Arbeit leistete *Elisabeth Kübler-Ross*, deren »Interviews mit Sterbenden« in vielen Auflagen erschien. Besonders bekannt wurde ihre Einteilung des Sterbeprozesses in fünf Phasen. Nach ihrer Darstellung will der Patient in der ersten Phase *nicht wahrhaben,* daß sein Leben akut gefährdet ist. Die bittere Realität wird zuerst geleugnet, der Betroffene kann sie nicht anders verkraften. In der zweiten Phase richtet sich der *Zorn* auf Krankheit und bevorstehenden Tod gegen Ersatzobjekte wie Ärzte, Schwestern, Angehörige und Seelsorger. Es folgt das *Verhandeln,* sozusagen ein Feilschen mit dem Schicksal: Wenn ich wieder gesund werde, ändere ich mein Leben. Die vierte Phase ist die der *Depression,* in der »sich der Kranke auf den bevorstehenden Verlust aller geliebten Dinge vorbereitet«. Die fünfte und letzte Phase ist die *Zustimmung,* die wachsende Annahme des Sterbens. Dieses Schema beschreibt keine gesetzmäßige Abfolge. Einzelne Phasen können dominieren oder auch fehlen, und sie können sich wiederholen. Oft beginnt der Prozeß nicht mit der ersten Phase nach *Kübler-Ross*, sondern mit einer Phase der Verunsicherung. Ehe dem Kranken eine lebensbedrohliche Diagnose mitgeteilt wird, trägt er sich oft selber mit dem Gedanken, womöglich unheilbar erkrankt zu sein. Natürlich hofft er, das möge nicht zutreffen. Furcht und Hoffnung wechseln sich ab. Die seelsorgerliche Aufgabe besteht nicht darin, Diagnosen zu erstellen oder gar auszusprechen, aber auch nicht darin, ärztliche Diagnosen zu kritisieren, sondern im Widerstreit zwischen Furcht und Hoffnung Zuver-

---

51 Vgl. Helmut R. Zielinski, Religion und Sterbebegleitung auf der Station für Palliative Therapie in Köln, in: Harald Wagner/Torsten Kruse (Hg.), Ars moriendi: Erwägungen zur Kunst des Sterbens, Freiburg/Basel/Wien 1989, 117-135; Daniela Tausch-Flammer, Sterbenden nahe sein. Was können wir noch tun? Freiburg 1993, berichtet über die Hospizarbeit in Stuttgart. In Ostdeutschland begann der kath. Klinikpfarrer Heinrich Pera in Halle mit der ambulanten Hospizarbeit. Als Hospizpatientin tritt Karin E. Leiter eindrücklich für diese Arbeit ein in ihrem Buch »Lebensbegleitung bis zum Tod. Wir brauchen Hospize«, Innsbruck/Wien 1993.

sicht mitzuteilen oder zu stärken. »Gottes Wege führen weiter«, das ist die Botschaft, auch wenn wir nicht wissen, wohin er führt.

Begleitung Sterbender ist für amtliche Seelsorger/innen eine überfordernde Aufgabe. Abgesehen von der starken seelischen und damit auch körperlichen Beanspruchung bei diesem Dienst reicht die Zeit höchstens in Ausnahmefällen zu echter Begleitung. Das gilt oft auch für die hauptamtliche Krankenhausseelsorge. Begleitung ist nur als Gemeinschaftswerk möglich. Das allgemeine Priestertum aller Gläubigen hat hier seine wohl wichtigste Aufgabe. In Krankenhäusern und Heimen ist das Pflegepersonal gefordert, aber auch überfordert ohne ehrenamtliche Hilfe. Gleiches gilt im Wohnbereich für die Sozialstationen. Es ist zu hoffen, daß die Pflegeversicherung an dieser wichtigen Stelle Erleichterungen ermöglicht, aber die Begleitung Sterbender kann und darf nicht allein den Professionellen aufgeladen werden. In der Gemeindediakonie liegen hierfür große Aufgaben und Möglichkeiten.

Die Grenzen zwischen diakonischer und seelsorgerlicher Zuwendung fließen. Was die Kranken jeweils brauchen, hängt ja auch von ihrem wechselnden Befinden ab. Es kann sein, daß gar kein seelsorgerliches Wort möglich, sondern akute Schmerzbekämpfung notwendig ist. Die Kranke ist bei einem Besuch so schwach und wirkt so apathisch, daß die Seelsorgerin nur eine Weile bei ihr sitzt, ihre Hand nimmt und ein Segenswort spricht, vielleicht indem sie das Kreuz auf die Stirn zeichnet. Beim nächsten Besuch sitzt dieselbe Patientin zeitungslesend im Bett, und es entspinnt sich ein munteres Gespräch. In allen Schwankungen des Befindens bleibt das Bedürfnis unvermindert, nicht alleingelassen zu werden und verstanden zu sein. Natürlich brauchen Schwerkranke viel Ruhe und müssen in diesem Sinn auch allein sein können, aber sie bedürfen der Gewißheit, daß Hilfe und Zuwendung erfolgen, wenn es nötig ist. »Verstehen was Sterbende sagen wollen«, heißt ein Buch von *E. Kübler-Ross* (Gütersloh 1985). Sie geht davon aus, daß die Kranken über ihren Zustand reden wollen und das oft in symbolischer, verschlüsselter Sprache tun. So kann ein Sterbender von einer geplanten Reise reden und damit auf die bevorstehende letzte Reise hinweisen. Dabei ist möglich, daß er, vielleicht unbewußt, doppelsinnig spricht. Er hofft, daß er noch verreisen kann, und er ahnt zugleich, daß eine andere Reise naht.

Die biblische Symbolsprache kann die angemessene Antwort auf solche Äußerungen sein. Wie oft mag Ps 23 mit dem tröstlichen Bild vom Wandern durch das finstere Tal schon Sterbenden und Trauernden geholfen haben! Die Psalmen sind reich an Bildern, in denen tiefste Bedrängnis ausgedrückt ist, z.B. Ps 18,5f.: »Es umfingen mich des Todes Bande, und die Fluten des Verderbens erschreckten mich« (vgl. S. 199). Ps 69,2f.14: »Gott hilf mir! Denn das Wasser geht mir bis an die Kehle. Ich versinke in tiefem Schlamm, wo kein Grund ist; ich bin in tiefe Wasser geraten, und die Flut will mich ersäufen. Ich aber bete zu dir, Herr, zur Zeit der Gnade; Gott nach deiner großen Güte erhöre mich mit deiner treuen Hilfe«. Starke Bilder wie die vom Versinken im Schlamm sind allerdings mit Vorsicht zu gebrauchen, da sie die Angst verstärken können. Andererseits dürfen

Worte des Vertrauens und der Hoffnung nicht die Angst zudecken. Der
leidende Mensch soll sich verstanden fühlen, aber mit seiner Angst nicht
sich selbst überlassen bleiben. Die Seelsorgetheorie und -praxis war nach
dem Aufschwung der Klinischen Seelsorgeausbildung stark von der Furcht
bestimmt, vorschnell mit Bibelsprüchen und frommen Worten zu kommen
und so die Kommunikation zu blockieren, statt den »Klienten« das Gefühl
des Verstandenseins zu vermitteln. Das Seelsorgetraining leitete dazu an,
das Hören zu lernen, auch auf die nonverbalen Signale, was bei Schwerkranken und Sterbenden besonders wichtig ist. Die Furcht davor, den
Menschen pastorale Sprüche »um die Ohren zu schlagen«, führte allerdings oft zum Verzicht darauf, das biblische Wort in die Seelsorge einzu-
bringen. Die biblisch-therapeutische Seelsorge ist ein Versuch, diesen
Mangel zu korrigieren.[52] In der Sterbeseelsorge verlieren menschliche
Worte an Bedeutung gegenüber dem Wort des lebendigen Gottes.

Das »sichtbare Wort« (verbum visibile) des Krankenabendmahls ist in
meinem Erfahrungsbereich seit langem stark zurückgegangen. Während
im gottesdienstlichen Leben das Abendmahl seit Jahrzehnten an Bedeutung zunahm, wirkte sich das in der Seelsorge nicht aus. In der konfessionellen Diaspora und in lebendigen Gemeinden mit volkskirchlicher Tradition sieht es besser aus, aber insgesamt wird das evangelische Krankenabendmahl viel zu selten gefeiert. Immer noch wirkt das Mißverständnis
der »Letzten Ölung« hemmend. Wir haben es aber auch versäumt, das
Krankenabendmahl als seelsorgerliches Angebot zu empfehlen. Den ener-
gischen Bemühungen auf katechetischem Gebiet, Kindern das Abendmahl
zu ermöglichen, korrespondiert kein entsprechendes Engagement für das
Krankenabendmahl. Das Krankenabendmahl sollte nicht mit der kranken
Person allein, sondern mit einer Haus- oder Nachbarschaftsgemeinde
zusammen gefeiert werden.

c) Der Dienst an Trauernden

Die bisherigen Hinweise zielten darauf, Menschen auf den Tod von
Angehörigen und auf das eigene Sterben vorzubereiten, ehe der Ernstfall
eintritt. In der Praxis gelingt das selten, und der Dienst an Trauernden
beginnt meist erst, wenn das Pfarramt über einen Todesfall informiert wird.
Da sich Todesfälle nicht planen lassen und da die Bestattungsinstitute
weithin die Termine ohne Absprache mit dem Pfarramt festlegen, beginnt
der Dienst an Trauernden oft unter großem Zeitdruck beim Pfarrer. Sofern
es trotzdem möglich ist, sind zwei Gespräche vor der Bestattung wünschenswert, jedenfalls in dem Fall, daß die Anmeldung zu einem ungünsti-
gen Zeitpunkt erfolgt. Dann wird im ersten Gespräch nur kurz das
Terminliche geklärt und eventuell ein erster Eindruck von der Situation
gewonnen, vielleicht auch etwas zum Ablauf der Trauerfeier gesagt, weil

---

52 Vgl. Michael Dieterich, Handbuch Psychologie und Seelsorge, Gießen/Basel
⁴1989, 5.1.

die Hinterbliebenen unruhig sind in bezug auf den äußeren Ablauf und das von ihnen Erwartete. Das zweite Gespräch wird so verabredet, daß die Vorbereitung der Trauerfeier nötige Impulse erhält, wozu wichtig ist, daß die Angehörigen dem Seelsorger Vertrauen entgegenbringen. Seine Aufgabe besteht vor allem darin, die Situation zu erkunden, also ein Bild von der verstorbenen Person und ihren Beziehungen zu den Angehörigen sowie von deren Einstellung und Befinden zu erhalten.[53] Das seelsorgerliche Ziel darf bei diesem Gespräch nicht zu hoch gesteckt werden. Es ist nicht richtig, geistliche Mindestleistungen zu fordern, also z.B. zu erwarten, das Gespräch müsse in ein Gebet münden. Zur Erkundung der Situation gehört vielmehr, daß der Seelsorger erkennt, was die Beteiligten mitvollziehen können. Natürlich spielt dabei die örtliche Tradition eine Rolle, und noch mehr das Frömmigkeitsprofil der Betroffenen. Gehören die Hinterbliebenen zur Landeskirchlichen Gemeinschaft, ist ein gemeinsames Gebet selbstverständlich.

Ein dem gegenseitigen Kennenlernen dienendes Gespräch findet am besten in der Wohnung der Verstorbenen oder der Angehörigen statt. Bücher im Regal, Zeitungen auf dem Tisch, Bilder und Sprüche an der Wand sagen oft mehr aus, als was in Frage und Antwort zu erfahren ist. Sie können auch als Frageimpulse dienen. Ein Wandspruch paßt vielleicht in die Predigt oder, falls er der Bibel entstammt, als Predigttext.

Als Schriftwort für die Predigt eignet sich m.E. in der Regel nur ein kurzer Text, wie das in der Kasualpraxis mit Recht üblich ist. Allerdings darf er nicht willkürlich dem Zusammenhang entrissen werden, was bei der Verwendung von Losung und Lehrtext leicht geschehen kann. Kontexttreue ist allerdings kein Gesetz der Meder und Perser. Viele Bibelsprüche werden schon im Neuen Testament anders zitiert, als sie im Alten Testament gemeint waren. Das ist in Ordnung, wenn die Auslegung im gesamtbiblischen Zusammenhang begründbar ist. Dann ist die Auslegung zwar nicht im strengen Sinn textgemäß, wohl aber schriftgemäß. Da nur wenig Vorbereitungszeit zur Verfügung steht, darf die Textwahl nicht lange dauern. Losung oder Lehrtext des Todes- oder Begräbnistages, der Wochenspruch oder andere vorgegebene Texte können passen, sollten aber weder gewaltsam passend gemacht noch ohne genügend Rücksicht auf den Casus ausgelegt werden.[54] Je weniger Beziehungen die Beteiligten zur Bibel haben, desto mehr ist auf einfache, klare und zur Situation passende Texte Wert zu legen. Die Bedeutung dessen, was verbal und nonverbal in

---

53 Friedrich-Wilhelm Lindemann, Seelsorge im Trauerfall. Erfahrungen und Modelle aus der Pfarrerfortbildung, Göttingen 1984, empfiehlt zur Fremd- und Selbstwahrnehmung und zum angemessenen Eingehen auf die Situation die psychoanalytisch orientierte Betrachtungsweise. Auch wenn man den psychoanalytischen Ansatz kritisch sieht, kann man dem Buch gute Anregungen entnehmen.

54 Bibeltexte nach seelsorgerlichen Gesichtspunkten habe ich zusammengestellt in meinem Buch »Das Wort der Hoffnung. Beispiele für Seelsorge und Predigt bei Todesfällen«, Berlin 1983, 102-115. Textsammlungen für alle Kasualien enthalten das von Christian Römer und Wilhelm Gümbel herausgegebene »Textbuch für Prediger«, Stuttgart 1960, und Rüdiger Alberti, Welchen Text nehme ich?, Berlin 1948.

der Trauerfeier mitgeteilt werden kann, wird von theologischer Seite oft unterschätzt. Wenn mitunter behauptet wird, die Trauernden seien im Streß des Geschehens nicht aufnahmefähig, so mag das manchmal gelten, ist aber keinesfalls die Regel. Vielmehr haben die kirchlichen Akteure mit großer Aufmerksamkeit seitens der Anwesenden zu rechnen.[55]

Eins der Hauptprobleme beim Casus Beerdigung besteht darin, daß der Dienst an Trauernden oft mit der Trauerfeier beendet wird und keine nachgehende Seelsorge erfolgt. Manchmal ist das durchaus im Sinne der Hinterbliebenen: Sie sind froh, ihre Pietätspflicht absolviert zu haben, und wünschen keine weiteren Kontakte zur Kirche. Ihnen kann und will die Kirche sich nicht aufdrängen. Viel öfter fühlen Menschen sich alleingelassen, wenn die Trauer sie bedrückt und Zuwendung notwendig wäre. Hier tut sich wieder eine Aufgabe für das Priestertum aller Gläubigen und für die Gemeindediakonie auf. Auch Pfarrer/innen, die viel Zeit auf Hausbesuche verwenden, können zumeist die nötige nachgehende Seelsorge nicht leisten. Wie notwendig der Zusammenhang von Kasualpraxis und Gemeindeaufbau ist, wird hier besonders deutlich.

Trauer ist ein vielschichtiges Phänomen, das wir aus vielen Lebenslagen und Erfahrungen kennen und das sich nicht nur mit dem Tod verbindet. *Sigmund Freud* definierte Trauer als »die Reaktion auf den Verlust einer geliebten Person oder einer an ihre Stelle gerückten Abstraktion wie Vaterland, Freiheit, ein Ideal usw.«[56]. Verluste zu verarbeiten, ist eine strapaziöse Aufgabe, weshalb Freud mit Recht von »Trauerarbeit« sprach. Sein Leben lang muß der Mensch immer wieder Verluste hinnehmen und verkraften. Der Zerbruch einer Freundschaft oder einer Ehe, der Verlust der Arbeitsstelle oder das Scheitern im Beruf kann schwerer belasten als der Tod eines Menschen, zumal wenn es sich um einen als natürlich empfundenen Tod in hohem Alter handelt. Der Tod eines Haustieres kann Menschen in tiefe Trauer stürzen, die als seelsorgerliches Problem ernstzunehmen ist, wenn die Beziehung eng war, da das Tier weitgehend fehlende zwischenmenschliche Beziehungen ersetzte. Beim Tod von Tieren können schon Kinder und mit ihnen die Erwachsenen lernen, daß die durch den Verlust entstehende Trauer ausgehalten werden muß. Ist ein Hamster gestorben, sollte der Vater nicht am nächsten Tag einen neuen bringen. Es ist besser, das Tier zu beerdigen und den Schmerz des Abschieds zu ertragen, der bei Kindern schnell vergeht, so daß dann ein neues Tier den Verlust ersetzen kann. Trauer heißt etwas Wertvolles loslassen.

Yorick Spiegel beschreibt den »Prozeß des Trauerns« (München 1973), indem er ähnlich wie *E. Kübler-Ross* beim Prozeß des Sterbens Phasen unterscheidet. Er nennt zuerst den *Schock,* der natürlich bei einer plötzli-

---

55   Homiletische Anregungen können kommentierte Predigtbeispiele geben, wie ich sie im o.a. Buch (Anm. 54) vorlegte. Vgl. ferner Bernhard Klaus/Klaus Winkler, Begräbnis-Homiletik, München 1975; Calwer Predigthilfen Beerdigung, hg. von Herbert Breit und Manfred Seitz, Stuttgart 1974.

56   Trauer und Melancholie, in: A. Mitscherlich u.a. (Hg.), Sigmund Freud, Studienausgabe, Bd. III, Frankfurt a.M. 1975, 197; zit. bei Waldemar Pisarski, Anders trauern – anders leben, München 1983, 13.

chen Todesnachricht besonders stark ist und in mancher Hinsicht der Phase des Leugnens und Nichtwahrhabenwollens bei *Kübler-Ross* ähnelt. Er geht meist nach einigen Stunden oder höchstens wenigen Tagen in die *kontrollierte* Phase über. In dieser Phase überlagern die zu erledigenden Dinge die emotionalen Probleme mindestens teilweise. Die Vorbereitung und Durchführung der Trauerfeier fällt in diese Zeit. »Kontrollierte Phase« soll nicht heißen, die Trauernden müßten ihre Gefühle unterdrücken. Das Ritual soll helfen, den verlorenen Menschen loszulassen. »Wir geben den Entschlafenen in die Hände des barmherzigen Gottes«. Wer das mitvollziehen kann, ist ein gutes Stück auf dem Weg der Trauer vorangekommen, aber noch lange nicht am Ziel. Das »Nein!« des Schocks kann immer wieder aufbrechen und drückt sich oft in fassungslosen Ausbrüchen bei der Beerdigung aus. Die emotionale Spannung muß sich entladen. Ob und inwiefern Gefühlsausbrüche echt sind oder Trauer demonstrieren sollen, brauchen wir nicht zu beurteilen. Orientalische Trauerbräuche zeigen, daß das Brauchtum die Emotionen beeinflußt, und das ist auch bei uns nicht zu verwerfen.Bald nach der Trauerfeier beginnt die sogenannte *regressive* Phase, in der die Trauernden eine »weite und unangenehme Reise« in die eigene Seele antreten[57], die zugleich eine Reise in die Vergangenheit darstellt. Die Beziehungen zur verstorbenen Person werden in der Erinnerung wiederholt, dabei oft auch idealisiert. Als sehr notvoll wird die Einsamkeit erlebt, besonders nach dem Tod eines Ehegatten oder eines Menschen, zu dem ähnlich starke Beziehungen bestanden. In dieser Phase verstärken die Trauernden manchmal selber die Einsamkeit, indem sie sich zurückziehen, obwohl sie jetzt besonders Zuwendung brauchten. Eine neue intensive Beziehung kann in dieser Phase den Verlust nicht ersetzen und würde die Trauerarbeit behindern. Das würde dieser Beziehung längerfristig wahrscheinlich schaden. Darum hat das traditionelle Trauerjahr psychologisch seinen guten Sinn. *Spiegel* setzt für die regressive Phase 1–3 Monate an, aber es ist schwierig, hier normale Zeitspannen zu nennen. Klar ist nur, daß die Trauerarbeit aus der regressiven Phase hinausführen muß. Nach *Weinert* ist die Regression »von einem Gefühlschaos begleitet. Wut, Trauer, Freude, Zorn, Angst, Niedergeschlagenheit wechseln einander ab«[58], und auch körperliche Symptome können sich einstellen. Trauernde können darüber erschrecken, daß Haßgefühle gegen die verstorbene Person aufsteigen. »Sie sind aber Teil eines Ablösungsvorganges oder stellen manchmal eine Reaktion auf die Ohnmacht dar, der man ausgesetzt ist und zu entfliehen sucht« (ebd.), sie sind also nicht moralisch oder geistlich zu beurteilen. Zorn und Haß können auch den Seelsorger treffen, der nicht persönlich gemeint ist, sondern als Blitzableiter herhält.
Der Ausweg aus der regressiven und der Übergang in die *adaptive* Phase beginnt, wenn der oder die Trauernde sich neu der Realität zuwendet. Kleidungsstücke werden ausgeräumt und weggegeben, die Wohnung wird umgeräumt, das idealisierte Bild der Verstorbenen wieder nüchtern gese-

---

57 Pera/Weinert, 149.
58 Ebd., 151.

hen. Eigenes Versagen wird nicht mehr verdrängt. Es dominiert nicht mehr die Erinnerung, sondern sie verbindet sich mit neuer Zuwendung zur Zukunft.

Mit diesem Phasenmodell ist ein häufig beobachteter Weg beschrieben, der freilich nicht gesetzmäßig begangen wird. Nicht immer führt der Weg zur Annahme und zur neuen Orientierung auf die Zukunft, die für Christen Gottes Zukunft mit und bei uns ist. Es gibt krankhafte Trauerprozesse, die psychotherapeutische Hilfe erfordern. Andererseits enthält die christliche Gemeinde therapeutische Kräfte, die weit über die Möglichkeiten der Einzelseelsorge hinausgehen. Oft konnte ich mich darüber freuen, daß durch den Tod eines nahen Angehörigen einsam gewordene Gemeindeglieder sich in neuer Weise der Gemeinde zuwandten und so eine Zuwendung erfuhren, die ich ihnen nicht zu geben vermochte. So erwies sich die Kasualie Bestattung als ein Tor zum Leben.

Literaturverzeichnis

Abel, Irene: Modelle der Konfirmandenarbeit mit geistig behinderten Jugendlichen. In: Adam, Gottfried (Hg.): Religiöse Begleitung und Erziehung von Menschen mit geistiger Behinderung, Würzburg 1990, 235-260.

Adam, Gottfried: Zur Konfirmation Jugendlicher mit einer geistigen Behinderung. In: Ders. (Hg.): Religiöse Begleitung und Erziehung von Menschen mit geistiger Behinderung, Würzburg 1990, 73-80.

Adam, Gottfried/Pithan, Annebelle (Hg.): Wege religiöser Kommunikation. Kreative Ansätze in der Arbeit mit behinderten Menschen. Dokumentationsband des Zweiten Würzburger Religionspädagogischen Symposiums, Münster 1990.

Ahuis, Ferdinand: Der Kasualgottesdienst, Stuttgart 1985.

Alberti, Rüdiger: Welchen Text nehme ich?, Berlin 1948.

Allensbacher Jahrbuch für Demoskopie 1984–1992, Bd. 9, hg. von Elisabeth Noelle-Neumann und Renate Kocher, München u.a. 1993.

Arbeitsbuch zur Trauung. Hg. vom gemeinsamen Liturgischen Ausschuß des Rates der EKU – Bereich DDR –, Kirchenleitung der VELK in der DDR und der Konferenz der Kirchenleitungen in der DDR, Berlin/Altenburg 1990.

Arndt, Manfred, u.a.: Heiraten oder nicht?, Gütersloh 1978.

Bach, Ulrich: Boden unter den Füßen hat keiner – Plädoyer für eine solidarische Diakonie, Göttingen 1980.

– : Getrenntes wird versöhnt. Wider den Sozialrassismus in Theologie und Kirche, Neukirchen-Vluyn 1991.

Barth, Hans-Martin: Einander Priester sein. Allgemeines Priestertum in ökumenischer Perspektive, Göttingen 1990.

Bäumler, Christoph/Luther, Henning (Hg.): Konfirmandenunterricht und Konfirmation, München 1982.

Die Bedeutung der Taufe für die Zulassung zum Abendmahl. Votum der Kommission für theologische Grundsatzfragen des Bundes der Evangelischen Kirchen in der DDR, Berlin 1989.

Beyer, Beate und *Jörg:* Konfessionsverschiedene Ehe, Mainz 1986.

Beykirch, Ursula: Von der konfessionsverschiedenen Ehe zur konfessionsverbindenden Ehe?, Würzburg 1987.

Bieritz, Karl-Heinrich: Die Taufe als Zeichenhandlung. Überlegungen zu ihren nichtverbalen Elementen. In: ThLZ 112 (1987) 785-798.

Blank, Reiner/Grethlein, Christian (Hg.): Einladung zur Taufe – Einladung zum Leben, Stuttgart 1993.

Bloth, Peter C.: Artikel Jugendweihe. In: TRE Bd. 17, 428-432.

Bode, Jörg, u.a. (Hg.): Konfirmandenzeit von 11 bis 15? Praxisberichte – Modelle – Perspektiven, Gütersloh 1985.

Boeckler, Richard/Dirschauer, Klaus (Hg.): Emanzipiertes Alter, 2 Bde., Göttingen 1990.

Bohren, Rudolf: Unsere Kasualpraxis – eine missionarische Gelegenheit?, ThExh 147, München [4]1968.

Breit, Herbert/Seitz, Manfred (Hg.): Calwer Predigthilfen Beerdigung, Stuttgart 1974.

Busch, Roger: Bekennend Christ sein. Eine Untersuchung zu Selbstverständnis, Anspruch und Bedeutung bekennender Christen in einer pluralistischen Gesellschaft, Diss. theol., Neuendettelsau 1993.

Bürki, Bruno: Im Herrn entschlafen, Heidelberg 1969.

Carlquist, Brigitta: Zur Arbeit mit geistig behinderten Menschen in der schwedischen Kirche. In: Adam/Pithan, 35-42.

Caspari, Walter: Die geschichtliche Grundlage des gegenwärtigen Ev. Gemeindelebens. Aus den Quellen im Abriß dargestellt, Leipzig [2]1908.

Dehn, Günther: Die Amtshandlungen der Kirche, Stuttgart 1950.

Delling, Gerhard: Taufe und neue Existenz nach dem Neuen Testament. In: Schott, Erdmann (Hg.): Taufe und neue Existenz, Berlin 1973, 11-20.

– : Zur Taufe von »Häusern« im Urchristentum. In: Ders.: Studien zum Neuen Testament und zum hellenistischen Judentum, Berlin 1970, 288-310.

Demel, Sabine: Kirchliche Trauung – unerläßliche Pflicht für die Ehe des katholischen Christen?, Stuttgart/Berlin/Köln 1993.

Denecke, Axel: Persönlich predigen, Gütersloh 1979.

Die kirchliche Bestattung. Hg. vom Rat der EKU – Bereich DDR – und der VELK in der DDR. Berlin 1980.

Dienst, Karl: Zwischen Passageritus und gemeindepädagogischer Gelegenheit. Zu Interpretationen der Konfirmation. In: ChL 47 (1994) 201-207.

Dirken, Jörg: Amtshandlungen in der Volkskirche, Zürich 1991.

Dirschauer, Klaus: Der totgeschwiegene Tod. Theologische Aspekte der kirchlichen Bestattung, Bremen 1973.

Doerne, Martin: Neubau der Konfirmation, Gütersloh 1936.

Domay, Erhard (Hg.): Beerdigung. Trauerfeiern – Ansprachen – Liturgische Texte, Gütersloh 1990.

Dubach, Alfred/Campiche, Roland J. (Hg.): Jeder ein Sonderfall? Religion in der Schweiz, Zürich/Basel 1993.

Eickhoff, Klaus: Gemeinde entwickeln für die Volkskirche der Zukunft, Göttingen 1992.

Engelke, Ernst: Sterbenskranke und die Kirche, München/Mainz 1980.

Evangelisches Pastorale. Hg. von der Lutherischen Liturgischen Konferenz, Gütersloh 1981.

Eyselein, Christian: Segnet Gott, was Menschen schaffen? Kirchliche Einweihungshandlungen im Bereich des öffentlichen Lebens, Stuttgart 1993.

Fraas, Hans-Jürgen: Konfirmation und Konfirmandenunterricht heute. In: ChL 46 (1993) 95-105.

Fremde Heimat Kirche. Ansichten ihrer Mitglieder, Hannover 1993.

Frisch, Helga: »Wilde Ehe« mit kirchlichem Segen?, Gütersloh 1990.

Fritzsche, Helmut: Freiheit und Verantwortung in Liebe und Ehe. Zur Theologie der Partnerbeziehungen, Berlin 1983.

Frör, Kurt (Hg.): Zur Geschichte und Ordnung der Konfirmation in den lutherischen Kirchen, München 1962.

– : Confirmatio. Forschungen zur Geschichte und Praxis der Konfirmation, München 1959.

Gabler, Christa/Schmid, Christoph/Siber, Peter: Kinder christlich erziehen, Gelnhausen u.a. [2]1979.

Geiger, Helmut: Christliches Elternseminar (= Die Hauskirche, Bd. 13, hg. von Hans Donat), Leipzig o.J.

Godzik, Peter: Sterbenden Freund sein. Texte aus der Tradition der Kirche, Texte aus der VELKD 55, 1993.

Godzik, Peter/Jeziorowski, Jürgen (Hg.): Von der Begleitung Sterbender, Hannover 1989.

Godzik, Peter/Muschaweck, Petra-R. (Hg.): Laßt mich doch zu Hause sterben!, Gütersloh 1989.

Goessel von, Hans Hartwig/Stephan, Arthur: Die missionarische Dimension. Anstöße für die Praxis der Gemeinde, Gladbeck 1965.

Gottesdienst der Kirche. Bd. 7.1: Sakramentale Feiern I. Taufe und Firmung, Regensburg 1989, Bd. 8. Sakramentale Feiern II. Riten um Ehe und Familie, Sterbe- und Begräbnisliturgie, Regensburg 1984.

Grabner, Wolf-Jürgen: Religiosität in einer säkularisierten Gesellschaft. Eine Kirchenmitgliedschaftuntersuchung in Leipzig 1989, Frankfurt a.M. u.a. 1994.

Graff, Paul: Geschichte der Auflösung der alten gottesdienstlichen Formen in der evangelischen Kirche Deutschlands, Bd. 2, Göttingen 1939.

Grau, Günter (Hg.): Und diese Liebe auch, Berlin 1989.

Gräb, Wilhelm: »... laß die Toten ihre Toten begraben«. Überlegungen zu einer zeitgenössischen Begräbnishomiletik. In: PTh 83 (1994) 180-198.

– : Rechtfertigung von Lebensgeschichten. Erwägungen zu einer theologischen Theorie der kirchlichen Amtshandlungen. In: PTh 76 (1987) 21-38.

Grethlein, Christian: Gemeindepädagogik, Berlin/New York 1994.

– : Konfirmation als neuer Tauftermin?, In: PTh 80 (1991) 204-215.

– : Taufpraxis heute, Gütersloh 1988.

Haack, Hans-Georg: Die Amtshandlungen in der Evangelischen Kirche, Berlin [2]1952.

Hastedt, Hans-Wilhelm: Eltern unterrichten zehnjährige Konfirmanden in Kleingruppen. In: Bode, 20-31.

Hampe, Johann-Christoph: Sterben ist doch ganz anders, Stuttgart/Berlin 1975.

Handbuch der Familien- und Jugendforschung, Bd. 1: Familienforschung, hg. von Rosemarie Nave-Herz und Manfred Markefka, Neuwied/Frankfurt a.M. 1989.

Handbuch der Praktischen Theologie, 3 Bde., Berlin 1974, 1975, 1978.

Handbuch der Praktischen Theologie, 4 Bde., Gütersloh 1981 (1 und 2), 1983, 1987.

Handbuch für die Konfirmandenarbeit, hg. vom Comenius-Institut, Münster 1984.

Hanselmann, Johannes/Hild, Helmut/Lohse, Eduard (Hg.): Was wird aus der Kirche?, Gütersloh 1984.

Hareide, Bjarne: Die Konfirmation in der Reformationszeit. Eine Untersuchung zur lutherischen Konfirmation in Deutschland 1520–1585, Göttingen 1971.

Hartfeld, Hermann: Homosexualität im Kontext von Bibel, Theologie und Seelsorge, Wuppertal/Zürich 1991.

Hänisch, Gottfried: Seelsorge an Menschen in der Lebensmitte. In: Handbuch der Seelsorge, hg. von I. Becker u.a., Berlin [4]1990, 273-287.

Heimbrock, Hans Günter: Patenamt – entleertes Ritual oder pädagogische Chance?, In: ChL 41 (1988) 170-175.

Heinz-Grimm, Renate: Juristische Voraussetzungen und Folgen der Eheschließung geistig behinderter Menschen. In: Heirat nicht ausgeschlossen, Marburg 1993, 9-27.

Hendriks, Wiltrud: Mit Sterbenden leben, Hannover [2]1988.

Henkys, Jürgen/Kehnscherper, Günther: Die Unterweisung. In: Handbuch der praktischen Theologie, Bd. 3, Berlin 1978, 7-139.

Henning, Peter: Konfirmandenelternarbeit. In: Handbuch für die Konfirmandenarbeit, 234-269.

Herbst, Michael: Missionarischer Gemeindeaufbau in der Volkskirche, Stuttgart 1987.

Hild, H. (Hg.): Wie stabil ist die Kirche?, Gelnhausen/Berlin 1974.

Hoeren, Christiane: Katholisches Eherecht und das Recht der konfessionsverschiedenen Ehe aus evangelischer Sicht, Diss. theol., Münster 1993.

Jenssen, Hans-Hinrich: Zur Verhältnisbestimmung von Konfirmation und Jugendweihe aus praktisch-theologischer Perspektive. In: ... das tiefe Wort erneun. Festgabe für Jürgen Henkys, hg. von Harald Schultze u.a., Berlin 1989, 95-109.

– : Die kirchlichen Handlungen. In: Handbuch der Praktischen Theologie, Bd. 2, 139-195.

Jetter, Werner: Der Kasus und das Ritual. In: WPKG 65 (1976) 208-223.

– : Symbol und Ritual, Göttingen 1978.

Jordahn, Bruno: Der Taufgottesdienst im Mittelalter bis zur Gegenwart. In: Leiturgia V, Kassel 1970, 349-640.

Josuttis, Manfred: Der Traugottesdienst. In: Wintzer, Friedrich: Praktische Theologie, Neukirchen-Vluyn 1982, 53-65.

Jüngel, Eberhard: Tod, Gütersloh ⁴1990.

Kallis, Anastasios: »Der letzte Kuß«. Der Umgang mit Toten und Trauernden in der orthodoxen Kirche und Theologie. In: Richter, Klemens (Hg.): Der Umgang mit den Toten, Freiburg/Basel/Wien 1990, 63-80.

Kehnscherper, Günther: Der Hausbesuch. In: Handbuch der Seelsorge, bearbeitet von I. Becker u.a., Berlin ⁴1990, 181-202.

Kenntner, Eberhard: Abendmahl mit Kindern, Gütersloh 1980.

Kentler, Helmut: Die Menschlichkeit der Sexualität, München 1983.

Kiesow, Ernst-Rüdiger: Seelsorge an Ehe und Familie. In: Handbuch der Seelsorge, Berlin ⁴1990, 337-355.

– : Nicht-eheliche Lebensgemeinschaften als pastorales Problem. In: ZdZ 43 (1989) 211-217.

– : Seelsorge als Vorbereitung auf die Ehe. In: Handbuch der Seelsorge, Berlin ⁴1990, 325-336.

Klaus, Bernhard/Winkler, Klaus: Begräbnis – Homiletik. Trauerhilfe. Glaubenshilfe und Lebenshilfe für Hinterbliebene als Dienst der Kirche, München 1975.

Kleinheyer, Bruno: Riten um Ehe und Familie. In: Gottesdienst der Kirche 8, Regensburg 1984, 69-156.

– : Sakramentale Feiern I. Die Feier der Eingliederung in die Kirche. Gottesdienst der Kirche 7.1, Regensburg 1989.

Knigge, Heinz-Dieter: Kinder bei Beerdigungen. In: ZGP 12 (1994)/1, 32-35.

Kretschmar, Georg: Die Geschichte des Taufgottesdienstes in der alten Kirche. In: Leiturgia V, Kassel 1970, 1-348.

Kruse, Torsten/Wagner, Harald (Hg.): Sterbende brauchen Solidarität. Überlegungen aus medizinischer, ethischer und juristischer Sicht, München 1986.

Kübler-Ross, Elisabeth: Interviews mit Sterbenden, Gütersloh ¹¹1983.

– : Verstehen was Sterbende sagen wollen, Gütersloh 1985.

Lemerton, Richard: Sterbenden Freund sein, Freiburg/Basel/Wien 1991.

Leist, Marielene: Kinder begegnen dem Tod. Ein beratendes Sachbuch für Eltern und Erzieher, Gütersloh/Freiburg ³1982.

Leiter, Karin E.: Lebensbegleitung bis zum Tod. Wir brauchen Hospize, Innsbruck/Wien 1993.

Kasper, Walter (Hg.): Christsein ohne Entscheidung oder Soll die Kirche Kinder taufen?, Mainz 1975.

Lindemann, Friedrich-Wilhelm: Pastoralpsychologisches Vorgehen im Trauerfall. In: Blühm, Reimund u.a. (Hg.): Kirchliche Handlungsfelder, Stuttgart/Berlin/Köln 1993, 76-92.

– : Seelsorge im Trauerfall. Erfahrungen und Modelle aus der Pfarrerfortbildung, Göttingen 1984.

Lindner, Reinhold: Der Weg der Trauer. In: Lindner, R./Nitschke, H. (Hg.): Trauernden predigen, Gütersloh ²1985, 122-152.

Lorenz, Gertrud: Erstkommunion und Firmung: Wege zur integrierenden Einbindung geistig Behinderter in die Pfarrgemeinde. In: Adam/Pithan, 143-150.

Lorenz, Karin/Reller, Horst: Alternative: Glauben. Missionarische Arbeitsformen in der Volkskirche heute, Gütersloh 1985.

Lütcke, Karl-Heinrich: Die Trauung. In: Handbuch der Praktischen Theologie, Bd. 3, Gütersloh 1983, 183-194.

– : Die Traupredigt und die Krise der Ehe. In: ZGP 6 (1988)/5, 27-30.

Matthes, Joachim (Hg.): Erneuerung der Kirche – Stabilität als Chance?, Gelnhausen/ Berlin 1975.

Meinhold, Peter (Hg.): Das Problem der Kirchenmitgliedschaft heute (Wege der Forschung Bd. 524), Darmstadt 1979.

Meuß, Eduard: Die gottesdienstlichen Handlungen von individueller Beziehung in der evangelischen Kirche, Gotha 1892.

Meyer-Blanck, Michael: Wort und Antwort. Geschichte und Gestaltung der Konfirmation am Beispiel der Ev. luth. Landeskirche Hannovers, Berlin/New York 1992.

Mezger, Manfred: Die Amtshandlungen der Kirche als Verkündigung, Ordnung und Seelsorge, München 1957.

Mickel, Tobias: Seelsorgerliche Aspekte im Hiobbuch. Ein Beitrag zur biblischen Dimension der Poimenik, Berlin 1990.

Milchner, Hans-J. (Hg.): Jubiläumstrauungen (= Dienst am Wort), hg. von Peter Helbig, Bd. 58, Göttingen 1992.

Molinski, Waldemar SJ: Eheschließung von Paaren mit geistiger Behinderung aus katholischer Sicht. In: Heirat nicht ausgeschlossen?, Marburg 1993, 37-57.

Möller, Christian: Gottesdienst als Gemeindeaufbau, Göttingen 1988.

– : Lehre vom Gemeindeaufbau 2, Göttingen 1990.

Müller, Theophil: Konfirmation – Hochzeit – Taufe – Bestattung, Stuttgart/Berlin/Köln/ Mainz 1988.

Müller, Wunnibald: Homosexualität, eine Herausforderung für Theologie und Seelsorge, Mainz 1986.

Mybes, Fritz: Die Trauung (= Dienst am Wort, Bd. 56, hg. von Peter Helbig), Göttingen 1991.

Nagel, William: Probleme der Konfirmation, Berlin 1959.

Neidhart, Walter: Zur Theologie und Praxis der Konfirmation. In: ChL 42 (1989), 164-170.

Niebergall, Alfred: Ehe und Eheschließung in der Bibel und in der Geschichte der alten Kirche, Marburg 1985.

Niebergall, Friedrich: Die Kasualrede, Göttingen 1905.

Nipkow, Karl-Ernst: Ehe und nichteheliche Lebensgemeinschaft. In: PTh 80 (1991) 375-396.

Nitschke, Horst (Hg.): Taufe, Gütersloh 1984.

Nüchtern, Michael: Kirche bei Gelegenheit, Stuttgart/Berlin/Köln 1991.

Pera, Heinrich/Weinert, Bernd: Mit Leidenden unterwegs, Leipzig 1991.

Pioch, Wilfried: Meine Welt, mein Leben, mein Glaube, Hamburg 1992.

Piper, Hans Christoph: Der Hausbesuch des Pfarrers, Göttingen 1985.

– : Gespräche mit Sterbenden, Göttingen [2]1980.

Pisarski, Waldemar: Anders trauern – anders leben, München 1983.

Planer-Friedrich, Götz: Taufe im Übergang. Die Bedeutung der Taufpraxis für den Gemeindeaufbau in den evangelischen Kirchen in der Deutschen Demokratischen Republik. In: Lienemann-Perrin, Christine (Hg.): Taufe und Kirchenzugehörigkeit, München 1983, 367-388.

Reichle, Erika: Heirat geistig behinderter Menschen – Aspekte aus evangelischer Sicht. In: Heirat nicht ausgeschlossen?, Marburg 1993, 59-72.

Reinmuth, Wilhelm: Gemeindeglieder als Mitarbeiter im Konfirmandenunterricht. In: Handbuch für die Konfirmandenarbeit, 54-56.

Richter, Klemens (Hg.): Eheschließung – mehr als ein rechtlich Ding?, Freiburg 1989.

Rogge, Richard: Behinderte im Konfirmandenunterricht. In: Handbuch der Konfirmandenarbeit, 128-142.

Rosenboom, Enno: Gemeindeaufbau durch Konfirmandenunterricht, Gütersloh [2]1963.

Römer, Christian/Gümbel, Wilhelm: Textsammlungen für Prediger, Stuttgart 1960.

Rössler, Dietrich: Grundriß der Praktischen Theologie, Berlin/New York [2]1994.

Schäfer, Rolf: Die Lehre von der Ehe im Lichte des Gottesgedankens. In: Ders.: Gotteslehre und kirchliche Praxis, Tübingen 1991, 95-131.
– : Zur kirchlichen Trauung. In: Ders.: Gotteslehre und kirchliche Praxis, 132-146.
– : Pastoraltheologische Aspekte der Beerdigung. In: PTh 83 (1994) 199-209.
Schenk, Herrad: Freie Liebe – wilde Ehe. Über die allmähliche Auflösung der Ehe durch die Liebe, München 1987.
Schneider-Harpprecht, Christoph: Trost in der Seelsorge, Stuttgart u.a. 1989.
Schibilsky, Michael: Trauerwege. Beratung für helfende Berufe, Düsseldorf [3]1992.
Schladoth, Paul: Erfahrungen der Kinder mit Sterben und Tod – eine Herausforderung für den christlichen Erzieher. In: Richter, Klemens (Hg.): Der Umgang mit den Toten. Tod und Bestattung in der christlichen Gemeinde, Freiburg/Basel/Wien 1990, 118-131.
Schlink, Edmund: Die Lehre von der Taufe. In: Leiturgia V, hg. von Karl Ferdinand Müller und Walter Blankenburg, Kassel 1969.
Schmidt-Lauber, Hans-Christoph: Zwei Jahrzehnte Gemeinsame kirchliche Trauung. In: Ders.: Die Zukunft des Gottesdienstes, Stuttgart 1990, 422-445.
Schöpsdau, Walter: Konfessionsverschiedene Ehe, Göttingen 1984.
Schröer, Henning: Konfirmandenarbeit und Konfirmation. In: Handbuch für die Konfirmandenarbeit, 220-233.
Schwarz, Fritz und Christian A.: Theologie des Gemeindeaufbaus, Neukirchen-Vluyn 1984.
Schweidtmann, Werner: Der Umgang mit Toten und Hinterbliebenen im Krankenhaus. In: Richter, Klemens: Der Umgang mit den Toten, Freiburg/Basel/Wien 1990, 81-92.
– : Sterbebegleitung. Menschliche Nähe am Krankenbett, Stuttgart 1991.
Schwerin, Eckart: Evangelische Kinder- und Konfirmandenarbeit. Eine problemgeschichtliche Untersuchung der Entwicklungen auf der Ebene des Bundes der Evangelischen Kirchen in der DDR von 1970–1980, Würzburg 1989.
Seitz, Manfred: In: Calwer Predigthilfen Beerdigung, Stuttgart 1974.
Spiegel, Yorick: Gesellschaftliche Bedürfnisse und theologische Normen. In: ThP 6 (1971) 212-231.
– : Der Prozeß des Trauerns, München 1973.
Stein, Albert: Rechtstheologische Vorbemerkungen zu einer Reform des Rechts der kirchlichen Amtshandlungen. In: PT 66 (1977) 231-244.
Szagun, Anna-Katharina: Partnerschaftliches Verhalten von Behinderten und Nichtbehinderten, Diss. phil., Münster 1991.
Taufe, Eucharistie und Amt. In: Dokumente wachsender Übereinstimmung. Hg. und eingeleitet von Harding Meyer, Hans Jörg Urban und Lukas Vischer. Paderborn/Frankfurt a.M. 1983.
Tausch-Flammer, Daniela: Sterbenden nahe sein. Was können wir noch tun?, Freiburg 1993.
Textor, Martin R.: Einstellungen zu Ehe und Familie. In: WzM 43 (1991) 32-42.
Thiede, Werner: Sterben, Tod und Auferstehung als Themen für Kinder und Jugendliche. In: PTh 83 (1994) 210-228.
Thomas, Klaus: Warum Angst vor dem Sterben?, Freiburg/Basel/Wien 1980.
Trost, Jan: Nichteheliche Lebensgemeinschaften. In: Handbuch der Familien- und Jugendforschung, Bd. 1, Neuwied/Frankfurt a.M. 1989, 363-373.
Urban, Detlef/Weinzen, Hans Willi: Jugend ohne Bekenntnis? 30 Jahre Konfirmation und Jugendweihe im anderen Deutschland 1954–1984, Berlin 1984.
Vischer, Lukas: Die Geschichte der Konfirmation, Zollikon 1958.
Wagner, Harald/Kruse, Torsten (Hg.): Ars moriendi. Erwägungen zur Kunst des Sterbens, Freiburg/Basel/Wien 1989.
Wallin, Thomas: Integrierte Konfirmandenarbeit in Schweden. Das Modell von Skakagarden. In: Adam/Pithan, 151-159.
Wegenast, Klaus: Konfirmandenunterricht und Konfirmation. In: Adam, Gottfried/

Lachmann, Rainer (Hg.). Gemeindepädagogisches Kompendium, Göttingen 1987, 314-354.

Wekel, Paul: Theologie der Konfirmation, Regensburg 1987.

Weyhofen, Theo: Trost. Modelle des religiösen und philosophischen Trostes und ihre Beurteilung durch die Religionskritik, Frankfurt a.M./Bern 1983.

Wiebering, Joachim: Partnerschaftlich leben. Christlicher Ethos im Alltag, Berlin 1985.

Winkler, Eberhard: Das Wort der Hoffnung. Beispiele für Seelsorge und Predigt bei Todesfällen, Berlin 1983.

– : Die Leichenpredigt im deutschen Luthertum bis Spener, München 1967.

– : Die Taufe im Rahmen des Gemeindeaufbaus. In: Schott, Erdmann (Hg.): Taufe und neue Existenz, Berlin 1973, 159-171.

– : Exempla fidei. Verkündigung und Seelsorge in der Bestattungspredigt bei August Hermann Francke. In: Lindt, A./Deppermann, K. (Hg.): Verkündigung und Neuzeit, Bielefeld 1972, 22-32.

– : Gemeindeaufbau. In: Handbuch der Praktischen Theologie, Bd. I, Berlin 1975.

– : Seelsorge an Kranken, Sterbenden und Trauernden. In: Handbuch der Seelsorge, hg. von J. Becker u.a., Berlin ⁴1990, 405-427.

– : Taufaufschub – Taufversagen – Taufnegierung. In: ChL 23 (1970) 191-198.

– : »Weltlich Ding« oder »göttlicher Stand«? Die Ehe als Bewährungsfeld evangelischer Frömmigkeit. In: Luther 62 (1991) 126-140.

Winter, Friedrich: Ars moriendi. Überlegungen zu einer Katechetik des Todes. In: ChL 31 (1978) 234-242.

– : Eheähnliche Formen des Zusammenlebens in Gesellschaft und Kirche. In: ChL 37 (1984) 334-342.

– : Seelsorge an Sterbenden und Trauernden, Berlin 1976.

– : Zehn Kapitel zur christlichen Ehe, Berlin 1972.

Wölfle, Eugen: Zwischen Auftrag und Erfüllung. Eine pastoraltheologische Untersuchung und Begründung der volkskirchlichen Bestattung, Stuttgart 1993.

Wörle, Ernst: Konfirmation geistig behinderter Jugendlicher. In: Adam, Gottfried/Schultze, Herbert (Hg.): Religionsunterricht mit Sonderschülern, Würzburg 1988, 291-299

Zielinski, Helmut R.: Religion und Sterbebegleitung auf der Station für Palliative Therapie in Köln. In: Wagner/Kruse, 117-235.

Ziemer, Jürgen: Trennung vor der Zeit: Ehescheidung im Gespräch, Leipzig 1992.

Zulehner, Paul Michael: Heirat – Geburt – Tod, Wien/Freiburg/Basel 1976.

– : Pastoraltheologie, Bd. 3: Übergänge: Pastoral zu den Lebenswenden. Unter Mitarbeit von Andreas Heller, Düsseldorf 1990.

Personenregister

Stichwortregister

Bibelstellenregister